Sección de Obras de Sociología

LOS INMIGRANTES POBRES EN LA CIUDAD DE MÉXICO Y LA POLÍTICA

Traducción de

ROBERTO RAMÓN REYES-MAZZONI

WAYNE A. CORNELIUS

Los inmigrantes pobres en la ciudad de México y la política

FONDO DE CULTURA ECONÓMICA
MÉXICO

Primera edición en inglés, 1975
Primera edición en español, 1980

Título original:
Politics and the Migrant Poor in Mexico City

Av. de la Uinversidad, 975; México 12, D. F.

ISBN 968-16-0387-7

Impreso en México

A

ANN

AGRADECIMIENTOS

Me gustaría agradecer principalmente a los residentes de las seis colonias proletarias en la ciudad de México, quienes durante los doce meses de 1970 y dos meses adicionales en 1971 y 1972 fueron como mi propia familia. No podré expresar mi inmensa gratitud a su calurosa bienvenida, su paciencia hacia mis preguntas que parecían no tener fin, y por su cooperación e interés activo en cada fase del trabajo de campo. Quiero agradecer especialmente al señor Bardo Fray Vela y a su familia, cuya contribución a la forma en que se realizó la investigación y a mi entendimiento de lo mexicano, fue de gran importancia.

Durante mi estancia en México, también me beneficié enormemente de mi amistad con el ingeniero Luis Unikel, el licenciado Agustín Porras, y sus colegas de El Colegio de México. Le agradezco al doctor Víctor L. Urquidi, su presidente, la oportunidad de ser investigador visitante en esa institución durante el año de 1970.

El apoyo financiero para las diferentes fases del estudio fue proporcionado por la Fundación Danforth, el Programa de Becas para el Exterior del Consejo de Investigaciones en las Ciencias Sociales (SSRC), la Fundación Nacional de Ciencias (NSF), el Centro para Estudios Internacionales de la Universidad de Stanford, y el Programa para Apoyo de las Investigaciones de las Ciencias Sociales sobre la Política de Población, de las Fundaciones Ford y Rockefeller. Agradezco también a los editores de *The American Political Science Review, Urban Anthropology, Latin American Urban Research* y *Sage Professional Papers in Comparative Politics* su permiso para citar párrafos de mis artículos sobre la política urbana en México que aparecieron en esas publicaciones.

Varios capítulos del libro fueron mejorados gracias a los comentarios de James W. Wilkie, Joan M. Nelson, Anthony Leeds, John O. Field, Frederick W. Frey, Henry A. Dietz, Susan Eckstein y Carlos Salinas de Gortari. Sin embargo, no se debe hacer responsables a ellos ni a ninguna de las instituciones de financiamiento mencionadas por cualquier error de hecho o de interpretación que se encuentre en este libro. También es mía la responsabilidad por todas las fotografías que se incluyen, la mayoría de las cuales se tomaron durante el periodo inicial de trabajo de campo en 1970. Las fotografías y el análisis en este libro describen la situación de las colonias proletarias de la ciudad de México como estaba a principios de los años setentas; no reflejan los cambios que hayan ocurrido en el periodo después de 1972.

W.A.C.

Lagos de Moreno, Jal., México.
Junio de 1975

I. INTRODUCCIÓN

El desplazamiento masivo de la población de las zonas rurales a las urbanas en los países en desarrollo es uno de los grandes dramas humanos de nuestro tiempo. Aunque nuestra atención se concentra con más facilidad en las manifestaciones de inestabilidad social del Tercer Mundo tales como los golpes militares, las guerrillas y los motines estudiantiles, una rebelión de mucha mayor magnitud es la que representa la acumulación de las decisiones de millones de individuos —en su mayoría campesinos— de rechazar las condiciones de pobreza, inseguridad y explotación económica, abandonando el campo e iniciando una nueva vida en la ciudad.

Las poblaciones urbanas de todo el mundo en desarrollo se han incrementado a tasas crecientes durante las últimas tres décadas; Hispanoamérica, que ya estaba más urbanizada que África o Asia e incluso un poco más que la Europa meridional, ha superado a las demás regiones. Entre 1940 y 1960, en América Latina la población de las localidades con 20 mil o más habitantes creció aproximadamente 5% anual, duplicándose en cerca de 15 años —una tasa a la que sólo se llegó durante breves periodos en las naciones más industrializadas y en una etapa muy posterior del desarrollo económico. Durante el mismo periodo, las ciudades hispanoamericanas con 100 mil o más habitantes crecieron a una tasa anual del 11%, lo que es tres veces mayor que la tasa de crecimiento de la población total de la región. Aunque algunas proyecciones indican una pequeña disminución en la tasa de urbanización para el periodo de 1960-1980, hasta aproximadamente 4.4% al año, se prevé que para finales del decenio de los setentas, más o menos 60% de la población de América Latina vivirá en zonas urbanas (Miller y Gakenheimer, 1971, pp. 9-10; Banco Mundial, 1972, anexo I, p. 2).

A medida que se hacía evidente la importancia de este fenómeno a finales de los años cincuentas y a principios de la década de los sesentas, los científicos sociales y los funcionarios públicos empezaron a ponderar las consecuencias para la estabilidad política de Hispanoamérica y de otras regiones del Tercer Mundo. En ese momento casi no se conocía nada concreto sobre las actitudes y comportamiento político de los citadinos recién llegados. Sin embargo, la teoría sociológica y algunos estudios empíricos fragmentarios cuyo propósito era informar sobre la urbanización que habían tenido los Estados Unidos y la Europa Occidental, ofrecían lo que parecía constituir lineamientos importantes; el resultado fue un diluvio de comentarios muy especulativos, alarmistas e impresionantes sobre las "probables" consecuencias sociales y políticas de la rápida urbanización en el Tercer Mundo.[1] Actualmente es claro que la mayoría de esos esfuerzos preliminares por estudiar lo que se suponía era un proceso "universal" (la urbanización), cuyos resultados eran predecibles en gran medida (las masas de migrantes "radicales" que desafiaban y quizá lograrían derrocar el orden sociopolítico establecido) estaban encaminados fundamentalmente en la dirección equivocada. Las razones se encuentran, en parte, en la tendencia del científico social a generalizar demasiado con base en la experiencia de los países avanzados industrialmente, y aún más en la clase de supuestos que se hicieron sobre la naturaleza de las ciudades del Tercer Mundo, las condiciones de vida de los inmigrantes de las ciudades y la forma en que ellos las percibían, y la manera en que el vivir en la ciudad afecta la orientación de la persona con respecto a la política y el sistema político. En los capítulos siguientes someteremos todos esos supuestos a un análisis crítico.

¿Son revolucionarias las "masas" migrantes? Definitivamente no, al menos en América Latina y en muchas otras partes del mundo en desarrollo. Pero éste no es el único aspecto de la migración a las ciudades que debe preocupar a quien estudia el comportamiento político. Por desgracia, parece que se ha supuesto, como consecuencia del revisionismo académico sobre este tema, que los migrantes a las ciudades que no son radicales, son apáticos e ignorantes políticamente, alejados del campo político, personas que no actúan y sobre las cuales no se actúa políticamente. Pero *sí* ocurre aprendizaje político entre los migrantes pobres —aunque de un tipo diferente y con resultados distintos de los previstos en los escritos de los años cincuentas y sesentas— y aun existe una gran necesidad de concretar las determinantes y consecuencias de ese proceso de aprendizaje.

Este libro presenta un estudio comparativo de los migrantes y de sus vecinos nacidos en la ciudad, en seis comunidades relativamente pequeñas en que predominan las personas de bajos ingresos, ubicadas en la periferia de la ciudad de México. Se fundamenta en catorce meses de trabajo de campo en esas comunidades durante 1970, 1971 y 1972. Trata de un grupo relativamente pequeño de personas en un número limitado de localidades en determinado momento, y por lo tanto padece todas las limitaciones que impone dicho enfoque. Sin embargo, la investigación se ocupa de varios problemas de importancia general: ¿Cuál es el proceso por el que un individuo forma una imagen de la política y del sistema político, y asume un papel de participación o de no participación en la

[1] Cornelius (1969, 1971), Nelson (1969) y Schoultz (1972b) resumen esa literatura, así como la evidencia empírica, que no apoya sus principales postulados.

actividad política? ¿Cuáles son los incentivos o desincentivos más importantes para la participación política? ¿Cómo puede el ciudadano individual —en especial el ciudadano de pocos recursos económicos— manipular el sistema político para satisfacer sus necesidades? ¿Qué efecto tienen sobre el funcionamiento del sistema político un gran número de personas que ingresan al sistema, y qué efecto tiene el sistema sobre ellas? ¿Qué acontece en las bases de un sistema político nacional, y cómo afecta la actividad política que ocurre a ese nivel a los productos del sistema? Creo que las investigaciones que tratan de estos amplios problemas deben aprovechar los resultados de estudios realizados en contextos diversos. Por lo tanto, en este estudio hago referencia comparativa al mayor número posible de trabajos teóricos y empíricos, incluyendo los estudios que se han realizado en los Estados Unidos y en otros países industrialmente más desarrollados.

Hay quienes han argumentado que en esta época de encuestas que abarcan varias naciones y de bancos de datos cada vez más amplios, los estudios de casos, como el que hice, son anacrónicos y contribuyen poco a la elaboración de teorías generales.[2] Lo cierto es que entre los científicos sociales que emplean métodos de investigación y datos cuantitativos parece predominar un supuesto general de que las observaciones más importantes para comprender el comportamiento político y la formación de actitudes políticas *deben* provenir de estudios que buscan obtener un alto nivel de generalización —como mínimo, un país; de ser posible, un grupo de países. Mi investigación, no obstante, se llevó a cabo con la convicción de que los estudios de nivel "micro" llevados a cabo dentro de una estructura comparativa bien controlada (véase Verba, 1967) y que son sensitivos al contexto sociopolítico inmediato en que se presenta el comportamiento político individual, también pueden hacer importantes contribuciones a nuestro conocimiento básico del hombre político. De hecho, podría argumentarse que los estudios de nivel "micro" han sido esenciales para avanzar en la comprensión de las actitudes y comportamiento políticos de los migrantes de las ciudades, puesto que la mayoría de las generalizaciones sobre este tema obtenidas de los estudios macroscópicos comparativos han tenido poco poder explicativo y predictivo.

También es erróneo suponer que se deben cruzar las fronteras nacionales para encontrar contextos apropiados para comprobar las hipótesis sobre las actitudes y comportamiento políticos de los migrantes pobres. Varios investigadores trabajando en América Latina han encontrado diferencias importantes en la cultura política y funcionamiento guberna-

[2] Véase, por ejemplo, la argumentación que elaboró Kaufman (1972, pp. 378-379) respecto a la utilidad de los estudios de casos en la investigación de problemas urbanos en Hispanoamérica.

mental entre las principales ciudades de un mismo país (A. Leeds, 1968; Montaño, 1974; Portes y Walton, 1975; cap. 4). Además, los estudios comparativos de comunidades *dentro* de las ciudades latinoamericanas han revelado normas locales igualmente distintas. En algunas comunidades los residentes tienen una identificación positiva y fuerte con la comunidad, participan ampliamente en la interacción mutua formal e informal, y carecen de nexos importantes con la sociedad y política fuera del ámbito local; en otras, los residentes no están orientados positivamente al área local, tienen pocos contactos entre sí y se unen a estructuras sociales y políticas supralocales. Algunas comunidades no muestran ninguna capacidad para la acción política colectiva de cualquier clase, en tanto que en otras los grupos de residentes participan activamente en las solicitudes que se presentan al gobierno por los títulos de los terrenos o por la dotación de servicios urbanos. Algunas comunidades parecen representar subculturas de oposición política; otras parecen apoyar el orden político existente. Se ha encontrado incluso que comunidades vecinas geográficamente en una misma ciudad difieren mucho en el grado y manera en que sus habitantes se integran social, económica y políticamente a la vida urbana.[3] Las causas de esas diferencias son numerosas y complejas, como se demostrará en los capítulos siguientes de este estudio.

El punto importante que se quiere recalcar es que las variaciones en el *contexto* social del aprendizaje político entre una zona y otra de la ciudad puede ser la causa de gran parte de la diversidad que se observa en las actitudes y comportamiento políticos. Puede esperarse que los migrantes recientes a la ciudad no sólo difieran con respecto a sus antecedentes sociales y características de personalidad, sino también en términos de las influencias socializantes a las que están expuestos en razón de su residencia en ciertos barrios. Esto sugiere la conveniencia de una estrategia de investigación muy diferente a la utilizada en la mayoría de los estudios sobre la asimilación o adaptación de los migrantes a la vida urbana. Por lo general, la atención se ha centrado en las características de los migrantes como individuos —esto es, sobre el conjunto de atributos personales que presentan antes y después de la migración— y la forma en que estos atributos aumentan o disminuyen las posibilidades que tiene el migrante para superarse económicamente o integrarse con éxito al ambiente urbano. El problema fundamental con este enfoque es el mismo que también ha preocupado a los críticos de los estudios de encuesta excesivamente "individualistas":

[3] Véanse, entre otros: Berhman, 1971, 1972; Butterworth, 1973; Collier, 1971, 1973; Dietz, 1974; Eckstein, 1972a; Frank, 1969, pp. 281-285; Gauhan, 1974, pp. 36-39; Germani, 1967, p. 188; Goldrich, Pratt y Schuller, 1970; Lewis, 1961, pp. xii-xviii; Lutz, 1970; Mercado Villar *et al.*, 1970; Ornelas, 1973; Patch, 1968, pp. 178, 219; Perlman, 1971; Portes, 1971a, 1971b; Roberts, 1973; Rogler, 1967; Stokes, 1962; J. Turner, 1971.

> La investigación, tal como se lleva a cabo utilizando una muestra aleatoria de individuos, es un fragmentador sociológico, que separa al individuo de su contexto social y asegura que nadie en el estudio interactúe con otra persona. Es como si un biólogo pusiera a sus animales de experimentación en una moledora de carne y observara por medio de un microscopio, cada centésima célula; la anatomía y la fisiología se pierden, la estructura y la función desaparecen y uno sólo se queda con la biología celular (Barton, 1968, p. 1).

Esta analogía se aplica a gran parte de la investigación empírica que se ha hecho sobre los migrantes a las ciudades, así como a los estudios más generales que abarcan más de un país y han tratado de utilizar la residencia en las ciudades o el *status* migratorio como una variable independiente.

Para explicar adecuadamente las actitudes y comportamiento de los migrantes debemos considerarlos como personas que desempeñan ciertos papeles en los sistemas sociales y políticos existentes (*cf*. Shannon, 1965; Shannon y Shannon, 1968; Graves y Graves, 1974). Este enfoque se centra en la forma en que la estructura y organización de la nueva comunidad del migrante influyen sobre la manera en que él se ajusta a la vida urbana. Hablando en sentido amplio, el presente estudio es un intento por ubicar al migrante de bajos ingresos en su contexto social y político. Al hacerlo así, me basé principalmente en un diseño de encuesta y un procedimiento analítico fundamentados en el contexto, y en una combinación de técnicas de recolección de datos obtenidos de las tradiciones sociológica (encuesta por muestreo) y antropológica (observación-participante y entrevistas detalladas sin cuestionario). Esta metodología ecléctica produjo un conjunto extraordinariamente rico de datos cuantitativos y cualitativos sobre un número relativamente grande de individuos concentrados en un número relativamente pequeño de comunidades. También estas comunidades, junto con sus relaciones con las instituciones políticas y sociales del medio urbano mayor, fueron sujetos de un intenso estudio etnográfico. Durante la investigación he creído que un enfoque que le permita al investigador centrarse en la interacción entre los atributos individuales y los de las estructuras políticas y sociales en que se encuentra el individuo, es probablemente la técnica que produce la información más adecuada sobre el proceso de aprendizaje político.

La comunidad urbana local como contexto socializador

La escuela de la "ecología humana" de la sociología urbana de los Estados Unidos ha insistido en la diferenciación residencial de la ciudad en un "mosaico de mundos sociales" que representan subsistemas de la sociedad fundamentados territorialmente.[4]

En años recientes la preocupación por la disminución de la solidaridad comunal entre los habitantes de las ciudades, por los conflictos sobre el control comunal de las escuelas y de los servicios municipales, y los problemas para llevar al máximo la participación ciudadana en los programas gubernamentales de nivel local, se han combinado para reorientar la atención hacia las vecindades urbanas de bajos ingresos en los Estados Unidos y otros países industrializados, considerándolas como una comunidad social y política.[5] En los países en desarrollo el surgimiento de cientos de asentamientos "no controlados" formados por "paracaidistas" * en la periferia de las grandes ciudades también ha conducido al creciente reconocimiento de la comunidad urbana local como campo para la interacción social y política.[6]

Los estudios de comunidades de bajos ingresos, tanto en los países en desarrollo como en los industrializados, ofrecen pruebas abundantes de que esas comunidades representan más que simples agregados estadísticos de habitantes de las ciudades. Por una parte, con frecuencia son consideradas por muchos de sus habitantes como segmentos identificables del espacio urbano. Entre los inmigrantes incluidos en este estudio, 88% de los entrevistados pudo trazar un mapa de su comunidad de residencia, que correspondía aproximadamente a los límites físicos o político-administrativos reales de esa comunidad (véase la figura I.1).[7] Además, la gran

[4] Park, Burgess y McKenzie, 1925, y Park, 1952, pp. 17 *ss.* explican más ampliamente el concepto de la diferenciación residencial urbana. Los estudios de Park y de sus colegas en la Universidad de Chicago, al igual que otros trabajos que fueron estimulados por sus opiniones sobre la ciudad, son resumidos por Timms, 1971, cap. I, y por Hunter, 1974.

[5] La literatura sobre estos y otros aspectos de la función de la comunidad urbana local en los países industrializados es voluminosa. La función de la vecindad en el surgimiento del "sentido de comunidad" entre los residentes de grandes áreas metropolitanas es tratada ampliamente por Effrat, 1974; Greer y Greer, 1974; Bell y Held, 1969; Dennis, 1968; Fellin y Litwak, 1968; Keller, 1968; Lenz-Romeiss, 1973; Sennett, 1970, y Swanson, 1970. Los problemas de la participación en la comunidad local y del "control" de la misma son tratados por Frederickson, 1973; Greenstone y Peterson, 1973; Hallman, 1974; Kramer, 1969; Lynch *et al.*, 1972; Marshall, 1971; Yates, 1973; Zimmerman, 1971, 1972. De manera más general se ha presentado un renacimiento del interés en la territorialidad como base de la organización política, competencia y conflicto en el medio urbano. Véase, en especial, Cox, 1973; Cox, Reynolds y Rokkan, 1974; Moinat *et al.*, 1972; Suttles, 1972. Gran parte de la renovada atención sobre la comunidad urbana local como lugar de acción política y social parece haber sido inspirada por detallados estudios etnográficos de ciertas vecindades de bajos ingresos en las ciudades de los Estados Unidos. Entre los mejores están los de M. Fried, 1973; Gans, 1962; Suttles, 1968, y Kornblum, 1974.

* En México se llama "paracaidistas" a los moradores de los asentamientos precarios, quizá porque aparecen de pronto sobre el terreno, "como caídos del cielo". [E.]

[6] Los estudios más generales sobre esta pauta del asentamiento urbano incluyen los de A. Leeds, 1969, Mangin, 1967, Juppenlatz, 1971 y Turner, 1968a, 1971. También se han completado estudios detallados de casos de asentamientos precarios; véase, por ejemplo, M. Ross, 1973b, 1973c.

[7] A los entrevistados se les hizo la siguiente pregunta: "Ahora, me gustaría platicar un rato sobre la *colonia* [en México así se llama a la comunidad local] en que usted vive. Aquí tiene una hoja de papel. ¿Podría dibujar un mapa aproximado de su colonia, mostrando dónde empieza y

densidad de población de esas zonas, la gran parte de tiempo libre que pasan las personas pobres en las inmediaciones de su medio residencial; el

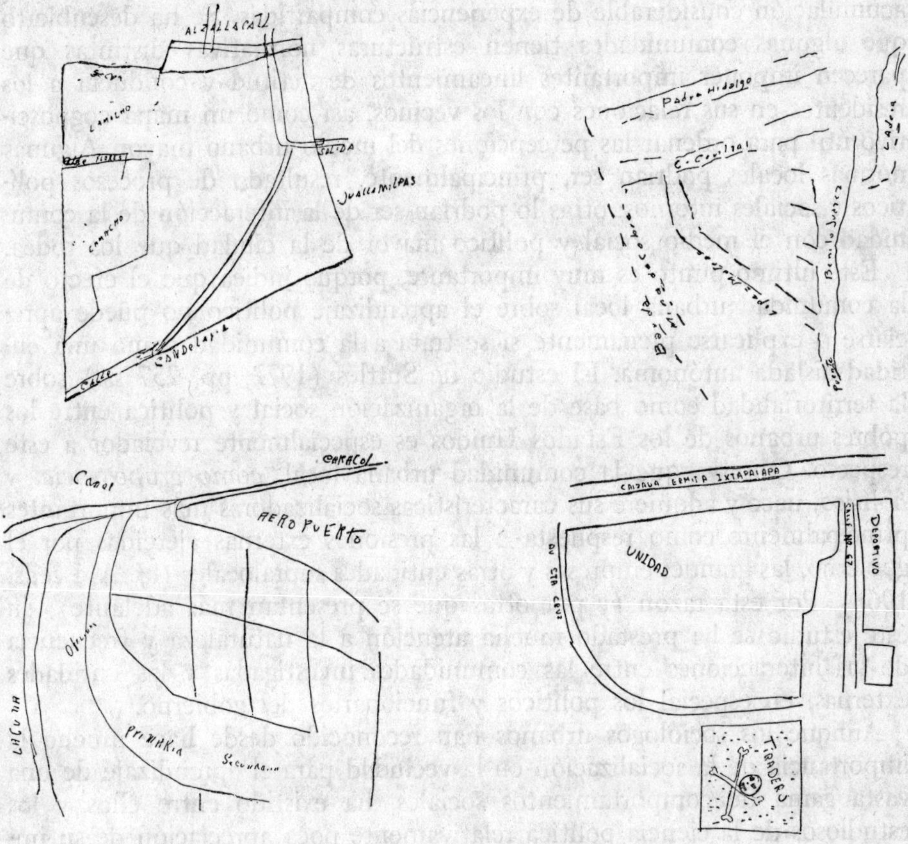

FIGURA I.1. Dibujos hechos por entrevistados de algunas comunidades investigadas.

uso de las instalaciones comunales, como las llaves de agua; la existencia de problemas relativos a toda la comunidad, como la inseguridad en la tenencia de los terrenos y la falta de servicios básicos, se combinan para promover la interacción personal directa.

dónde termina?" Otros investigadores también han comentado la capacidad de los pobres de la ciudad para visualizar y describir la comunidad territorial de la que forman parte. Véase en especial Stea, 1966, 1968; Peattie, 1968, pp. 54-55, y M. Fried, 1973. Fried, cuya investigación trató de una barriada de inquilinos pobres en Boston, afirma que (1973, p. 63): "Se halle donde se halle la barriada y sea cual sea el tipo particular de casas que se encuentre en el área... la barriada representa por lo general una combinación única de espacio social y físico. Más que ninguna otra comunidad, la barriada urbana es un segmento circunscrito y diferenciable del mundo en medio de la metrópoli." *Cf.* T. Lee, 1968, y L. Ross, 1970.

Los residentes de las vecindades pobres muestran a menudo un gran sentido de identificación personal con su comunidad. En las comunidades donde la residencia es relativamente estable puede haber, además, una acumulación considerable de experiencias compartidas. Se ha descubierto que algunas comunidades tienen estructuras normativas distintas que parecen imponer importantes lineamientos de actitud y conducta a los residentes en sus relaciones con los vecinos, así como un mapa cognoscitivo útil para ordenar las percepciones del medio urbano mayor. Algunas normas locales podrían ser, principalmente, resultado de procesos políticos y sociales internos; otras lo podrían ser de la interacción de la comunidad con el medio social y político mayor de la ciudad que los rodea.

Este último punto es muy importante, porque indica que el efecto de la comunidad urbana local sobre el aprendizaje político no puede apreciarse o explicarse plenamente si se trata a la comunidad como una entidad aislada autónoma. El estudio de Suttles (1972, pp. 257 *ss.*) sobre la territorialidad como base de la organización social y política entre los pobres urbanos de los Estados Unidos es especialmente revelador a este respecto. Observa que la comunidad urbana local, *como grupo social y político,* nace y adquiere sus características socializadoras más importantes principalmente como respuesta a las presiones externas ejercidas por el gobierno, las grandes empresas y otras entidades supralocales (*cf.* A. Leeds, 1968). Por esta razón (y por otras que se presentan más adelante), en éste estudio se ha prestado mucha atención a la naturaleza y frecuencia de las interacciones entre las comunidades investigadas y las entidades externas, en especial los políticos y funcionarios del gobierno.

Aunque los sociólogos urbanos han reconocido desde hace mucho la importancia de la socialización en la vecindad para el aprendizaje de una vasta gama de comportamientos sociales, ha existido entre ellos y los estudiosos de la ciencia política relativamente poca apreciación de su importancia para los procesos del aprendizaje *político.* En realidad, el hecho evidente de que las comunidades suburbanas de los Estados Unidos no hayan influido sobre las actitudes y el comportamiento políticos de los residentes venidos de fuera, ha hecho que algunos sociólogos lleguen a descartar a la comunidad local como factor importante de la socialización política. Por ejemplo, Scott Greer (1970, pp. 607-608) ha argumentado: "Los productos sociales de la vecindad *per se* son orden en pequeña escala, ayuda mutua y amistad... La interacción de las familias produce una abundante red de vecindades en los suburbios, pero éstas tienen poca importancia directa para la política." [8] Por razones que expondremos con

[8] Otros sociólogos que han hecho afirmaciones similares sobre la poca importancia política de la residencia en las comunidades suburbanas incluyen a C. G. Bell (1969), Berger (1960) y Gans (1963).

más detalle en el capítulo V, esta ausencia de efectos es precisamente lo que se podría esperar en un suburbio en que predominara la clase media o alta. Como lo ha indicado Marc Fried (1973, p. 81), el hincapié en el localismo —"una conceptualización de la vecindad como una extensión del hogar"— es mucho más fuerte entre las personas de la clase baja que entre quienes pertenecen a niveles más altos de la jerarquía social, cuya orientación hacia la vida urbana tiene una amplitud más "metropolitana" y que utilizan más selectivamente su medio residencial inmediato.

También los estudiosos de la ciencia política han considerado que no es necesario dedicar mucha atención a la comunidad local como contexto o agente de la socialización política. Sería en vano buscar una sola referencia a la vecindad o al lugar de residencia en los estudios más ortodoxos del tema. Se podría argumentar que se había prestado mayor atención a los efectos de la comunidad urbana local,[9] si quienes realizaron investigaciones empíricas sobre la socialización política en la última década hubieran hecho la mayor parte de su trabajo entre adultos y no entre niños, y en vecindades distintas de las de blancos de clase media.

En particular, entre los emigrantes de bajos ingresos que se dirigen a las ciudades de América Latina, la comunidad local ha sido agente importante en la socialización política, ya que esas personas sólo han tenido un contacto mínimo con otros agentes socializadores y no cuentan con otras bases importantes de organización política. Muchos inmigrantes de las ciudades latinoamericanas no están empleados en grandes empresas ni en pequeñas fábricas, tiendas, oficinas u otros medios de trabajo estable. En la mayoría de las ciudades sólo unos cuantos pertenecen a sindicatos; tampoco es probable que se unan a partidos políticos u otros tipos de organizaciones voluntarias de importancia política, activas en ámbitos mayores al de la comunidad local. En todo caso, los grupos que abarcan toda la ciudad o los movimientos basados en intereses de clase, étnicos, regionales, religiosos o "problemas específicos" no son comunes y atraen sólo a un número insignificante de la población migratoria, en los lugares donde existen. Por supuesto, las personas que emigran en edad temprana están expuestas a las influencias socializadoras de la familia y de la escuela durante largos periodos después de haber llegado

[9] Los estudios sobre la socialización política entre adultos han sido escasos. Véase Fagen, 1969; Frey y Ross, 1967; Krauss, 1974; Maguire, 1969; Roth, en preparación; Uno, 1972. Es significativo que todos, menos el último de esos estudiosos (Uno, 1972) se refieran a poblaciones no estadunidenses. En este país, sólo un pequeño porcentaje de las investigaciones sobre socialización política entre niños ha tratado con grupos de pobres o de minorías. Las principales excepciones a esta norma incluye el estudio de Hirsch, 1971 (sobre los blancos pobres de los Apalaches); García, 1973 (sobre los chicanos); y los artículos de Marvick y Greenberg en la obra editada por este último en 1970 (sobre negros que residían en ciudades grandes). Para un estudio original sobre la influencia de la vecindad en el aprendizaje político entre los niños de los Estados Unidos, véase Gustafsson, 1974.

a la ciudad; pero para quienes emigran al final de su adolescencia o después, a menudo el efecto de esos agentes es mínimo. Por último, aunque el contacto con los medios de comunicación de masas puede ser mucho mayor en los centros urbanos que en las zonas rurales, la mayor parte de las pruebas indica que la atención prestada al contenido político de esa comunicación es relativamente escasa. De este modo, para una gran proporción de inmigrantes de bajos ingresos a las ciudades hispanoamericanas, la comunidad local proporciona las "guías" más importantes para las actitudes y el comportamiento políticos.[10]

Además de las normas de actitud y de comportamiento que la comunidad, como grupo de referencia, pueda proporcionar a sus residentes, las condiciones de vida locales y la situación de la tenencia de los terrenos contribuirán a determinar las necesidades y problemas que percibirán como posibles de ser solucionados por la acción del gobierno. Como veremos en el capítulo VI, los líderes de la comunidad, y las juntas de mejoramiento interesados con tales problemas, desempeñan con frecuencia un papel extremadamente importante en el aprendizaje político, pues proporcionan oportunidades para la participación en actividades políticas, e influyen en la formación de las percepciones del sistema político.

Con frecuencia algunas de las experiencias más importantes del aprendizaje político de los residentes de la comunidad urbana local son obtenidos durante la interacción de ésta con los organismos políticos y gubernamentales. Especialmente en los asentamientos precarios y en otras comunidades formadas ilegalmente, se requiere un largo proceso de discusiones y negociaciones colectivas, que con frecuencia duran muchos años, para obtener que el gobierno reconozca los derechos de tenencia y proporcione todos los servicios y mejoras urbanas. Los resultados de los esfuerzos colectivos para influir en las decisiones del gobierno sobre estos asuntos parecen ser determinantes importantes no sólo de los niveles y tipos de participación política subsecuente, sino también de una gran variedad de orientaciones afectivas y evaluativas hacia el sistema político.

Estudios que se han hecho en los Estados Unidos, la América Hispánica y África han demostrado que los grupos fundamentales territorialmente son de gran importancia como medios de aprendizaje político entre los pobres de la ciudad, cuando sus integrantes se enfrentan a políticas gubernamentales o acciones administrativas que parecen amenazar la sobrevivencia o las perspectivas de desarrollo de la comunidad local (Kurtz, 1973; Mollenkopf, 1973; Portes y Walton, 1975, cap. 3; M. Ross, 1973b; Tilly, 1974). Como muchos migrantes de bajos ingresos a las

[10] Para una discusión general de la importancia de la comunidad local como base de la organización política en América Latina, véase Chalmers, 1972, pp. 110-111.

ciudades latinoamericanas residen eventualmente en asentamientos precarios y en otros barrios sometidos a amenazas externas y a la inseguridad en la tenencia de los terrenos, se incrementa considerablemente la probabilidad de que su comunidad sea el centro de importantes experiencias políticas.

Como afirmó un estudioso de los pobres de las ciudades en los Estados Unidos: "Si se quiere que el concepto de vecindad tenga alguna utilidad... es indispensable obtener una mejor comprensión de la función de esas áreas locales en la generación y conservación de normas y actitudes" (Wilson, 1971a, p. 369). En esta obra intento contribuir a la comprensión de los tipos de comunidades que han sido las principales receptoras de los migrantes a las ciudades en México y otros países latinoamericanos, durante las últimas décadas.

El aprendizaje político durante el ciclo vital

Cualquier investigación del "aprendizaje político" entre los migrantes adultos a la ciudad debe suponer por necesidad que cualquier orientación política que éstos llevan a la ciudad está sujeta a ser modificada o reemplazada en el periodo posmigratorio. Este supuesto es contrario a la tradición que predomina en los estudios de la socialización política que, como dijimos, se han ocupado casi exclusivamente del aprendizaje político durante la niñez. Las razones de este enfoque se encuentran en dos proposiciones básicas: *1)* Que las orientaciones básicas de un individuo hacia la política se aprenden en la niñez y la adolescencia; *2)* Que la primera socialización que ocurre se relaciona de manera importante con las actitudes y comportamiento político del adulto (véase Hirsch, 1971, pp. 2-3). Según esta visión del proceso de socialización, los cambios importantes en las actitudes y comportamiento político durante la vida adulta son anormalidades que deberán explicarse en cada caso, o simples variaciones en los resultados de la socialización ocurrida durante la infancia.

Existen cuando menos dos objeciones importantes a esta opinión sobre el aprendizaje político. En primer lugar, la relación directa entre la socialización durante los primeros años de vida y el comportamiento político posteriormente, sólo ha sido supuesta, no demostrada (véase Searing, Schwartz y Lind, 1973). Se necesitan estudios que sigan al mismo individuo en el transcurso de su vida para confirmar esa relación, y son muy pocos los que se han hecho; pero los que se han terminado hasta ahora (Krauss, 1974; Uno, 1972) sugieren que pueden existir importantes discontinuidades en las actitudes y comportamiento político a través del ciclo vital.

La segunda objeción importante que puede hacerse se refiere a las *posibilidades* de "nuevos" aprendizajes políticos significativos o del reaprendizaje entre los adultos. Como ha observado Fagen (1964, p. 25): "Los adultos de muchos países se encuentran actualmente en ambientes políticos muy distintos de aquellos en que crecieron. Deben aprender de nuevo a participar, y además para hacerlo así deben 'olvidar' muchas actitudes y habilidades que adquirieron antes." Los migrantes a las ciudades que experimentaron la socialización de la infancia en una comunidad rural deben, con seguridad, incluirse entre los ciudadanos adultos de un país en desarrollo que tienen que aumentar nuevas orientaciones hacia la política y el sistema político.

En México existen importantes continuidades en algunos tipos de aprendizaje político entre el ambiente rural y el urbano, pero también está claro que la residencia en ciertas comunidades urbanas de bajos ingresos hace convenientes determinadas orientaciones políticas, que es poco probable que hayan sido aprendidas en una comunidad rural. Para comprender cómo se desarrollan esas orientaciones en un ambiente urbano, es preciso adoptar un concepto más flexible, amplio y adaptado a las situaciones particulares del proceso de aprendizaje político, que el que se encuentra en la mayoría de los estudios sobre socialización. Ese concepto presta mucha atención al mecanismo de ajuste a las situaciones particulares entre los adultos:

> La persona, a medida que pasa por una variedad de situaciones sociales, aprende los requisitos para continuar en cada situación y para adaptarse a ella. Si tiene un gran deseo de continuar, si tiene capacidad para evaluar con exactitud lo que se requiere, y si puede desempeñar las acciones requeridas, el individuo se convierte en la clase de persona que exige la situación (Becker, 1964, p. 44).

Esta perspectiva es muy similar a la que adoptan los teóricos del "aprendizaje social" y quienes han utilizado modelos de aprendizaje social para estudiar la socialización política durante la infancia (Brim, 1966; Rohter, 1970; Feldman, 1973). Al explicar por qué las personas desarrollan sus orientaciones políticas, llama la atención sobre el carácter de la situación (es decir, el contexto) en que ocurre el aprendizaje político. Exige que los investigadores especifiquen qué existe en una determinada situación, qué alienta o requiere que la persona que está siendo socializada tenga ciertas creencias o actúe en cierto modo:

> No preguntamos qué hay en él que requiera esa acción o creencia. Lo único que necesitamos saber de la persona es si por una u otra razón desea continuar par-

ticipando en la situación o beneficiarse de ella. Por esto podemos deducir que hará lo que pueda para hacer lo que es necesario en esa situación (Becker, 1964, página 44).

Es de esperar que a medida que se avance en la lectura de este libro, se apreciará la utilidad de esta perspectiva del aprendizaje político para comprender las diferencias de actitudes y comportamiento que se pueden observar entre los inmigrantes en la ciudad de México. Ayuda a que el investigador evite una de las principales debilidades en las investigaciones previas sobre la socialización política: la preocupación por *lo* que se aprende, y la secuencia del aprendizaje en vez de la *forma* en que se aprende.[11] Uno de los objetivos primordiales de este libro es determinar los principales mecanismos causales del aprendizaje político dentro de la comunidad.

Sitio y métodos de la investigación

Se escogió a México como sitio del estudio por su alta tasa de urbanización en las últimas décadas (véase el capítulo II) y por mi interés general en la evolución de la sociedad y política mexicanas desde la Revolución de 1910. Me había familiarizado con el ambiente de investigaciones en México durante prolongados periodos de viaje y estudio en 1962 y 1964. La zona urbana de la ciudad de México en 1970 parecía un sitio particularmente apropiado para estudiar a los migrantes pobres debido a que los científicos sociales de los Estados Unidos y de México casi no habían prestado atención a este sector de la población de la ciudad. Esta carencia de información era mucho más notable cuando se comparaba con el gran número de estudios empíricos que se habían hecho sobre poblaciones similares en Lima, Santiago de Chile, Río de Janeiro, Buenos Aires, Bogotá y otras importantes ciudades latinoamericanas.

El universo básico de este estudio está constituido por los jefes de familia con edades entre 18 y 65 años, que viven en seis comunidades predominantemente de bajos ingresos, en la periferia de la zona urbana de la ciudad de México. Las seis comunidades fueron seleccionadas con base en los propósitos del estudio, pero una vez hecha la selección se emplearon métodos de muestreo científicos dentro de cada comunidad para obtener una muestra estratificada que serviría para las entrevistas estructuradas.[12]

[11] Frey (1973) también ha sostenido la necesidad de especificar más minuciosamente qué es lo que en un agente de la socialización afecta el resultado del proceso de socialización. Véase también Cook y Scioli, 1972, p. 957.

[12] Véase el Apéndice D, pp. 304-308, para una descripción detallada de los procedimientos empleados para sacar las muestras y para asignar un peso a las respuestas para el análisis cuanti-

Cerca de una tercera parte del total de entrevistados no son migrantes, y se les define como individuos que nacieron o pasaron la mayor parte de la época de sus vidas comprendida entre los 5 y 15 años, en la zona urbana de la ciudad de México.[13] El resto son inmigrantes, a los cuales se define como personas que nacieron o pasaron la mayor parte de la época de sus vidas comprendidas entre los 5 y 15 años, afuera de la ciudad. También se elaboró una submuestra de los hijos varones mayores de los inmigrantes (18 años o más), de tal modo que por cada cuatro familias representadas en la muestra total había una en que se entrevistaba por separado al jefe de familia y al hijo varón mayor. En los capítulos que siguen se compara a los hijos con los padres en varios aspectos, pero aparte de esa excepción, no se les ha incluido en el análisis de datos.

No se incluyó a las mujeres en la muestra principal, por tres razones. Primero, limitaciones financieras y de tiempo sobre el tamaño de la muestra y el número de variables que deseaba controlar en el análisis (comunidad de residencia, edad, duración de la residencia en la ciudad, posición socioeconómica) hicieron muy problemática la inclusión de las diferencias de sexo. Segundo, deseaba que la comparabilidad de los resultados de mi investigación fuera la mayor posible con respecto a otros estudios de poblaciones urbanas de bajos ingresos en América Latina, que por lo general se habían limitado a los jefes de hogar o de familia de sexo masculino. Por último, es una realidad lamentable que entre la mayoría de los mexicanos aún se considera que la política es "cosa de hombres" y que es menos probable que las mujeres, en general, hayan desarrollado orientaciones hacia objetos políticos y hayan participado en algunas formas de actividad política (véase Arterton, 1974, caps. 7 y 12; Stevens, 1975, pp. 298-299).

Los datos cuantitativos obtenidos mediante las entrevistas de la encuesta por muestreo fueron complementados con datos etnográficos recopilados durante varios meses de observación participante en cada una de las comunidades que se incluyen en el estudio. También se llevaron a cabo entrevistas no formales, pero profundas, con informantes importantes y con líderes reconocidos en cada comunidad, así como con funcionarios gubernamentales y otras personas de "afuera" que han tenido amplios contactos con las comunidades. La investigación en archivos incluyó la búsqueda sistemática de documentos gubernamentales publicados que se refieren al desarrollo de las comunidades, copias de solicitudes y correspondencia en poder de los líderes de la comunidad, y artícu-

tativo. El cuestionario principal que se utilizó en la encuesta se reproduce en el Apéndice A, pp. 255-295.

[13] En este estudio utilizaremos indistintamente los términos "ciudad de México", "zona urbana de la ciudad de México", y "zona metropolitana de la ciudad de México", excepto cuando se indique lo contrario en el análisis demográfico del capítulo II.

los publicados en varios diarios de la ciudad de México entre 1954 y 1975. Finalmente, se obtuvieron detalladas historias de las vidas de varios residentes de cada comunidad para complementar las historias parciales recopiladas en todo el grupo de migrantes entrevistados en la encuesta por muestreo.

Los resultados de la encuesta que se presentan en este estudio fueron comprobados en todos los casos con los datos cualitativos que se obtuvieron mediante otros métodos de investigación menos estructurados que utilicé. En realidad, en muchos casos habría sido casi imposible interpretar correctamente los datos de la encuesta sin una participación prolongada en los acontecimientos y preocupaciones diarias de las personas que viven en las comunidades investigadas y sin un conocimiento de la historia de cada comunidad desde su formación. Como lo ha indicado Field (1973, p. 149), la mayoría de las investigaciones por encuesta son, de hecho, un sustituto de relaciones más estrechas con la población que se estudia. En el estudio actual, la encuesta por muestreo constituye sólo uno de varios métodos de recopilación de información que son complementarios y se refuerzan mutuamente.

La reconstrucción de la historia local, detalle por detalle, durante un periodo de varios meses con base en la evidencia documental disponible y las "historias orales" de los residentes de la comunidad, demostró ser uno de los aspectos que requirieron más tiempo, pero a la vez uno de los más satisfactorios en mi experiencia de investigación. Las seis comunidades que estudié diferían muy poco de otros cientos de barrios de bajos ingresos en la zona urbana de la ciudad de México. Las condiciones y acontecimientos que las originaron, y en varios casos los sacrificios y luchas necesarios para asegurar su sobrevivencia y desarrollo, eran desconocidas por todo el mundo, menos por los mismos residentes y unos pocos funcionarios del gobierno. Los habitantes de esas comunidades estaban plenamente conscientes de su anonimia dentro de la sociedad mexicana, y deseaban que se contara su historia. Muchos parecían sorprendidos y halagados de que una persona de "afuera" —en especial una de mayor *status* social— los buscara como informantes y amigos.

A medida que aumentaba mi identificación con los residentes de la comunidad, al transcurrir los meses de trabajo de campo, mi papel como observador participante se amplió hasta incluir la participación en las celebraciones familiares, el facilitar transporte a las clínicas médicas y las oficinas gubernamentales ubicadas en el centro de la ciudad, mecanografiar a máquina las solicitudes y correspondencia que se dirigían a los funcionarios públicos, y servir como "fotógrafo" oficial en las reuniones importantes de la comunidad y otras celebraciones. Parecía que la mayoría de los residentes apreciaban mi función de registrar las condiciones de las comunidades y los esfuerzos que hacían los residentes para mejorar esas condiciones. En particular, en los tres asentamientos precarios y en el proyecto gubernamental de "terreno y servicios" incluidos en el estudio, los residentes estaban interesados en que sus hijos conservaran una historia del progreso que habían hecho para crear una comunidad habitable en una tierra estéril, aparentemente inhóspita, con pocos recursos, y a menudo enfrentándose con una fuerte resistencia de parte de personas poderosas. A medida que los capítulos siguientes sirvan como una historia de esa determinación y logros, habré cumplido una de las principales metas de este estudio.

II. DEL CAMPO A LA CIUDAD

La mayoría de las personas cuyas actitudes y comportamiento se examinan en este estudio empezaron su vida en uno de los millares de pueblos pequeños que todavía abundan en el campo de México. En algún momento después de los quince años, se unieron al éxodo masivo del campo que ha modificado fundamentalmente la distribución espacial de la población mexicana desde 1940. Su viaje los llevó a una de las seis colonias proletarias que fueron los sitios de investigación de este estudio. Este capítulo describe algunos de los aspectos más importantes de su experiencia migratoria y de su relocalización urbana, desde su lugar de origen hasta su lugar actual de residencia en la ciudad de México.

La huida de la pobreza rural

La movilidad de la población mexicana se ha incrementado considerablemente desde 1940, hasta el punto de que en 1970 más de 15% de los mexicanos —esto es, 7.4 millones de 48.4 millones de habitantes— habían vivido cuando menos en un estado distinto al de su residencia cuando se realizó el censo. Se ha estimado que entre 1950 y 1970 cerca de 4.5 millones de personas emigraron de localidades rurales a localidades urbanas (Unikel, *et al.*, 1973, p. 24). Cerca de una tercera parte del crecimiento de la población urbana de México entre 1960 y 1970 se debió a dicha migración, y durante el periodo comprendido entre 1940 y 1960 la proporción fue de aproximadamente la mitad. Aunque la contribución relativa de la migración interna al crecimiento urbano ha disminuido, las estadísticas reflejan más una tasa muy alta de crecimiento demográfico natural (en promedio cerca de 3.4% durante el decenio de los sesentas) que cualquier disminución significativa en la tasa de emigración del campo. En los decenios de los cincuentas y de los sesentas, la gran mayoría de los inmigrantes eran trabajadores sin tierra y pequeños agricultores de subsistencia, los sectores más pobres de la población rural.

La proporción de la población de México que vive en localidades de menos de 2 500 habitantes ha disminuido de 60.9% en 1910, a 38.4% en 1970 (véase la figura II.1). Por lo general, las ciudades de tamaño pequeño y mediano han sido ignoradas por quienes emigran del campo, cuyos destinos preferidos son las grandes zonas metropolitanas, en especial la capital de la nación. Durante el decenio de los sesentas más de 43% del crecimiento de la zona urbana de la ciudad de México se debió a la inmigración —sólo en esa década hubo cerca de 1.8 millones de migrantes (Unikel, 1972, p. 24). Hacia 1970, la población de la zona urbana de la capital —incluyendo el antiguo centro urbano (ciudad de México), el Distrito Federal que lo rodea, y los municipios contiguos en el estado de México— había llegado a los 8.4 millones, en comparación con cerca de 1.5 millones en 1940. A mediados de los años setentas la cifra se estaba aproximando a los 12 millones, y se espera que llegue a los 14.4 millones en 1980. Se estimaba que en 1975 la población de la ciudad se incrementaba en 2 600 habitantes por día.[1] La proporción de la población total de México que reside en la capital se ha incrementado continuamente, de 7.9% en 1940 a 17% en 1970 y a 25% que se estima para 1980.[2]

Las razones del traslado en gran escala de la población de las zonas rurales a las urbanas de México, y de la creciente concentración de la población en la capital, no son difíciles de identificar. El rápido crecimiento de la población, la mecanización de la agricultura comercial, y la aguda escasez de nueva tierra de cultivo han ejercido una presión extrema sobre las oportunidades de empleo rural (Martínez Ríos, 1972). Como consecuencia, entre 1940 y 1960 ocurrió un aumento de 74% en el número de trabajadores agrícolas sin tierra en México (Stavenhagen, 1970, p. 245), y el nivel de salarios de quienes sí encuentran trabajo ha sufrido la correspondiente disminución. El programa de *braceros*, que consistía en la inmigración temporal de la mano de obra agrícola a los Estados Unidos, y que proporcionó una importante salida para la mano de obra excedente entre 1951 y 1964, fue terminado por el gobierno estadunidense.[3] Simultáneamente, las oportunidades de empleo (especialmente en el sector industrial), servicios sociales y otras ventajas se han concentrado crecientemente en las ciudades más grandes, sobre todo en la capital (véase J. Wilkie, 1970). En esas ciudades los salarios mínimos fijados oficialmen-

[1] Proyecciones realizadas por Luis Unikel y sus colegas de El Colegio de México indican una población (zona urbana) de 20.8 millones en 1990, lo cual haría de la ciudad de México la tercera zona metropolitana del mundo, después de Tokio y Nueva York. Durante el periodo 1950-1960, la ciudad creció a la tasa promedio anual de 5.4%; en 1960-1970, la tasa aumentó a 5.7%, y entre 1970 y 1975 fue superior a 5.5% (Unikel *et al.*, 1975). Las consecuencias potencialmente desastrosas desde el punto de vista ecológico y socioeconómico de la expansión de la ciudad a tales tasas ha sido analizada en la obra de Benítez (1975).

[2] Las estadísticas que se citan en este capítulo se obtuvieron de la obra del CEED, 1970, caps. 4 y 5; Unikel, 1972, 1973; R. Wilkie, 1975; Bataillon y Rivière d'Arc, 1973, pp. 39-44. En 1970, uno de cada tres habitantes de la ciudad de México era un inmigrante que había venido de otro estado.

[3] La importancia de este programa para la economía rural de México es mostrada en los estudios de Kemper (1971b, 1974) sobre la inmigración del pueblo de Tzintzuntzan en el estado de Michoacán. Más de la mitad de los residentes hombres económicamente activos de ese pueblo había participado en el programa de *braceros*, cuando menos en una ocasión. Para un análisis más detallado de ese programa y de su efecto sobre la economía mexicana véase la obra de H. Campbell (1972).

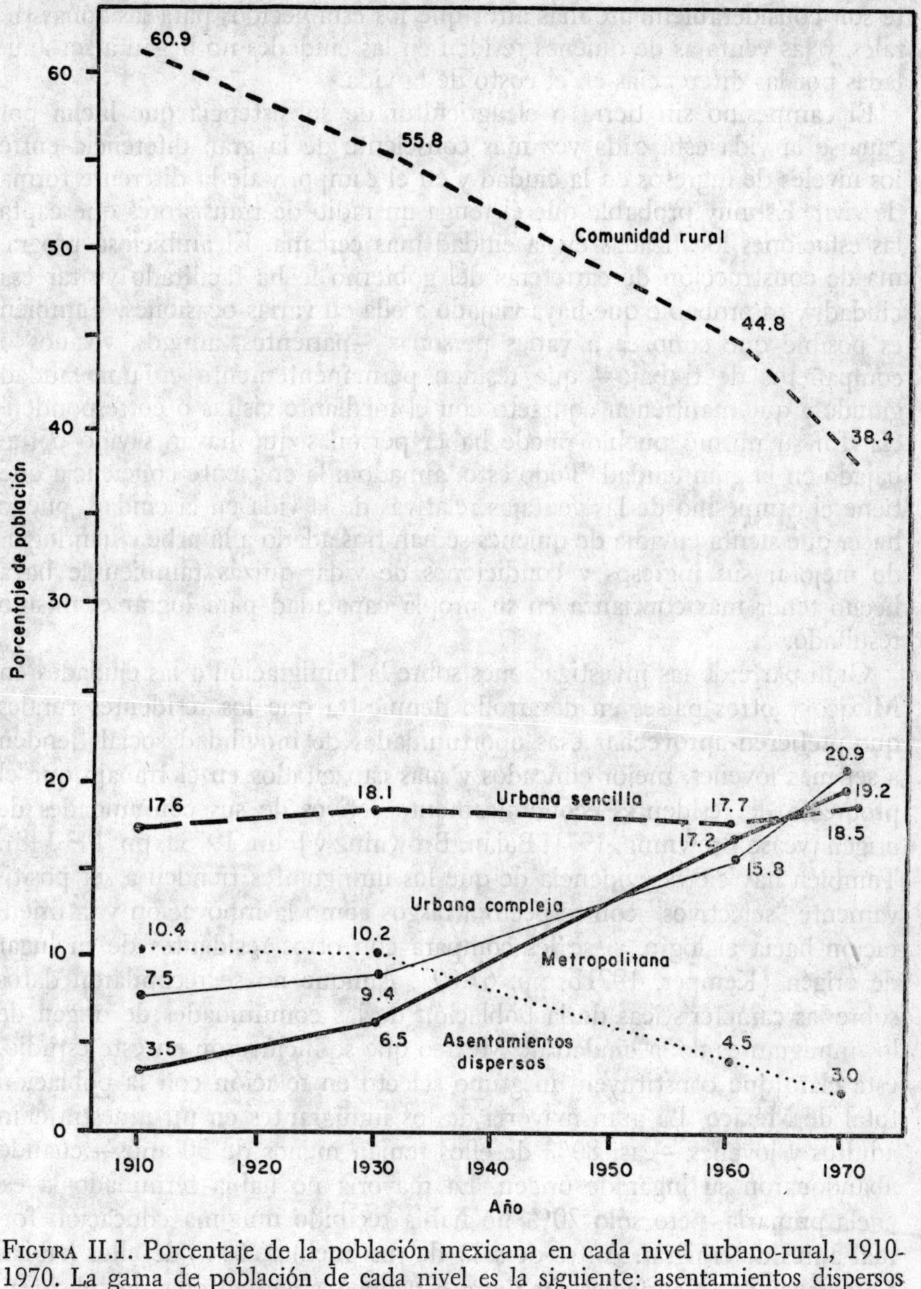

FIGURA II.1. Porcentaje de la población mexicana en cada nivel urbano-rural, 1910-1970. La gama de población de cada nivel es la siguiente: asentamientos dispersos = menos de 100 habitantes; comunidad rural = 100-2 500; urbana sencilla = 2 501-20 000; urbana compleja = 20 001-500 000; metropolitana = más de 500 000. Fuente: R. Wilkie, 1975.

te son considerablemente más altos que los establecidos para las zonas rurales, y las ventajas de quienes residen en las ciudades no llegan a ser anuladas por las diferencias en el costo de la vida.

El campesino sin tierra o el agricultor de subsistencia que lucha por ganarse la vida está cada vez más consciente de la gran diferencia entre los niveles de ingresos en la ciudad y en el campo, y de la diferente forma de vivir. Es muy probable que él tenga un radio de transistores que capta las estaciones localizadas en la ciudad más cercana. El ambicioso programa de construcción de carreteras del gobierno le ha facilitado visitar esa ciudad, y es probable que haya viajado a ella en varias ocasiones. También es posible que conozca a varias personas —parientes, amigos, vecinos o compañeros de trabajo— que residen permanentemente en una ciudad grande y que mantienen contacto con él mediante visitas o correspondencia. En su mismo pueblo puede haber personas que hayan vivido o trabajado en la gran ciudad. Todo esto, aunado a la creciente conciencia que tiene el campesino de las ventajas relativas de la vida en la ciudad, puede hacer que sienta envidia de quienes se han trasladado a la urbe y han logrado mejorar sus ingresos y condiciones de vida; quizás también le haya hecho tener más confianza en su propia capacidad para lograr el mismo resultado.

Gran parte de las investigaciones sobre la inmigración a las ciudades en México y otros países en desarrollo demuestra que los residentes rurales que prefieren aprovechar esas oportunidades de movilidad social tienden a ser más jóvenes, mejor educados y más capacitados en el trabajo que el promedio de residentes económicamente activos de sus comunidades de origen (véase Browning, 1971; Balán, Browning y Jelin, 1973a, pp. 143-148). También hay cierta evidencia de que los inmigrantes tienden a ser positivamente "selectivos" con respecto a rasgos como la innovación y la orientación hacia el logro, si se les compara con otros residentes de su lugar de origen (Kemper, 1971b, pp. 67-69). Aunque no se recopilaron datos sobre las características de la población de las comunidades de origen de los inmigrantes de la ciudad de México que se incluyeron en este estudio, está claro que constituyen un grupo selecto en relación con la población total de México. La gran mayoría de los inmigrantes en mi muestra eran adultos y jóvenes —casi 80% de ellos tenían menos de 30 años— cuando abandonaron su lugar de origen. La mayoría no había terminado la escuela primaria, pero sólo 20% no había recibido ninguna educación formal antes de emigrar. Antes de salir de sus pueblos, 64% de ellos habían sido trabajadores agrícolas sin tierra o pequeños agricultores de subsistencia. En términos de edad y de habilidad de trabajo, el grupo de migrantes más reciente que se incluyó en la muestra no es tan selecto como los que llegaron a la ciudad de México en los años cuarentas y cincuentas, si bien en términos de educación no están en desventaja con respecto a los "pioneros".[4]

Los lugares de origen de la mayoría de esos migrantes pueden caracterizarse como pequeñas comunidades rurales, que en su mayoría tienen menos de 2 500 habitantes y se encuentran en los municipios menos desarrollados y más pobres de la nación:[5]

Nivel de desarrollo	*Porcentaje de inmigrantes*
0	37.7
1	32.1
2	15.3
3	8.6
4	6.2

En tres cuartas partes de esas comunidades de origen la principal fuente de ocupación era la agricultura de subsistencia. El nivel medio de salarios mínimos para todo tipo de trabajadores en las zonas de origen de los inmigrantes era de 24 pesos diarios en 1970. En el mismo año, el salario mínimo medio del Distrito Federal era de 32 pesos diarios. Incluso si se tienen en cuenta las diferencias en los costos de vida, el diferencial de ingresos reales que indican esos niveles de salarios es en realidad muy grande, y no hay razón para creer que la brecha haya sido menor en el año en que los inmigrantes salieron de sus pueblos.[6]

[4] La disminución de la selectividad en las corrientes migratorias a las grandes ciudades del Tercer Mundo que se han estado urbanizando durante varias décadas es una tendencia bien documentada. Véase Browning, 1971; Balán, Browning y Jelin, 1973a, pp. 147 *ss.*; Brigg, 1973. Esto ha hecho que algunos observadores predigan que la llegada de individuos que no están tan bién equipados como quienes los precedieron para enfrentarse a los problemas de supervivencia en la ciudad proporcionará una base para el radicalismo político entre los inmigrantes menos capacitados. Los datos de este estudio no apoyan esa expectativa (véase el capítulo III). Kemper (1974) también encontró una menor selectividad en edad, educación, ocupación y otros indicadores entre los emigrantes de Tzintzuntzan a la ciudad de México; no obstante, observa que el grupo menos selecto de inmigrantes recientes no ha experimentado mayores dificultades que los primeros al enfrentarse a la vida urbana, debido en gran medida a la ayuda que les prestan los tzintzunceños que ya están establecidos en la ciudad de México. Una ayuda similar estaba disponible para la mayoría de los inmigrantes de mi muestra.

[5] El nivel de desarrollo (0 es el menos desarrollado, 4 el más desarrollado) se basa en la ordenación que hizo Stern (1967) de 111 zonas socioeconómicas homogéneas, tal como las definió administrativamente la Comisión Nacional de los Salarios Mínimos del gobierno de México, según los índices de desarrollo económico obtenidos del censo nacional. El municipio en que se localiza la comunidad de origen de cada uno de los inmigrantes es un componente de una de esas zonas. $N = 678$.

[6] Los niveles de salario mínimo en los lugares de origen de los inmigrantes se obtuvieron de las listas oficiales emitidas por la Comisión Nacional de Salarios Mínimos en 1970. Una encuesta por muestreo a nivel nacional que se realizó en 1968 encontró que el ingreso medio mensual de las familias en el sector agrícola era de 1 024 pesos, en comparación con 2 483 pesos para las familias no agrícolas (Banco de México, 1974, p. 8).

El movimiento de los migrantes que se encontraban en las comunidades investigadas desde sus lugares de origen hasta la ciudad de México no correspondía, en la mayoría de los casos, a las características de la "migración escalonada" que se ha observado en algunos países latinoamericanos (véase Kemper, 1971a). Más de las tres cuartas partes se habían trasladado directamente desde sus lugares de origen hasta la capital (esto es, sin haber residido en otros lugares intermedios seis meses o más).[7] La mayoría había viajado distancias relativamente cortas —el viaje promedio comprendía entre 240 y 320 kilómetros— y más de 90% no había considerado ningún otro lugar que no fuera la capital como su posible destino, una vez que habían tomado la decisión de migrar. Esta característica puede ser atribuida, junto con el hecho de que el inmigrante no se ajuste al modelo de "migración escalonada", a la desfavorable estructura de oportunidades económicas de las ciudades pequeñas y medianas de México, a la "elevada primacía" de la ciudad de México entre las zonas urbanas de la nación y, como veremos, a que en las últimas décadas la mayoría de la inmigración rural-urbana ha ocurrido dentro de sistemas de relaciones familiares que promueven la inmigración directa de las pequeñas comunidades rurales a las ciudades más grandes (véase Balán, Browning y Jelin, 1973a, cap. 6; Crosson, 1974).

¿Por qué migraron? En la gran mayoría de los casos dos factores económicos eran los determinantes más importantes de la decisión de migrar. La necesidad de encontrar trabajo, o trabajo permanente, fue citada como la razón principal por 48% de los entrevistados, en tanto que 34% mencionó la necesidad general de mejorar su situación económica. Uno de cada cuatro inmigrantes dijo que su decisión había sido influida por familiares que ya vivían en la ciudad de México, y 41% dijeron que, cuando llegaron, ya tenían familiares que se habían establecido con éxito en la ciudad de México. La mayoría de los entrevistados definía el "éxito" en términos de movilidad ocupacional. Casi la mitad de la muestra de inmigrantes, y más de las dos terceras partes de los que habían llegado más recientemente, reconoció también que su principal fuente de información sobre las oportunidades de trabajo y otros atractivos de la vida en la capital habían sido parientes que ya vivían allí.

[7] Entre los inmigrantes de mi muestra, 58.9% se habían trasladado directamente de una comunidad rural a la ciudad de México; 18% directamente de una localidad urbana (5 mil habitantes o más); 12.2% desde una comunidad, pasando por una o más localidades, y 10.9% de una localidad urbana a la ciudad de México, pasando por uno o más destinos intermedios. Las localidades mencionadas por cada entrevistado fueron clasificadas como comunidad "rural" o "urbana" según el censo oficial correspondiente al año más cercano a la fecha de salida del entrevistado. $N = 673$

Asimilación urbana

La gran mayoría de los inmigrantes en las comunidades investigadas llegó a la ciudad de México con el propósito de quedarse en ella. El resto decidió con el tiempo quedarse en la ciudad porque había encontrado empleo bien remunerado (en comparación con los rurales) o había experimentado una mejoría en sus condiciones de vida. La decisión del inmigrante, al momento de abandonar su lugar de origen, en el sentido de comprometerse a largo plazo con la vida urbana, aumenta la probabilidad de que busque una integración rápida y completa en la vida comunal de la zona urbana en que toma residencia (véase Nelson, 1975; Temple, en preparación).

La mayor parte de la inmigración a las grandes ciudades de México ha sido mediada por relaciones familiares (Balán, Browning y Jelin, 1973a, pp. 159-164; Chance, 1973; Kemper, 1974; Ugalde *et al.*, 1974). Este patrón fue el característico de los inmigrantes en mi muestra. Sólo 37% de ellos se había trasladado a México como individuos aislados; los restantes llegaron como miembros de familias nucleares o extensas. Casi dos terceras partes de la muestra total habían sido precedidas en la ciudad de México por miembros de sus familias inmediatas o extensas. Al llegar, más de las tres cuartas partes de los inmigrantes recibieron alguna forma de ayuda de parientes ya establecidos en la ciudad de México, y más de la mitad encontró alojamiento permanente mediante la ayuda de sus parientes. El destino inicial del inmigrante dentro de la ciudad también fue influido por los nexos familiares: más de la mitad tenía familiares que residían en la primera colonia en que habían vivido seis meses o más.

La estructura ocupacional de la ciudad de México se ha estado ampliando considerablemente durante la mayor parte del periodo que se inició en 1940, y la mayoría de los migrantes en las comunidades investigadas logró encontrar empleo y mejorar sus ingresos. Incluso aunque menos de 1% había hecho gestiones para encontrar trabajo en la ciudad de México antes de trasladarse a ella, 46% encontraron trabajo dentro de una semana después de haber llegado, y 30% lo hallaron en el primer mes. Sólo 4% permanecieron desempleados más de seis meses. El 43% de los inmigrantes informó que no les había sido difícil encontrar su primer trabajo, y 42% recordaban que habían tenido sólo "pequeñas dificultades" para encontrarlo.

Los datos del cuadro II.1 sugieren que la mayoría de los inmigrantes de la muestra habían obtenido algún grado de mejora en su situación económica desde su llegada a la ciudad de México. Dos terceras partes de ellos habían experimentado una mejoría significativa en el nivel de ingresos, y 35% habían pasado a ocupar empleos de mayor prestigio social, comparados con su último empleo antes de abandonar su lugar de origen. Casi dos terceras partes de los inmigrantes se habían convertido en pro-

Cuadro II.1. *Medidas de la mejoría económica entre los inmigrantes, desde su llegada a la ciudad de México*

Medida	Porcentaje
Nivel de ingresos familiar (N = 656)[a]	
Disminuyó	3.9
Permaneció estable	29.6
Aumentó un nivel	27.6
Aumentó dos niveles	12.6
Aumentó tres niveles o más	26.3
Nivel ocupacional (N = 663)[b]	
Disminuyó	2.6
Permaneció estable	56.6
Aumentó uno o más niveles	34.9
Irregular	5.9
Adquirió terrenos desde su llegada	63.0
Adquirió un artículo doméstico importante o un vehículo automotor desde su llegada (N = 614)	78.2

[a] El nivel de ingreso se definió como un coeficiente del salario mínimo oficial del Distrito Federal. Sólo se incluyeron en el análisis aquellos inmigrantes económicamente activos tanto en el momento de su llegada a la ciudad de México, como en el momento de la encuesta.

[b] Para este análisis los inmigrantes se clasificaron según cuatro niveles ocupacionales definidos en términos de capacitación y de prestigio social, características que por lo general en México se asocian con determinadas ocupaciones. El nivel "manual inferior" incluye ocupaciones como la de trabajador no calificado en la producción o servicios, vendedor ambulante, trabajador agrícola, agricultor de subsistencia y soldado de grado bajo. El nivel "manual" incluye a trabajadores calificados y artesanos, conductores de vehículos, pequeños comerciantes, empleados de tiendas de comestibles y pequeños agricultores comerciales. Las ocupaciones "no manuales inferiores" incluyen las de trabajadores en una oficina, agente de ventas u oficinista, supervisor o capataz y propietario o administrador de una granja comercial grande o mediana. Las ocupaciones en el nivel "no manual superior" incluyen a los profesionales, técnicos o semiprofesionales, los gerentes o ejecutivos en empresas de producción y servicios, y los propietarios-patronos en empresas no agrícolas o industriales. Los inmigrantes cuyo patrón de movilidad ocupacional es clasificado como "irregular" han experimentado dos o más cambios en el nivel de *status* ocupacional, cuando menos en una ocasión hacia un nivel inferior, y en otra hacia un nivel superior. Los casos para los cuales no se obtuvo información suficiente se excluyeron de este análisis.

pietarios de terrenos desde que habían llegado a la ciudad de México, y la mayoría de ellos lo era por primera vez en su vida. Cuando se les entrevistó en 1970, 53% de los inmigrantes tenían un aparato de televisión; 54% una estufa de gas; 12% refrigeradores; 43% máquinas de coser; y 9% un automóvil o una camioneta. Más de las tres cuartas partes de los inmigrantes comprendidos en esos grupos habían adquirido esos artículos desde su llegada a la ciudad de México.

Esas medidas de mejoría económica se comparan muy favorablemente con las que se encontraron entre poblaciones inmigrantes más grandes es-

CUADRO II.2. *Fuentes de satisfacciones o insatisfacciones de los inmigrantes con la vida urbana*

Pregunta y primera respuesta	*Porcentaje que respondió*
¿En qué aspectos considera usted que es mejor vivir en esta ciudad que en [lugar de origen del entrevistado]? (N=662)	
Más oportunidades de trabajo, trabajo más estable	65.2
Mayores salarios	14.7
Mejores condiciones de vida, de habitación	8.5
Oportunidades de educación	3.5
Mayores oportunidades para progresar en la vida (sin especificar)	3.1
Actividades recreativas y culturales	2.0
Mayor acceso a los servicios públicos (incluyendo servicios médicos)	1.1
Otros	2.0
¿En qué aspectos considera usted que vivir en esta ciudad es peor que vivir en [nombre del lugar de origen del entrevistado]? (N = 546)	
En ninguno; no es peor de ninguna manera	48.3
Problemas ambientales (contaminación, aglomeraciones, ruido, sucio, "embotellamientos" del tránsito, condiciones climatológicas)	22.6
Alto costo de la vida (precios de los bienes de consumo, alquileres, impuestos)	11.8
Dificultades de empleo (desempleo o subempleo, escasez de buenos trabajos, malas condiciones de trabajo, etc.)	5.8
Crímenes, delincuencia juvenil, vicios, inmoralidad de la vida de la ciudad	5.5
Malas relaciones sociales (falta de buenos vecinos, falta de amigos; pleitos entre la familia, amigos, vecinos; sentimiento de estar aislado; impersonalidad de la vida en la ciudad, etc.)	2.8
Dificultades de vivienda (escasez de vivienda de bajo costo, falta de vivienda para familias grandes, etc.)	2.6
Servicios públicos inadecuados	0.6

NOTA: No se incluyeron en el cuadro las personas que respondieron "no sé".

tudiadas en la ciudad de México y en Monterrey (Balán, Browning y Jelin, 1973a, 1973b; Muñoz y Oliveira, 1973; Muñoz, Oliveira y Stern, 1972, 1973). Menos de 5% de los inmigrantes de mi estudio se describieron a sí mismos como desempleados cuando se les entrevistó, pero el subempleo era un problema más serio, en especial entre los trabajadores de la industria de la construcción y los de servicios personales.[8]

La mejoría en la situación económica de los migrantes se refleja en sus evaluaciones positivas sobre la vida urbana en general, así como en sus condiciones personales de vida. Más de 97% de ellos informó que estaban satisfechos de haber ido a vivir a la ciudad de México (en vez de haberse quedado en su lugar de origen); y 80% dijeron que nunca considerarían regresar a vivir a su lugar de origen, incluso si tuvieran la oportunidad de hacerlo en algún momento futuro. La encuesta incluía la siguiente pregunta: "Tomando en cuenta todos los aspectos de la vida ¿dónde cree que la gente está más satisfecha y feliz: en el campo o en la ciudad?" Al responder, 58% prefirieron la ciudad. Las causas de esta satisfacción con la vida urbana no son difíciles de identificar. El cuadro II.2 muestra que las mayores oportunidades de empleo y los mayores salarios son considerados, con mucho, los aspectos más atractivos de la residencia en la ciudad. Casi la mitad de los inmigrantes consideraba que de ningún modo era la vida en la ciudad de México peor que en su lugar de origen. Los que podían citar una causa determinada de descontento hicieron hincapié en los problemas ambientales (en especial la contaminación del aire) o en el alto costo de la vida.

También se les hizo a los migrantes en las comunidades investigadas una serie de preguntas en el formato de Cantril (1965), para aclarar cómo veían los cambios en sus condiciones de vida personal desde su llegada a la ciudad de México. En esa secuencia la pregunta introductoria era:

> Todos queremos ciertas cosas en la vida. Piense en lo que realmente es importante para *usted*... luego, piense en la *mejor vida* que usted pueda imaginarse, suponiendo que usted pudiera conseguir todo lo que quisiera. Ahora, piense en la forma de vida que usted *no* querría para nada —la *peor vida posible* que se pueda imaginar. Aquí tiene usted un dibujo de una escalera [con los escalones numerados del 0 a 9]. Supongamos que la parte superior es la mejor vida posible para usted, y que la parte inferior es la peor vida posible para usted. ¿En qué parte de la escalera se siente Ud., *ahorita?*

Después se les preguntaba a los entrevistados en qué parte de la escalera creían que habían estado cuando llegaron a la ciudad de México, dónde creían que estarían una vez transcurridos cinco años desde la entrevista, en dónde ubicarían a la persona promedio que aún vivía en su

[8] La principal pregunta de la encuesta con respecto a la ocupación actual del entrevistado lo alentaba a especificar el trabajo al que se dedicaba. Por lo tanto, la baja tasa de desempleados no incluye a algunos entrevistados que, de hecho, lo estaban en el momento de la entrevista y los cuales buscaban trabajo: por ejemplo, los trabajadores de la industria de la construcción que pasaban por el periodo comprendido entre dos empleos. Otros estudios recientes de barrios pobres en la ciudad de México y en Ciudad Juárez han encontrado niveles de desempleo más elevados. Véase Lomnitz, 1974; Ugalde, *et al.*, 1974.

lugar de origen, y dónde estarían los entrevistados en la escalera si hubieran permanecido en su lugar de origen. Las respuestas a esta serie de preguntas, que se presentan gráficamente en la figura II.2, muestran con claridad que la mayoría de los inmigrantes consideraban que habían mejo-

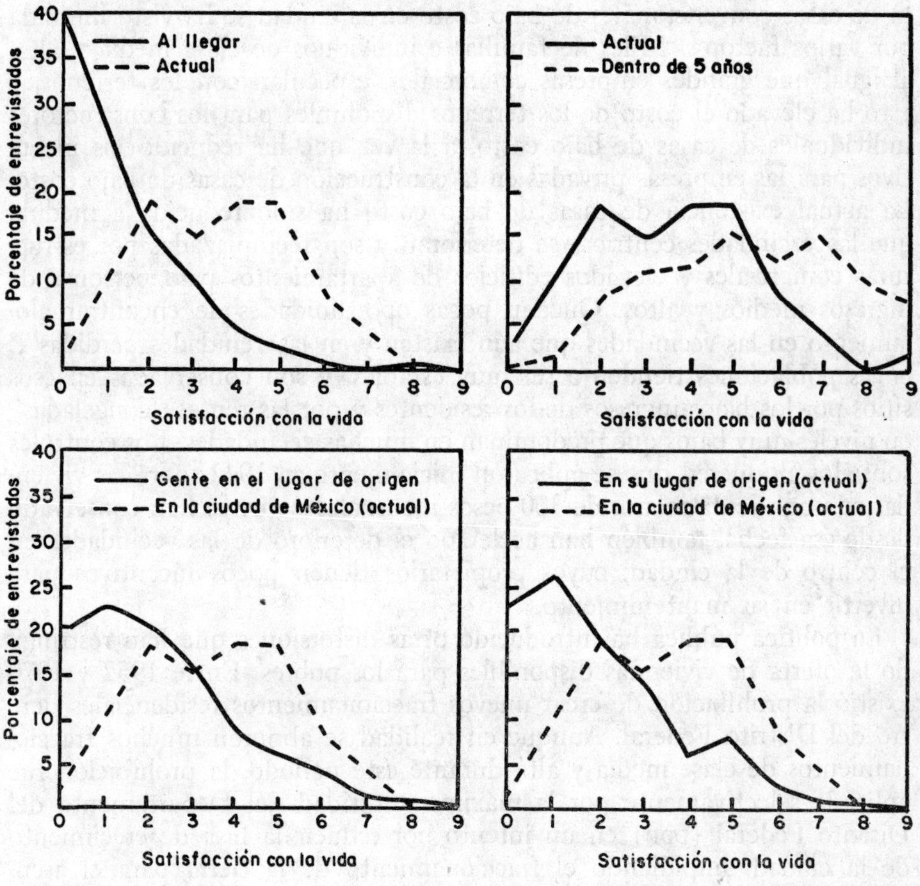

FIGURA II.2. Satisfacción con la vida entre los inmigrantes. En la escala de satisfacción, 0 es la tasa más baja y 9 la más alta. El número de entrevistados representados en cada gráfica varía de 641 a 667.

rado bastante desde su llegada a la ciudad de México. También tendían a ser optimistas sobre las mejorías futuras en sus condiciones de vida, y consideraban que su situación presente era muy superior a la de quienes residían actualmente en su lugar de origen, y a la que hubiera sido su propia situación si hubieran permanecido allí.

Alternativas de vivienda urbana para el inmigrante pobre

El rápido crecimiento natural de la población se ha combinado con la inmigración en gran escala para crear una fuerte demanda por habitaciones en la zona urbana de la ciudad de México. Simultáneamente, la oferta de casas convencionales de bajo costo en la ciudad se ha visto limitada por varios factores. Miles de familias e individuos de clase media y alta, al igual que grandes empresas comerciales, especulan con los terrenos, y esto ha elevado el costo de los terrenos disponibles para los constructores individuales de casas de bajo costo, a la vez que ha reducido los incentivos para las empresas privadas en la construcción de casas de bajo costo. La actual existencia de casas de bajo costo ha sido reducida a medida que las vecindades céntricas se deterioran y son reemplazadas por estructuras comerciales y elevados edificios de apartamientos para personas de ingresos medios y altos. Quedan pocas oportunidades de encontrar alojamiento en las vecindades que aún existen y en las "ciudades perdidas",[9] cuyas poblaciones tienden a ser muy estables, y son conservadas en esos sitios por los bajos ingresos de los residentes y por las rentas "congeladas" en niveles muy bajos que predominan en muchas vecindades. Los controles sobre los alquileres, que se aplicaron inicialmente en 1942 sobre las viviendas con una renta menor de 300 pesos mensuales y que se han conservado desde esa fecha, también han acelerado el deterioro de las vecindades en el centro de la ciudad, cuyos propietarios tienen pocos incentivos para invertir en su mantenimiento.

La política pública ha introducido otras distorsiones que han restringido la oferta de viviendas disponibles para los pobres. Entre 1952 y 1970 existió la prohibición de crear nuevos fraccionamientos residenciales dentro del Distrito Federal. Aunque en realidad se abrieron muchos fraccionamientos de clase media y alta durante este periodo, la prohibición fue aplicada selectivamente por la máxima autoridad del Departamento del Distrito Federal (DDF) en un intento por reducir la tasa de crecimiento de la ciudad, impidiendo el fraccionamiento de la tierra para el asentamiento de familias de bajos ingresos.[10] La falta de un impuesto importante o efectivo sobre los terrenos no utilizados ha estimulado la especulación con los mismos. Los programas públicos de vivienda sólo han resultado en un pequeño número de unidades habitacionales, la mayoría

[9] Las ciudades perdidas son pequeños asentamientos precarios, encerrados, que, por lo general ocupan el interior de una cuadra de la ciudad y están rodeados totalmente por estructuras destinadas a la industria o al comercio. La mayoría de los residentes —cuyos ingresos son de los más bajos de la ciudad— alquilan sus lotes de propietarios privados.

[10] El DDF es el principal organismo de gobierno local para la zona urbana de la ciudad de México, sin incluir los contiguos municipios urbanizados del Estado de México. El regente del Departamento es designado por el presidente de la República.

de los cuales no son accesibles para los sectores más pobres de la población, tanto por razones políticas como financieras; de hecho, los principales beneficiarios de los programas públicos de vivienda en la ciudad han sido los burócratas del gobierno y otros grupos de clase media. Finalmente, el gobierno ha hecho poco para aumentar el monto del crédito disponible a los potenciales compradores de terrenos o constructores de casas entre los "capitalinos" de bajo ingreso.

En resumen, durante la mayor parte del periodo que se inició en 1940, la intervención o la no intervención del gobierno en los mercados de la vivienda y de terrenos urbanos ha sido, en su mayor parte, perjudicial para los intereses de los pobres, quienes han tenido que solucionar por sí mismos el problema de la vivienda. Sus soluciones se reflejan en el crecimiento exagerado de los asentamientos urbanos espontáneos o no planificados.

La periferia en expansión

Los inmigrantes de bajos ingresos que llegaron a la ciudad de México durante el periodo comprendido entre 1930 y 1950 se asentaban por lo general en viviendas multifamiliares baratas del viejo centro urbano; posteriormente, cuando sus finanzas lo permitían, se trasladaban hacia la periferia, donde había terrenos disponibles para asentamientos ilegales o para comprarlos a bajo precio, y en los cuales se podían construir viviendas para una familia. No obstante, durante las últimas dos décadas, a medida que la cantidad y calidad de las viviendas de bajo costo en el centro de la ciudad disminuían rápidamente, los inmigrantes recién venidos se juntaron con los que llegaron primero en la búsqueda de alojamiento en la periferia urbana. Además, a los inmigrantes más antiguos que se han trasladado a las colonias de la periferia se les han incorporado amigos o parientes, para quienes la cercanía de familiares ya establecidos es un factor muy importante al elegir su lugar de residencia dentro de la ciudad.

Finalmente, las oportunidades que ofrece la residencia en los asentamientos precarios de la periferia —vivienda libre de alquileres, su propio terreno, aislamiento del ruido y de la contaminación del centro de la ciudad, y algunos aspectos similares a los de la vida rural (espacios abiertos, tranquilidad, cultivo de vegetales y ganadería en pequeña escala)— han hecho esos asentamientos atractivos en particular para los inmigrantes recién llegados.

Por todas las razones anteriores, las vecindades centrales han dejado de ser los principales lugares en que se asentaban los migrantes al llegar del campo (Brown, 1972; Lomnitz, 1974; Ward, 1975). Entre los inmigrantes de mi muestra, sólo 20% habían vivido, en uno u otro tiempo dado, en una vecindad localizada en el centro desde su llegada a la ciudad, y sólo 14% (casi todos los inmigrantes que habían llegado antes de 1950) habían seleccionado una de esas vecindades como su primer lugar de residencia prolongada (seis meses o más) en la ciudad de México. La limitada experiencia con las vecindades del centro de la ciudad —sin duda los peores ambientes para vivir en la ciudad— ayuda a explicar los niveles relativamente altos de satisfacción personal con la vida y con la residencia urbana entre los inmigrantes de mi muestra.[11]

La diferente "utilidad" concedida a los lugares que son posibles alternativas de vivienda en el centro y en la periferia de la zona urbana por los inmigrantes ya establecidos y los recién llegados, han alterado fundamentalmente el patrón de crecimiento de la ciudad.[12] Como se muestra en la figura II.3, la zona urbana de la ciudad de México —que abarca el núcleo central, el Distrito Federal y las partes adyacentes del estado de México— tuvo un crecimiento más rápido durante los años sesentas que el centro o el Distrito Federal considerados aisladamente. Según una estimación, cerca de 750 mil personas abandonaron el centro durante la década de los sesentas, en tanto que las colonias periféricas obtuvieron cerca de 2.4 millones de habitantes adicionales (Bataillon y Rivière d'Arc, 1973, p. 42).

No hay duda que el mayor crecimiento ha ocurrido en cuatro municipios localizados en el estado de México: Ecatepec, Tlalnepantla, Naucalpan y Netzahualcóyotl. Todos ya están integrados plenamente a la zona urbana de la ciudad de México y atraen tanto a los pobres que

[11] En la ciudad de México y otras grandes ciudades latinoamericanas, se ha encontrado con frecuencia que los residentes de la zona central muestran niveles significativamente altos de enajenamiento social y político, una mayor frecuencia de alcoholismo y de adicción a drogas, relaciones familiares más inestables, movilidad socioeconómica mucho menor, y un sentido de comunidad más débil que los residentes de los asentamientos precarios periféricos (véase Lewis, 1961; Collier, 1971, pp. 139-140; Mangin, 1970, p. XXIX; Mercado Villar *et al.*, 1970, pp. 224-225, 262-263; Patch, 1961; Andrews y Phillips, 1970, p. 213). Véase Eckstein, 1976 y Dietz, 1974, para descripciones detalladas de las vecindades centrales en la ciudad de México y Lima. Mis propias impresiones, obtenidas durante prolongadas visitas a cuatro vecindades, dos grandes y dos pequeñas, en el centro de la ciudad de México, fueron congruentes con muchas observaciones hechas en los estudios citados antes. Muchas vecindades pequeñas —que por lo usual no ocupan más de un solo terreno de 250 m²— se están construyendo para proporcionar viviendas para alquilar en los antiguos asentamientos precarios y en los fraccionamientos de bajos ingresos de la periferia de la ciudad de México.

[12] Wolpert (1965, p. 162) emplea el término "utilidad del lugar" para referirse a la suma de "utilidades", o recompensas positivas y negativas, que se derivan de la residencia de un individuo en determinada localidad. Para estudios detallados de los patrones de crecimiento de la ciudad de México desde 1940, véase Flores, 1961, pp. 200-213; Oldman *et al.*, 1967; Unikel, 1972. Deneke (1966) y Jackson (1973) conceden atención especial al crecimiento de la periferia urbana. Para descripciones de la utilización de la tierra y de los patrones de asentamientos de bajos ingresos en otras ciudades mexicanas, véase Baker, 1970; Balán, Browning y Jelin, 1973a, cap. 2; Montaño, 1974; Portes y Walton, 1975, cap. 4.

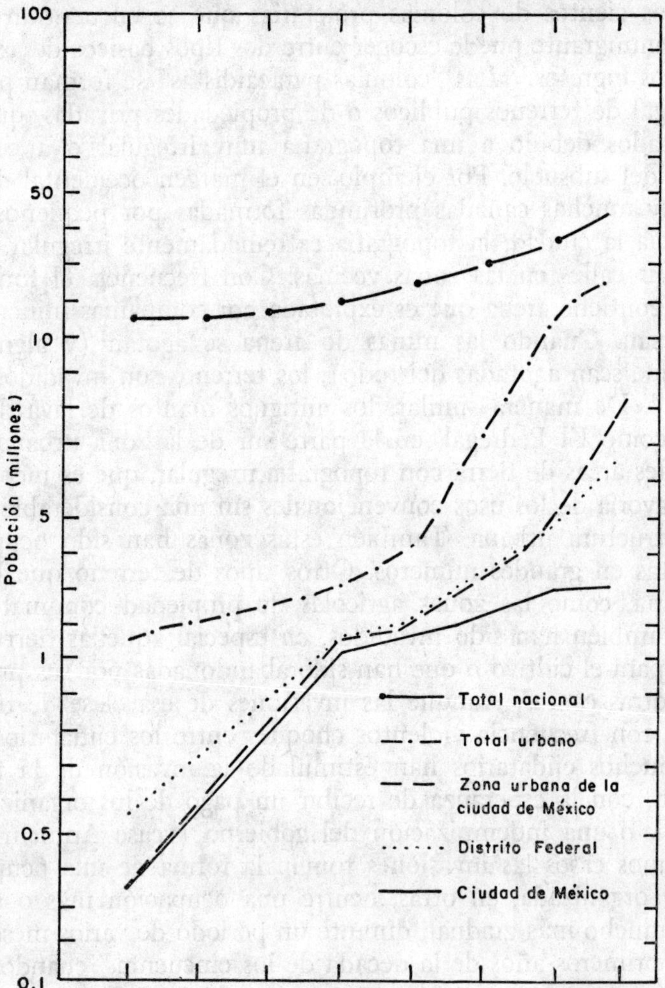

FIGURA II.3. Crecimiento de la población en México y en el área urbana de la ciudad de México. Adaptado de Unikel, 1972, 9.

abandonan el centro en decadencia como a los inmigrantes recién llegados del campo.[13]

[13] Dos de éstos, Ecatepec y Netzahualcóyotl aumentaron sus poblaciones a más del doble entre los censos de 1960 y 1970, y otros duplicaron o triplicaron sus poblaciones. Comprendiendo que la batalla por controlar los patrones de asentamiento urbano ya estaba perdida en el Distrito Federal, los organismos gubernamentales han desplazado su atención a las municipalidades vecinas del estado de México. Este cambio de atención se muestra en la creación, en dicho estado, de una

Entre los cientos de colonias proletarias que se encuentran fuera del centro, el inmigrante puede escoger entre dos tipos básicos de asentamientos de bajos ingresos.[14] Las "colonias paracaidistas" se forman por la ocupación ilegal de terrenos públicos o de propiedades privadas, que no han sido habitados debido a una topografía muy irregular o a condiciones inestables del subsuelo. Por ejemplo, en el margen occidental de la zona urbana hay muchas cañadas profundas formadas por pequeños ríos que corren hacia la ciudad; la topografía extremadamente irregular hace difícil construir calles en las zonas vecinas. Con frecuencia el fondo de las barrancas contiene arena que es explotada por compañías mineras, que la comercializan. Cuando las minas de arena se agotan (y algunas veces antes de que sean agotadas del todo), los terrenos son invadidos por "paracaidistas". De manera similar, los antiguos mantos de lava de la zona conocida como El Pedregal, en la parte sur de la zona urbana, han dejado grandes áreas de tierra con topografía irregular, que es inconveniente para la mayoría de los usos convencionales sin una considerable inversión en infraestructura urbana. También estas zonas han sido ocupadas por paracaidistas en grandes números. Otros tipos de terreno que limitan la zona urbana, como las zonas agrícolas de propiedad comunal llamadas "ejidos", también han sido invadidos, en especial aquellas tierras que no son aptas para el cultivo o que han sido abandonadas por sus propietarios debido a otras causas. Aunque las invasiones de esa clase de tierras han producido con frecuencia violentos choques entre los ejidatarios y los invasores, muchos ejidatarios han estimulado la invasión de la tierra que no utilizan, con la esperanza de recibir un pago de los organizadores de la invasión, o una indemnización del gobierno (véase Antochiw, 1974).

En algunos casos las invasiones toman la forma de una ocupación rápida, muy organizada; en otras, ocurre una ocupación más o menos espontánea mucho más gradual, durante un periodo de varios meses o años. Desde los primeros años de la década de los cincuentas, cuando el "para-

oficina de planificación urbana integral (AURIS), y del esfuerzo conjunto del estado de México y del Gobierno Federal por crear un nuevo "polo de crecimiento", llamado Ciudad Cuautitlán-Izcalli, al norte de la actual zona urbana de la ciudad de México, en el estado del mismo nombre. La nueva zona residencial, para la cual se proyecta una población de 1.5 millones, incluye un gran complejo industrial para proporcionar oportunidades de empleo. Se ha hecho una planificación detallada de la utilización de la tierra, incluyendo medidas para impedir el crecimiento de los asentamientos precarios —medidas que seguramente fracasarán, si es que la experiencia con "nuevas ciudades" en otros países latinoamericanos tiene alguna utilidad (véase Epstein, 1973).

[14] No hay estimaciones fidedignas del número total de "colonias proletarias" en la zona urbana de la ciudad de México, ya que ni el gobierno mexicano ni investigadores privados han realizado encuestas globales de esas colonias. El partido oficial (PRI) afirmó en 1970 que existían cerca de 620 colonias de ese tipo en el Distrito Federal, 120 de las cuales no eran reconocidas oficialmente como zonas residenciales. A mediados de 1975 el Departamento del Distrito Federal tenía registradas 541 "colonias proletarias", de las cuales 151 no estaban legalizadas ni en proceso de serlo. Ninguna de esas cifras incluye los cientos de "colonias proletarias" localizadas en los municipios del estado de México que rodean al Distrito Federal.

caidismo" se hizo frecuente en el Distrito Federal, la mayoría de las invasiones de terrenos han sido resistidas por las autoridades gubernamentales, en algunos casos empleando a los "granaderos" (policía antimotines) e incluso *bulldozers*. La resistencia que se ha encontrado ha sido por lo general proporcional al número de paracaidistas que participan en la invasión y/o la influencia política del propietario de los terrenos invadidos. Las invasiones de terrenos de dominio público han encontrado por lo general una resistencia menor de las autoridades.

De cualquier modo, los esfuerzos gubernamentales por arrojar a los invasores pocas veces son efectivos a largo plazo, puesto que los terrenos invadidos son vueltos a ocupar poco después, ya sea por quienes participaron en la invasión inicial o por otro grupo de paracaidistas.[15] Como veremos en el capítulo VIII, la política del gobierno hacia los paracaidistas en la zona urbana de la ciudad de México ha cambiado, desde 1966, de una hostilidad y confrontación sin límite a una aceptación e incluso asistencia activa en la mejoría de los asentamientos constituidos ilegalmente. El criterio vigente en 1970 implicaba la expropiación de los terrenos invadidos (si eran de propiedad privada) y su venta a los invasores, a bajos precios. El Departamento del Distrito Federal sostiene haber expropiado y entregado a los paracaidistas cerca de 23.9 millones de metros cuadrados en terrenos, durante el periodo comprendido entre 1966 y 1970.[16]

El asentamiento paracaidista característico empieza como una mezcolanza de casuchas hechas improvisada y rápidamente de láminas de cartón corrugado, un producto de la mezcla de papel de desperdicio y derivados del petróleo. Una vez que la sobrevivencia del asentamiento parece razonablemente segura, empieza la construcción de viviendas permanentes. La mayor parte de la mano de obra y todos los materiales de construcción son proporcionados por el mismo paracaidista, en ocasiones ayudado por familiares y vecinos. Las construcciones terminadas son casi siempre de un solo piso, para una sola familia, con muros de tabique (un ladrillo de bajo grado, poroso y barato), techos de lámina de cartón, y pisos de hormigón. Las casas más elegantes tienen techos de hormigón armado y pisos de mosaico. La mayoría tiene una o dos habitaciones, que

[15] Los motivos de las invasiones urbanas son estudiados con mayor detalle en el capítulo VII. De importancia primordial es la oportunidad que ofrece la vivienda libre de renta en un asentamiento precario para acumular ahorros o simplemente para aumentar el ingreso personal disponible. Véase también una excelente discusión de las ventajas de la vivienda "orientada al consumidor" en comparación con la vivienda "orientada al productor" en A. Leeds (1973) y Turner y Fichter (1972).

[16] Jackson, 1973, p. 27. La fuente de información de Jackson es una comunicación personal del Director General de Planificación y Programas del Departamento del Distrito Federal, el 4 de noviembre de 1970.

son ampliadas al transcurrir los años, si el espacio y la situación financiera lo permiten.

Los asentamientos precarios casi siempre carecen de servicios urbanos durante varios años después de haberse creado. Al principio, los residentes compran agua para la construcción y otros usos domésticos a tanques de agua de propiedad privada que circulan por el asentamiento. Posteriormente, los mismos residentes pueden instalar un sistema de agua provisional que consiste en un pequeño número de tomas o hidrantes comunales, a su propio costo y empleando su propia mano de obra.

La evacuación de las aguas negras es un problema más grave, y los gastos en que se incurre al resolverlo, incluso en forma provisional, son por lo usual tan grandes que los paracaidistas aguardan la acción del gobierno para proveerlos de un sistema de drenaje permanente. Entretanto, se excavan fosas sépticas para las viviendas individuales, y se deja que el excedente corra libremente por zanjas abiertas en la superficie. La electricidad es el servicio más fácil de obtener en un asentamiento paracaidista de reciente formación. Como la Compañía de Luz y Fuerza del Centro tiene prohibido vender corriente a los residentes de un asentamiento "irregular" (esto es, que aún no ha obtenido el reconocimiento del gobierno), los residentes hacen conexiones ilegales en los postes y transformadores eléctricos de zonas vecinas que cuentan con servicio regular de energía eléctrica. Los sistemas de abastecimiento resultantes parecen raquíticos, pero funcionan sorprendentemente bien.

El segundo tipo básico de colonia proletaria periférica, el fraccionamiento de bajos ingresos, se asemeja de muchas maneras a algunas de las colonias paracaidistas que se encuentran en mejores condiciones, pero sus orígenes son muy diferentes. Los fraccionamientos son creados por compañías privadas de bienes raíces, o incluso por individuos que subdividen su propiedad —la "fraccionan"— por lo general en lotes de 120 a 250 metros cuadrados, que venden a compradores individuales. Durante los años cincuentas, y la mayoría de los sesentas, los terrenos de esos fraccionamientos estaban al alcance de familias de recursos limitados, ya que los promotores por lo general ofrecían lotes individuales muy pequeños a plazos de pago muy amplios (usualmente de 7 a 10 años). Sin embargo, en años recientes los precios de los terrenos en muchos fraccionamientos han aumentado entre 20 y 40% anual, a medida que se reduce el número de lotes que restan por vender y los fraccionamientos se integran completamente en la zona urbana.

Al principio, la tierra utilizada para los fraccionamientos destinados a personas de bajos ingresos era la de menos valor en la zona urbana. La mayor parte de ella, en especial el inmenso y casi seco lecho del lago de Texcoco, al oriente del Aeropuerto Internacional en el estado de

México, era inadecuada para la agricultura (debido a la gran salinidad del suelo) o para unos industriales (porque carecía de fuentes convenientes de agua y electricidad). En el decenio de los cuarentas un grupo de empresarios compró la tierra por unos pocos centavos el metro cuadrado, y posteriormente se hicieron millonarios gracias a su pequeña inversión.

Después de que entró en vigor, en 1958, una ley emitida por el Congreso del estado de México, los individuos o compañías que fraccionaban un terreno en lotes para venderlos al público estaban obligados a instalar ciertos servicios básicos (agua entubada, sistemas de drenaje y electricidad), pavimentar las calles, instalar cunetas y aceras, separar cierta superficie del terreno dentro del fraccionamiento para escuelas, mercados, parques y otros servicios públicos. Quienes habían obtenido autorización del gobierno para fraccionar antes de 1958 no estaban obligados legalmente a contribuir en nada para mejorar sus fraccionamientos, pues la ley no era retroactiva.[17] En la gran mayoría de esos casos más antiguos, e incluso en algunos fraccionamientos que se ofrecieron a la venta después de 1958, la "urbanización" que proporcionó el fraccionador consistió en poco más que la creación de un trazado aproximadamente regular de calles sin pavimentar. Sólo a partir de la elección de un nuevo gobernador del estado de México en 1969, se hicieron esfuerzos serios para aplicar la ley reguladora de 1958 y sancionar a los fraccionadores que rehusaban acatarla.

Las viviendas de un fraccionamiento se parecen a las viviendas completas de una colonia paracaidista en buenas condiciones. Las casas son construidas por el propietario, y son estructuras unifamiliares de tabique y hormigón. La mayor parte de la construcción consiste en añadidos, pero las estructuras precarias de lámina de cartón y otros materiales perecederos son menos frecuentes en un fraccionamiento que en un asentamiento paracaidista. Esto se puede atribuir a los ingresos relativamente más altos y a la seguridad en la tenencia que por lo normal disfrutan los residentes de un fraccionamiento. Muchos de ellos terminan de construir sus viviendas mientras rentan una casa en algún otro lugar de la ciudad. Sin embargo, aunque los fraccionamientos tienen una apariencia más planificada que los asentamientos paracaidistas, por lo general carecen de árboles o de otra vegetación y por lo tanto el ambiente es más

[17] Parece que en muchos casos los futuros fraccionadores no obtenían ninguna clase de autorización gubernamental para sus actividades, y que algunos incluso carecían de un título seguro sobre la propiedad de la tierra que vendían. Los "fraccionamientos clandestinos" que resultaron de esas acciones han carecido por completo de servicios básicos y mejoras, y miles de familias pobres que compraron terrenos en ellos han encontrado que su propiedad es amenazada cuando las pretensiones del fraccionador sobre los terrenos han sido disputadas con éxito. La magnitud de los fraudes por la venta de terrenos que se han cometido de esta manera desde 1950 asciende a miles de millones de pesos.

bien desolado. Además, la densidad de población en los fraccionamientos, aunque alta según las normas convencionales, es considerablemente menor que en las "colonias paracaidistas". Esto tiende a reducir la frecuencia de interacción social entre los residentes, y aumenta el sentimiento de aislamiento e independencia.

Selección de las comunidades para ser investigadas

La descripción anterior de las alternativas de vivienda para los pobres en la ciudad de México puede dejar una impresión equivocada de la homogeneidad o uniformidad de las zonas de asentamientos de cierto tipo. Debo indicar que en realidad existe una considerable diversidad entre los tipos que he descrito. Con frecuencia poseen una asombrosa diversidad de variantes ecológicas, demográficas, económicas, sociológicas y políticas, sin mencionar la variante introducida por las experiencias y eventos históricos puramente idiosincrásicos. Esta heterogeneidad complica considerablemente la tarea de seleccionar las comunidades que de alguna manera son representativas de los tipos de asentamiento básicos.

Mi forma de resolver este problema fue identificar primero los principales tipos de asentamiento que sirven actualmente como zonas principales de destino (quizás después de una o más mudanzas dentro de la ciudad) de los migrantes de bajos ingresos que llegan a la ciudad de México. El segundo paso fue seleccionar una o más comunidades dentro de cada una de las categorías básicas.

Se recopilaron varios tipos de datos para estar seguro de la localización de las mayores concentraciones de migrantes de bajos ingresos dentro de la zona urbana de la ciudad de México. Se consultaron datos del censo oficial sobre el nivel de ingreso y lugar de nacimiento, al nivel de delegaciones y municipios (las divisiones político-administrativas básicas del Distrito Federal y del estado de México, respectivamente). Se leyeron artículos que describían los barrios pobres, y que habían sido publicados en los periódicos diarios de la ciudad de México en el periodo comprendido entre 1960 y los primeros años del decenio de los setentas. También consulté a funcionarios del gobierno y expertos en ciencias sociales que estaban familiarizados con las zonas de bajos ingresos de la ciudad. Asimismo, se realizaron entrevistas informales con muchos residentes de 50 colonias proletarias distribuidas por toda la zona urbana, durante mis visitas a las mismas. Por último, se hicieron censos parciales en dos vecindades y una "ciudad perdida" en las céntricas colonias de Morelos, Guerrero y Buenos Aires. También se hicieron observaciones informales adicionales en otras tres vecindades de otras zonas del centro

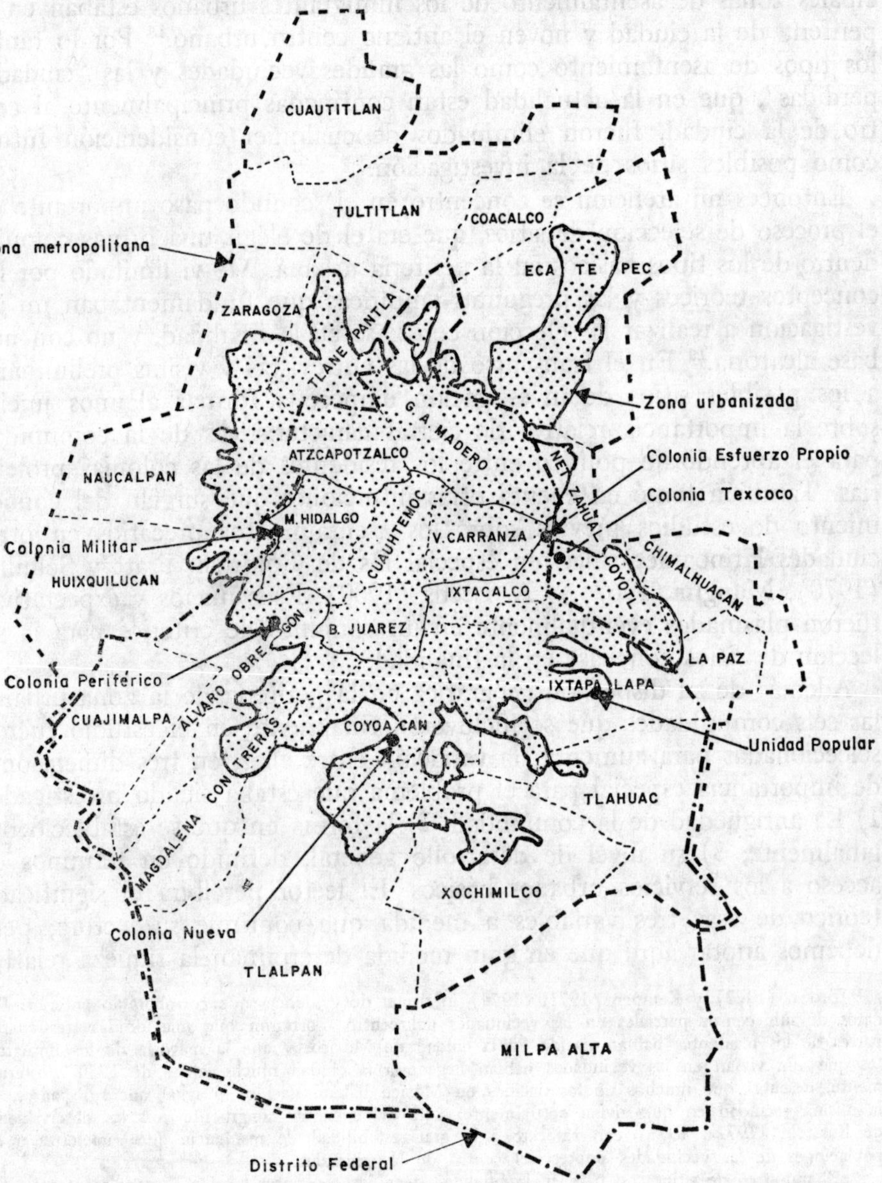

FIGURA II.4. Localización de las seis comunidades investigadas, en la zona metropolitana de la ciudad de México. Mapa adaptado con base en Unikel, 1972.

de la ciudad. Los resultados de esa investigación revelaron que las principales zonas de asentamiento de los inmigrantes urbanos estaban en la periferia de la ciudad y no en el antiguo centro urbano.[18] Por lo tanto, los tipos de asentamiento como las grandes vecindades y las "ciudades perdidas", que en la actualidad están confinadas principalmente al centro de la ciudad, fueron eliminados de cualquier consideración futura como posibles sitios de la investigación.

Entonces mi atención se concentró en el segundo paso importante en el proceso de selección de sitios, que era el de elegir una o más colonias dentro de los tipos básicos en la periferia urbana. Me vi limitado por los conceptos teóricos y las preguntas empíricas que fundamentaban mi investigación a realizar la selección con base en la finalidad, y no con una base aleatoria.[19] En el transcurso de las entrevistas y visitas preliminares a los posibles sitios de investigación empecé a formar algunos juicios sobre la importancia relativa de ciertas características de la comunidad para el aprendizaje político entre los residentes de las colonias proletarias. También tomé en cuenta otras intuiciones que surgían del conocimiento de estudios previos sobre los asentamientos precarios en otras ciudades latinoamericanas, en especial los de Goldrich, Pratt y Schuller (1970), Mangin (1967), y A. Leeds (1969). Esos juicios y expectativas fueron plasmados eventualmente en un conjunto de criterios para la selección de sitios con base en la finalidad.

Además de su dispersión geográfica en la periferia de la zona urbana, las seis comunidades que se incluyeron finalmente en el estudio fueron seleccionadas para aumentar la variación entre ellas, en tres dimensiones de importancia especial para el problema que estaba siendo investigado: *1)* La antigüedad de la comunidad; *2)* la forma en que se estableció originalmente; *3)* su nivel de desarrollo general, definido en términos de acceso a los servicios urbanos básicos. El lector percibirá el significado teórico de esas tres variables a medida que continúe su lectura; pero debemos anotar aquí que en gran medida determinan la riqueza relativa

[18] Brown (1972) y Kemper (1971b, 1974) informan de evidencia que corrobora lo anterior. Los datos de mis censos parciales en las vecindades del centro mostraron que más de las tres cuartas partes de los residentes habían nacido en la ciudad de México, y que la mayoría de los inmigrantes que aún vivían en las vecindades habían llegado a la ciudad mucho antes de 1950. Posteriormente, descubrí que muchos de los nacidos en México habían nacido, al igual que sus padres, en la misma vecindad en que vivían actualmente. Esta evidencia es congruente con las observaciones de Eckstein (1972a, 1973) con respecto a la gran estabilidad de residencia que caracteriza a las poblaciones de las vecindades pobres del centro de las ciudades.

[19] El muestreo de sitios con base en la finalidad o en los conceptos teóricos —esto es, la selección de los sitios de investigación de acuerdo con un conjunto especificado de variables independientes significativas— ha sido defendida muy persuasivamente por Bonilla (1964, pp. 140-145) y Walton (1973). Véase también A. Leeds, 1968, p. 35. Bonilla y Leeds emplearon este procedimiento en su investigación de *favelas* (asentamientos precarios) en Río de Janeiro. Walton empleó el mismo enfoque en su estudio comparativo del poder en cuatro ciudades mexicanas y colombianas (Portes y Walton, 1975, caps. 4 y 5).

del conjunto de experiencias de aprendizaje político relacionadas con la comunidad, al que podría estar expuesto el inmigrante de bajos ingresos.

Las comunidades seleccionadas para la investigación están esparcidas en toda la periferia de la zona urbana (véase figura II.4). Incluyen tres asentamientos paracaidistas en diferentes niveles de desarrollo (Colonia Nueva, Colonia Periférico y Colonia Militar), un fraccionamiento para personas de bajos ingresos (Colonia Texcoco), y dos diferentes tipos de comunidades iniciadas por el gobierno (Colonia Esfuerzo Propio y Unidad Popular).[20] Las dos últimas comunidades fueron incluidas por la importancia futura potencial de los proyectos de viviendas y de "terrenos y servicios" como tipos de asentamientos para personas de bajos ingresos en la ciudad de México. En la época de mi primera temporada de trabajo de campo en la ciudad, el Departamento del Distrito Federal estaba experimentando activamente en proyectos de "terreno y servicios" en diferentes partes de la periferia urbana, y pareció conveniente intentar una evaluación preliminar del efecto de este tipo de viviendas sobre las actitudes y comportamiento políticos.

Varias de las comunidades que investigué tenían características o historias que pueden considerarse poco comunes. Por supuesto, existe una considerable duda sobre lo que constituye lo "común" en un universo de casos tan diversos. Debido a la gran cantidad de variables importantes que parecen diferenciar a los asentamientos de bajos ingresos, el investigador sólo puede considerar la representatividad de los sitios elegidos en la medida en que ninguno de ellos exceda, según su juicio, límites razonables de variación en la mayoría de esas dimensiones. Es de mayor importancia intentar incluir todos los tipos básicos de ambientes de viviendas para personas de bajos ingresos en la periferia urbana y tantas variables importantes teóricamente como lo permitan las limitaciones de tiempo y recursos. La limitación de tiempo es de particular importancia para un estudio como éste, que depende de un conocimiento profundo de los sitios investigados, el que sólo puede obtenerse si el número de sitios es lo suficientemente pequeño para hacer posible una prolongada observación e interacción personal con los residentes de la comunidad.

En resumen, mi objetivo principal no ha sido comprender de qué manera la ciudad o la vida urbana en general afectan el aprendizaje político entre una "muestra representativa" de migrantes pobres en la ciudad de México —aun si esto hubiera sido técnicamente posible. En vez de ello, mi objetivo fue comprender de qué manera ciertos *tipos* de asen-

[20] En este estudio se han utilizado seudónimos para identificar a las comunidades investigadas y a sus líderes.

tamientos urbanos con diferentes características y experiencias históricas afectan las actitudes y comportamiento políticos entre esas personas. En el resto de este capítulo procuraré bosquejar brevemente las más importantes de esas características y experiencias.

Las comunidades investigadas

Colonia Nueva

Tres de las comunidades en las que realicé mi investigación son asentamientos paracaidistas formados por ocupación ilegal de terrenos de propiedad privada o pública. Los orígenes del asentamiento más nuevo, la Colonia Nueva, pueden encontrarse en las acciones de cinco conductores de automóviles de alquiler y de sus familias, que antes del amanecer del 6 de enero de 1968 ocuparon silenciosamente terrenos en una zona que anteriormente los residentes de las áreas vecinas utilizaban como basurero. En las 48 horas siguientes se unieron a los invasores originales casi cien familias más, que habían estado alquilando casas o cuartos en las zonas vecinas. La invasión, aunque en su mayor parte espontánea y desorganizada, fue consumada con gran rapidez, para gran sorpresa y desaliento de los propietarios, que vivían cerca de allí. A instancias (y estímulos financieros) de esos propietarios, se envió a los "granaderos" en dos ocasiones para arrojar a los paracaidistas dando por resultado el arresto de 12 jefes de familia y la destrucción de numerosas viviendas que se habían improvisado rápidamente en el lugar. Sin embargo, las casuchas fueron reconstruidas muy pronto y se demostró que era inútil cualquier resistencia adicional a la invasión.

Desesperados, los propietarios contrataron incendiarios para prender fuego en varias partes del asentamiento, lo que produjo la muerte de dos adultos y cinco niños. La amplia publicidad en los diarios y en la televisión sobre este acontecimiento hizo políticamente atractivo, si no es que imperativo, para el gobierno, asumir el papel de protector del asentamiento ante las depredaciones de sus enemigos. Se enviaron rápidamente grupos a distribuir alimentos y ropa a las familias afectadas, cuyas viviendas fueron reconstruidas posteriormente con materiales permanentes aportados por el gobierno.

Los líderes de la comunidad que procuraban obtener la legalización del asentamiento, pronto encontraron que los funcionarios gubernamentales estaban más favorablemente inclinados a satisfacer sus peticiones, y en diciembre de 1969 los terrenos fueron formalmente expropiados sobre la base de que los propietarios no podían mostrar títulos claros de propiedad.

En 1972 la población de la Colonia Nueva había crecido a cerca de 1 800 personas (277 familias). Se había construido una escuela primaria grande, se habían introducido servicios de agua entubada y de energía eléctrica regular, y la mayoría de los residentes había reemplazado sus casuchas originales con viviendas permanentes de tabique. En resumen, el asentamiento se había convertido en un rasgo permanente del paisaje urbano.

Colonia Periférico

La formación del segundo asentamiento paracaidista, la Colonia Periférico, siguió un curso muy diferente. La tierra invadida era el sitio de una gran mina de arena abandonada, que había funcionado durante más de cincuenta años. El título de propiedad había sido transferido a un propietario privado, que no hizo mejoras en los terrenos aparentemente inhabitables. En 1954 aparecieron unos pocos paracaidistas, a los cuales siguieron en años subsecuentes numerosas familias desplazadas por la construcción de una vía rápida que rodeaba la ciudad (a la cual se conoce popularmente como el Periférico) y por otras obras públicas en las zonas vecinas. El asentamiento creció mediante un proceso de adiciones graduales durante un periodo de 15 años. La primera y más seria amenaza de desalojo se presentó dos años después de que empezó la invasión, cuando los "granaderos" rodearon el asentamiento y exigieron que se le evacuara. No llevaron a cabo la orden de desalojo debido a la intervención de un funcionario de la oficina de la Presidencia, cuya ayuda habían buscado apresuradamente los líderes del asentamiento. Posteriormente el propietario encontró que era imposible obtener apoyo del gobierno para arrojar a los paracaidistas.

El desarrollo del asentamiento ocurrió muy lentamente y en gran medida sin ayuda del gobierno. Los mismos residentes construyeron una escuela provisional y un sistema de agua, y nivelaron la calle principal del asentamiento. Finalmente se instalaron los servicios eléctricos y un solo teléfono público, así como el servicio de transporte colectivo, pero sólo después de frecuentes solicitudes por parte de los colonos. No obstante, incluso en la actualidad la Colonia Periférico carece de drenaje público y con frecuencia las zonas bajas se inundan durante la temporada de lluvias, produciendo epidemias de tifo y de otras enfermedades causadas por el agua contaminada. Prolongadas gestiones promovidas por varios grupos mutuamente antagónicos de colonos dieron por resultado la expropiación por parte del gobierno de los terrenos ocupados por el asentamiento en agosto de 1970 (después de que se habían terminado las entrevistas de la encuesta para este estudio), año en que la población ascendía a más de 17 mil personas. En la actualidad, la alta densidad de población y los patrones de uso de terrenos no planificados de la Colonia hacen extremadamente difícil y cara la instalación de servicios y mejoras adicionales. El hecho de que cuando menos la mitad de los habitantes actuales del asentamiento tendría que ser trasladada a otros sitios en la ciudad, si se introdujeran los servicios y las mejoras urbanas, era una de las principales preocupaciones de los residentes de la Colonia Periférico cuando se realizó la investigación de campo.

Colonia Militar

El tercer asentamiento paracaidista incluido en este estudio se originó en una invasión bien organizada y ejecutada con rapidez en terrenos que antes habían sido el sitio de una mina de arena. La invasión, que ocurrió en junio de 1954, fue realizada por aproximadamente 700 familias, dirigidas por oficiales de bajo rango de una instalación militar cercana. Los paracaidistas hicieron un trazado regular de las calles e introdujeron otras mejoras urbanas —todo a su propio costo— en un esfuerzo por dar al asentamiento una apariencia de orden y permanencia que redujera la posibilidad de desalojo por parte del gobierno. El hecho de que en aquel tiempo los títulos de los terrenos estuvieran en poder del gobierno federal ayuda a explicar la ausencia de intentos serios de desalojo durante los primeros años después de la invasión. Aparte de un incidente aislado en 1965, que resultó en la destrucción de una pequeña zona de casuchas construidas antes de la invasión de la Colonia Militar, la oposición de algunos funcionarios y residentes de las colonias de clase alta vecinas nunca se manifestó en intervención del gobierno.

Los colonos no tuvieron éxito en sus gestiones para obtener la "regularización" y ayuda gubernamental para el desarrollo durante más de una década después de la formación del asentamiento; pero después del nombramiento de un nuevo regente del Distrito Federal en 1966, se realizaron rápidamente acciones positivas con respecto a sus solicitudes. Esto se debió en gran parte a la estrecha relación entre los líderes del asentamiento y el nuevo regente, que se había creado en los años previos. La Colonia Militar fue "regularizada" formalmente en julio de 1966, y se instalaron servicios y mejoras básicas —incluyendo un sistema de drenaje, agua entubada para las viviendas individuales, y calles pavimentadas— en poco más de un año.[21]

[21] La historia de la Colonia Militar, en particular con respecto a las interacciones entre los colonos y los funcionarios gubernamentales, se presenta con mayor detalle en mi estudio de las gestiones de la Colonia para su regularización, el cual se encuentra en el capítulo VII.

Colonia Texcoco

Como se dijo antes, la prohibición de nuevos fraccionamientos para personas de bajos ingresos en el Distrito Federal, que estuvo vigente en la mayor parte del periodo 1950-1970, dio por resultado una proliferación de fraccionamientos en los municipios vecinos del estado de México, El más explosivo de todos fue el crecimiento de 56 fraccionamientos que integraban el municipio de Ciudad Netzahualcóyotl, al este del Aeropuerto Internacional de la capital. La población del municipio aumentó de aproximadamente 65 mil en 1960, a 650 mil en 1970 y 1.3 millones en 1975, convirtiéndola en la cuarta zona urbana de la nación por su tamaño, a la cual superan sólo la zona central de la ciudad de México, Guadalajara y Monterrey (véase Rosa, 1975).

Entre los primeros fraccionamientos que se abrieron en esta zona estaba la Colonia Texcoco, a la cual seleccioné para incluir en este estudio. El pequeño enganche (50 pesos), los largos plazos de pago (hasta diez años), y promesas de servicios y mejoras urbanas que serían financiados por el fraccionador, todos ampliamente difundidos mediante los periódicos y comerciales en la radio, atrajeron al fraccionamiento numerosas familias pobres del centro de la ciudad, así como migrantes recién llegados. Como resultó ser característico de los empresarios en bienes raíces que operaban en esa zona, el fraccionador de la Colonia Texcoco no cumplió su promesa de proporcionar servicios urbanos. Debido a esa omisión, al igual que al descuido casi total por parte de los gobiernos municipales y estatales, la Colonia Texcoco ha continuado sin ningún sistema de drenaje funcional, calles pavimentadas u otras mejoras. El transporte colectivo que sirve a este y otros fraccionamientos del municipio es ridículamente inadecuado, ya que casi todos los asalariados tienen que trasladarse diariamente a sus trabajos en el Distrito Federal. El agua de la Colonia, abastecida mediante una red de hidrantes públicos instalada por los residentes en 1953, está usualmente contaminada y es insuficiente. La Colonia Texcoco carece de un cuerpo de bomberos propio, y éstos llegan desde muy lejos —invariablemente mucho después de que los edificios afectados han quedado reducidos a cenizas— siendo en ocasiones apedreados por los residentes. En varias ocasiones, funcionarios corruptos del gobierno municipal han recaudado cientos de pesos de cada residente para un sistema de drenaje y otras mejoras que nunca se construyeron. No fue sino hasta 1969, al asumir un nuevo gobierno el control del estado, cuando se proporcionaron beneficios importantes a la Colonia: servicio eléctrico regular, un pozo para aumentar el abastecimiento de agua y una escuela secundaria y técnica de gran tamaño.

Como sucedía con la mayoría de los fraccionamientos de Ciudad Netzahualcóyotl, los problemas más graves de la Colonia Texcoco seguían sin resolución en 1970. Debido a un drenaje inadecuado y a la falta de pavimento en las calles, todavía ocurrían inundaciones en la temporada de lluvias y terribles tolvaneras en la temporada seca. No obstante, éste se había convertido en uno de los fraccionamientos con mayor densidad de población en el municipio, y los precios de los terrenos habían aumentado de 5 pesos por metro cuadrado en 1951, a 230 pesos en 1970, cuando se vendieron los últimos 3 200 lotes del fraccionamiento. Quedaban sin construcciones casi 5 mil lotes, la mayoría de los cuales pertenecían a especuladores de terrenos que no residían en el fraccionamiento. Como la colonia carecía de servicio de recolección de basura, esos lotes sin construcción habían sido convertidos en basureros por los colonos, creándose serias posibilidades de incendios y de amenazas contra la salud. El desencanto era general entre los 15 mil habitantes del fraccionamiento, aunque algunos todavía tenían esperanzas de recibir ayuda del nuevo gobierno del estado. Los residentes mencionaban con frecuencia el "retraso" de su colonia, incluso en comparación con otras partes de Ciudad Netzahualcóyotl, y culpaban de esta situación al fraccionador sin escrúpulos y a los previos gobiernos municipales y estatales que habían ignorado sus problemas.

Colonia Esfuerzo Propio

La situación de la Colonia Texcoco contrastaba dramáticamente con las condiciones en la zona adyacente, la cual había sido designada por el Departamento del Distrito Federal como el sitio de un proyecto de "terreno y servicios". La Colonia Esfuerzo Propio, iniciada en enero de 1969, tenía como finalidad dar alojamiento a 1 882 familias pobres, que habían sido arrojadas de varias vecindades del centro de la ciudad y de varios asentamientos preparacaidistas de la periferia, que el gobierno había decidido eliminar, principalmente para hacer posible la construcción del "metro" y de otras obras públicas. Las familias fueron trasladadas, junto con sus casuchas desmanteladas, en camiones hasta el sitio del proyecto, y se les dejó en lotes preasignados. Cada lote tenía que ser comprado al gobierno durante un periodo de 10 años, al costo de 35 pesos (2.80 dólares) por metro cuadrado, cantidad que incluía una partida por mejoras y servicios urbanos. Todos los residentes fueron alentados para que participaran en el programa habitacional de "esfuerzo propio y ayuda mutua", mediante el cual podrían disponer de materiales de construcción duraderos de bajo costo, así como a la mano de obra comunal proporcionada por otros participantes en el programa.

El sitio, que anteriormente había sido una zona deshabitada y estéril, fue mejorado parcialmente por el gobierno antes de la llegada de los primeros residentes, y el desarrollo continuó durante el primer año de funcionamiento del proyecto: las calles principales fueron pavimentadas, se construyeron aceras, se pusieron postes de alumbrado público y se instalaron sistemas de abastecimiento de agua, de drenajes y de suministro de energía eléctrica. En 1971 se inauguró una escuela primaria de gran tamaño. Sin embargo, durante el tiempo de mi trabajo de campo en esta colonia, la mayor parte de los residentes no habían hecho el progreso suficiente en sus casas, de acuerdo con las especificaciones del proyecto, como para calificar al derecho del instalamiento de conexiones de drenaje, y la mayoría de las calles quedó sin pavimentar. Las tolvaneras, y los enjambres de insectos que provenían de un canal de aguas negras, presentaban un problema muy grave. No obstante, el desarrollo físico del sitio había sido rápido; y la resolución del gobierno de hacer triunfar al proyecto experimental hicieron que los residentes confiaran en tener todos los servicios y mejoras urbanos.

En el momento en que realicé mi trabajo de campo, los funcionarios que administraban el proyecto no habían exigido a los residentes ningún pago de los terrenos o mejoras. Pero la recaudación de esos pagos empezó en 1971, y como consecuencia, los residentes más pobres de la colonia traspasaron sus derechos de propiedad a los recién venidos más acomodados, a cambio de grandes pagos en efectivo. En 1972 se podía esperar que iba a quedarse esa parte de los habitantes originales que había resistido la tentación de vender. Pero la carga financiera a largo plazo —más de 11 200 pesos, por el terreno y la construcción de la vivienda— continuaría siendo un fuerte compromiso para los que permanecieran, la mayoría de los cuales había pagado rentas muy bajas, y nada por los servicios urbanos, en sus anteriores lugares de residencia.

Unidad Popular

Proyectos de "terreno y servicios" como la Colonia Esfuerzo Propio habían sido iniciados por el gobierno principalmente como alternativas a los proyectos de viviendas caracterizados por la última comunidad que investigué: Unidad Popular. Construida en 1962-1963 en una zona aislada del sur del Distrito Federal, el proyecto de Unidad Popular fue justificado por el gobierno como un intento de proporcionar vivienda adecuada a varios miles de "pepenadores" (personas que se ganan la vida recogiendo objetos de algún provecho en los basureros) que trabajaban en un gran basurero municipal que estaba adyacente al sitio del proyecto.

Antes de empezar la construcción de este último, la mayoría de esas personas había vivido en casuchas construidas precariamente sobre montones de desperdicios dentro del basurero. Entre el primer grupo de colonos también había numerosas familias que habían sido desplazadas por proyectos de ampliación de calles y avenidas en otras partes de la ciudad, al igual que muchos empleados del gobierno y policías que habían aprovechado sus puestos oficiales para adquirir viviendas en el proyecto. Unidad Popular había sido provista con casi todos los servicios y mejoras urbanos básicos, y se había terminado la construcción de sus 3 300 viviendas de bloques de hormigón antes de la llegada de los primeros residentes.[22]

Como la mayoría de los proyectos gubernamentales de viviendas para personas de bajos ingresos en el Distrito Federal, Unidad Popular ha fracasado en su propósito principal de proporcionar vivienda a los más necesitados. Los pagos de terrenos y casas fueron fijados a 150 pesos al mes, con un plazo total de amortización de 15 años. Además, se les exigió a los residentes que pagaran los servicios de electricidad y de abastecimiento de agua —servicios que muchos de ellos nunca habían pagado. Como ocurrió en la Colonia Esfuerzo Propio, el gasto demostró ser superior a los medios de muchos de los colonos originales, que pronto empezaron a vender a familias con más recursos que buscaban vivienda en el proyecto, o al encargado del basurero municipal, o a otras personas ricas que no residían en la colonia y buscaban bienes raíces que les generaran una renta.[23] Entre los primeros que vendieron estaban la mayoría de los "pepenadores", que regresaron a sus casuchas dentro del basurero.

En el momento en que hice mi trabajo de campo, el problema más urgente al que se enfrentaban los nuevos residentes de Unidad Popular era la necesidad de gestionar un acuerdo con el gobierno que legalizaría su ocupación de viviendas en el proyecto. Muchos residentes también habían empezado a demandar que el basurero municipal fuera trasladado a otro sitio, aunque éste es la principal fuente de empleo de aproximadamente 500 pepenadores que permanecen dentro del proyecto. Otras preocupaciones de los residentes incluían la mala calidad del agua, apenas potable, calles sin pavimentar en algunas secciones, y un servicio telefónico inadecuado.

Para los migrantes incluidos en este estudio, los caminos que los lleva-

[22] Esto es la diferencia principal entre proyectos de vivienda como Unidad Popular, y los proyectos como la Esfuerzo Propio, en que todas las casas son construidas por los habitantes. En un proyecto de "terreno y servicios" es más probable que los residentes sientan que han participado en la construcción y mejora de su comunidad.

[23] Todos los traspasos eran ilegales, según el reglamento del proyecto; pero la aplicación del reglamento era muy flexible, aparentemente debido a las relaciones políticas de quienes buscaban viviendas dentro del proyecto.

ron a las seis comunidades investigadas han sido muy diversos (véase el capítulo V). Aunque muchos se habían acostumbrado a ciertas actitudes y comportamientos sociales en un ambiente rural o en otras partes de la ciudad de México, la residencia en las comunidades investigadas los había expuesto a nuevos estímulos políticos. En los siguientes capítulos me ocuparé particularmente en medir el grado en el cual las actitudes y comportamiento que presentan actualmente estos migrantes resultan de procesos de aprendizaje político basados en la comunidad urbana.

III. LAS ACTITUDES POLÍTICAS

En ningún aspecto es más evidente la influencia de la comunidad urbana local sobre los emigrantes a la ciudad que en sus actitudes hacia el sistema político que los rodea. La forma en que un emigrante percibe y evalúa a los actores, instituciones y resultados de ese sistema, así como su relación personal con éste, probablemente sea afectada por la manera en que el sistema ha influido en el ambiente que lo circunda. La manera en que los residentes de las comunidades urbanas pobres comparten un determinado conjunto de orientaciones políticas será sometida a un extenso estudio en los últimos capítulos. Pero antes deseo examinar algunas de las causas, originadas en la comunidad, de las variaciones observadas en las actitudes políticas de las personas a quienes entrevisté. Empezaré por un panorama general de la visión que los inmigrantes tienen de la política y del sistema político, y después lo compararé con la que tienen los residentes nacidos en la ciudad y los hijos de los inmigrantes.

Para los fines de este análisis, distinguiré entre las actitudes que reflejan un apoyo determinado al sistema político, y las que muestran un apoyo indeterminado. El apoyo determinado, tal como utiliza el término David Easton (1965), es definido en esta obra como el apoyo derivado de recompensas o satisfacciones pragmáticas que obtienen los ciudadanos individuales del sistema político. Por tanto, representa un *quid pro quo* en respuesta a una acción gubernamental directa. El apoyo indeterminado implica una orientación en general afectuosa, positiva, al sistema político. No depende de la satisfacción de necesidades concretas por parte del gobierno, sino que se deriva de una reserva de buena voluntad o confianza generalizadas en el sistema político, que podría incluso ayudar a que los ciudadanos "acepten o toleren 'productos' (gubernamentales) a los que se oponen, o cuyos efectos consideran perjudiciales para sus necesidades" (Easton, 1965, p. 159). La ausencia de apoyo indeterminado puede reflejarse en un sentimiento general de cinismo o negativismo político sobre el gobierno y la política, o incluso en la defensa de cambios radicales de la sociedad y la política.

Las actitudes de los inmigrantes hacia el sistema

Los estudios empíricos de la cultura política mexicana realizados a partir de 1959 han revelado, casi siempre, que los ciudadanos mexicanos poseen modelos tanto descriptivos como normativos de su sistema político.[1]

El modelo descriptivo surge a medida que un ciudadano evalúa los resultados diarios del sistema en los niveles local y nacional, así como el comportamiento de ciertos funcionarios políticos y gubernamentales (excepto el presidente, que continúa en gran medida exento a la crítica política). Las evaluaciones que los ciudadanos hacen de los resultados del gobierno mexicano tienden a ser más bien negativas, en especial cuando se pasa del nivel nacional al nivel local. Las opiniones sobre los políticos y los funcionarios públicos son aún más críticas, tendiendo al cinismo extremo sobre sus motivaciones y comportamiento, y sobre la política electoral en general (Fagen y Tuohy, 1972, pp. 108-113; K. Coleman, 1972; Tuohy, 1973, pp. 275-276).

Pero todas esas orientaciones negativas representan sólo un aspecto de lo que Joseph Kahl (1968, p. 114) ha llamado el "mexicano ambivalente"; porque se sobreponen al modelo normativo que el ciudadano tiene del sistema político, que incluye una orientación muy positiva hacia la presidencia y el partido político oficial (Partido Revolucionario Institucional, PRI), en especial en la medida en que esas instituciones se asocian a los símbolos y objetivos de la Revolución Mexicana (véase Davis y Coleman, 1974, p. 34). Esta es la concepción idealizada del sistema político tal como se manifiesta en los libros de texto escolares, la "propaganda" del sistema oficial, los periódicos controlados por el gobierno, las emisoras de radio y televisión y la retórica de los líderes políticos mexicanos, desde el presidente de la República hasta el más insignificante burócrata o líder de comunidad. De acuerdo con ese modelo, el sistema político está para servir a los mejores intereses del ciudadano ordinario, que puede confiar en que dicho sistema procurará convertir en realidad los objetivos de la Revolución y, de manera más general, guiar al país en la dirección correcta. Es la aceptación subconsciente de este modelo normativo por la mayoría de la población la que echa las bases de lo que he denominado apoyo indeterminado para el sistema político (*cf.* Segovia, 1975).

Es más frecuente, en particular entre los pobres, que los modelos des-

[1] Los estudios principales incluyen: Almond y Verba, 1963, pp. 414-428, 495-496; Kahl, 1968, pp. 114-116; Fagen y Tuohy, 1972, cap. 5; K. Coleman, 1972; Davis, 1974. Para un tratamiento particularmente útil de las tensiones entre los modelos normativo y descriptivo que un ciudadano tiene del sistema político, véase Cockcroft, 1972, pp. 259 ss. La información de Almond y Verba ha sido interpretada con detalle por R. Scott (1965, 1974, y en preparación). Véase también Hansen, 1971, pp. 182-204, para una síntesis de los hallazgos hechos en los estudios por encuesta que acabamos de citar. Quizás lo más notable de esos hallazgos sea su congruencia a través del tiempo, desde la encuesta de Almond y Verba, terminada en 1959, hasta las de Kahl, hecha en 1963, la de Fagen y Tuohy, en 1966, la de Coleman en 1969, la mía en 1970, y la de Davis en 1973.

criptivo y normativo de un ciudadano sean contradictorios, en vez de ser congruentes. Las clases bajas de México muestran una tendencia a tener un modelo descriptivo de sus sistemas políticos que es muy congruente con la realidad (véase Fagen y Tuohy, 1972, p. 111). Pero como ha indicado Cockcroft (1972, p. 260), los ritos políticos y la socialización política dirigida mediante las escuelas, los medios de información en gran escala y las organizaciones voluntarias controladas por el gobierno sirven para oscurecer las contradicciones y aumentar la prominencia del modelo normativo del sistema. Como consecuencia, el descontento con los resultados de las acciones gubernamentales y el desempeño de los funcionarios no produce un cuestionamiento fundamental de la legitimidad del sistema político, sino que más probablemente da lugar a críticas cínicas de los políticos, burócratas y líderes de organizaciones obreras y campesinas, que sólo buscan su propio provecho y se caracterizan por la corrupción. Por lo tanto, el mexicano medio "cree en un gobierno de cuyos representantes desconfía... No culpa a las instituciones revolucionarias por las trampas ("movidas") de sus conciudadanos, a las que sólo considera como un reflejo del temperamento del mexicano" (Kahl, 1968, p. 116).

Esas orientaciones políticas generales, tan permanentes y tan difundidas entre la población de México, se reflejan claramente en las respuestas que dieron a numerosas preguntas de la encuesta de muestreo los inmigrantes que viven en las comunidades que investigué (véase el cuadro III.1), así como en comentarios hechos frecuentemente en conversaciones diarias sostenidas conmigo. Los datos muestran, una vez más, el éxito continuado del régimen mexicano para identificarse con las metas de la Revolución y el avance hacia esas metas. La mayoría de los entrevistados creía que se podía confiar en que el gobierno federal haría lo correcto (los niveles de confianza en los gobiernos locales eran menores, pero no mucho); que el gobierno y el partido oficial contribuían al bienestar del país, aunque no lo hicieran al del entrevistado, y que el gobierno era la fuente más importante de beneficios concretos para las comunidades pobres. Aunque una minoría considerable de los inmigrantes eran desde ligera hasta extremadamente escépticos con respecto a las motivaciones de los funcionarios públicos, el nivel de cinismo político indicado por sus respuestas era un poco menor que el predominante al nivel nacional (véase Almond y Verba, 1963, pp. 414-428). Los entrevistados más cínicos con frecuencia hacían prolongadas denuncias de los políticos, y describían el proceso político como "pura movida" y "puro negocio". No obstante, un número mayor, aunque reconocía las debilidades y abusos de los funcionarios de rango inferior, dudaba en atribuir motivos egoístas a

Cuadro III.1. *Respuesta de los inmigrantes a preguntas seleccionadas sobre la política y el sistema político*

	Preguntas en el cuestionario y respuestas	Porcentaje de respuestas
149b.	¿Cree Ud. que los ideales y propósitos de la Revolución (mexicana):	
	Han sido alcanzados	11.2
	Todavía no se alcanzan, pero el gobierno está esforzándose en alcanzarlos	81.3
	Se le han olvidado?	5.8
158b.	¿Cree Ud. que se puede confiar en que el gobierno Federal haga lo correcto?	
	Casi nunca	7.2
	Algunas veces	32.4
	La mayor parte de las veces o casi siempre	60.5
159a.	¿Hay algún partido político en este país que Ud. crea que haría más bien al pueblo de este país que ningún otro?	
	No, ninguno	6.4
	Sí, el PRI	89.7
	Sí, el PAN (principal partido de oposición)	3.4
136a.	¿Le ha ayudado el PRI a mejorar su vida (la del entrevistado) o no lo ha hecho así?	
	Sí	50.7
	No	49.3
131i.	¿Considera que el gobierno es la más probable fuente de ayuda para resolver los problemas de la comunidad?	97.3
164.	¿Considera que la mayoría de los funcionarios públicos del país están:	
	Tratando de hacer lo más que sea posible para ayudar al pueblo en general	60.0
	Tratando de favorecer sus carreras o intereses personales; trabajando para su propio beneficio	37.2
	Ayudando unas veces a la gente, y otras a sí mismo?	2.8
172	¿Cree Ud. que el actual sistema político y de gobierno de México es	
	Bueno para el país	78.8
	Malo para el país	7.6
	Bueno en algunos aspectos, malo en otros?	13.6

Nota: El número de entrevistados (casos) varía de pregunta a pregunta, debido a los "no sé" o a respuestas vagas ("información perdida") que no se incluyen ni en este ni en los cuadros siguientes de datos de la encuesta. El mínimo N para las preguntas incluidas en el cuadro es de 567. Los porcentajes de cada pregunta pueden no sumar 100 debido a que se redondearon las cifras. Los números de las preguntas son las de la secuencia en el cuestionario, que se incluye en el Apéndice A, pp. 255-295.

determinados funcionarios de alto rango, en especial a aquellos con quienes tenían contacto personal.[2]

En resumen, el inmigrante medio representado en este estudio cree en la legitimidad de las estructuras de autoridad existentes, y por lo general las apoya. Las determinantes más importantes de ese apoyo se desprenden

CUADRO III.2. *Razones de los inmigrantes para creer que el actual sistema político y de gobierno de México es bueno o malo para el país*

Respuesta	*Porcentaje*
El sistema es bueno porque:	
El gobierno ayuda a los pobres, se preocupa por las necesidades y problemas de los ciudadanos comunes	31.0
El país está progresando bajo el actual sistema	24.8
El gobierno construye escuelas, otras obras públicas; proporciona determinados servicios, otras clases de beneficios	12.0
El sistema de muchas libertades a los ciudadanos	7.2
Otros	8.5
El sistema es malo porque:	
El gobierno no ayuda a los pobres, no se preocupa por las necesidades y problemas de los pobres	10.3
El sistema es bueno; pero los funcionarios gubernamentales, la policía y los políticos son corrompidos, ineficientes y maltratan a los ciudadanos	5.1
Otros	1.0

NOTA: Si el entrevistado expresó una opinión en respuesta a la pregunta 172 (véase Cuadro III.1), se le preguntó "¿Por qué piensa así?" N = 443.

con la máxima claridad de las respuestas a dos preguntas abiertas de la encuesta, en las que se pedía al entrevistado que explicara su aprobación o desaprobación al actual sistema político y de gobierno en México (cuadro III.2) y que diera las razones de su apoyo electoral al PRI (cuadro III.3). El gran número de inmigrantes que creían en el valor fundamental del sistema sentía que la preocupación del gobierno y del PRI por las necesidades de los pobres era especialmente importante, y tendía a atribuir el desarrollo económico y social generales del país durante las décadas recientes al sistema político. Algunos entrevistados citaron ejemplos concretos de la forma en que opera el sistema como la razón principal de su apoyo. Un trabajador fabril de 23 años respondió: "El gobierno hace buenas cosas, como construir carreteras y mejorar las *colonias proletarias*. . . Se preocupa por cosas como ésas."

[2] Los efectos de esos contactos sobre las actitudes y comportamiento políticos del emigrante son discutidos con mayor detalle en el capítulo VIII.

Un chofer de taxi, de 29 años: "El PRI es el partido oficial... hace mucho por ayudar a la gente. Sí da clases de costura y tiene lavaderos para la gente. Da desayunos a los niños (de escuela)."

Un trabajador no calificado de 43 años dijo: "Apoyo al PRI porque siempre se ha preocupado por el bienestar de todas las personas del país. A los campesinos les da crédito para que puedan trabajar sus tierras, y a

CUADRO III.3. *Razones para apoyar al partido oficial (PRI) entre los inmigrantes que votaron por el PRI en 1964 y/o 1970*

Respuesta	*Porcentaje*
El PRI ha hecho más, o puede hacer más, por el entrevistado y su familia	29.9
El PRI siempre gana; los otros partidos no tienen ninguna oportunidad de ganar	23.6
El PRI es el partido del gobierno, de la Revolución	15.1
Casi todos apoyan al PRI, así que debe ser el mejor	11.8
El PRI ha hecho más por el país; ayuda a que el país progrese	11.3
Los funcionarios y políticos que han ayudado a esta colonia son del PRI; el PRI ayuda a que la colonia resuelva sus problemas	5.2
Otros	3.1

NOTA: La preguna era, "¿Puede decirme la principal razón por la cual ha apoyado al PRI?" N = 413. No se han incluido en el cuadro las respuestas "no sé" o vagas.

los trabajadores les da mejores empleos. También organiza los deportes y los acontecimientos culturales."

Como ocurre en esta última observación, no deseaban distinguir, o no distinguían entre las "buenas obras" realizadas por el gobierno (por ejemplo, dar créditos agrícolas) y las realizadas por el partido oficial (organizar las actividades recreativas).

Muchos inmigrantes en las comunidades investigadas, como los citados antes, sólo tenían un conocimiento muy general de las actividades del gobierno o del PRI que beneficiaban al país en conjunto o a las personas pobres como categoría social. Otros, sin embargo, tenían un punto de referencia más concreto y personal para el funcionamiento del sistema político, y explicaron su apoyo al sistema mencionando la ayuda concreta que ellos o sus familias habían recibido personalmente.[3] Un trabajador de 34 años, de un taller de automóviles explicó. "Estoy agradecido al PRI porque los doctores del PRI curaron a mis hijos. No sé nada de política, pero voto por el PRI por esa razón."

[3] Para una descripción más detallada de los servicios dados a los pobres en la ciudad de México por el gobierno y las oficinas del PRI, véase el capítulo VIII.

Un obrero fabril de 27 años: "Apoyo al PRI porque sus cartas de recomendación me ayudaron a obtener trabajo."

Un mecánico de automóviles, de 22 años de edad: "Porque una vez que el PRI repartió estufas de petróleo, logré obtener una; por eso lo voy a apoyar."

Un dependiente de ventas, de 40 años (en el Proyecto de Unidad Popular): "Aprecio las mejoras y las obras (públicas) que el gobierno ha construido —como mi casa—."

Estos comentarios indican que el apoyo de los entrevistados al sistema político está fundamentado en ejemplos personalizados del desempeño del gobierno. Éstas no son personas que apoyan al régimen sólo por sus orígenes "revolucionarios" o su continua identificación con los héroes y símbolos nacionales.

Entre un porcentaje considerable de inmigrantes, en particular los que vivían en las comunidades investigadas y que aún padecían de la tenencia insegura de los terrenos o carecían de servicios públicos, el apoyo al gobierno y al PRI podría representar no sólo gratitud por cualquier beneficio que hubieran recibido, sino también un reconocimiento de que este apoyo podría ayudar a obtener recompensas adicionales del sistema o a conservar los beneficios ya obtenidos. Los residentes de colonias inseguras se consideran a sí mismos como particularmente vulnerables a las sanciones de los funcionarios del gobierno, así como muy dependientes de los favores de esos funcionarios.[4] Muchos de ellos suponen, o los convencen de ello los líderes locales, que las oportunidades de sobrevivencia de su comunidad y de ayuda por parte del gobierno pueden disminuir gravemente si no demuestran su apoyo al régimen. Otros consideran que votar o cualquiera otra manifestación de apoyo al PRI son esenciales para conservar sus empleos. Un aprendiz de plomero de 24 años dijo: "Apoyo al PRI porque también trabajo para el gobierno, en el Departamento del Distrito Federal, y tengo que apoyarlo."

Un trabajador fabril no calificado, de 39 años: "¿Por qué el PRI? Porque mi sindicato está con el PRI, y como soy miembro debo votar por él."

Aunque el comportamiento político de esos individuos puede recalcar el apoyo al sistema, en privado no vacilan en criticar su funcionamiento en una gran variedad de terrenos. La información que se muestra en el cuadro III.4 revela que en 12 campos (de 17 considerados) de acción del gobierno, menos de la mitad de los inmigrantes de las comunidades investigadas consideró que el gobierno estaba "haciéndolo muy bien". El gobierno obtuvo evaluaciones altas por sus esfuerzos por proporcionar

[4] Ozbuden (1973, cap. 8) ha dado una explicación similar del apoyo al partido oficial entre los precaristas urbanos de Turquía.

electricidad, transportes públicos y escuelas públicas. Los entrevistados criticaron mucho sus deficiencias para dar protección policiaca (y asegurar un trato justo de los pobres por parte de la policía), ayuda económica

CUADRO III.4. *Evaluación por los inmigrantes de los resultados de las acciones del gobierno*

Servicio o beneficio	*El gobierno cumple con su responsabilidad* mal	no muy bien	muy bien
Agua potable	9.8%	34.9%	55.3%
Electricidad	7.0	30.3	62.7
Drenaje	24.4	28.0	47.6
Calles pavimentadas	28.4	29.0	42.5
Transporte público	9.5	27.8	62.7
Protección policiaca	20.8	39.2	40.0
Protección contra incendios	26.8	20.9	52.4
Ayuda a que los pobres encuentren viviendas adecuadas	25.9	30.1	44.0
Ayuda a que las personas obtengan títulos de propiedad seguros sobre sus terrenos	18.1	35.0	46.9
Parques y zonas de recreación	30.4	23.6	46.0
Mercados públicos	27.3	27.0	45.7
Escuelas públicas y profesores	8.0	25.7	65.9
Ayuda médica para los pobres	20.4	30.3	49.3
Ayuda económica para los necesitados	32.3	29.6	37.1
Ayuda para conseguir empleo	43.6	27.7	28.7
Asegurar un trato justo de los pobres por parte de la policía	41.2	32.4	26.4
Tratar de reducir las diferencias entre los ricos y la gente humilde	36.5	38.7	24.8

NOTA: Pregunta: "Ahora le voy a leer una lista de actividades. A medida que lea cada tipo de actividad, deseo que me dé su opinión sobre lo bien que está trabajando el gobierno en cada una de esas áreas. Si no cree que el gobierno *tiene* alguna responsabilidad para hacer alguna de esas cosas, dígamelo. Por ejemplo, abastecimiento de agua potable. ¿Diría usted que el gobierno está trabajando bien, no muy bien, o mal para abastecer de agua potable?"

Las No para cada servicio varían entre 475 y 673, pero en la mayoría son más de 600. No se incluyeron en el cuadro las respuestas "no sé" ni las vagas, así como los entrevistados que no consideraban que el gobierno tuviera la responsabilidad de proporcionar un beneficio o servicio determinado.

Los porcentajes se suman horizontalmente, y hay leves variaciones, porque se redondearon las cifras.

para los menesterosos, ayuda para que los trabajadores encuentren empleo, y en la redistribución de la riqueza ("procurar disminuir las diferencias entre los ricos y los pobres de México"). Sin embargo, es poco probable que el descontento con el gobierno en esas amplias áreas de problemas económicos se traduzca en demandas o comportamiento de protesta, ya que esos son campos en que la *expectativa* de los inmigrantes con respecto al desempeño del gobierno son relativamente bajas.[5] Como veremos más adelante en este capítulo, la evaluación del desempeño del gobierno en las áreas de problemas relacionados con la comunidad en que los inmigrantes tienen grandes esperanzas suele variar considerablemente de una comunidad a la otra, lo que refleja en gran parte las deficiencias objetivas en las mejoras urbanas y los servicios proporcionados por el gobierno a determinadas comunidades.

Resumiendo, la mayoría de los inmigrantes en las comunidades investigadas parecen ofrecer tanto apoyo determinado como indeterminado al sistema político mexicano. Tienen un considerable respeto a las instituciones políticas nacionales y a determinados funcionarios de alto rango, aunque critican los móviles y el desempeño de sus subordinados. Tienden a considerar que el régimen es un abastecedor benévolo de bienes y servicios para la gente humilde, aunque piensan que podría hacer mucho más de lo que hace actualmente en muchas áreas de su responsabilidad.[6]

Tanto el apoyo determinado como el indeterminado aumentaban al ser más prolongada la residencia en la ciudad, al parecer en respuesta a las mejoras de la situación económica personal del inmigrante y a la introducción gradual de servicios y mejoras urbanas en la comunidad en que vivía.[7] No obstante, es peligroso hacer generalizaciones en este sentido, debido a notorias diferencias en las actitudes políticas de las diferentes comunidades. Otra explicación posible del aparente aumento del apoyo con el transcurso del tiempo parece ser que la mayoría de los inmigrantes descontentos abandonan la ciudad y regresan a sus lugares de origen, dejando atrás al grupo con larga experiencia urbana que apoya al sistema. Sin embargo, en el estudio no se obtuvo ninguna información que diera credibilidad a esta explicación. Casi todas las salidas de las comunidades son a otras partes de la ciudad de México, y no de regreso

[5] En el capítulo VII se discuten ampliamente las prioridades del propio inmigrante con respecto a la acción gubernamental.

[6] Tanto la cantidad como la calidad de los beneficios proporcionados por el gobierno están incluidas en las evaluaciones de su desempeño. En consecuencia, lo que descubrí en la ciudad de México no concuerda con los resultados de Ugalde, que estudió la ciudad de Ensenada, de tamaño mediano, en Baja California. Encontró (1970, pp. 129-130) que "los grupos más débiles económicamente... no se preocupan mucho por la calidad de los servicios públicos".

[7] Andrews y Phillips (1970, p. 221) encontraron que la satisfacción con los servicios públicos entre los precaristas de Lima, Perú, también aumentaba cuanto más larga fuera la residencia en la ciudad. La correlación sencilla (r) entre la duración de la residencia en la ciudad y el apoyo indeterminado al sistema político entre los inmigrantes de mi muestra es de .134 ($p < .001$), y la r entre la duración de la residencia urbana y el apoyo determinado al sistema es de .079 ($p < .026$). Cuando se considera constante la movilidad socioeconómica objetiva desde la llegada a la ciudad de México, la correlación parcial entre la duración de la residencia y el apoyo indeterminado es .110 ($p < .003$), y la r parcial para el apoyo determinado es .054 ($p < .091$; lo que no es significativo). Los controles por edad casi no influyeron sobre ambas relaciones.

al campo. El pequeño número de inmigrantes que regresan a las zonas rurales no parece motivado de manera principal por descontento o desajuste al ambiente urbano. Más bien se trata de personas que se han retirado de sus empleos, que han sufrido problemas familiares (que por lo usual involucran a parientes que han permanecido en el lugar de origen del inmigrante después de que éste se trasladó a la ciudad), o a quienes se ha ofrecido empleo u otras oportunidades económicas en sus lugares de origen.

A pesar de la actitud general de apoyo hacia el régimen que existe en la mayoría de las comunidades investigadas, pequeños grupos de inmigrantes de cada comunidad están profundamente descontentos o enajenados con el régimen. Esos individuos se distinguen en particular por sus afiliaciones poco comunes a ciertos partidos políticos. Los inmigrantes con las actitudes más negativas hacia el sistema político existente tienden a dar su apoyo al Partido Acción Nacional (PAN), que presenta al PRI la principal oposición en las elecciones. Sin embargo, los "panistas" son mucho menos frecuentes entre los residentes de la colonias "proletarias" de la ciudad de México que entre la población general de la ciudad o de la nación. Sólo 4.6% de los inmigrantes de mi muestra se identificaron como partidarios del PAN, mientras que 34.6% de los votos de la elección de 1970 en el Distrito Federal fueron para el candidato presidencial del PAN. Aun si se tiene en cuenta cierta tendencia a la "conveniencia social" en las respuestas a mi pregunta sobre el partido político de su preferencia, que tendería a disminuir el número de panistas autorreconocidos en la muestra, está claro que los partidarios del PAN son sólo una pequeña minoría de la población en las comunidades investigadas y en vecindades similares de la ciudad de México.

Muchos residentes de bajos ingresos de la ciudad parecen haber aceptado el mito propagado por el gobierno de que el PAN es un partido exclusivo de ricos (en especial los grandes hombres de negocios) y el clero, y que por lo tanto es, por definición, un movimiento "contrarrevolucionario". En realidad, el PAN obtiene apoyo entre todas las clases sociales (véase Ugalde, 1970; Mabry, 1973), y su programa esencial tiene muchos puntos que virtualmente no se diferencian de los del PRI. Pero la principal razón de ser del PAN es simplemente la oposición a la élite política que ostenta el poder. Tal como lo describe Reyna (1971, p. 110), el PAN

> no ha tenido una ideología política bien definida, aunque de él proviene una posición crítica y moral contra el gobierno y el PRI. Combate el monopolio del poder y la corrupción del gobierno, y hace énfasis en la necesidad de educación cívica entre la población, que podría conducir a un gobierno verdaderamente "democrático". Es una institución por medio de la cual puede manifestarse cierta clase de protesta; una institución apoyada por un número cada

vez mayor de personas que saben que el PAN no puede ganar, pero que votan por él para expresar su descontento con el régimen establecido.[8]

Esta es, claramente, la motivación más importante de los partidarios del PAN entre los inmigrantes de las comunidades investigadas. Otros partidos de oposición de menor importancia, como el Partido Popular Socialista (PPS) y el Partido Auténtico de la Revolución Mexicana (PARM) son considerados, bastante justificadamente, como meros apéndices de la "maquinaria" del gobierno y del PRI; en cambio, un voto en favor del PAN es considerado, por el elector y el gobierno, como una expresión de protesta o descontento con el sistema actual. Esto está claro en las siguientes respuestas a la pregunta que se hizo durante la encuesta a los partidarios del PAN para que explicaran su preferencia por ese partido.

Un dependiente de una tienda de alimentos, de 18 años, contestó: "Votaré (en la elección de 1970) por el PAN, para mostrar mi oposición al PRI, y no porque crea que el PAN es necesariamente mejor."

Un trabajador de la industria de la construcción, de 32 años: "Soy partidario del PAN porque estoy cansado del juego del PRI, que hace elecciones cuando todo el mundo sabe de antemano quién va a ganar."

Un contador, de 34 años: "Porque el PRI siempre gana, y sería interesante ver si el PAN cumple sus promesas, o si sería igual que el PRI, que hace promesas, pero nunca las cumple. El gobierno es el culpable de los problemas del país... sólo se dedica a explotar a los campesinos y la gente humilde... las 'colonias proletarias' carecen de servicios, y la culpa es del gobierno... Además, la policía es muy arbitraria en todas partes."

Había un representante nominal del PAN en cada una de las seis colonias incluidas en este estudio, excepto en una, pero eran mucho menos activos y visibles que los representantes del PRI. Se quejaron ante mí de que la mayoría de los residentes no ve ningún beneficio en apoyar al PAN: el PRI siempre gana, e incluso si perdiera el régimen en el poder no permitiría que éste se transfiriera a un gobierno panista de nivel nacional. El migrante piensa que al apoyar al PRI se tienen más oportunidades de obtener algo del gobierno.

INMIGRANTES, NACIDOS EN LA CIUDAD, Y "SEGUNDA GENERACIÓN"

En los decenios de los cincuentas y sesentas, uno de los temas que sobresalía en los escritos sobre las consecuencias sociales y políticas de la ur-

[8] Para un análisis detallado del programa y la evolución del PAN véase Mabry, 1973; Von Sauer, 1974.

banización en la América Latina y otras regiones del Tercer Mundo era la argumentación de que los migrantes de bajos ingresos que llegaban del campo probablemente se volverían alienados o radicales políticos debido a las dificultades económicas y al efecto del cambio cultural que encontraban en la gran ciudad. Se consideraba a los inmigrantes como las "masas disponibles" entre las cuales los partidos políticos de oposición y los "movimientos" contra el sistema podrían reclutar un gran número de seguidores. Pero prácticamente casi todas las pruebas empíricas que se han obtenido hasta ahora provenientes de un considerable número de sitios investigados en todos los países latinoamericanos contradicen esa opinión.[9] Por tanto, no nos debe sorprender que los inmigrantes que estudié en la ciudad de México no apoyaran el orden establecido menos que los citadinos que los rodeaban. Como se muestra en el cuadro III.5, los inmigrantes son un poco más positivos en sus orientaciones hacia el sistema político que los nacidos en la ciudad, pero salvo en un aspecto (apoyo al partido oficial) las diferencias no son significativas estadísticamente. La fuerte preferencia de los migrantes de bajos ingresos por el PRI, al igual que el mayor promedio de personas que votan, parece ser un traslado al ambiente urbano de una estable identificación del partido desarrollada en las comunidades rurales de las que provienen.[10] Por tanto, es poco probable que la inmigración desde el campo haya contribuido de manera apreciable a la continua erosión del apoyo electoral al PRI dentro del Distrito Federal, o a la creciente tasa de abstención electoral en el Distrito (casi el 6% entre las elecciones nacionales de 1964 y las de 1970). En realidad, es probable que esas dos tendencias hubiesen sido más pronunciadas en ausencia de la inmigración en gran escala.[11]

Como la tesis del "inmigrante radical" tan ampliamente difundida entre los estudiosos académicos en los decenios de los cincuentas y los sesentas ha sido claramente refutada, cuando menos en lo que respecta a los inmigrantes de primera generación en la ciudad, los esfuerzos por evaluar las implicaciones políticas a largo plazo de la migración hacia las ciudades en Hispanoamérica y otras regiones del Tercer Mundo se han concentrado cada vez más en el problema de las diferentes actitudes y comportamientos entre los inmigrantes y su descendencia. Según lo que ha llegado

[9] Se encuentran resúmenes y críticas de importantes estudios teóricos y empíricos, con referencia especial a la América Latina, en Cornelius, 1969, 1971; Kenski, 1971, pp. 32-132; Nelson, 1969; Portes, 1971c, y Schoultz, 1972b.

[10] En el capítulo IV se presenta una discusión adicional de las relaciones hipotéticas entre la socialización política rural y las actitudes y comportamiento del inmigrante en la ciudad.

[11] El análisis de Ames (1970, pp. 165-166) del comportamiento electoral entre 1952 y 1967 en todos los estados mexicanos y en el Distrito Federal tampoco encontró "evidencia de que los estados que experimentan una urbanización rápida sean menos fuertes para el PRI. . . A pesar del creciente nivel de urbanización de México, el PRI ha incrementado, en vez de disminuir, su predominio". *Cf.* Reyna, 1971, pp. 119-124.

a conocerse como la "hipótesis de la segunda generación", los hijos de los inmigrantes de primera generación estarán menos satisfechos con las oportunidades y condiciones de su vida personal. También es probable que

CUADRO III.5. *Medida de apoyo indeterminado y determinado para el sistema político entre los residentes inmigrantes y los nacidos en la ciudad de México*

Índice	*Inmigrantes (Min. N = 665)*	*Nacidos en la ciudad (Min. N = 249)*	*¿Significativo?*[a]
Partido político preferido: PRI[b]	91.7%	86.6%	sí
(1) Afecto a las instituciones políticas nacionales	42.6	37.0	no
(2) Confianza en el gobierno	53.8	52.9	no
(3) Cinismo político	53.8	57.4	no
(55) Apoyo indeterminado general para el sistema político	44.5	41.7	no
(76) Percepción del interés del gobierno por la gente humilde	36.1	38.9	no
(77) Percepción de la tendencia a reaccionar positivamente por parte del gobierno, ante los intentos por influir en él	46.5	40.9	no
(91) Evaluación positiva del trabajo de los funcionarios públicos	49.7	50.0	no
(19) Satisfacción con los resultados de los servicios gubernamentales[c]	55.8	54.5	no
(70) Apoyo determinado general para el sistema político	53.1	50.0	no

NOTA: Los porcentajes que aparecen en los cuadros III.5 a III.8 representan la proporción de entrevistados que obtuvieron puntuaciones elevadas en el índice total. El número que antecede al nombre de cada índice se refiere al orden en que se le encuentra en el Apéndice C, el cual se puede consultar para el contenido de cada categoría específica. La puntuación de los índices se dividió en categorías alta y baja, localizándose el punto de separación tan cerca como fuera posible de la mediana de la muestra total, computada con base en todos los entrevistados (tanto inmigrantes como nacidos en la ciudad) en la muestra ponderada.

[a] Las diferencias entre los grupos son estadísticamente significativas, por la prueba de chi cuadrada, al nivel de 0.5 o más.

[b] Determinada con base en las respuestas de las preguntas 159a, 159c, 159d y 159e.

[c] Índice de "descontento con los resultados de los servicios gubernamentales" con el inverso de la puntuación.

estén menos satisfechos que sus padres con el funcionamiento del sistema político, y podrían incluso cuestionar la legitimidad de las instituciones políticas establecidas. Se considera que esas actitudes son el resultado de una mayor educación, los estímulos políticos urbanos a que están sometidos durante toda su vida (incluyendo la competencia entre los partidos), y su desconocimiento de las malas condiciones de vida, de la carencia de servicios públicos o servicios inadecuados, así como de la movilidad social limitada de las zonas rurales.

Se supone que los hijos de los inmigrantes tendrán mayores aspiraciones de movilidad socioeconómica personal, mayores esperanzas de un buen desempeño del gobierno, y una mayor conciencia de lo inadecuado del sistema político. Todo esto hace más probable que desarrollen orientaciones que no sean de apoyo al sistema. En uno de los enunciados que más se han citado de la hipótesis de la segunda generación, Samuel P. Huntington (1968, pp. 282-283) compara a los hijos de los inmigrantes de las ciudades del Tercer Mundo con los hijos descontentos y propensos a los motines de los migrantes negros del sur rural de los Estados Unidos:

> En Asia y la América Latina, al igual que en los Estados Unidos, la violencia urbana, política y delictiva, probablemente aumentará a medida que crezca la proporción de nacidos en la ciudad con respecto al número de inmigración. Es probable que en algún momento los asentamientos precarios de Río y Lima, de Lagos y Saigón, al igual que los de Harlem y Watts, sean invadidos por la violencia social, a medida que los hijos de la ciudad exijan de ésta sus recompensas.[12]

Las pruebas empíricas que tienen importancia directa para esta argumentación todavía son muy fragmentarias; pero estudios previos efectuados en cuatro ciudades diferentes de la América Latina han encontrado pruebas de lo contrario. Se descubrió que los "miembros de la segunda generación" no estaban más descontentos, más frustrados con sus condiciones de vida personales, o más radicalizados ideológicamente que sus padres (Goldrich, 1964, pp. 332-333; Gurrieri, 1965, pp. 16-18, 24-27; H. Friedman, 1969, p. 88; Andrews y Phillips, 1970, p. 221).

Las pruebas de la ciudad de México no son decisivas. Como se muestra en el cuadro III.6, hay diferencias significativas entre los jefes de familia inmigrantes y sus hijos mayores en sólo dos medidas de apoyo vago o concreto al sistema político. Los padres inmigrantes muestran una mayor propensión que sus hijos a ser partidarios del PRI; y los padres también tienen mejores esperanzas del desempeño del gobierno.[13] Sin embargo,

[12] Para otros enunciados de esta hipótesis, algunos con referencias específicas a los pobres urbanos de la América Hispánica véase Krickus, 1968, pp. 197-199; Ray, 1969, pp. 174-176; Mangin, 1970, xxvii; y Epstein, 1973, p. 182.

[13] Los entrevistados que se comparan aquí son los de las familias que residen en las comunidades investigadas, en que se entrevistó tanto el jefe de la familia inmigrante como a su hijo mayor (18 años o más). Casi todos los hijos que expresaron alguna preferencia por algún partido político distinto al PRI eran partidarios del PAN.

hay una tendencia de los hijos que han pasado toda, o casi toda su vida en la ciudad de México ("hijos nativos") a apoyar menos en sus actitudes al sistema, que los que nacieron y se criaron en el campo, y emigraron a la ciudad de México con sus padres ("hijos inmigrantes"). Los datos para esta comparación (cuadro III.7) indican que es menos probable que los hijos nativos apoyen al PRI, a que lo hagan los hijos emigrantes. Los hijos nativos también desconfían más del gobierno, y son más negativos en sus evaluaciones de los resultados de los servicios gubernamentales y del desempeño de ciertos funcionarios. Esas diferencias también afectan las estadísticas (aunque poco), y son congruentes con las predicciones de la hipótesis de la segunda generación. No obstante, el tamaño de la muestra es tan pequeño, y las diferencias entre varias otras medidas son tan pocas, que no se puede llegar a conclusiones firmes. Los hijos nativos tienden a ser un poco más educados que los inmigrantes,

CUADRO III.6. *Apoyo indeterminado y determinado para el sistema político entre los padres inmigrantes y sus hijos mayores*

Índice	*Padres inmigrantes (min. N = 168)*	*Hijos mayores (min. N = 173)*	*¿Diferencia significativa al nivel 0.5?*
Afecto a las instituciones políticas nacionales	41.1%	37.1%	no
Partido político de su preferencia: PRI	91.8	83.5	sí
Confianza en el gobierno	53.7	55.3	no
Cinismo político	60.2	53.3	no
Apoyo indeterminado general para el sistema político	49.2	54.9	no
Percepción del interés del gobierno por la gente humilde	43.4	40.2	no
Percepción de la tendencia a reaccionar positivamente por parte del gobierno, ante los intentos por influir en él	53.4	43.6	no
Evaluación positiva del trabajo de los funcionarios públicos	50.6	55.7	no
Satisfacción con los resultados de los servicios gubernamentales	61.6	59.6	no
Esperanzas con respecto al trabajo del gobierno[a]	56.9	45.7	sí
Apoyo determinado general para el sistema político	58.0	52.8	no

[a] Índice 22; véase el apéndice C para el contenido de esta categoría.

y esto podría ser el principal determinante de su mayor oposición al régimen. (En mi muestra en general, al igual que en otras encuestas sobre las poblaciones urbanas en México, los logros educativos se correlacionan positivamente con la actitud negativa hacia el sistema político.)

Cuadro III.7. *Apoyo indeterminado y determinado al sistema político entre los hijos inmigrantes y los hijos nativos de jefes de familia migrantes*

Índice	*Hijos inmigrantes*[a] *(min. N = 58)*	*Hijos nativos*[b] *(min. N = 115)*	*¿Diferencia significativa al nivel 0.5?*
Afecto a las instituciones políticas nacionales	40.4%	35.4%	no
Partido político de su preferencia: PRI	88.3	81.1	sí
Confianza en el gobierno	62.2	51.9	sí
Cinismo político	51.0	54.5	no
Apoyo indeterminado general para el sistema político	52.4	56.2	no
Percepción del interés del gobierno por la gente humilde	40.4	40.1	no
Percepción de la tendencia a reaccionar positivamente por parte del gobierno, ante los intentos por influir en él	42.1	44.4	no
Evaluación positiva del trabajo de los funcionarios públicos	61.6	52.7	sí
Satisfacción con los resultados de los servicios gubernamentales	67.8	55.4	sí
Esperanzas con respecto al trabajo del gobierno	43.9	46.5	no
Apoyo determinado general para el sistema político	59.0	49.7	sí

[a] Hijos que nacieron y se criaron en alguna localidad fuera de la zona metropolitana de la ciudad de México

[b] Hijos que nacieron o se criaron en la zona metropolitana de la ciudad de México (que han pasado la mayor parte de su vida entre los cinco y los quince años en la ciudad de México).

Por lo anterior, quizás la nueva generación de residentes de las "colonias proletarias" nacidos en la ciudad esté menos dispuesta que sus padres inmigrantes a aceptar el *statu quo* político; pero su posición crítica podría derivarse más de una mayor conciencia de las fallas del régimen que del hecho de que sus padres carecieran del sentido de mejoras materiales relativas. De cualquier modo, no se puede aceptar o rechazar la hipótesis de la segunda generación sobre la base de este estudio.

LAS ACTITUDES POLÍTICAS Y EL CONTEXTO DE LA COMUNIDAD

El ambiente residencial inmediato ha tenido un efecto pronunciado sobre las actitudes políticas del inmigrante. Cuando la muestra de jefes de familia inmigrantes se separa en grupos definidos territorialmente (cuadro III.8), se notan grandes diferencias en casi toda medida de apoyo al sistema político. La mayoría de las actitudes distintas puede relacio-

CUADRO III.8. *Apoyo indeterminado y determinado al sistema político entre inmigrantes, por comunidad*

Índice	*Colonia Nueva (N=125[a])*	*Colonia Periférico (N=96)*	*Colonia Texcoco (N=119)*	*Colonia E. Propio (N=126)*	*Unidad Popular (N=74)*	*Colonia Militar (N=112)*
Afecto por las instituciones políticas nacionales	46.2%	26.0%	18.3%	74.8%	34.0%	49.0%
Partido político preferido: PRI	94.4	89.0	87.9	99.1	86.8	90.2
Confianza en el gobierno	65.4	31.7	27.7	73.9	67.9	57.0
Cinismo político	40.7	69.1	60.3	31.8	71.7	59.8
Apoyo general indeterminado al sistema político	40.6	29.1	23.2	61.8	52.8	59.7
Percepción del interés del gobierno por la gente humilde	37.4	47.5	6.2	44.8	49.1	38.1
Percepción de la tendencia a reaccionar positivamente por parte del gobierno, ante los intentos por influir en él	63.6	36.5	17.8	64.5	49.1	45.3
Evaluación positiva del trabajo de funcionarios políticos y gubernamentales	71.8	38.1	1.8	81.0	43.4	56.1
Satisfacción con los resultados de los servicios proporcionados por el gobierno	37.5	61.6	20.1	57.0	92.5	82.0
Esperanzas con respecto al trabajo del gobierno	53.3	45.5	30.3	79.4	45.3	58.6
Apoyo determinado general para el sistema político	59.3	45.2	6.2	77.1	71.7	64.0

NOTA: Las diferencias entre las comunidades en todos los índices, excepto "Partido político preferido: PRI", son significativas estadísticamente, por la prueba de chi cuadrada, al nivel de .001 o más. Las diferencias en el partido político preferido son significativas al nivel .01.

[a] Todas las cifras para N corresponden al número mínimo de respuestas.

narse fácilmente con las formas en que se crearon las seis comunidades objeto de investigación, con la clase de líderes locales que han surgido en ellas, con los tipos de relaciones que han tenido las comunidades con funcionarios públicos, y con el nivel absoluto de servicios y beneficios proporcionados por el gobierno a cada comunidad. Cada grupo de inmigrantes territorialmente definido tiene su propio perfil distintivo de actitudes, que puede entenderse con referencia a ese conjunto de variables.

La relación entre los residentes de la Colonia Nueva y el gobierno fue de conflicto y confrontación durante los primeros meses de 1968, inmediatamente después de la invasión que dio origen a la comunidad; pero ya se había convertido en una estrecha colaboración y apoyo mutuo a finales de 1969, después de que la colonia fue "regularizada" (el eufemismo oficial para referirse al otorgamiento de derechos de ocupación de los terrenos a residentes de un asentamiento o fraccionamiento formado ilegalmente). Cuando se les entrevistó a mediados de 1970, los residentes de la Colonia Nueva aún estaban eufóricos por el éxito de su lucha por la sobrevivencia de la comunidad. Sin embargo, empezaban a preocuparse por la lentitud del gobierno en la medición de los terrenos para asignar definitivamente las parcelas a los residentes individuales, al igual que por las demoras en la introducción de servicios básicos y mejoras urbanas en la comunidad. Las experiencias de aprendizaje político de los migrantes residentes en esta colonia se reflejan claramente en que catalogaban al gobierno como muy "sensible" ante las solicitudes de los ciudadanos, en sus generosas evaluaciones de la forma en que determinados funcionarios de alto nivel desempeñaban sus funciones, en su nivel relativamente bajo de cinismo político, y en su disposición a confiar en el gobierno para que hiciera lo que considerara mejor para ellos y su comunidad. La completa carencia de servicios urbanos y mejoras en la Colonia Nueva en el momento de la encuesta (con excepción de la electricidad, que era obtenida mediante conexiones ilegales) se refleja en el descontento expresado por los migrantes con los resultados de los servicios proporcionados por el gobierno (la mayoría de los cuales se relacionan con las comunidades).

Aunque los residentes de la Colonia Nueva fueron muy positivos en sus orientaciones hacia el PRI y ciertos funcionarios del mecanismo gubernamental del PRI, no dieron tanto apoyo general indeterminado al sistema político como los residentes de tres de las otras comunidades incluidas en el estudio. Mis entrevistas informales con muchos residentes de la Colonia Nueva revelaron que la relación básica efectiva que existía entre la comunidad y el gobierno estaba muy personalizada, al grado de que uno o dos funcionarios determinados eran considerados como los defensores y patrocinadores de la colonia. Los informantes estaban conscientes y apreciaban las actividades de esos individuos en su beneficio, y no sospechaban que hubiera motivos o intenciones ulteriores; pero no habían desarrollado una percepción igualmente positiva del sistema político general del que formaban parte sus benefactores. Finalmente, la presencia de líderes fuertes, pro gubernamentales, en la Colonia Nueva, contribuyó considerablemente a desarrollar entre sus seguidores una opinión general favorable con respecto a la tendencia del gobierno a reaccionar positivamente.

Las diferencias en el liderazgo también son importantes para explicar algunas de las divergencias en las actitudes políticas de los migrantes que vivían en la Colonia Nueva y los de la Colonia Periférico. En la época de la encuesta de 1970, la estructura de liderazgo de la Colonia Periférico se había fragmentado cuando menos en tres grupos diferentes, que competían entre sí, y uno de los cuales estaba encabezado por el *cacique* local, que antes había dirigido la colonia como feudo personal rígidamente organizado.[14] Durante varios años antes de 1970, las diferentes facciones se habían esforzado por obtener apoyo y desacreditar a la oposición ante los ojos de los residentes. La táctica favorita era designar a determinado político o funcionario gubernamental como benefactor del líder local y de la comunidad en conjunto, y a otro político o funcionario como principal enemigo de la comunidad y benefactor del líder contrario. La confusión y fragmentación resultantes entre los residentes de la Colonia Periférico habían disminuido considerablemente su apoyo al sistema político general. El cuadro III.8 muestra claramente el bajo nivel de confianza en el gobierno y el elevado nivel de cinismo político entre los inmigrantes de esta comunidad; esto iba acompañado de una opinión desfavorable sobre la tendencia del gobierno a reaccionar positivamente ante las solicitudes de los ciudadanos, y de evaluaciones negativas de la labor de determinados funcionarios. ¿En quién podemos confiar? Esa era la pregunta que los residentes parecían hacerse, y sus enemistados líderes no les daban ninguna guía útil en ese aspecto. Los inmigrantes de la Colonia Periférico estaban moderadamente satisfechos con los resultados de los servicios del gobierno, y con frecuencia mencionaban la introducción de varios servicios y mejoras provisionales durante los 15 años de historia que tenía la colonia.

En la Colonia Texcoco también hay considerable congruencia entre las condiciones de vida objetivas de los inmigrantes y sus actitudes hacia el sistema político. Después de 18 años de existencia, este fraccionamiento para personas de bajos ingresos todavía tenía pocos servicios, y la mayoría de los residentes esperaban pocas mejoras en lo futuro inmedia-

[14] Véase el capítulo VI para una discusión detallada de los *caciques*, o jefes políticos locales, que han operado en varias de las comunidades investigadas.

to. Las tolvaneras continuaban azotando a la comunidad en la estación seca, y la estación de lluvias la convertía en un pantano, en tanto que los niños continuaban enfermando y muriendo de padecimientos intestinales, causados por los drenajes abiertos y el agua contaminada. Las promociones fraudulentas del fraccionador de la colonia ("su propio lote con todos los servicios"), seguidas por la recaudación igualmente fraudulenta de fondos por sucesivos gobiernos municipales —aparentemente para un sistema de drenaje y otras mejoras básicas que nunca se hicieron— habían dejado a los residentes amargados y desilusionados. No es sorprendente, por lo tanto, que parte de su hostilidad hacia el fraccionador y el gobierno municipal se haya transferido al sistema político general. La actitud prevaleciente entre los residentes de la Colonia Texcoco hacia todos los gobiernos —municipal, estatal y federal— puede resumirse mejor quizás en la observación que hizo uno de los informantes de esa comunidad, un jardinero de 44 años: "Los gobiernos van y vienen. Trabajan bien sólo durante uno o dos años, y después se dedican a llenarse los bolsillos. Así son los funcionarios públicos."

Los descuidos acumulados, la falta de reacción a las solicitudes, y la carencia de apoyo gubernamenal a los residentes de la Colonia Texcoco durante su prolongada lucha por obligar al fraccionador a instalar los servicios básicos, han dejado su huella en las orientaciones políticas generales de los residentes de la comunidad, como puede verse en el cuadro III.8. Los inmigrantes que viven en esta comunidad son mucho más negativos en sus actitudes políticas que los de ninguna otra comunidad incluida en el estudio. A mediados de 1970 un gobernador recién elegido y progresista del Estado empezaba a recuperar algo de la confianza de los residentes de la Colonia Texcoco; pero el sentimiento predominante seguía siendo de cinismo y desilusión.

Como se dijo en el capítulo II, la situación de los inmigrantes que residen en la Colonia Esfuerzo Propio es notoriamente diferente de la de sus compañeros de la vecina Colonia Texcoco. La mayoría de los residentes de la Esfuerzo Propio habían sido desarraigados de algunas de las vecindades en peor estado de la ciudad de México, y el gobierno los había reasentado en una nueva comunidad que ofrecía todos los servicios básicos y mejoras de que habían carecido en sus antiguos lugares de residencia. Además, se les había ofrecido a los colonos amplia ayuda técnica y financiera para la construcción de nuevas casas unifamiliares.

La mayoría de los participantes consideraba que esto era muy bueno, y su apreciación se reflejaba en sus actitudes muy positivas hacia el sistema político. De hecho, los inmigrantes entrevistados en la Esfuerzo Propio apoyaban más al sistema casi en cualquier manera que los residentes de ninguna otra comunidad incluida en el estudio. La única excepción es su evaluación de los resultados de los servicios prestados por el gobierno, que es menos positiva de lo que la gran inversión gubernamental en el desarrollo de la infraestructura de esta comunidad podía hacer esperar. Sin embargo, en la época de la encuesta la mayoría de los residentes de la comunidad aún no se habían beneficiado personalmente con esa inversión: en su mayor parte, las casas aún se estaban construyendo y no se les habían conectado los sistemas de agua y drenaje de la comunidad; la mayoría estaban localizadas en calles aún no pavimentadas, ya que la pavimentación se hacía lentamente de la calle principal, situada en el centro, hacia la periferia de la colonia.

En general, a pesar de todo, los residentes de Esfuerzo Propio tenían confianza en que a la postre compartirían las mejoras de su comunidad, y hasta esperaban recibir más beneficios del gobierno en lo futuro. Muchos habían observado cómo se desarrollaba la colonia a partir de una zona estéril y casi desierta del antiguo lecho del lago, completamente desprovista de servicios y mejoras, hasta ser un asentamiento considerablemente organizado y lleno de actividad, en menos de dos años. Su optimismo y sentido de progreso fueron reforzados por las frecuentes visitas de inspección de funcionarios de alto nivel a esta comunidad "modelo", así como por la presencia diaria del grupo de desarrollo empleado por el gobierno.

Los inmigrantes de las otras dos comunidades investigadas, Unidad Popular y Colonia Militar, se mostraron igualmente positivos en sus orientaciones hacia el sistema político que los residentes de Esfuerzo Propio. Las principales causas de su satisfacción parecen ser los muchos servicios urbanos y mejoras con que cuenta la mayoría de los residentes de estas comunidades, y la considerable seguridad en la tenencia de la tierra de que disfrutaban. Sin embargo, algunas diferencias en las características de la población también ayudan a explicar los perfiles de actitud de esas dos comunidades. La Unidad Popular tiene la mayor proporción de personas con un alto nivel de educación (secundario o superior) entre las seis comunidades investigadas. Esto ayuda a entender el alto nivel de cinismo político entre los residentes de Unidad Popular, ya que éste se correlaciona moderadamente con la educación ($r = .25$) en la muestra total de emigrantes.

Una considerable proporción de los residentes de la Colonia Militar son empleados del gobierno —oficinistas, profesores, soldados, policías y trabajadores de Salubridad— de los cuales se pueden esperar actitudes de apoyo hacia el sistema político, o al menos que expresen puntos de vista similares en una situación de entrevista formal. Esta puede ser la causa de algunas de las discrepancias entre la Colonia Militar y otras comunidades del estudio. Pero una comparación de los residentes de la Colonia Militar empleados por el gobierno y los empleados por la empresa privada no reveló diferencias notorias entre los dos grupos, cuando menos en la mitad de las medidas de apoyo determinado o indeterminado al sistema. Además, quedé continuamente impresionado por la disposición de los *militares* u otros empleados del gobierno que encontré en esta comunidad a expresar sus opiniones sobre política y criticar la labor del gobierno en muchos campos. Más importante que el tipo de ocupación para explicar las actitudes generalmente de apoyo al sistema de los residentes de la Colonia Militar es el historial de relaciones positivas entre la colonia y varios funcionarios gubernamentales que ocupaban cargos importantes (esto se describirá en el capítulo VII).

La información presentada en este capítulo parece indicar que la percepción y evaluación que los inmigrantes hacían de los servicios y productos que el gobierno dirigía hacia sus propias comunidades influyen en sus percepciones y evaluaciones del sistema político general. Es posible comprender mucho más sobre las actitudes políticas de los inmigrantes si se les estudia como miembros de comunidades residenciales específicas. Lejos de ser trashumantes, "multitudes de personas disponibles en la ciudad" —como se les describe frecuentemente— por lo general esas personas están arraigadas firmemente en una subcultura política basada territorialmente. Esta subcultura les ayuda a ordenar sus percepciones del universo político y a formar juicios evaluativos del mismo. Los dos capítulos siguientes continuarán explorando las implicaciones de esta perspectiva sobre el aprendizaje político entre los inmigrantes pobres, con referencia específica al aprendizaje que conduce a la participación política.

IV. LA PARTICIPACIÓN POLÍTICA

Las preocupaciones y actividades de los mexicanos de bajos ingresos que emigran a la ciudad se concentran, lógicamente, en necesidades y problemás particulares muy importantes de la sobrevivencia diaria: obtener un empleo estable, construir o mejorar una vivienda, aumentar el ingreso de la familia, cuidar a los enfermos y varias otras. Es fácil suponer que los emigrantes están casi totalmente ocupados en la satisfacción de estas necesidades básicas, que por lo común no consideran que la acción política sea importante para sus problemas, y que incluso quienes perciben su importancia tienen demasiado temor a las sanciones negativas o desconfianza en los políticos y funcionarios para arriesgarse a cualquier actividad destinada a influir en las decisiones de esos hombres.

Procediendo sobre esos supuestos, los observadores superficiales de los emigrantes de bajos ingresos (y de la gente humilde de las ciudades de América Latina en general) los han descrito con frecuencia como "marginados" por el proceso político. En este contexto la marginalidad por lo usual significa falta de participación en el conocimiento o comportamiento conducente a los procesos políticos formales e institucionales de la ciudad y la nación.[1] Si se les confronta con un ejemplo de participación política entre los emigrantes pobres, los teóricos de la "marginalidad" —como muchos estudiosos de los pobres en las ciudades de los Estados Unidos— probablemente lo consideren un comportamiento aberrante y se preguntarán cómo pudo haber ocurrido (*cf.* Heffernan, 1969; Orbell & Uno, 1972; Mollenkopf, 1973, p. 2). Otro grupo de teóricos ofrece una perspectiva muy diferente sobre el comportamiento político entre las personas recién llegadas a la ciudad, haciendo hincapié en los efectos politizadores de la vida en la ciudad. Según esta opinión, los "campesinos urbanos" que previamente eran apáticos y calmados políticamente, están expuestos a una gran cantidad de estímulos que los llevan —aunque con retraso— a desarrollar elevados niveles de conciencia y participación política. En este capítulo trataré de presentar datos para ilustrar las formas en que estos dos paradigmas son inadecuados para explicar la frecuencia y las correlaciones de la participación política entre los inmigrantes de las seis comunidades que investigué.

Considero la participación política como un fenómeno que tiene

[1] Para una discusión detallada de la "marginalidad política" entre los residentes de bajos ingresos de las ciudades en América Latina, véase E. Cohen, 1968; Mercado Villar *et al.*, 1970; Nun, 1969; Perlman, 1971, pp. 247-250; Quijano, 1972; Vekemans y Giusti, 1969-1970. Pueden encontrarse críticas útiles del concepto tal como se aplica a residentes de asentamientos precarios, en Peattie, 1974; Portes, 1972; Vanderschueren, 1973, pp. 259-262.

tantos componentes cognoscitivos como de comportamiento. Los conocimientos y el comportamiento examinados en este capítulo son muy diversos, y su selección no ha sido limitada mediante las definiciones convencionales de la participación política. Tales definiciones, que por lo general recalcan la actividad instrumental cuyo objetivo es influir entre quienes toman las decisiones dentro del gobierno, no abarcan toda la gama del comportamiento político significativo que encontré en las comunidades investigadas.[2] Los "intentos abiertos" por influir en los funcionarios públicos constituyen una importante dimensión de la actividad política entre las personas incluidas en este estudio. Sin embargo, también está claro que actos como votar en las elecciones, trabajar en campañas electorales, inscribirse en un partido político, o participar en actividades para resolver los problemas de la comunidad, con frecuencia *no* son considerados por los residentes de las comunidades investigadas como comportamiento que tendrá algún efecto visible sobre los productos de los sistemas políticos de la ciudad o de la nación. Esto se aplica en particular a ciertas de las actividades que he incluido en el término "resolver problemas de la comunidad".[3] Pero la participación en esas actividades con

[2] Para las varias definiciones que subrayan la idea de participación como acto instrumental para influir en los productos del gobierno, véase McClosky, 1968; Cataldo *et al.*, 1968; Weiner, 1971, p. 164; Verba, Nie y Kim, 1971, p. 9. E. Leeds (1972 p. 7), encontró que la definición más apropiada de la participación política entre los precaristas de Río de Janeiro es la que recalca el motivo instrumental, pero incluye tanto personajes gubernamentales y no gubernamentales como objetivos de los intentos por ejercer influencia: "Cualquier acción, expresión de interés, o intento de manipular los organismos públicos y privados es con el fin de obtener beneficios de un sistema determinado." Esta concepción más amplia se asemeja más a mi propia opinión (y a la de Frey, 1970b: pp. 16 *ss.*) que las definiciones convencionales de la participación política.

[3] Tal como se define en este estudio, la "actividad para resolver problemas de la comunidad" incluye: asistir a reuniones o participar de alguna otra manera en las actividades de organizaciones creadas para mejorar la comunidad; contribuir con mano de obra y materiales a los proyectos de desarrollo de la comunidad; hacer contribuciones monetarias a las organizaciones de la comunidad o a los líderes que realizan negociaciones con el gobierno para obtener mejoras necesarias; y participar en las fuerzas de seguridad informales o "comités de vigilancia" que establecen algunas comunidades de personas de bajos ingresos para complementar la protección policiaca proporcionada por el gobierno de la ciudad, que por lo general es inadecuada. Por supuesto, gran parte del comportamiento que he denominado "contacto con los funcionarios públicos" tiene también la solución de los problemas de la comunidad como su principal objetivo. No obstante, las relaciones con los funcionarios, por lo general, representan un intento por obtener beneficios del sistema político de la ciudad o de la nación y forzosamente implican actividades afuera de la comunidad local. La solución de los problemas de la comunidad, tal como la he definido, no requiere necesariamente contactos con personajes políticos supralocales, y puede tener como objetivo principal la obtención de beneficios de la estructura de autoridad de la misma comunidad. (Véase el capítulo VI para una discusión de la forma en que los líderes locales pueden controlar la asignación de valores dentro de sus comunidades.) En resumen, la solución de problemas de la comunidad es una actividad bastante local, orientada internamente; las relaciones con los funcionarios públicos son, por definición, externas. Con frecuencia las dos formas de participación requieren diferentes actitudes y recursos materiales, y no es probable que todas las personas tengan estos recursos en igual medida. De hecho, mis datos (véase cuadro IV.6) muestran que un considerable porcentaje de los inmigrantes que participan con frecuencia en actividades para resolver los problemas de la comunidad nunca se ven envueltos significativamente en otras formas de actividad política. Entonces, tanto sobre bases conceptuales como empíricas, es sensato diferenciar las acciones para resol-

frecuencia tiene mucho que ver con "quién obtiene qué" *dentro* de las comunidades, y por tanto las podemos considerar como políticas en el sentido más amplio del término (véase Verba y Nie, 1972, p. 91). Finalmente, todos los tipos de actividad política examinados en este capítulo implican una preocupación por los acontecimientos, problemas, relaciones de poder, y procesos de asignación que trascienden los que ocurren dentro de la propia familia del individuo.

Urbanización y participación política

El efecto de la migración y de la residencia urbana sobre la conciencia y participación política de las multitudes, tanto en el Tercer Mundo como en los países industriales avanzados, ha sido tema de muchas teorías y especulaciones por parte de los científicos sociales.[4] En años recientes varios estudios empíricos han puesto en duda la noción tan difundida de que la urbanización debe servir siempre para incrementar la participación de las multitudes en política. Antes de examinar los datos importantes de la ciudad de México, resumiré las principales teorías que relacionan la urbanización con la participación política, al igual que los descubrimientos de otros estudios empíricos que se ocuparon del tema.

Algunos teóricos consideran la urbanización como un proceso que produce importantes cambios en la estructura social y política, cambios que a su vez propician una mayor participación política de los individuos. Varios escritores se han concentrado en la transferencia del poder de las élites rurales tradicionales a élites modernas urbanas, a medida que el equilibrio demográfico de un país pasa de rural a urbano. Otros han hecho hincapié en el surgimiento de una nueva clase media, resultado de la creciente complejidad económica, especialización de funciones, crecimiento de la burocracia gubernamental, y otros cambios en la estructura laboral que acompañan a la urbanización. Esos analistas han documentado los esfuerzos de los líderes políticos que surgieron entre las "nuevas" clases medias de varios países latinoamericanos para lograr el poder mediante la movilización del apoyo del trabajo organizado y otros grupos urbanos de bajos ingresos, en favor de partidos políticos "populistas" (véase Daland, 1971, pp. 238-239); Di Tella, 1965; Horowitz, 1967, pp. 228-238, 247-248; J. Johnson, 1958). Esencialmente se argumenta que las nuevas

ver los problemas de la comunidad y las relaciones con los funcionarios públicos. Véase también Dietz, 1975, sobre las características distintivas de la solución de los problemas de la comunidad como forma de comportamiento político entre los precaristas de Lima, Perú.

[4] Además de las referencias sobre esta literatura citadas posteriormente, véanse los estudios resumidos por Richardson (1973, pp. 433-436) y White (1973).

clases medias, que procuran arrebatar el poder a las élites de clase alta tradicionales, han incrementado considerablemente la participación política, en especial la acción de votar, entre las clases bajas urbanas.

Otros teóricos han recalcado la importancia de la migración hacia la ciudad como experiencia política, sean cuales fueren los cambios estructurales que trae consigo la urbanización. Su supuesto básico es que los individuos cuyas condiciones de vida han sido alteradas fundamentalmente por el desplazamiento hacia nuevas zonas son particularmente sensibles a las influencias y estímulos politizadores en su nuevo ambiente: "Los principales conjuntos de antiguos compromisos sociales, económicos y psicológicos son erosionados o fragmentados, y las personas quedan disponibles para nuevos patrones de socialización y comportamiento" (Deutsch, 1961, p. 494; *cf.* Germani, 1973, pp. 43-44). Además, los emigrantes adquieren nuevos tipos de necesidades y problemas, para los cuales pueden o deben procurarse soluciones gubernamentales, y se hacen más conscientes de la importancia de la política y del gobierno en sus vidas. Por tanto, las personas que se trasladan de las zonas rurales a las urbanas probablemente votarán con más frecuencia y harán más demandas al gobierno que antes de la inmigración.[5]

Hay además otro grupo de teorías que concentra la atención en los aspectos de la propia vida en la ciudad que contribuyen a una mayor participación política. Esos aspectos incluyen: una gran densidad de población (Daland, 1971, p. 241); sistemas de comunicación y educativos muy desarrollados (Lerner, 1958, p. 60); ambientes de empleo modernos (Inkeles, 1969, pp. 1133-1139); una gran diversidad de estilos de vida, patrones de consumo, y actividades de grupos organizados (A. Campbell, 1962, p. 20; Kaufman, 1971, p. 299); la formidable presencia física y psicológica del gobierno (Bonilla, 1964, pp. 195-196; Cameron *et al.*, 1972, p. 271; Milbrath, 1965, pp. 110-114); y la prominencia de la actividad partidaria política (Soares, 1973, p. 26).

La vida urbana ofrece mayores oportunidades para la interacción con personas de otros modos de vida y de otros niveles de ingreso. El "efecto de demostración" resultante crea nuevas aspiraciones de movilidad social y económica, aumentando al mismo tiempo la conciencia de las "propias privaciones" que podrían remediarse mediante la acción política. La competencia por el poder político es más visible en las ciudades que en las zonas rurales, donde dominan los grandes terratenientes o los caci-

[5] La medida en que esta noción subyace en la literatura sobre el desarrollo político puede apreciarse consultando los 20 estudios que cita Cornelius, 1971, p. 120, nota 8. Véanse también las referencias a tratamientos más recientes de la relación entre la urbanización y la realización de demandas políticas, en el capítulo VII de este libro. Los intentos más ambiciosos por comprobar empíricamente la teoría de la "movilización social" en el contexto latinoamericano aparecen en Domínguez, 1971, 1974; Germani, 1962; Prysby, 1973.

ques locales, y los habitantes de la ciudad están más expuestos a las actividades de movilización y propaganda de los grandes rivales políticos. La misma proximidad del citadino a las actividades de los organismos gubernamentales lo hace más consciente de su oportunidad para influir en las decisiones de los funcionarios públicos. Finalmente, las mayores oportunidades de educación y el frecuente contacto con los medios de comunicación colectiva proporcionan al habitante de las ciudades información que facilita la participación en política.

El principio básico que subyace en la mayoría de las teorías que relacionan la residencia urbana con una mayor participación política ha sido enunciado brevemente por Milbrath (1965, p. 39): Cuantos más estímulos recibe una persona sobre la política, mayor es la probabilidad de que participe en ella y mayor será el grado de su participación. Y se argumenta que los citadinos están más expuestos a estímulos políticos que quienes viven en zonas rurales (*cf.* Campbell, 1962, p. 20; Krickus, 1968, cap. 4; Milbrath, 1965, p. 113; Main, 1966, cap. 2). No es que el estímulo proporcionado por la vida urbana esté totalmente ausente en un ambiente rural, sino que, antes bien, las ciudades ofrecen un campo y un volumen más amplios de estímulos políticos, así como un mayor número de oportunidades para la participación política.

Por muy plausible que sea desde el punto de vista de la teoría de la ciencia básica del comportamiento, la creencia convencional en la relación entre la residencia urbana y la mayor participación política sólo ha recibido confirmación parcial en las investigaciones empíricas. Varios de los primeros estudios, que utilizaron principalmente información de los Estados Unidos y de otros países industriales avanzados, documentaron importantes diferencias rurales-urbanas, con mayor participación política en las ciudades más grandes, y menor en las zonas rurales aisladas (Milbrath, 1965, pp. 129-130). Sin embargo, se ha descubierto en los Estados Unidos que los emigrantes a las ciudades tienen tasas más bajas de personas que votan o son miembros de organizaciones políticas que ningún otro segmento de la población (Campbell *et al.*, 1964, p. 244; Bayes, 1967). Francia, Alemania, la Gran Bretaña y el Japón han demostrado ser "casos irregulares" en que la residencia urbana y la participación en las votaciones han tenido una correlación negativa durante los años de la posguerra (Milbrath, 1965, p. 129; Benjamin, 1972; Richardson, 1973; White, 1973).

Vale la pena decir que la mayoría de los anteriores estudios que indican una relación positiva entre la residencia urbana y la participación política se fundamentaron en estadísticas globales para el país o sus subdivisiones más que en datos individuales obtenidos mediante encuestas por muestreo. Los estudios más recientes que han empleado datos de encuestas por muestreo han producido resultados muy diferentes. Varios análisis independientes de los datos obtenidos en la encuesta realizada originalmente para el estudio de varios países que incluía a los Estados Unidos, la Gran Bretaña, Alemania, Italia y México hecho por Almond y Verba (1963), no han encontrado relaciones significativas (o relaciones negativas) entre la residencia urbana y la participación política cuando se consideran constantes variables como la educación, el ingreso y la participación en organizaciones (Nie, Powell y Prewitt, 1969, pp. 361-368, 378; Di Palma, 1970, p. 132; Burstein, 1972). Tampoco se demostró que la inmigración a las ciudades tuviera por sí misma algún efecto independiente importante sobre la participación política individual (Main, 1966, pp. 63-64; Cornelius, 1969, p. 847; Di Palma, 1970, p. 132).

Otros hallazgos que corroboran lo anterior se encuentran en el examen realizado por Inkeles (1969) de los datos obtenidos mediante encuestas en Argentina, Chile, India, Israel, Nigeria y Paquistán Oriental. Inkeles y otros investigadores han encontrado que la residencia en las ciudades más grandes en realidad disminuye la probabilidad de que un individuo participe en ciertos tipos de actividad política (Inkeles, 1969, p. 1138; Nie, Powell y Prewitt, 1969, p. 368; Verba y Nie, 1972, pp. 240-241, 247). Las encuestas que abarcan una sola ciudad realizadas en varios países en desarrollo también han mostrado que la duración de la residencia en una ciudad es un indicador malo de algunas actividades políticas (Perlman, 1971, pp. 413-418; Ross, 1973a, p. 12). Incluso los estudios más recientes sobre cifras globales, que utilizan medidas y procedimientos de control más precisos que los de sus predecesores, no han encontrado ninguna relación significativa o, por lo contrario, han concluido que hay una importante relación negativa entre el nivel de urbanización y la participación en las votaciones.[6]

Los descubrimientos que se han tratado en este capítulo se relacionan con un gran número de preguntas sobre la participación política de los inmigrantes: ¿Cuál es el grado de participación? ¿Qué formas toma y en qué medida se interrelacionan éstas? ¿Hay algunas diferencias importantes en la participación política antes y después de la inmigración a la ciudad? ¿De qué manera se diferencian en su participación política los inmigrantes de los nacidos en la ciudad? ¿Qué cambios cualitativos y cuanti-

[6] Véase Adelman y Morris, 1973; cuadro B1, p. 216 sobre 74 países del Tercer Mundo; Rabinovitz, 1969a, p. 117, sobre 20 países latinoamericanos; Ames, 1970, p. 165 sobre México; Reyna, 1971, p. 115, sobre México; Elkins, 1971, sobre la India; Sinding, 1972, p. 784, sobre Chile; Cameron, *et al.*, 1972, p. 273, sobre Francia, India, México, Suiza y los Estados Unidos; Weiner y Field, 1973, sobre la India. Fischer (1975) proporciona útiles notas bibliográficas sobre las obras referentes a este campo, que se concentran en las debilidades de la residencia urbana o la duración de la misma como una variable que afecta la participación política individual; también se ocupan de lo mismo Schoultz, 1972b y White, 1973.

tativos ocurren en la participación política de los emigrantes que han vivido por un largo tiempo en la ciudad? ¿De qué manera difieren los emigrantes de sus hijos en términos de participación política? ¿Quiénes son los emigrantes activos políticamente y qué características o experiencias individuales los diferencian de los que no son activistas?

Movilización política y participación en el sistema mexicano

La actitud del gobierno mexicano hacia la participación de las "masas" en el proceso político es muy importante para comprender la razón por la cual los inmigrantes —o cualquier otro sector de la población mexicana— participan en ciertas formas de actividad política. Al igual que muchos regímenes de un solo partido en los países del Tercer Mundo, los líderes del partido oficial y del gobierno mexicano no consideran favorable la apatía política entre los ciudadanos, y de hecho la ven como una amenaza potencial para la estabilidad política.[7] Los gobernantes de México se basan en "una concesión de legitimidad 'masiva' aunque difusa, que dan al régimen sus ciudadanos", y que se concede principalmente mediante una participación ritual en las elecciones, que nunca son contiendas de significación entre el partido en el poder y su oposición (Fagen y Tuohy, 1972, p. 38). Las elecciones sirven principalmente para legitimar la política existente y demostrar el apoyo de las multitudes al régimen. Si el número de votos emitidos no es lo suficientemente grande, o si el principal partido de oposición (PAN) obtiene resultados relativamente satisfactorios, disminuye la legitimidad del régimen. En consecuencia, el partido oficial y el gobierno son muy sensibles a todo aumento en el apoyo al PAN; en realidad, incluso la pérdida de un solo distrito en la ciudad de México produce gran consternación en las oficinas centrales del PRI.

No obstante, los mexicanos no votan por creer que su acción afectará de algún modo lo que haga el régimen, y mucho menos porque piensen que así determinarán quién gobernará. Por ejemplo, entre mi muestra de inmigrantes, 50% respondieron "verdadero" a la sugerencia de que las elecciones no frecen al votante una decisión significativa porque los vencedores ya han sido seleccionados por el PRI (pregunta 163); y 10% creían que esta afirmación es "cierta en parte". En respuesta a otra pregunta (170) 47% de los inmigrantes expresaron la opinión de que la for-

[7] Véase R. Scott, 1974. Otros estudios sobre sistemas políticos en que predomina un solo partido y que recalcan la necesidad de que exista una participación de las multitudes en política son los de Townsend, 1967, sobre China; Fagen, 1969 sobre Cuba; Field, 1973 (en especial las páginas 66 ss.) sobre la India. Weiner, 1971, pp. 196-199 y Tessler, 1972, pp. 177-178, explican lógicamente los motivos de esos regímenes para promover ciertas formas de participación de las multitudes.

ma en que la gente vota tiene "poco efecto" sobre lo que hace el gobierno, y 17% consideraban que los resultados de las elecciones no tienen "ningún efecto".

El hecho de que esas opiniones sean tan difundidas, junto con la existencia de una ley federal que obliga a todas las personas consideradas electores a votar, puede llevarnos a la conclusión de que la mayoría de los votos en las elecciones mexicanas son involuntarios. Pero ese no es el caso. En la práctica nunca se aplica la ley electoral; y, por las respuestas a nuestra encuesta y por conversaciones informales con los votantes el día de las elecciones en mayo de 1970, fue claro que probablemente no más de 20% de quienes votaban se sentían obligados a hacerlo así. La mayor parte de esa minoría parecía votar debido a la presión de sus patronos, funcionarios sindicales, o líderes locales de la comunidad, que deseaban un alto porcentaje de votantes entre sus seguidores o empleados. Otros habían votado porque necesitaban una credencial certificada indicando su participación en las elecciones más recientes: aunque la ley electoral que obliga a votar no se aplica, con frecuencia debe presentarse la credencial de elector cuando se solicita un empleo u otros tipos de licencias, permisos y servicios de bienestar social.

A pesar de un registro intensivo de electores y de campañas para motivar a la gente a que vote, por parte del gobierno, más de 35% de los electores registrados en México se abstuvieron en la elección nacional de 1970, y muchos votantes elegibles ni siquiera se registraron. No obstante, los esfuerzos del gobierno por movilizar a los electores han contribuido considerablemente al aumento general del electorado (Reyna, 1971; Segovia, 1974). La proporción de los electores posibles que votan en las elecciones nacionales se ha incrementado continuamente de 25% en 1917 a 56% en 1970, y en años recientes las reformas constitucionales han aumentado los derechos a las mujeres y los jóvenes entre 18 y 20 años (véase Cornelius, 1973, p. 412).

Sin embargo, en otros campos diferentes al electoral el régimen mexicano ha procedido más cautelosamente en la promoción de la participación política de las "masas". Los políticos y funcionarios del gobierno invitan a los ciudadanos a que tengan contacto personal con ellos, "pero en las condiciones y ocasiones que ellos determinan y de las cuales esperan obtener beneficios políticos o monetarios" (Fagen y Tuohy, 1972, p. 134). Por lo anterior se moviliza periódicamente a los pobres rurales o urbanos para que participen en celebraciones patrióticas, reuniones y mítines del partido oficial, la inauguración de obras públicas, y manifestaciones pacíficas de apoyo a las autoridades en el poder. Se permite y estimula el aproximarse a los funcionarios públicos para buscar ayuda en la satisfacción de ciertas necesidades personales o locales, pero se considera que exigir cambios importantes en la política pública o las prioridades del gobierno es una actividad amenazadora e ilegítima.

En general, la movilización política en el marco mexicano sirve para canalizar las energías de los ciudadanos hacia actividades cuidadosamente controladas, ya aprobadas por las autoridades. La participación controlada ayuda a crear apoyo popular para el régimen, legitimar su autoridad, y reducir la posibilidad de actividades políticas espontáneas que podrían tener consecuencias imprevisibles para la estabilidad del sistema. Cuando votan o trabajan en campañas electorales, la mayoría de los ciudadanos de bajos ingresos parecen estar respondiendo a las exhortaciones oficiales de que participen, y consideran sus actividades en favor del partido oficial como una oportunidad para expresar su gratitud por la ayuda recibida de gobiernos anteriores o en el poder, al igual que su solidaridad con los "objetivos de la Revolución Mexicana" y sus herederos dentro del PRI.[8] Las razones del ciudadano medio para llevar a cabo ciertas formas de actividad política que no está relacionada directamente con el proceso electoral tienden a ser mucho más pragmáticas, esto es, por lo general está procurando obtener ciertos tipos de beneficios concretos del gobierno o de la estructura de poder de la comunidad.

Es en este contexto donde debemos proceder a examinar las pautas de participación política entre los inmigrantes en las comunidades investigadas y los factores que influyen sobre la propensión de los individuos hacia la participación.

¿QUÉ GRADO DE PARTICIPACIÓN POLÍTICA?

Los inmigrantes que viven en las comunidades investigadas presentaron mayores niveles de participación en el conocimiento del proceso político del que se podía esperar, en vista de su situación socioeconómica predominantemente baja y la introducción relativamente reciente de muchos de ellos en la política de un ambiente urbano (véase el cuadro IV.1). Sin embargo, es probable que las respuestas que suscitaron las preguntas sobre la atención a los estímulos políticos en las campañas y en los medios de comunicación colectiva reflejaran niveles de atención mayores de

[8] Otro estudio de una vecindad urbana de clase baja en México (Ugalde *et al.*, 1974) indica que los residentes de esas zonas consideran al PRI como un partido político tradicional, con candidatos y elecciones, pero también como el "símbolo de la Revolución Mexicana y del México moderno. El PRI como partido no resuelve muchos problemas, pero como símbolo debe ser apoyado con orgullo". George Foster (1967, p. 177) también ha observado que en Tzintzuntzan, una pequeña comunidad rural, las elecciones "son, sobre todo, un instrumento que permite a las personas participar en una manifestación patriótica para declarar su lealtad a México y a su comunidad y expresar su orgullo de ser mexicanos".

lo usual, ya que la encuesta fue hecha en un año de elecciones presidenciales.

La participación del inmigrante en la política y los asuntos públicos variaba considerablemente según fuera el tipo de participación, y el proceso electoral comprendía una mayor proporción que ninguna otra forma de actividad política. Sin duda, las cifras de participación electoral del cuadro IV.1 reflejan un exceso de casos, pues las tasas de votación reales para el Distrito Federal y para toda la nación en 1964 y 1970 fueron mucho menores. Por ejemplo, en 1970 el 65.6% de los posibles electores del Distrito Federal votó en la elección nacional, y el porcentaje correspondiente para toda la nación fue de 56%. Esas estadísticas representan los votos de hombres y mujeres, y serían un poco mayores si se basaran sólo en los hombres, como ocurre en mi muestra. Aun teniendo en cuenta este factor, al igual que alguna inflación artificial en las tasas de votación aportadas por los informantes, es razonable concluir que en la muestra de inmigrantes la participación en la votación era superior a lo normal en la ciudad y en el país.[9] La participación en otras formas de actividad política está mucho menos difundida.

No obstante, los inmigrantes mostraron un nivel relativamente alto de participación en comparación con la muestra nacional de hombres residentes urbanos con bajos ingresos; de hecho, los inmigrantes obtuvieron índices más altos que la muestra nacional en todas, salvo una, de las siete medidas de participación política para las cuales había cifras comparables. Aun teniendo en cuenta las diferentes épocas en que se recopilaron los datos de estas dos fuentes, las pruebas sugieren que los emigrantes que residían en las comunidades investigadas habían logrado mayores niveles de participación política, que la población urbana de la nación en general. Sin embargo, la muestra nacional que se utilizó como base de comparación en el cuadro IV.1 incluye un número relativamente pequeño de casos de la ciudad de México. Como observaremos posteriormente en este capítulo, los emigrantes no difieren considerablemente de los nacidos en la ciudad de México, en la mayoría de los diferentes tipos de participación política.

[9] Ugalde y sus coautores (1974, p. 45) encontraron que 87% de los residentes en un vecindario de personas de bajos ingresos en la ciudad fronteriza de Ciudad Juárez habían votado en la elección de 1964, y algunos de los que no habían votado no tenían edad para votar. La participación en la votación en las comunidades investigadas en la ciudad de México también excede a la que se ha encontrado en comunidades de personas de bajos ingresos de otros países del Tercer Mundo. Véase, por ejemplo, Usandizaga y Havens, 1966, p. 81, sobre Barranquilla, Colombia; Flinn y Camacho, 1969, p. 54, sobre Bogotá, Colombia; Roberts 1970a, p. 367, sobre la ciudad de Guatemala; Karpat, 1973, p. 17, sobre Estambul.

Cuadro IV.1. *Medidas de participación política entre los inmigrantes en la ciudad de México y una muestra nacional de hombres residentes urbanos de clase baja*

Participación por conocimiento	*Inmigrantes de la ciudad de México (prom. N=650)*	*Muestra urbana nacional [a] (prom. N=290)*
Interés en lo que el gobierno federal está haciendo (pregunta 155a)		
mucho	28.1%	—
alguno	37.9	—
poco	27.3	—
ninguno	6.7	—
Interés en lo que el gobierno local[b] está haciendo (pregunta 155d)		
mucho	38.7	—
alguno	36.6	—
poco	20.1	—
ninguno	4.6	—
¿Qué efecto tienen las actividades del gobierno federal sobre su vida diaria? (Pregunta 158a)		
alguno o mucho	56.7	28.5%
ninguno	43.4	71.5
Interés en las campañas (pregunta 157a)		
mucho	36.3	21.3
alguno o poco	55.8	44.0
ninguno	7.7	34.7
Se entera de los informes sobre política y asuntos públicos cuando menos una vez por semana (preguntas 154a y 154b)		
en los periódicos	49.9	—
en la radio y la televisión	69.1	—

[a] Los datos para la muestra nacional se obtuvieron mediante un análisis secundario de las cifras de la encuesta realizada originalmente para el estudio de cinco países de Almond y Verba. Un guión indica que no hay datos comparables disponibles de esta fuente.

[b] Se refiere al Departamento del Distrito Federal. La pregunta no se hizo a los residentes de la Colonia Texcoco (ubicada en el estado de México).

[c] Para los inmigrantes de la ciudad de México, los datos se refieren a la elección de 1964; para la muestra nacional, los datos se refieren a la elección de 1958.

Participación por comportamiento	Inmigrantes de la ciudad de México (prom. N=650)	Muestra urbana nacional [a] (prom. N=290)
Votó en la elección nacional más reciente, si era elegible[c] (pregunta 161b)	95.4%	73.8%
Tiene la intención de votar en la elección nacional de 1970 (pregunta 161c)	96.7	—
Se registró para votar en las elecciones nacionales de 1970 (pregunta 161d)	94.8	—
Asistió a mítines o reuniones políticas durante los últimos seis meses (pregunta 175e)	20.2	—
Trabajó en campañas electorales cuando menos una vez (pregunta 175f)	8.0	—
Miembro de un partido político (pregunta 159c)	32.1	11.6
Tuvo relaciones con funcionarios públicos en una o más ocasiones (preguntas 136c, 143c, 176a, 176m-176o)	25.8	8.3
Participó en actividades para resolver los problemas de la comunidad en su actual lugar de residencia en una o más ocasiones (preguntas 120b, 133a, 143c)	27.0	—
Discusiones políticas o sobre asuntos públicos con parientes, amigos, etc. (pregunta 175a)		
Cuando menos una vez por semana	4.1	7.8
Ocasionalmente	36.6	40.8
Nunca	59.3	51.4

El efecto del medio urbano

La participación política antes y después de la inmigración

Varias preguntas de mi encuesta tenían como propósito obtener información sobre los cambios en el nivel de participación política del inmigrante antes y después de la migración. Entre los inmigrantes que tenían 20 años de edad o más en el momento en que llegaron a la ciudad de México (55% de la muestra total de jefes de familia emigrantes), 37% informaron que estaban más interesados en la política y los asuntos públicos desde que se habían trasladado a la ciudad. Poco más de la mitad del mismo grupo informó que pertenecían a más grupos y organizaciones que aquellos de que habían sido miembros antes de trasladarse a la ciudad (si bien es cierto que en la comparación se incluyen organizaciones no políticas). Finalmente, entre los que tenían 20 años o más en el momento de la migración que habían trabajado en una o más campañas electorales, 76% informaron que sólo lo habían hecho así en la ciudad de México, en tanto que 22% habían participado en actividades de campaña electoral sólo en sus lugares de origen.

Por supuesto, a falta de datos detallados recopilados antes de la migración, los propios cambios comunicados por los informantes sobre la participación política deben considerarse con precaución. Tampoco pueden atribuirse los cambios informados sólo a la misma experiencia de la migración, puesto que podrían estar relacionados con otros tipos de cambios en la vida del individuo después de su migración a la ciudad. No obstante, los datos sugieren que una considerable proporción de inmigrantes aumentó más su participación política en la ciudad de México, que si se hubiesen quedado en sus lugares de origen.

Diferencias entre la participación política de los inmigrantes y los nacidos en la ciudad

Una comparación de los inmigrantes de mi muestra con los residentes nacidos en la ciudad de las comunidades investigadas en varias medidas de participación política revela algunas diferencias importantes (véase el cuadro IV.2). Los inmigrantes prestan menos atención que los citadinos nativos a las actividades de las campañas o al contenido político de las comunicaciones colectivas; también es menos probable que tengan alguna opinión sobre los asuntos públicos. En otras medidas de la participación por conocimiento, las diferencias entre los inmigrantes y los nacidos en la ciudad no son significativas estadísticamente. En términos

Cuadro IV.2. *Participación política de los inmigrantes y de los nacidos en la ciudad residentes en la ciudad de México*

	Índice	*Inmigrantes (prom. N=665)*	*Nativos (prom. N=225)*	*¿Diferencia importante al nivel .05?*
(81)	Percepción de la importancia del gobierno y de la política para la satisfacción de las necesidades	51.9%	44.8%	no
(6)	Conciencia de los productos gubernamentales que afectan a la comunidad de residencia	40.2	35.1	no
(3)	Atención a las campañas electorales y al contenido político de los medios de comunicación colectivos	48.6	61.6	sí
(87)	Se tienen opiniones políticas	22.4	34.2	sí
(37)	Conocimiento del gobierno y de la política	39.3	39.7	no
(133)	Participación en votaciones	70.2	60.7	sí
(8)	Participación en campañas electorales	28.4	28.3	no
(14)	Relaciones con funcionarios públicos	27.2	20.6	sí
(71)	Participación en las actividades para resolver problemas de la comunidad	58.5	54.6	no
(16)	Discusión de política y asuntos públicos	41.8	49.7	sí

Nota: Los porcentajes que se muestran en los cuadros IV.2, IV.5 y IV.9 hasta el IV.13 representan las proporciones de los informantes que tienen puntuaciones "altas" en los distintos índices agregados. Por ejemplo, 51.9% de los inmigrantes presentan una percepción "alta" de la importancia del gobierno y de la política para la satisfacción de las necesidades. La puntuación de los indices se dividió en categorías alta y baja, con el punto divisorio localizado tan cerca como fuera posible de la mediana de la muestra total, calculada sobre la base de todos los informantes, tanto migrantes como nacidos en la ciudad, en la muestra ponderada. El número entre paréntesis antes del nombre de cada índice significa el orden en que aparece en el apéndice C, el cual puede consultarse para el contenido específico de cada pregunta.

La significación estadística de las diferencias que aparecen en este y otros cuadros posteriores del capítulo, está determinada por la prueba de chi cuadrada.

de participación por comportamiento, es más probable que los inmigrantes voten y tengan relaciones con los funcionarios públicos que los nacidos en la ciudad. No obstante, discuten sobre política y asuntos públicos con menor frecuencia que los citadinos nativos. Las diferencias entre los inmigrantes y estos últimos en términos de participación en campañas

CUADRO IV.3. *Percepción de los deberes cívicos entre los inmigrantes y los citadinos nativos residentes en la ciudad de México*

Deber	*Migrantes* (N=650)	*Nativos* (N=258)
Votar en las elecciones	44.1%	32.8%
Obedecer las leyes	15.1	19.2
Pagar impuestos	1.2	1.4
Servir en las fuerzas armadas	4.0	10.3
Enviar a los hijos a la escuela	21.0	22.0
Mantenerse informado de los asuntos públicos	1.0	1.0
Participar en los asuntos de la comunidad	0.8	1.1
Trabajar arduamente, hacer su trabajo bien	12.7	11.7
Otros	0.2	0.6

NOTA: La pregunta era: ¿Qué cree usted que una persona debe hacer para ser buen mexicano? La primera actividad que se mencionó en la respuesta es la que se tomó en cuenta en el cuadro; las respuestas de "no sé" y las inciertas no se incluyeron. Las diferencias entre los inmigrantes y los nativos son significativas estadísticamente al nivel de 0.1.

electorales y en las actividades para resolver los problemas de la comunidad son de poca importancia.

La introducción de controles por edad, situación socioeconómica y comunidad de residencia reduce las diferencias más significativas entre los residentes nacidos en la ciudad y los inmigrantes a que me he referido, pero las diferencias en las tasas de participación en las votaciones continúan siendo significativas. ¿Por qué votan con mayor frecuencia los inmigrantes que los residentes nacidos en la ciudad? Una posibilidad es que más inmigrantes participan en ciertas organizaciones que por lo común son utilizadas por el gobierno para la movilización electoral. Pero encontramos que no hay diferencias de importancia entre los porcentajes de cada grupo que pertenecen a sindicatos o al PRI ni hay más inmigrantes que citadinos nativos empleados en las oficinas gubernamentales.

Una explicación más probable de las diferencias en la participación en las votaciones es sugerida por las respuestas que aparecen en el cuadro

IV.3, que indican que es más probable que los migrantes definan su obligación principal con el país en términos de participación política, y en especial de participación en las votaciones.[10] El sentido de la obligación de votar de los inmigrantes también podría reflejar su deseo de apoyar a las autoridades y símbolos del sistema político nacional, y su percepción del voto como la forma más apropiada, aprobada oficialmente, de expresar ese apoyo (véase Levenson, 1971, p. 8). Tales percepciones podrían muy bien ser el resultado de la socialización política rural antes de emigrar. Los estudios sobre la participación electoral en México desde 1952 muestran que los residentes de Estados predominantemente rurales emiten continuamente un porcentaje mayor de votos que los residentes de Estados predominantemente urbanos (Reyna, 1971, pp. 116, 134-135; 144; Ames, 1970, p. 163). Este patrón puede atribuirse en parte a las actividades de movilización de los caciques locales, de los grandes terratenientes, de los comisarios ejidales (administradores de las tierras agrícolas de propiedad comunal), y otros notables locales que procuran obtener el mayor número posible de votos para el partido en el poder en sus comunidades.

La pauta de una alta participación electoral en las zonas rurales también es reforzada por la mayor "obediencia observable" dentro de las comunidades rurales. En esas comunidades el abstenerse de votar es mucho más notorio, y más probable que produzca sanciones negativas, que en las grandes ciudades.[11] De esto se puede esperar que una vez que el emigrante a las ciudades se encuentre en un ambiente menos limitado, sin ningún patrón o jefe político que le "oriente", su participación en las votaciones disminuirá (Sinding, 1972, p. 789; Walton y Sweden, 1971, p. 743). Pero el hecho de que los inmigrantes en mi muestra continuaban votando con frecuencia, e incluso más que los nacidos en la ciudad, bastante después de su traslado a ésta, indica la existencia de una pauta bien desarrollada de comportamiento político que podría haber sido reforzado por el ambiente urbano del inmigrante.

[10] Muchas investigaciones en países avanzados y en desarrollo han demostrado que el sentido del deber cívico está estrechamente relacionado con la participación real en las elecciones, en especial entre las personas de bajos ingresos. Véase principalmente: Milbrath, 1965 pp. 60-64, 1968; p. 33; Nie, Powell y Prewitt, 1969, p. 816; Di Palma, 1970, pp. 51-52; Levenson, 1971, pp. 11-15, 28.

[11] Eva Hunt (1974, pp. 15-16) ha descrito una pequeña comunidad rural en el estado de Oaxaca en la que "los funcionarios de la aldea podrían multar o encarcelar al individuo que se negara a registrarse, pagar sus cuotas (al PRI), o votar. En realidad, votar y registrarse son requisitos exigidos por la ley, pero las cuotas por pertenecer a un partido son opcionales. Pero los sanandreseños creen que también se les exige... pagar cuotas al PRI. Reciben las tarjetas de electores y de miembros del partido simultáneamente. Ambas son consideradas obligaciones similares a la de pagar el impuesto principal". Corbett (1974, pp. 160-161) describe otra aldea oaxaqueña en que los líderes locales suelen avergonzar públicamente a quienes no votan, para asegurarse una concurrencia numerosa en las elecciones.

Participación política y duración de la estadía en la ciudad

La bibliografía resumida antes en este capítulo implica que cuanto mayor sea la duración de la estadía de una persona en la ciudad, más probable será su participación en la actividad política. El primer grupo de correlaciones (r_1) que se muestra en el cuadro IV.4 indica que entre la muestra de residentes la duración de la residencia en México está rela-

CUADRO IV.4. *Correlaciones entre la duración de la residencia en la ciudad de México con las medidas de participación política entre los inmigrantes*

Medidas (índice sumado)	*Correlación* r_1	r_2
Percepción de la importancia del gobierno y de la política para la satisfacción de necesidades	.115'	.109'
Percepción de los productos del gobierno que afectan a la comunidad de residencia	.032	.102'
Atención a las campañas electorales y al contenido político de los medios de comunicación colectivos	.072'	.187'
Se tienen opiniones políticas	.058	.134'
Conocimiento del gobierno y de la política	.171'	.188'
Participación en votaciones	.293'	.197'
Participación en campañas electorales	.155'	.148'
Relaciones con funcionarios públicos	.068'	—.002
Participación en actividades para resolver problemas de la comunidad	.003	—0.61
Discusión sobre política y asuntos públicos	.016	.064

NOTA: Cifras en la columna r_1 son simples correlaciones (orden-cero); las que aparecen en la columna r_2 son correlaciones parciales de segundo orden, en las cuales se han ejercido controles por edad y movilidad socioeconómica (Índice 35). El número de casos utilizado como base para el análisis varía entre 588 y 671. Las correlaciones marcadas (') son significativas estadísticamente al nivel de .05 o más.

cionada positivamente con todas las medidas de participación política por conocimiento o comportamiento, salvo las relaciones con los funcionarios públicos y la participación en la resolución de problemas de la comunidad. Sin embargo, la mayoría de las correlaciones son de muy escasa magnitud, quedando algunas por debajo del mínimo que sería significativo estadísticamente. La duración de la residencia en la ciudad está más fuertemente relacionada con el conocimiento de la política y los asuntos públicos y la participación en votaciones y campañas electorales. Cuando se introducen controles por edad y movilidad socioeconómica (r_2), la relación entre la duración de la residencia urbana y la mayoría de las medidas de participación por conocimiento en la política queda fortalecida, pero las relaciones continúan siendo relativamente pequeñas. Y el control de esas variables tiende a reducir la fuerza de la relación entre la duración de la residencia urbana y la mayoría de los tipos de comportamiento de participación.

Los resultados de este análisis no dan mucho apoyo a los partidarios del concepto tradicional de la ciudad como medio politizador. El conocimiento general que tiene el inmigrante del gobierno y la política, al igual que su propensión a votar, sí parece incrementarse considerablemente al aumentar su tiempo de residencia en la ciudad. Pero hemos encontrado que este efecto no es enteramente independiente de una mayor madurez ni de la mejora de su posición socioeconómica. Fuera de la arena de la política electoral, la experiencia urbana claramente no es la que determina el grado de participación en política.

Diferencias de participación política entre las generaciones

Como se observó en el capítulo III, con frecuencia se ha supuesto que los nacidos o criados en la ciudad, hijos de inmigrantes, estarán más descontentos con su situación personal que sus padres y que por tanto es más probable que hagan demandas al gobierno. Se supone que la mayor participación política resulta de la exposición durante toda una vida de la nueva generación a los estímulos políticos de la ciudad, a un mayor nivel de educación, a la falta de un nivel rural de comparación al evaluar la propia situación vital y a las oportunidades de mejorar.

El cuadro IV.5 presenta los datos de la ciudad de México que tienen importancia para esta hipótesis. Los tres grupos de informantes comparados en él fueron obtenidos de las familias en que tanto el jefe de familia inmigrante como su hijo mayor fueron entrevistados. Los hijos se han dividido en dos grupos: los que nacieron y se criaron fuera de la ciudad de México, y los que nacieron en la ciudad de México o fueron llevados a ella por sus familias en su primera infancia. Aunque los hijos nativos tienen una mayor participación por conocimiento en la política que los hijos inmigrantes, lo que es congruente con la teoría de que la exposición durante toda una vida a la ciudad da por resultado una mayor conciencia política, no difieren significativamente de la primera generación de inmigrantes en esas medidas. Y cuando se comparan los tres grupos en materia de participación por comportamiento, "la hipótesis de la segunda generación" es aún menos probable: tanto los hijos inmigrantes como los nativos tienden a participar en la actividad política con menor frecuencia que sus padres. La brecha entre las generaciones es mayor en las actividades relacionadas con la comunidad, como las relaciones con funcionarios públicos (por lo usual con respecto a alguna necesidad de la comunidad) y la resolución de problemas de la comunidad.

Las diferencias significativas estadísticamente entre los tres subgrupos persisten incluso cuando se controla el nivel de educación. Se en-

CUADRO IV.5. *Participación política de padres inmigrantes y de los hijos mayores de padres inmigrantes*

Indice	*Padres inmigrantes*[a] *(Prom. N=179)*	*Hijos inmigrantes*[b] *(Prom. N=60)*	*Hijos nativos*[c] *(Prom. N=116)*	*¿Diferencia significativa al nivel .05?*
Percepción de la importancia del gobierno y de la política para la satisfacción de necesidades	49.5%	44.4%	47.0%	no
Percepción de los productos del gobierno que afectan a la comunidad de residencia	35.6	29.9	33.8	no
Atención a las campañas electorales y al contenido político de los medios de comunicación colectivos	52.1	49.6	61.2	no
Se tienen opiniones políticas	28.9	22.7	29.2	no
Conocimiento del gobierno y de la política	45.2	28.8	57.2	sí
Participación en votaciones[d]	95.4	78.3	84.0	sí
Relaciones con funcionarios públicos	29.2	12.2	0.0	sí
Participación en actividades para resolver problemas de la comunidad	66.1	43.8	48.9	sí
Discusión sobre política y asuntos públicos	46.8	31.4	55.7	sí

[a] Jefes de familia que nacieron y se criaron en la zona metropolitana de la ciudad de México.
[b] Hijos mayores de jefes de familia inmigrantes, hijos nacidos y criados fuera de la ciudad de México.
[c] Hijos mayores de jefes de familia inmigrantes, criados o nacidos en la ciudad de México.
[d] Se refiere sólo a la votación en la elección presidencial de 1970, en la cual eran elegibles como participantes todos los miembros de los tres subgrupos.

cuentra que los hijos son considerablemente menos activos en política que sus padres inmigrantes en todas, menos una, de las seis comunidades investigadas (el caso de excepción, la Colonia Nueva, será estudiado más adelante). Las diferencias reveladas por este análisis no pueden minimizarse argumentando que los hijos carecen de experiencia política simplemente porque son jóvenes. Debido a que las comunidades investigadas tienen muchas familias numerosas con representantes de dos o tres generaciones que viven bajo el mismo techo, los hijos de los migrantes entrevistados en mi encuesta tenían edades que variaban entre 18 y 45 años, y no era raro encontrar hijos que tenían de 30 a 40 años.

Lo que descubrió la encuesta con respecto a las actividades políticas relacionadas con la comunidad puede explicarse en gran parte por las diferentes oportunidades que cada generación ha tenido para este tipo de participación política. En los antiguos asentamientos precarios, pocos hijos de inmigrantes participaron (excepto quizás como niños) en las invasiones de terrenos con que se crearon sus comunidades; tampoco participaron en una serie de enfrentamientos con el gobierno o con los propietarios privados de los terrenos, que usualmente ocurrían mientras se establecían las comunidades. Incluso en las comunidades de gente humilde que no se originaban mediante invasiones, las oportunidades más importantes de participación política para los residentes con frecuencia implicaban solicitudes o soluciones a problemas relacionados con la comunidad —ambas son actividades muy intensas durante los primeros años de la comunidad, cuando la necesidad de servicios básicos y mejoras es muy grave.

En la mitad de las comunidades investigadas la actividad política que tenía como fin satisfacer las necesidades básicas, ocurrió antes de que la mayoría de los hijos de residentes inmigrantes de mi muestra hubieran llegado a la madurez. Por tanto, los hijos conocían poco las experiencias que habían contribuido a politizar a sus padres. Mi encuesta reveló que sólo 25% de los hijos (fueran inmigrantes o nativos) habían presenciado una invasión de terrenos o una confrontación entre precaristas y funcionarios o terratenientes que trataban de arrojarlos; en cambio, 55% de los padres inmigrantes habían participado en esas experiencias. Sólo 12% de los hijos inmigrantes y ninguno de los hijos nacidos en la ciudad habían participado en un intento por hacer contacto con un funcionario público, en tanto que 29% de los padres inmigrantes lo habían hecho así.

Datos adicionales para apoyar esta explicación de las diferencias entre las generaciones en la participación orientada hacia la comunidad son los de la Colonia Nueva, el asentamiento precario de más reciente creación entre los incluidos en mi estudio. El asentamiento fue establecido sólo dos años y medio antes de la encuesta; y ese periodo se había caracterizado por luchas emocionantes por retener el control de los terrenos, al igual que por muchas solicitudes para asegurarse el apoyo del gobierno. La mayoría de los residentes de la comunidad se habían visto obligados a participar de una u otra manera en este esfuerzo por defender y consolidar su asentamiento. Todos los hijos de inmigrantes que entrevisté en la Colonia Nueva tenían cuando menos 16 años en el momento de la invasión de los terrenos, y tanto los padres como los hijos habían tenido frecuentes oportunidades de participar en política. Los datos obtenidos en esta comunidad —a diferencia de los de otras colonias en el estudio— no muestran diferencias significativas entre los padres inmigrantes y sus hijos en la participación política relacionada con la comunidad.

LAS CORRELACIONES DE LA PARTICIPACIÓN POLÍTICA

Si la mera duración de la residencia en la ciudad no es un indicador importante de la participación política entre los migrantes, ¿cuáles *son* las variables más importantes? Mi enfoque de este problema implica dividir la muestra de los inmigrantes en seis subgrupos: "no participantes totales", "especialistas en votación", "participantes en campañas políticas", "solicitantes", "solucionadores de problemas de la comunidad" y "activistas totales". Cada inmigrante ha sido colocado en uno de estos subgrupos, según el tipo especial de participación política en que parece haberse "especializado", por lo general aquella en que ha participado con mayor frecuencia.

Para fines del análisis esos subgrupos se definen como sigue: los "no participantes totales" son los inmigrantes que están por debajo de la media de la muestra total o de los índices sumados de participación en votaciones, en campañas electorales, relaciones con funcionarios públicos y actividades destinadas a resolver los problemas de la comunidad. Los especialistas en votaciones son los que tienen una puntuación menor en todos los índices, excepto en el de votación. Si se exceptúan los informantes que no participan en la actividad política en ningún sentido, una característica de la muestra de inmigrantes es el nivel relativamente alto de participación en votaciones. Por tanto, al identificar a los inmigrantes que tienden a especializarse en una determinada forma de participación política diferente de la votación, he definido tal subgrupo como uno cuyos miembros están por encima de la media de la muestra en esa forma de actividad política, *además* de la de votar. Por tanto, los inmigrantes clasificados como participantes en campañas políticas son los que tienen un índice alto de votación y de participación en campañas, pero bajos índices de relaciones con funcionarios públicos o de resolución de los problemas de la comunidad. Los solicitantes son los que tienen índices elevados en votaciones y relaciones con funcionarios públicos, pero bajos en participación en campañas electorales y en la solución de los problemas de la comunidad.[12] Los resolvedores de problemas de la comunidad son los que están por encima de la

[12] Véase el capítulo VII para una discusión más completa de los términos "demanda" y "presentación de demandas", tal como se aplican a la actividad política entre los residentes de comunidades urbanas de personas de bajos ingresos en América Latina.

mediana en los índices de votación y actividades para resolver problemas de la comunidad, y por debajo de ella en los otros dos índices de participación. Los activistas totales en la muestra no se especializan en ninguna clase particular de participación política, sino que tienen puntuaciones por encima de la media en los cuatro índices.

El cuadro IV.6 resume las características que definen a los seis grupos que he diferenciado. Los informantes que no pudieron asignarse a ningún grupo —cerca de 28% de la muestra total— han sido excluidos del análisis.[13] La exclusión de tantos casos del análisis es en cierto sentido un problema; pero considero que la desventaja está más que compensada por las ventajas teóricas de la tipología, que permite un análisis claramente diferenciado de las correlaciones del activismo político. Los argumentos en favor de este enfoque han sido elaborados y documentados con gran eficiencia por Verba y sus colegas (Verba, Nie y Kim, 1971), cuyo estudio de la participación política en Austria, la India, el Japón, Nigeria y los Estados Unidos reveló que los factores que afectaban a la tasa de participación —como las predisposiciones psicológicas, la posición social o las experiencias e influencias individuales— con frecuencia diferían de un modo

CUADRO IV.6. *Características que definen los tipos de la participación política entre los inmigrantes, y sus proporciones*

	Modo de participación política					
Tipo	*Votación*	*Participación en campañas políticas*	*Relaciones con funcionarios públicos*	*Solución de problemas de la comunidad*	*N*	*%*
No participante total	baja	baja	baja	baja	48	10.9
Especialista en votación	alta	baja	baja	baja	136	30.8
Participante en campañas políticas	alta	alta	baja	baja	36	8.0
Demandante	alta	baja	alta	baja	52	11.8
Solucionador de problemas de la comunidad	alta	baja	baja	alta	148	33.3
Activista total	alta	alta	alta	alta	43	5.2

NOTA: "baja" indica una puntuación por debajo de la media para la muestra total de inmigrantes, con base en un índice dado de participación; "alta" una puntuación por encima de la media para la muestra total.

[13] Este procedimiento de clasificación se aproxima, de forma muy simplificada, a la identificación de tipos de participantes en política efectuada por Verba y Nie (1972, capítulo 5) empleando técnicas de análisis de conjuntos. Para otro enfoque, basado en suposiciones semejantes de la naturaleza multidimensional de la participación política, véase Olsen, 1972.

de participación al otro. Observando que el no distinguir entre los tipos de participación podría ser la causa de muchas ambigüedades y contradicciones entre los resultados de las investigaciones sobre la participación política y sus correlaciones, esos autores argumentan (1971, pp. 8-9, 66):

> La participación es multidimensional y debe ser tratada como tal si se la quiere entender. Los ciudadanos no sólo difieren en la medida total de la participación que realizan, sino también en los tipos de actos en que eligen participar... quienes participan en cada modo tienen diferentes actitudes y orientaciones sobre la política y la participación... Hay diferentes procesos que conducen a un tipo de participación, en vez de otro.

Hice un análisis un poco más convencional de las correlaciones de la participación política, utilizando el índice sumado de participación (Índice 62) desarrollado en otra parte de este libro; pero al final, la tipología que acabo de describir pareció revelar más sobre las correlaciones de la participación en mi muestra de migrantes que cualquiera otra escala o índice en que los informantes fueran ordenados de bajos a altos en una sola dimensión de activismo político.

Paso ahora a un examen de las características socioeconómicas y de actitudes de los seis tipos de participantes políticos.

Características de la posición social

Una de las generalizaciones más ampliamente aceptadas en la literatura sobre la participación política sostiene que los activistas políticos provienen en una gran mayoría de los sectores de clase media y alta de la población —esto es, de los ciudadanos que tienen ocupaciones de más alta posición, mayor nivel de educación y mayores ingresos.[14] Esto se atribuye por lo general al mayor tiempo y recursos financieros disponibles para esas personas, y también a ciertas correlaciones de actitudes y conocimiento de la alta posición social (sentido de eficiencia personal y política, conciencia de las oportunidades para influir en las decisiones del gobierno, etc.). Los datos presentados en el cuadro IV.7. indican que un número desproporcionado de activistas totales en la muestra de inmigrantes tienen efectivamente ingresos superiores a la media; pero esto no es cierto de los migrantes que se especializan en un modo particular de participación. Tampoco están relacionados más consistentemente con el

[14] Las pruebas en que se basa esta generalización aparecen extensamente en Lane, 1959, pp. 220-234; Lipset, 1960, pp. 187-189, 206; Milbrath, 1965, pp. 114-128; Inkeles, 1969; Di Palma, 1970, pp. 121-149; Verba y Nie, 1972, pp. 125-137; Huber y Form, 1973, pp. 120-131. Véase también, con referencia a los precaristas en Río de Janeiro, Perlman, 1971, pp. 426-428.

CUADRO IV.7. *Características de la posición social en los tipos de los inmigrantes participantes*

Características de posición	*No participantes por completo*	*Especialistas en votación*	*Participantes en campañas políticas*	*Demandantes*	*Solucionadores de problemas de la comunidad*	*Activista completo*	*¿Diferencia significativa al nivel .05?*
Educación:							
Ninguna	23.0%	25.6%	35.4%	32.1%	41.6%	20.7%	sí
1-5 años de primaria	63.3	57.8	54.0	57.7	50.1	72.0	
6 años de primaria o más	13.7	16.6	10.7	10.2	8.2	7.3	
Categoría ocupacional							
Manual inferior	43.0	58.6	45.5	78.0	61.1	45.1	sí
Manual superior o mayor	57.0	41.4	54.5	22.1	38.9	54.9	
Ingreso familiar:							
Por debajo del salario para 1 trabajador	57.0	47.6	47.5	56.4	60.2	31.6	no
Salario mínimo o mayor	43.0	52.4	52.5	43.6	39.8	68.4	
Movilidad socioeconómica entre las generaciones[a]							
baja	63.7	59.9	59.4	61.8	48.1	64.5	no
alta	36.3	40.1	40.6	38.2	51.9	35.5	

[a] Índice sumado 35 (véase el apéndice C para el contenido).

activismo político los logros en educación, la categoría ocupacional o la movilidad socioeconómica. Es igual de probable que los activistas totales y los no participantes totales hayan carecido de educación formal, estén empleados en ocupaciones manuales inferiores, y hayan mejorado en su posición socioeconómica desde que llegaron a la edad adulta.

La poca importancia relativa de las variables de posición social que afectan la participación política queda claramente ilustrada por los análisis de correlación realizados en la muestra total de inmigrantes (véase el cuadro IV.8). La mayoría de las correlaciones son muy débiles, en especial las que resumen las relaciones entre las variables de posición y las dos actividades que están notablemente relacionadas con los problemas de la comunidad local, relaciones con funcionarios y participación en solución de problemas de la comunidad. La posición socioeconómica general (PSE) representa menos de 1% de las variaciones en la participación en votaciones, relaciones con funcionarios y actividades para resolver los problemas de la comunidad; y explica menos de 3% en las variaciones en la participación en campañas políticas.

CUADRO IV.8. *Correlaciones de las variables de posición social con la participación política entre los inmigrantes*

Tipo de participación	*Ingreso familiar*	Estatus ocupacional	*Años de educación*	PSE general[a]
Especialistas en votación	.15'	—.03	—.05	.08'
Participante en campañas políticas	.13'	.12'	.10'	.16'
Relaciones con funcionarios públicos	.09'	—.03	.01	.05
Resolvedores de problemas de la comunidad	.01	—.06	—.09'	—.08'
Activista total[b]	.12'	—.01	.01	.07'

NOTA: Las cifras del cuadro son los coeficientes de correlación de Pearson. Las correlaciones marcadas (') son significativas estadísticamente al nivel de .05 o más. El número promedio de casos es 670.

[a] Índice sumado 69.

[b] Índice sumado 62.

El grado de variación de la posición socioeconómica dentro de mi muestra, en que predominan personas de la clase baja, es probablemente menor que el encontrado en la mayoría de los estudios por encuesta, en los cuales la PSE ha sido una importante variable explicativa; pero la significación de los resultados del cuadro IV.8 no debe descartarse sólo sobre esta base. Varias de las comunidades incluidas en este estudio, en particular la Unidad Popular y la Colonia Militar, son muy heterogéneas en materia de PSE y en todas ellas se puede encontrar un número pequeño de residentes de clase media baja o media. De hecho, hay un considerable campo de variación en la puntuación del cuidadosamente calibrado índice de PSE utilizado en mi análisis.[15] Por lo tanto, el pequeño poder explicativo de PSE es sorprendente en vista de la gran importancia que por lo general se le da en los estudios sobre participación política. Sin embargo,

CUADRO IV.9. *Orientaciones generales de las actitudes entre los tipos de inmigrantes participantes*

	Índice	*Abstencionistas totales*	*Especialistas en votación*	*Participantes en campañas políticas*	*Demandantes*	*Resolvedores de problemas*	*Activistas totales*
(51)	Actitudes modernas	22.2%	41.8%	48.0%	52.7%	38.0%	75.9%
(131)	Confianza en la gente	12.6	16.1	12.4	34.4	25.8	29.5
(18)	Disposición a trabajar colectivamente	19.8	16.5	32.6	33.1	23.5	42.3
(4)	Autoritarismo	39.1	29.7	25.0	40.4	41.1	60.5
(12)	Orientación en conflictos	46.4	47.7	19.2	73.7	55.2	72.3

NOTA: Véase el apéndice C para el contenido de cada índice. Las diferencias en todas las medidas son significativas al nivel de .05 o más.

este descubrimiento es congruente con un creciente *corpus* de estudios que han encontrado que las medidas de PSE no están relacionadas —o lo están negativamente— con la participación política entre ciertos grupos raciales minoritarios, poblaciones urbanas en los países en desarrollo y grupos definidos regionalmente en los Estados Unidos (Flinn y Camacho, 1969, p. 55; Goel, 1969; G. Johnson, 1971; Rabushka, 1970; Salamon y Van Evera, 1973).

Orientaciones generales en las actitudes

El cuadro IV.9 compara los seis tipos de participantes políticos de acuerdo con varias orientaciones generales que casi siempre son consideradas importantes correlacionadas del activismo político. El índice de lo moderno de las actitudes utilizado en este estudio mide rasgos como la pro-

[15] La variación para este índice de 23 puntos es de 8.05, y el campo de variación es de 21.

pensión a planificar para lo futuro, la capacidad para proyectarse a sí mismo en los papeles políticos o sociales de otras personas (empatía), la necesidad de logro, el sentido de control sobre el ambiente que le rodea (lo opuesto al fatalismo), y la propensión a tomar riesgos con el fin de lograr los objetivos. Algunos estudiosos han sugerido que esos rasgos pueden proporcionar importantes incentivos o recursos psicológicos para la participación política (Milbrath, 1965, pp. 78-79; Kahl, 1968; Inkeles, 1969; Inkeles y Horton, 1974). Mis datos confirman esta opinión. Entre los inmigrantes de las comunidades investigadas encontramos que es mucho más probable que los no participantes totales (abstencionistas totales) posean un menor nivel de actitudes modernas, en tanto que el activista total es completamente diferente de todos los otros grupos en este respecto.

Una gran confianza en las personas y la disposición de trabajar con otros con el fin de satisfacer las necesidades o resolver problemas han sido también citados por algunos investigadores como rasgos que hacen que la gente esté propensa a la participación política (Milbrath, 1965, p. 80; Goldrich, 1970, pp. 189-191). En mi muestra de inmigrantes es probable que los demandantes, los resolvedores de problemas y los activistas totales tengan un nivel de confianza más alto en las personas que los otros tipos de participantes. Además, todos los tipos de migrantes activos políticamente tienen mayor preferencia por trabajar colectivamente para satisfacer las necesidades que los abstencionistas totales. Estos resultados sugieren que aquellos cuya actividad política implica cooperación con otras personas —trabajar en campañas electorales, relacionarse con funcionarios, ayudar en la solución de los problemas de la comunidad— quizá tengan mayor grado de confianza social y preferencia general por soluciones colectivas y no individuales a los problemas que los afectan.

Las investigaciones sobre la relación del autoritarismo y la participación política han producido resultados contradictorios; pero los estudios que demuestran una relación significativa encuentran que es menos probable que las personas muy autoritarias participen en la actividad política (Milbrath, 1965, pp. 84-86). Sin embargo, entre los inmigrantes de las comunidades investigadas parece existir una relación positiva entre el autoritarismo (definido aquí como una preferencia por un liderazgo fuerte, autocrático, y un bajo nivel de tolerancia a las opiniones de la minoría) y la participación política. La relación es mayor entre los activistas totales, entre los cuales es mucho más probable que en otros tipos presentar tendencias autoritarias. Una explicación de esto puede estar en el patrón particular del liderazgo autoritario —caciquismo— que ha existido en varias de las comunidades. Un cacique puede dedicar considerable atención a la movilización política de la comunidad que controla (véase el capítulo VI). Los residentes autoritarios pueden ser más receptivos a sus influencias y conducidos más fácilmente a participar en política.

Una anuencia a tomar partido en las situaciones conflictivas ha sido identificada como característica importante de ciertos tipos de activistas políticos en los Estados Unidos (Verba y Nie, 1972, pp. 84-94). El índice de orientación en los conflictos desarrollado para este estudio se basa en varias preguntas: si el informante ha sido partidario de uno de los grupos en pugna en los disturbios de 1968 en la ciudad de México; si ha tenido conocimiento de los conflictos o divisiones entre los residentes de su comunidad; si ha considerado que tales conflictos han sido dañinos o benéficos para la comunidad, y si estaría dispuesto a tomar una posición contraria o "desviada" (en relación con la opinión mayoritaria dentro de la comunidad) en asuntos de política de partidos y en problemas de desarrollo de la comunidad. El cuadro IV.9 muestra que es mucho más probable que los demandantes y los activistas totales de la muestra tengan una fuerte orientación hacia los conflictos. Como el hacer demandas lo coloca a uno en situaciones de conflicto potencial o abierto con funcionarios públicos, o incluso con los propios vecinos, la tolerancia del demandante a los conflictos lo equipa bien para este tipo de actividad. Por otra parte, se considera que los participantes en campañas políticas están por debajo de la media en este respecto. Debido a la naturaleza esencialmente no competitiva del proceso electoral en México, la mayoría de quienes colaboran en las campañas (en particular en las zonas de bajos ingresos de la ciudad de México) pueden evitar por lo general conflictos entre grupos o personas.

Percepciones de la propia situación y del orden social

Las grandes diferencias entre las formas de vida y la riqueza material entre los residentes de las clases alta y baja de las grandes ciudades han sido consideradas generalmente como un factor que incrementa la "percepción de las privaciones relativas entre los grupos menos favorecidos de una población". Se argumenta, además, que tales percepciones pueden producir una mayor participación de los pobres en las actividades políticas convencionales y no convencionales (esto es, violentas o destructoras) (Weiner, 1971, p. 168). Los resultados de mi encuesta no confirman esta predicción, al menos en lo que respecta a la actividad violenta. Tal como se observa en el cuadro IV.10, el saber que se está en desventaja con respecto a otros sectores de la sociedad no distingue significativamente a los diferentes tipos de inmigrantes políticamente activos. No obstante, los abstencionistas totales muestran una mayor sensibilidad a su posición desventajosa en el orden social que la presentada por los participantes. También es más probable que perciban las barreras existentes para la movilidad

CUADRO IV.10. *Percepción de la propia situación y del orden social entre los tipos de inmigrantes participantes*

Índice	*Abstencionistas totales*	*Especialistas en votación*	*Participantes en campañas políticas*	*Demandantes*	*Resolvedores de problemas*	*Activistas totales*
(121) Sentido de privación relativa	70.1%	58.5%	43.9%	53.6%	52.4%	55.5%
(82) Percepción de la desigualdad social	61.9	47.1	31.8	54.1	49.4	49.4
(118) Sentido de que la sociedad es abierta	32.8	39.8	59.9	61.2	42.4	74.6
(116) Percepción del progreso nacional hacia la disminución de la desigualdad	39.9	49.5	76.5	72.8	60.5	60.1

NOTA: Véase el apéndice C para el contenido de cada índice. Las diferencias en todas las medidas son significativas al nivel de .05 o más.

socioeconómica individual en México que los participantes. Aparentemente los inmigrantes políticamente activos están dispuestos a aceptar sin preguntas el punto de vista oficial de México como un país que ofrece virtualmente oportunidades ilimitadas para la movilidad, y se ven a sí mismos como si tuvieran un importante papel en el orden social presente y futuro.

Quizá la explicación más plausible para esta pauta se encuentre en el hecho de que los activistas políticos de mi muestra son mucho más positivos que los abstencionistas totales en su opinión del sistema político nacional. Esto los hace más receptivos a la propaganda del gobierno y del PRI, que hace considerable hincapié en el progreso de México hacia una mayor igualdad social. Además, es probable que su mismo activismo, que con frecuencia incluye la asistencia a reuniones o mítines organizados por el gobierno y el PRI, aumente su contacto en el punto de vista oficial. Algunas personas pueden traer con ellas el deseo de creer que la estructura de oportunidades de la sociedad es abierta y que la distribución de la riqueza en el país tiende a ser más pareja; para otros esas opiniones pueden ser resultado de su participación en política.

Orientaciones hacia la comunidad local

La forma en que el inmigrante se relaciona con su medio residencial inmediato es uno de los factores más importantes que influyen en su propensión a la actividad política. El cuadro IV.11 muestra que los abstencionistas totales están poco integrados, tanto social como psicológicamente, a su comunidad de residencia. Es más probable que los inmigrantes políticamente activos hayan logrado un alto nivel de integración. Tienden a considerarse a sí mismos como residentes permanentes de la comunidad en que viven, tienen un sentido personal de pertenecer a un sistema social basado territorialmente, a tomar un interés personal en los asuntos de la comunidad, y a interactuar frecuentemente con sus vecinos o parientes en la comunidad. Quienes participan activamente en la política de la comunidad —esto es, los demandantes, los resolvedores de problemas y los activistas totales— han hecho también una gran inversión personal (tanto psicológica como material) en su comunidad. Hay una mayor probabilidad entre ellos que entre los abstencionistas totales u otros tipos de activistas políticos, a tener sus casas propias, a que las hayan construido ellos mismos, a que hayan empleado materiales de construcción permanentes, y que hayan obtenido los terrenos que ocupan mediante su participación en la invasión de los terrenos. En resumen, tienen mayores intereses personales en la actividad política cuyo objetivo sea defender o mejorar a la comunidad en conjunto.

Los inmigrantes políticamente activos también se diferencian notoriamente de los abstencionistas totales en sus percepciones y evaluaciones de su comunidad. Es más probable que perciban un alto grado de solidaridad entre los residentes de su comunidad y que sean más sensibles a las normas de la misma. Los activistas políticos de todo tipo expresan un mayor nivel de satisfacción con su comunidad como medio de residencia, y son más propensos que los abstencionistas a considerar que su comunidad tiene movilidad ascendente en el sentido de desarrollo.

Esto coincide con los hallazgos de otros estudios sobre comunidades urbanas de bajos ingresos en Hispanoamérica, que han demostrado una relación significativa entre las percepciones de los residentes de las tasas de desarrollo de la comunidad y la frecuencia de las actividades políticas relacionadas con la comunidad (Stokes, 1962; Collier, 1971, pp. 123-124; Portes, 1971a, pp. 237-239; MacEwen, 1972). Si después de varios años el colono cree que su comunidad no se ha desarrollado y que las perspectivas a largo plazo de obtener ayuda del gobierno o de asegurar la tenencia de los terrenos son poco favorables, tiene pocos incentivos para participar en las actividades cuyo objetivo es asegurar mejoras a la comunidad. Por consiguiente, una opinión muy optimista sobre las perspectivas de desarrollo de la comunidad podría ser una precondición necesaria para participar en ese tipo de actividad política; pero también es posible que la actividad política por sí misma pueda producir un mayor sentimiento de satisfacción con la comunidad a que se pertenece y un mayor sentido de progreso de la comunidad. Existe, sin duda, una relación recíproca entre las evaluaciones positivas de la comunidad y la actividad política que logra mejorar la calidad del ambiente residencial.

El cuadro IV.11 también muestra que los inmigrantes políticamente activos están mucho más conscientes de las identidades y actividades de los

Cuadro IV.11. *Orientaciones hacia la comunidad de residencia entre los tipos de inmigrantes participantes*

	Indice	*Abstencionistas totales*	*Especialistas en votación*	*Participantes en campañas políticas*	*Demandantes*	*Resolvedores de problemas*	*Activistas totales*
(98)	Integración psicológica con la comunidad	8.5%	24.5%	30.1%	41.8%	44.1%	87.4%
(122)	Integración social en la comunidad	28.0	37.0	40.3	44.7	35.9	69.3
(84)	Inversión personal en la comunidad	29.1	46.5	49.7	83.7	70.6	76.1
(73)	Percepción de la solidaridad en la comunidad	58.7	86.7	71.7	96.0	90.9	87.4
(17)	Disposición a conformarse con las normas de la comunidad	30.9	50.0	40.5	50.9	58.7	48.9
(109)	Satisfacción con el ambiente en que se reside	32.3	46.6	49.7	59.9	51.7	52.0
(114)	Sentido de progreso de la comunidad	67.8	79.5	90.7	85.6	74.1	95.7
(5)	Conciencia de la guía de la comunidad	8.5	22.5	44.8	55.2	61.4	77.5
(89)	Evaluación positiva del liderazgo en la comunidad	21.9	45.8	48.4	59.9	64.9	68.8

Nota: Véase el apéndice C para el contenido de cada índice. Las diferencias en todas las medidas son significativas en nivel de .05 o más.

líderes políticos dentro de su comunidad, y que tienden a evaluar el desempeño de esos líderes de un modo positivo. De nuevo, esto es particularmente cierto de los activistas totales, demandantes y resolvedores de problemas relacionados con la comunidad. Esos tipos parecen ser sensibles a los esfuerzos de movilización de los líderes de la comunidad, que con frecuencia organizan delegaciones de residentes para presentar solicitudes a los funcionarios públicos, solicitar contribuciones financieras para mejoras de la comunidad, reclutar trabajadores para las actividades de la campaña política, lo mismo que promover el registro de votantes (véase el capítulo VI).

En varias de las comunidades investigadas, más notablemente en la Colonia Nueva y la Colonia Periférico, era claro que la confianza en la capacidad de los líderes locales para negociar favorablemente con los políticos y burócratas era un factor muy importante para convencer a los residentes a que "asomaran la cabeza", acercándose directamente a las autoridades con el fin de obtener ayuda para la comunidad. Pero incluso residentes que hacen evaluaciones menos favorables del desempeño de sus líderes por lo general están conscientes de las sanciones que dichos líderes frecuentemente pueden imponer (en un asentamiento precario esas sanciones con frecuencia se apoyan en el control que los líderes locales ejercen sobre el derecho de ocupar terrenos dentro de la comunidad). Los costos de la actividad política, ya sea en tiempo, dinero o incomodidades al quedar en situaciones conflictivas, pueden reducir la propensión de un residente individual a responder al llamado de sus líderes para que participe; pero en las comunidades en que los líderes locales pueden recompensar a los que participan y castigar a los que no lo hacen, cualquier cálculo de costo-beneficio con respecto a la participación debe incluir también el costo por no participar.

La conciencia política

Se supone que ciertos niveles de conciencia sobre la forma en que opera el sistema político y la forma en que sus resultados afectan la vida personal debe ser una precondición necesaria para la mayoría de los diversos tipos de actividad política. En todas las dimensiones el abstencionismo total está considerablemente por debajo de los diferentes tipos de inmigrantes políticamente activos. También hay interesantes diferencias entre los tipos de activistas. Es más probable que los demandantes y los activistas totales, tipos ambos que han procurado influir en la distribución de los beneficios del gobierno para sí mismos como individuos, o para la comunidad en que viven, perciban la importancia del gobierno y de la política para la satisfacción de las necesidades personales y de la comunidad. Los participantes en campañas políticas y los activistas totales se distinguen por su alto nivel de atención a los estímulos políticos en las campañas electorales y los medios de comunicación colectivos, así como por su mayor conocimiento de la política y de los asuntos públicos. Los especialistas en votaciones y los resolvedores de problemas de la comunidad, por lo general presentan un menor nivel de conciencia política que otros tipos de inmigrantes políticamente activos.[16] Por supuesto, los tipos de actividad política en que esos dos subgrupos participan no requieren el conocimiento

CUADRO IV.12. *Conciencia política entre los tipos de inmigrantes participantes*

Índice	*Abstencionistas totales*	*Especialistas en votación*	*Participantes en campañas políticas*	*Demandantes*	*Resolvedores de problemas*	*Activistas totales*
(81) Percepción de la importancia del gobierno y de la política para la satisfacción de necesidades	19.7%	55.9%	57.3%	64.9%	44.8%	77.5%
(6) Conciencia de los productos gubernamentales que afectan la comunidad de residencia	28.3	40.0	64.3	58.6	30.3	70.1
(87) Tiene opinión política	13.4	23.4	16.2	18.7	17.7	48.0
(3) Atención a las campañas electorales y al contenido político de los medios de comunicación colectivos	25.5	44.4	64.0	55.7	33.9	79.3
(37) Conocimiento del gobierno y de la política	9.1	20.9	59.1	32.3	29.1	89.2
(60) Conciencia política general	17.8	32.4	57.4	50.2	27.8	95.7

NOTA: Véase el apéndice C para el contenido de cada índice. Todas las medidas son significativas al nivel de .05 o más.

o la participación psicológica en política que puede requerirse para actividades como la de establecer contacto con funcionarios públicos. Los especialistas en votación y los resolvedores de problemas no se preocupan por la manipulación del sistema político supralocal para influir sobre los

[16] Verba, Nie y Kim (1971, p. 50) también encontraron que esto era cierto entre los especialistas en votación en la mayoría de los países incluidos en su estudio sobre la participación política. Véase también Field, 1973, cap. 5.

resultados de la acción gubernamental, y su participación no depende de su conocimiento de los procesos políticos al nivel de la ciudad o del país.

Actitudes políticas

Muchos estudios han mostrado que las personas cuyas actitudes hacia el sistema político son muy positivas o de apoyo, son más propensas a participar en actividades políticas, que aquellas que dan un menor apoyo al sistema.[17] Los datos de mi muestra de inmigrantes (cuadro IV.13) revelan una fuerte relación entre participación y orientación positiva hacia el sistema político. Los inmigrantes políticamente activos sobrepasan a los abstencionistas por un considerable margen en su estimación de las instituciones políticas y gubernamentales nacionales, en su tendencia a dar su apoyo al partido oficial en las elecciones y en su disposición a confiar en los funcionarios públicos. Además, muestran un mayor sentido de eficacia política, o confianza en su propia capacidad para influir sobre los actos de los funcionarios.[18]

Los demandantes y los activistas totales de la muestra son incluso más positivos en sus actitudes hacia el sistema político que otros inmigrantes activos políticamente. Esos dos tipos tienen en común su experiencia en las relaciones personales con funcionarios públicos. El efecto de esta relación sobre las actitudes políticas de las comunidades investigadas será explorado de manera más completa en el capítulo VIII, donde de hecho se considera que las orientaciones positivas hacia el sistema político son resultado de ciertos tipos de contactos personales con ese sistema. Pero también se podría argumentar, invirtiendo el orden de causas, que las relaciones con los funcionarios públicos parecen *requerir*, quizás más que ningún otro tipo de participación política, un conjunto de orientaciones sumamente positivas hacia el sistema. Quienes participan en ellas deben creer primero que los funcionarios desean conocer las necesidades y quejas del ciudadano ordinario y que responderán sin sanciones ante los intentos directos de ejercer influencia. Deben también confiar en que el gobierno tiene realmente capacidad para prestar la ayuda que se solicita. Las

[17] En muchos estudios se han presentado pruebas empíricas que apoyan esta generalización, basadas en datos obtenidos en países desarrollados y en desarrollo. Véase Milbrath, 1965, pp. 56-57, 78-80; Cataldo y Kellstedt, 1968; Di Palma, 1970, pp. 3-4, 55-57; Fraser, 1970; Hawkins, 1971; Perlman, 1971, pp. 410-411; Olsen, 1972, p. 27; Sallach *et al.*, 1972, pp. 889-890; Finifter, 1972, p. 201; Field, 1973, cap. 6; Schwartz, 1973.

[18] Tal como empleo el término, el sentido de eficiencia política no implica necesariamente que la persona "eficaz" se sienta capaz de influir en las acciones del gobierno mediante sus esfuerzos como ciudadano individual que actúa solo. Para una discusión detallada de este punto, véase el capítulo VII.

CUADRO IV.13. *Actitudes políticas entre los tipos de inmigrantes participantes*

Indice	*Abstencionistas totales*	*Especialistas en votación*	*Participantes en campañas políticas*	*Demandantes*	*Resolvedores de problemas*	*Activistas totales*
(1) Afecto por la instituciones políticas nacionales	24.2%	31.6%	46.1%	57.2%	40.1%	71.4%
Partido político preferido:[a]						
Partido oficial (PRI)	73.3	95.7	93.5	100.0	91.7	100.0
Partidos de oposición (PAN y PPS)	26.7	4.3	6.5	0.0	8.3	0.0
(130) Confianza en el gobierno	34.7	60.5	47.7	63.1	48.6	59.8
(86) Cinismo político	61.7	54.6	45.7	40.6	64.3	47.2
(76) Percepción de la preocupación del gobierno por los pobres	17.9	33.2	29.5	55.1	31.9	53.2
(77) Percepción de la disposición del gobierno a reaccionar ante los intentos por influir en él	11.2	45.8	66.4	66.5	43.0	55.4
(119) Sentido de eficiencia política	22.2	33.8	45.0	58.8	32.4	89.7
(91) Evaluación positiva del desempeño de los funcionarios públicos	33.9	43.8	43.8	67.0	45.7	80.6
(19) Satisfacción con los resultados de los servicios de gobierno[b]	57.0	61.3	63.3	66.6	50.9	52.0
(22) Expectativas sobre el desempeño del gobierno	26.2	52.3	51.8	71.4	43.8	87.0
(64) Apoyo general para el sistema político	22.2	55.2	58.1	85.5	39.7	74.9

NOTA: Véase el apéndice C para el contenido de cada índice. Las diferencias en todas las medidas, excepto "satifacción con los resultados de los servicios del gobierno", son significativas al nivel de .05 o más.

[a] Medido por las preguntas del cuestionario 159a-159c, 161b, 161c (véase el apéndice A).

[b] Índice 19 (véase el apéndice C), "descontento con los resultados de los servicios del gobierno", con la puntuación invertida.

personas pobres sólo pueden justificar un grado relativamente alto de iniciativa individual, tensiones psicológicas y el gasto de tiempo y dinero que por lo general se requieren al hacer solicitudes directamente a los funcionarios, si tienen una opinión optimista de las oportunidades que les brinda la acción política.

Experiencias socializadoras y participación en organizaciones

Gran parte de la actividad política en que participan los residentes de las colonias proletarias es colectiva por naturaleza: los participantes en campañas políticas, los demandantes y los resolvedores de problemas de la comunidad por lo general actúan como miembros de un grupo que se aboca a ciertas tareas. Podría esperarse que el contacto con ciertos tipos de medio de trabajo, las experiencias colectivas de aprendizaje, o las organizaciones voluntarias incrementaran la probabilidad de que un individuo participe en la acción política colectiva. Los datos presentados en el cuadro IV.14 muestran la importancia de algunos tipos de experiencias socializadoras y de relaciones organizativas para la participación política entre los inmigrantes de mi muestra. Unas investigaciones recientes en los países en desarrollo han demostrado los efectos politizadores de la ocupación en la industria de gran escala (Inkeles, 1969; Inkeles y Horton, 1974). Entre mis informantes era más probable que el especialista en votaciones y el participante en campañas políticas estuvieran empleados en grandes fábricas que los otros tipos de participantes. A la mayoría de esos trabajadores los habían estimulado a participar en las políticas electorales los sobrestantes o funcionarios de los sindicatos afiliados al PRI.

La participación en las invasiones de terrenos parece haber sido un tipo muy importante de experiencia socializadora. Los demandantes, los resolvedores de problemas de la comunidad y los activistas totales en las comunidades investigadas provienen, desproporcionadamente, de quienes habían participado en la invasión de los terrenos, y también es más probable que hayan presenciado cuando menos un intento del gobierno o del propietario privado por arrojar a los precaristas de los terrenos invadidos (ya fuera en su actual comunidad de residencia o en otros lugares de la ciudad de México). La invasión parece ser una experiencia politizadora más poderosa si ha encontrado fuerte resistencia. Este descubrimiento contradice el argumento presentado por Goldrich en el sentido de que los intentos de arrojar a los invasores y otras sanciones negativas impuestas después de la invasión de terrenos tienden a reducir la participación política entre los invasores (Goldrich, 1970, p. 182; Goldrich, Pratt y Schuller, 1970, pp. 193-195). Una medida más completa de las situaciones de tensiones colectivas —invasiones de terrenos, sanciones negativas del gobierno o los propietarios, inundaciones generalizadas, incendios y otros desastres que afectan a un gran número de residentes de la comunidad— revela aún más claramente el efecto politizador de esas experiencias. Esas situaciones aumentan la inversión psíquica de los residentes en la comunidad, inversión que podrían tratar de proteger mediante la acción política.

CUADRO IV.14. *Experiencias socializadoras y pertenencia a organizaciones entre los tipos de inmigrantes participantes*

Experiencia	*Abstencionistas totales*	*Especialistas en votación*	*Participantes en campañas políticas*	*Demandantes*	*Resolvedores de problemas*	*Activistas totales*
Empleado en una fábrica grande	2.1%	12.1%	8.9%	2.5%	4.5%	4.7%
Participante en una invasión de terrenos	0.0	7.0	10.5	36.2	35.1	38.5
Presenció intentos de arrojar a los invasores	11.2	19.9	17.2	28.4	43.5	75.8
Exposición general a situaciones de tensión colectiva (índice 24)						
baja	74.9	68.3	54.5	39.5	38.7	4.3
alta	25.1	31.7	45.5	60.5	61.3	95.7
Participación en organizaciones políticas importantes (índice 43)						
baja	93.8	71.5	54.9	40.9	68.7	14.3
alta	6.2	28.5	45.1	59.1	31.3	85.7
Participación en organizaciones políticas sin importancia (índice 42)						
baja	61.3	46.1	56.1	50.6	56.0	22.5
alta	38.7	53.9	43.9	49.4	44.0	77.5

NOTA: Véase apéndice C para el contenido de los índices. Las diferencias entre todas las medidas, excepto el trabajo en fábricas grandes, son significativas al nivel .05 o más.

Varios estudios han demostrado que las personas que son miembros de organizaciones voluntarias tienden a participar en política más que las que no lo son, independientemente de las características de su posición social y de las orientaciones de sus actitudes hacia la política.[19] Lo que he encontrado es muy congruente con esta generalización. Es mucho más probable que los inmigrantes políticamente activos, en especial los demandantes y los activistas totales, pertenezcan a organizaciones cuyas preocupaciones se relacionan de alguna manera con la actividad política. Incluidos en esta categoría están los partidos políticos, los sindicatos y las organizaciones para mejorar la comunidad. Pero incluso la participación en organizaciones sin importancia política parece estimular la participación política. También es más probable que los emigrantes activos políticamente pertenezcan a organizaciones de la Iglesia, a las asociaciones de padres y maestros y otras similares.

Como veremos en el capítulo siguiente, la afiliación a organizaciones sirve por lo general para ubicar al individuo en redes de comunicación e interacción que son importantes para sensibilizarlo a las normas de la comunidad relacionadas con la participación. Además, pertenecer a organizaciones de importancia política ayuda a reducir el grado de iniciativa individual y otros "costos" implícitos en la actividad política. La disponibilidad de recursos organizativos para las actividades de presentación de las demandas también podría aumentar el sentimiento de eficiencia política (véase Marshall, 1971, pp. 144-145; véase también el capítulo VII). Por todas esas razones, los inmigrantes políticamente activos tienden a ser los que más participan en la vida organizativa de la comunidad.

Resumen

Este capítulo ha presentado un panorama general de la participación política entre los residentes de las comunidades investigadas. Encontramos que la inmensa mayoría de los inmigrantes están conscientes, aunque sea en grado mínimo, de las actividades políticas y gubernamentales que influyen en sus vidas. La mayoría vota en las elecciones con gran regularidad, y más de la mitad ha participado en alguna forma de actividad política, además de la votación. Sólo un pequeño porcentaje puede ser considerado (menos de 10%) completamente "marginal" al proceso político, tanto por su conocimiento como por su comportamiento participatorio. Las diferencias entre los inmigrantes y los residentes nacidos

[19] Los estudios de varios países que informan de una fuerte relación entre la participación en organizaciones y la participación política incluyen el de Nie, Powell y Prewitt, 1969 y Burstein, 1972. Se informa de descubrimientos similares en estudios limitados a los Estados Unidos (Erbe, 1964 p. 198; Marshall, 1968, pp. 210-211; Alford y Scoble, 1968, pp. 1197, 1203; Olsen, 1972, p. 22), al igual que en estudios de comunidades de bajos ingresos en varias ciudades latinoamericanas (Flinn y Camacho, 1969, p. 55; McKenney, 1969, p. 184; Goldrich, 1970, pp. 192, 197; Pratt, 1971a, pp 532-539).

en la ciudad en la mayoría de las dimensiones de la participación política no son significativas cuando se suponen constantes otros atributos personales. Sin embargo, la participación en las votaciones es considerablemente mayor entre los inmigrantes que entre los citadinos nativos, independientemente de la edad, de la posición socioeconómica o de la comunidad de residencia. He atribuido esta diferencia a un mayor sentido del deber cívico de votar entre los inmigrantes, el cual podría tener sus raíces en la socialización política previa a la inmigración. La participación política entre los inmigrantes tiende a incrementarse con su estadía en la ciudad; pero gran parte de ese incremento puede atribuirse a la mayor edad y (en menor medida) a las mejoras de su posición socioeconómica. La sola duración del contacto con el medio urbano ayuda poco a explicar la variación en la participación política de los inmigrantes.

El inmigrante políticamente activo característico puede describirse como una persona que tiene un ingreso familiar superior al promedio (en mi muestra), pero un nivel promedio de logro educacional y de estatus ocupacional. En comparación con los inmigrantes inactivos políticamente, tiene actitudes más modernas, un mayor deseo de confiar en las personas, una mayor disposición a trabajar colectivamente para satisfacer las necesidades, una preferencia por la guía autoritaria y una mayor tolerancia a las situaciones conflictivas. La probabilidad es menor en él que en el inmigrante políticamente inactivo de que tenga un sentido de privación relativa o perciba que las mejoras socioeconómicas son difíciles para personas como él. Está integrado más completamente a su comunidad, tanto social como psíquicamente; y su evaluación de ésta y de sus líderes es por lo general positiva. El inmigrante políticamente activo sabe más del gobierno y la política, y también participa más en ellos psicológicamente. Por lo general sus actitudes políticas apoyan al sistema político existente. Opina que los funcionarios gubernamentales responden a las demandas de los ciudadanos comunes, y tiene grandes esperanzas de recibir ciertos tipos de ayuda del gobierno. A diferencia del inmigrante abstencionista, es más probable que haya participado en actividades politizadoras colectivas, como la invasión de terrenos. Finalmente, al inmigrante activo políticamente le gusta unirse a grupos, y participa con frecuencia en las actividades de organizaciones voluntarias.

Los datos presentados en este capítulo también han revelado importantes diferencias entre los varios tipos de inmigrantes políticamente activos. Por ejemplo, es menos probable que los especialistas en votaciones posean muchos de los atributos que se relacionan con un síndrome general de activismo político, tales como la preferencia por la solución colectiva de problemas, el deseo de tomar partido en las situaciones conflictivas, y un alto nivel de conciencia política. Los demandantes y los activistas totales son más positivos que otros tipos en sus actitudes relativas al sistema político. En comparación con otros tipos de participantes, los especialistas en votación y los resolvedores de problemas tienen bajos niveles de conciencia política. Los demandantes, los resolvedores de problemas y los activistas totales son los tipos más integrados a la comunidad en que residen. Se han observado muchas otras diferencias entre los diversos tipos de inmigrantes políticamente activos. Baste decir que los modos de participación política que he aislado en este capítulo varían significativamente en las características y experiencias de los inmigrantes que participan en ellas.[20]

Toda discusión de las "correlaciones de la participación política" hace surgir un importante punto de interpretación. Existe la tendencia a considerar las variables que están positivamente correlacionadas con la participación, como "fuentes" o "precondiciones" del comportamiento político. Esto implica un orden causal muy definido de las variables, según cuáles sean las "correlacionadas" del comportamiento participante que se supone son variables independientes que *causan* que la variable dependiente —participación— cobre ciertos valores. No obstante, en muchos casos es imposible establecer, con algún grado de certidumbre, la dirección de la relación entre la participación y un determinado atributo u orientación.

Por ejemplo, los inmigrantes que han tenido contactos con funcionarios públicos en una o más ocasiones, estarán más propensos a creer que un individuo puede influir en las decisiones gubernamentales que quienes nunca han tenido contacto con un funcionario público.[21] Pero ¿cómo debemos interpretar este descubrimiento? Puesto que el sentido de eficiencia política (la capacidad que se percibe para influir en el gobierno) se relaciona positivamente con el acto de establecer contacto con un funcionario, podríamos concluir que este tipo de actitud es una "condición" o "fuente" de este comportamiento. Pero también es muy posible que la sensación de eficiencia política sea resultado del acto partici-

[20] Verba y sus coautores han informado de descubrimientos similares en sus estudios sobre la participación política en los Estados Unidos y otros cuatro países. Véase Verba, Nie y Kim, 1971, pp. 44-53; Verba y Nie, 1972, pp. 82-101.

[21] Se preguntó a los informantes: "Algunas personas dicen que lo único que uno puede hacer es esperar y aceptar los programas del gobierno; otros dicen que una persona puede influir sobre el gobierno y hacer que el gobierno ayude a la gente. ¿Usted qué cree?" De los 175 inmigrantes que habían tenido contactos con funcionarios en lo pasado, 57.2% creían que los ciudadanos podían ejercer cierta influencia; sólo 40.7% de los 500 que nunca habían tenido contacto con funcionarios eran de esa opinión (la diferencia es significativa estadísticamente al nivel de .003). Almond y Verba, en su investigación en varios países (1963, p. 187), también encontraron que la confianza de un individuo en su propia capacidad para influir en los resultados del gobierno "está relacionado estrechamente con intentos reales por influir en el gobierno. En los cinco países... es probable que quienes dijeron que podían influir en el gobierno, en comparación con quienes dijeron que no podían, hayan intentado ejercer tal influencia cuando menos en tres ocasiones".

patorio, en especial si el resultado del mismo ha sido evaluado por el demandante como positiva o exitosa, de acuerdo con alguna estrategia de alcance de metas. Un individuo cuyo contacto con un funcionario resulta en la obtención del título sobre los terrenos o de un sistema de agua para su comunidad, probablemente estará más dispuesto a creer que es capaz de influir en las decisiones del gobierno; y es más probable que repita los intentos por ejercer influencia en alguna ocasión futura. Sin embargo, antes de haber realizado el contacto inicial podría haber carecido de una sensación de eficiencia política. Las actitudes como el cinismo político podrían también representar los recuerdos de experiencias personales concretas al tratar con el sistema político.[22]

Puede argumentarse que la mayoría de las actitudes correlacionadas con el activismo político de los inmigrantes encontrados en este capítulo no deben considerarse condiciones necesarias para la participación. Es muy probable que muchas sean el resultado de la experiencia del aprendizaje político. Yo argumentaré, además, que la naturaleza y frecuencia de esas experiencias de aprendizaje probablemente variarán considerablemente de una comunidad a otra. En el capítulo siguiente documentaré las consecuencias de este fenómeno para la participación política individual, afirmando que en la mayoría de los casos es el ambiente residencial inmediato del inmigrante, y no la ciudad en conjunto, el que proporciona la estructura de estímulos y recompensas (o refuerzos) más importante para la participación política. En resumen, no es sólo la cantidad, sino la *clase* de experiencia urbana la que determina el comportamiento político de un inmigrante.

[22] Una interpretación similar de la relación entre la eficiencia política y la participación ha sido presentada por Alford y Scoble, 1968, p. 1206; Form y Huber, 1971, p. 687; Mathiason y Powell, 1972, pp. 317-319, y Martinussen, 1972. Véanse también las siguientes obras sobre el efecto de las experiencias de aprendizaje político negativas en las actitudes y comportamientos políticos de los pobres urbanos en los Estados Unidos: Parenti, 1970, pp. 523-524; Savitch, 1972, p. 54, y S. Greenberg, 1974, pp. 107 ss.

V. EL MARCO DE LA COMUNIDAD EN LA PARTICIPACIÓN POLÍTICA

Los ESTUDIOSOS del problema han empezado a apreciar recientemente la función que la residencia en una determinada vecindad urbana desempeña en la socialización de los pobres de la ciudad, incluyendo a los inmigrantes que llegan del campo. No obstante, se ha realizado poca investigación sistemática sobre *cómo* el lugar de residencia dentro de una ciudad influye sobre las actitudes y el comportamiento político. Si la comunidad urbana local tiene un efecto significativo sobre el aprendizaje político entre los inmigrantes pobres, ¿de qué manera funciona este "efecto del marco"? ¿Qué tipos de experiencias de aprendizaje político o pautas de interacción social ayudan a generar y mantener las normas de actitudes y comportamiento en comunidades determinadas? ¿Cuáles son los procesos socio-psicológicos subyacentes por medio de los cuales adoptan los residentes esas normas? ¿Qué características individuales determinan (o en qué medida) que un inmigrante particular sea influido por su comunidad de residencia? Finalmente, ¿por qué unas comunidades tienen mayor efecto que otras sobre el comportamiento político? ¿Qué características de una comunidad tienden a incrementar su importancia como agente de socialización política entre los inmigrantes pobres? Esas son las principales preguntas de que se ocupará este capítulo.

ORIENTACIONES HACIA LA COMUNIDAD LOCAL

Los datos presentados en el cuadro V.1 muestran que los inmigrantes se relacionan con sus comunidades de muchas maneras diferentes.[1] Si viven en la Colonia Nueva, el más reciente de los tres asentamientos precarios incluidos en el estudio, es más probable que conozcan su comunidad, que se identifiquen fuertemente con sus intereses, y que interactúen con frecuencia con otros residentes de la comunidad. A mediados de 1970, los residentes de la Colonia Nueva creían que el desarrollo de su comunidad no había ido muy lejos en los dos años y medio que tenía de establecida, y estaban preocupados por la continua falta de servicios y mejoras urbanas; pero en general consideraban que su vecindad era un buen lugar para vivir.

[1] Las diferencias significativas estadísticamente entre las comunidades ($p < .05$) en esas dimensiones persisten cuando se suponen constantes la edad, la posición socioeconómica y la duración de la residencia urbana de los informantes individuales.

Un inmigrante que viva en la Colonia Texcoco, el malhadado fraccionamiento abandonado tanto por el "fraccionador" como por el gobierno, suele tener un conjunto muy diferente de orientaciones. Sabe poco de

CUADRO V.1. *Orientaciones de los inmigrantes hacia la comunidad de residencia*

	Índice	*Colonia Nueva (N=128)*	*Colonia Periférico (N=98)*	*Colonia Texcoco (N=121)*	*Colinia E. Propio (N=128)*	*Unidad Popular (N=73)*	*Colonia Militar (N=112)*
(36)	Conocimiento de la comunidad	86.2%	59.4%	29.7%	46.0%	11.9%	30.3%
(98)	Integración psicológica con la comunidad	75.4	39.8	31.7	37.5	36.2	25.5
(122)	Integración social con la comunidad	51.8	48.9	10.3	40.1	33.9	55.1
(17)	Disposición a conformarse a las normas de la comunidad	76.1	64.2	47.8	56.7	42.4	36.6
(73)	Percepción de la solidaridad en la comunidad	100.0	92.1	84.3	89.2	76.3	74.4
(80)	Percepción de las relaciones sociales positivas en la comunidad	89.8	56.0	58.6	70.0	62.7	66.7
(114)	Sensación de progreso de la comunidad	67.9	80.0	72.3	94.2	71.2	77.0
(109)	Satisfacción con el ambiente residencial	50.8	68.1	13.7	50.8	44.1	64.3
(52)	Afecto general por la comunidad	72.2	54.1	19.3	50.8	32.2	44.6

NOTA: Los porcentajes representan la proporción de informantes inmigrantes que tienen elevada puntuación en cada índice (por ejemplo, en la Colonia Nueva 86.2% de los informantes tienen un alto nivel de conocimiento de la comunidad). La puntuación de los índices se dividió en categorías alta y baja, con el punto divisorio localizado tan cerca como fuera posible de la mediana de la muestra total, computada sobre la base de todos los informantes (tanto residentes inmigrantes como nacidos en la ciudad) en la muestra ponderada. Véase el apéndice C para el contenido de cada índice. Las diferencias que hay entre las comunidades en todos los índices son significativas estadísticamente, por la prueba de chi cuadrada calculada en un cuadro de 12 casillas (d.f.=5), al nivel de .001 o más.

los asuntos de la comunidad, tiene poca identificación personal con ésta y poco contacto con los otros residentes, además de ser por lo general negativo en sus evaluaciones de la misma. Considera que la Colonia Texcoco es un mal lugar para vivir y participa lo menos que sea posible en sus asuntos.

Los residentes del proyecto de vivienda Unidad Popular y los de la Colonia Militar, el más antiguo de los tres asentamientos precarios, también tenía niveles relativamente bajos de integración social y psicológica con sus comunidades, pero veían a sus colonias un poco más positivamente. Los inmigrantes que viven en la Colonia Periférico y en la Colonia Esfuerzo Propio se parecen más a los residentes fuertemente integrados y orientados afectivamente de la Colonia Nueva. En especial los residentes de la Esfuerzo Propio parecen impresionados con el progreso en el desarrollo de su comunidad en el año y medio que tenía de haberse abierto a los asentamientos, progreso que fue posible por una gran inversión de capital, mano de obra y asistencia técnica del gobierno de la ciudad.

Algunos de los resultados que se mencionaron en el capítulo IV (véase en especial el cuadro IV.11) indican que la forma en que un inmigrante percibe y evalúa su comunidad afectará su propensión a participar en política. En las restantes secciones de este capítulo procuraré documentar esta relación de manera más completa e identificar algunos de los mecanismos causales que podrían estar implícitos en ella.

Efectos del marco de la comunidad

El marco de la comunidad puede fortalecer o debilitar las actitudes individuales y las predisposiciones de comportamiento hacia la política. Las relaciones entre las características de los individuos y las de las colectividades sociales a las que pertenecen ha sido preocupación principal de las investigaciones sociológicas, cuando menos desde los trabajos de Durkheim sobre apatía e integración social.[2] Paul Lazarsfeld acuñó el término "análisis contextual" para designar una clase de análisis simultáneo de nivel múltiple que procura explicar el comportamiento de un individuo por el contexto o medio social al que está expuesto, cuando algunos de sus propios atributos personales se mantienen constantes. Un enfoque contextual del análisis de la información obtenida en encuestas por muestreo le permite al investigador superar ciertas limitaciones importantes de los tradicionales estudios por encuesta, que suelen centrarse en individuos aislados y casi olvidar el mayor ambiente sociopolítico en que ocurren las actitudes y los comportamientos individuales.[3]

[2] El interés en las investigaciones empíricas por esas relaciones fue aparentemente revivido por la investigación que aparece en Stouffer *et al.*, 1949, pp. 256 *ss.* Otros estudios sociológicos notables que se relacionan con esos problemas incluyen los de Barton, 1970; J. Davis, 1962; Lipset *et al.*, 1956, pp. 338 *ss.* Véase también Dogan y Rokkan, 1969; Eulau, 1969; Sills *et al.*, 1961.

[3] Véase Kendall y Lazarsfeld, 1950, pp. 195-196; 1955. Aunque utilizan una terminología diferente, análisis de "efectos compositivos" (J. Davis *et al.*, 1961), "efectos estructurales" (Blau, 1960), y "efectos de agrupamiento" (Katz y Eldersveld 1961) se basan en el mismo principio. Para un estu-

Los supuestos teóricos que subyacen en el enfoque contextual pueden enunciarse muy sencillamente: "El comportamiento individual está influido no sólo por las características del individuo, sino también por su marco social, como lo percibe el individuo y como una situación objetiva que influye en las posibilidades de acción." Además, "el comportamiento de un individuo es influido por la proporción de personas de su medio que participan en esa forma de comportamiento" (Barton, 1968, p. 8; 1970, pp. 220-221). En relación con el comportamiento político, puede argumentarse que una unidad social cuyos miembros participan con frecuencia en actividades políticas proporciona un marco que estimula directamente la participación, y que los miembros individuales la perciben como si aprobara ese comportamiento. Por tanto, las personas con el mismo conjunto de atributos individuales pueden participar en política en grados significativamente variables, según sea el porcentaje de personas dentro de su medio social inmediato que son activas políticamente o que comparten la misma percepción o actitudes en relación con la actividad política.

Unos estudios de los efectos del contexto dentro de las comunidades urbanas locales en los Estados Unidos e Inglaterra han documentado relaciones significativas entre las características de la comunidad y las actitudes del individuo hacia la educación (Robson, 1969, pp. 216-234), orientación de la movilidad social (Blalock, 1967), apatía (Orbell, 1970, Wilson, 1971a, 1971b), actitudes raciales (Orbell y Sherrill, 1969), trastornos mentales y comportamiento aberrante (Timms, 1971, pp. 14-31), la propensión a ayudar a otros en situaciones de tensiones colectivas (Barton, 1970, pp. 214 *ss.*), la participación en organizaciones (W. Bell y Force 1956; Warren y McClure, 1973), y muchos otros tipos de comportamiento social (W. Bell, 1965; Greer, 1956). Tingsten (1937, pp. 126-127, 170-172, 180), utilizando datos de los cuatro países escandinavos, fue quizás el primer estudioso del comportamiento político que demostró empíricamente los efectos del ambiente residencial sobre el comportamiento individual en las votaciones. Desde que su trabajo apareció, numerosos investigadores, que se han basado fundamentalmente en datos de los Estados Unidos e Inglaterra, han encontrado que cuando se suponen constantes las características de un individuo, las personas tenderán

dio de las principales variaciones de esta estrategia de investigación, véase a Frey, 1970a, pp. 288-294; y Lane, 1959, pp. 261-272. La técnica no carece de sus dificultades en la medición e interpretación de los resultados (véase, por ejemplo, Barton y Hauser, 1970, y la discusión por Frey, citada antes). Las principales ventajas de la investigación basada en una encuesta que considere el contexto y de su análisis son resumidas por Barton, 1968; J. Coleman, 1961; Frey, 1970a, pp. 288-294; Horowitz, 1970, pp. 509-513; Verba, 1969, 1971, pp. 344-356. Por supuesto, el análisis contextual requiere el diseño de una muestra en que se entreviste a un número suficiente de informantes en cada unidad social, para que el investigador pueda caracterizar la unidad por su clima social o político. Para una explicación más detallada de la lógica y de los supuestos teóricos del análisis contextual, véase Barton, 1970, pp. 209-216 *ss.*; J. Coleman, 1958-1959; Lazarsfeld y Menzel, 1961, y Scheuch, 1969.

a votar por el partido apoyado por la opinión prevaleciente en las comunidades en que viven.[4]

En el análisis contextual que se menciona posteriormente, la variable dependiente será la *participación política general*, incluyendo la votación, la participación en campañas políticas, las relaciones con funcionarios, y la participación en actividades para resolver los problemas de la comunidad. El enfoque de correlación parcial utilizado para este análisis, implica controlar los efectos de los atributos sociodemográficos y actitudes individuales hacia la actividad política, midiendo a la vez la relación entre las características seleccionadas de la comunidad de residencia y la participación política individual. Cada comunidad es caracterizada por el porcentaje real de sus residentes que están por encima de la media de la muestra total en los índices sumados de la participación política general, civismo, disposición a aceptar las normas de la comunidad, percepción de amenazas externas, y orientación hacia el esfuerzo propio. Esos agregados de respuestas individuales a las preguntas de la encuesta son las variables independientes del análisis.[5]

Los resultados que aparecen en el cuadro V.2 indican un efecto importante del marco. Tanto la frecuencia general de la participación política en una comunidad como la frecuencia de la distribución de ciertos tipos de actitudes ejercen una influencia independiente sobre la participación política de cada residente. La relación continúa siendo significativa, y en algunos casos aumenta su intensidad, cuando se suponen constantes los atributos personales de los informantes. La adición de las variables contextuales de las cinco comunidades a una ecuación de regresión múltiple da por resultado un incremento absoluto del 12% en la variación explicada en la participación política, sean cuales fueren los efectos de edad, posición socioeconómica, duración de la residencia en la ciudad, y participación psicológica en política.[6] Como esos atributos individuales explican sólo el 20% de la variación en la participación política, la contribución explicativa hecha por las características de la comunidad es significativa.

[4] Véase Almy, 1973; Bayes, 1967, cap. 8; Berelson *et al.*, 1954, pp. 98 ss.; Cox, 1970; Ennis, 1962; Foladare, 1968; Gosnell, 1939, pp. 91-125; Katz y Eldersveld, 1961; Klorman, 1971; Levin, 1961; W. Miller, 1956; Putnam, 1966; Segal y Meyer, 1969; Segal y Wildstrom, 1970; Tate, 1974. Las limitaciones en los datos disponibles obligaron a algunos de esos investigadores a utilizar datos globales de nivel nacional para especificar la estructura política del medio de la comunidad.

[5] Este enfoque del análisis del contexto proporcionado por la comunidad es descrito más ampliamente por Flinn, 1970. Como indicaron Frey (1970a, pp. 292-293) y Tannenbaum y Bachman (1964), la técnica de la correlación parcial ayuda a evitar problemas de interpretación que se derivan de la imposibilidad de mantener estrictamente constantes las características individuales. Para ejemplos de otros enfoques mediante el análisis de covariación y de ruta, véase Wilson, 1971a, 1971b; R. Smith, 1972. El enfoque antiguo mediante un análisis tabular con múltiples variables es presentado por Blau, 1960, y J. Davis *et al.*, 1961.

[6] La r múltiple = .562; la variación total explicada = 32%.

Si se repite el análisis anterior utilizando un tipo específico de participación política en vez de la participación general como variable dependiente, encontramos que los tipos de participación más estrechamen-

CUADRO V.2. *Correlaciones de las variables del contexto de la comunidad con la participación política individual: todos los inmigrantes*

Variables independientes (contextuales)	*Variables dependientes*	*Variables controladas*	*Correlación* r_1	r_2
Nivel de participación política general en la comunidad de residencia (índice 62)	Participación política individual	Las usuales[a]	.317	.396
Grado de civismo en la comunidad de residencia (índice 9)	la misma	Las usuales + el propio grado de civismo del informante	.301	.355
Disposición general de aceptar las normas de la comunidad de residencia (índice 17)	la misma	Las usuales + la propia disposición del informante a aceptar las normas de la comunidad	.244	.295
Percepción de amenazas externas a la comunidad de residencia (índice 75)	la misma	Las usuales + la propia percepción del informante de la amenaza externa	.279	.267
Fuerza de la orientación hacia el esfuerzo propio (índice 113)	la misma	Las usuales + predisposición propia del informante hacia el esfuerzo propio	.284	.262

NOTA: Las correlaciones se basan en un promedio de *N* de 670, y todos los coeficientes mencionados son significativos al nivel de .001 o más. Las correlaciones r_1 son correlaciones sencillas (orden cero) de la variable contextual con la participación política individual. Las correlaciones r_2 son correlaciones parciales del quinto orden de la variable contextual con la participación política individual, controlando los efectos de las varias características individuales.

[a] La edad, posición socioeconómica (índice 69), duración de resistencia en la ciudad, y participación psicológica en política (índice 66) del informante fueron consideradas constantes para cada relación.

te relacionados con la comunidad de residencia —relaciones con funcionarios públicos y resolución de los problemas de la comunidad— son los más fuertemente influidos por las variables del marco de la comunidad.

Además, esas variables también influyen en la propensión del individuo a participar en formas de actividad política que no están relacionadas específicamente con los asuntos de la comunidad, como la participación en votaciones o en campañas políticas.

A menos que se procediera a un estudio de laboratorio, en que se integraran grupos experimentales según procedimientos aleatorios, la interpretación causal de cualquier tipo de efecto contextual es forzosamente indeterminada en cierta medida. Una fuente potencial de esa indeterminación es lo que Ulf Himmelstrand ha denominado "selectividad homopolítica", la tendencia consciente de individuos parecidos a buscarse como compañeros en la interacción formal o informal (Himmelstrand, 1960, pp. 399-409; *cf.* Cox, 1969, pp. 164 *ss.*). Si los individuos autoseleccionan los grupos a que pertenecerán, según sus características políticas, las relaciones entre las características del individuo y el grupo pueden ser espurias. Aquí el problema consiste en saber si el individuo que vive en una comunidad llega a reflejar las normas de actitudes y comportamiento de ésta, o si se ha trasladado a ésta debido a que sus normas ya se parecen a las de él. Por ejemplo, Herbert Gans ha sostenido (1968, pp. 14-16) que ciertos cambios en las actitudes y comportamiento de los recién llegados a los vecindarios suburbanos de las ciudades de los Estados Unidos se originan en los motivos de los residentes para trasladarse a esas comunidades y no fueron el resultado de la socialización dentro de su nuevo ambiente.

No es posible descartar totalmente la hipótesis de la auto-selección en relación con los emigrantes representados en este estudio, pero es poco probable debido a varios factores. Las entrevistas realizadas durante la encuesta, las historias personales, y la forma en que los informantes clave narraron la historia de las comunidades investigadas, sugieren que los inmigrantes estudiados se habían hecho vecinos principalmente debido a incentivos o imperativos económicos (bajo ingreso, deseo de ahorrar en los gastos de alquiler de vivienda), movilidad ocupacional (obtener nuevos recursos para invertir en terrenos o en la construcción de una casa), cambios en el trabajo o en el tamaño de la familia, o su desplazamiento de la comunidad en que residían previamente. El desplazamiento por proyectos de obras públicas o por eliminación de vecindarios pobres fue particularmente importante en el traslado de familias a la Colonia Periférico, la Colonia Esfuerzo Propio y la Unidad Popular. La disponibilidad de terrenos baratos fue el principal atractivo en la Colonia Texcoco. La participación en las invasiones de terrenos que dieron origen a la Colonia Nueva y la Colonia Militar fue influida considerablemente por la proximidad geográfica de los sitios invadidos: la mayoría de los invasores iniciales de la Colonia Nueva habían vivido en viviendas alquiladas en colonias proletarias adyacentes, y los precaristas de la Colonia Militar eran en su mayoría personas empleadas en un campo militar cercano.

Varias de las comunidades habían sufrido considerables rotaciones en su población desde su creación. Esto es cierto en especial en la Colonia Militar, donde sólo 14% de los inmigrantes entrevistados en 1970 habían estado entre los invasores originales de los terrenos en 1952 —o reconocieron haber participado en la invasión. Sin embargo, no hay nada que indique que los motivos de los llegados posteriormente hayan sido muy distintos de los que tenían los colonos originales. Las consideraciones relativas al ingreso familiar y a los ahorros en rentas fueron de la mayor importancia; esto se aplica incluso a las familias de clase media relativamente prósperas que se habían trasladado a las colonias Militar y Unidad Popular por considerarlo una oportunidad de invertir en terrenos potencialmente valiosos, a precios muy bajos.

En las respuestas obtenidas en la encuesta, las razones que se mencionaron con más frecuencia para haber elegido el lugar actual de residencia, al igual que los lugares anteriores de residencia dentro de la ciudad, fueron las ventajas económicas (rentas bajas, vivienda libre de renta), la cercanía al lugar de trabajo o a parientes, y la oportunidad de ser propietario de su propia casa y terreno. El análisis de las respuestas por grupos según el año de llegada a la comunidad muestra que los motivos para trasladarse a esa comunidad en particular han continuado siendo los mismos en el transcurso del tiempo; la única excepción fue el importante desplazamiento desde otras zonas entre los colonos iniciales en las colonias Periférico, Esfuerzo Propio y Unidad Popular.

También se les pidió a los informantes que especificaran los aspectos más importantes que tendrían en consideración al elegir otro lugar de residencia, si se trasladaran en lo futuro. En este caso, las normas citadas con mayor frecuencia fueron el acceso a los servicios públicos, la cercanía a los trabajos o al centro de la ciudad, el costo de los terrenos y de las viviendas y las oportunidades de lograr ser propietario de una casa o de un terreno. Lo anterior coincide con lo encontrado por otros estudios sobre la movilidad residencial en la ciudad de México (Ward, 1975), Monterrey (Vaughan y Feindt, 1973), y Oaxaca (Butterworth, 1973, p. 220) y en otras ciudades de Hispanoamérica (Vernez, 1973; B. Roberts, 1973, pp. 106-120; A. Leeds, 1974, y Uzzell, 1974).

Se debe concluir que el proceso que lleva inmigrantes a las comunidades estudiadas aquí, es en gran parte independiente de toda orientación particular hacia la política o la participación en ella. Aun si los inmigrantes estuvieran dispuestos a buscar vecindades en que estuviesen rodeados por individuos que comparten sus propias preferencias políticas o sus propensiones para la participación política, el proceso de selección sería difícil y en la mayoría de los casos se basaría en información muy imperfecta. La complejidad política de las comunidades investigadas, común en la mayoría de las vecindades de bajos ingresos de la ciudad, no es fácil de percibir para quienes no están familiarizados con las comunidades, y esto era aún más cierto en el momento en que los residentes actuales se trasladaron a ellas. Por lo tanto, parece razonable concluir que los efectos del contexto de la comunidad revelados por el análisis anterior no han sido anulados por la auto-selección de los informantes en las comunidades. Cierto es que los inmigrantes que viven en esas comunidades representan una población auto-seleccionada, pero el proceso de selección está más relacionado con su percepción de las oportunidades y condiciones económicas en sus lugares rurales de origen y los de la ciudad de México, y con su conocimiento de los beneficios y costos materiales relativos de la residencia en diferentes zonas de la ciudad que con cualquier conocimiento previo de las normas de actitudes y comportamiento en sus actuales comunidades de residencia.[7]

Modelos de influencia de la comunidad

Se han elaborado varias teorías y modelos para explicar la forma en que la comunidad de residencia llega a influir en el comportamiento. Una explicación, fundamentada en las teorías de grupo de referencia y de aprendizaje social, hace hincapié en los efectos directos, no amortiguados, del contexto, que son resultado de conformarse a ciertas normas percibidas en la comunidad. Según este modelo, la comunidad rodea a cada residente con cierta estructura normativa o clima de opinión, al igual que con presiones o sanciones que refuerzan las normas del grupo; las personas hacen suyas esas normas que les rodean en respuesta a las sanciones o a su reforzamiento por otros miembros de la comunidad (Orbell, 1970, p. 636; *cf*. J. F. Scott, 1971). En consecuencia, la sensibilidad individual a la influencia de la comunidad depende de la medida en que un determinado residente perciba la existencia de normas bien definidas en ella y de presiones de grupo para conformarse a dichas normas. La receptividad

[7] Otra forma de determinar si es en realidad la experiencia de vivir en cierta comunidad lo que influye en las actitudes y comportamiento de los residentes individuales implica estudiar a los individuos que han vivido en la comunidad durante diferentes periodos de tiempo. Si los efectos del marco reales fueran operativos, se esperaría que la mayor duración de la residencia en una comunidad orientada hacia la participación estuviese asociada con una mayor participación individual. La expectativa anterior es apoyada por los datos de la encuesta en la Colonia Nueva y la Colonia Periférico, las dos comunidades con mayor participación en mi estudio. De manera similar, Portes (1971b, p. 831) encontró que el radicalismo izquierdista entre los habitantes de los vecindarios pobres chilenos aumentaba al ser más prolongada la residencia en comunidades en que predominaban orientaciones políticas de izquierda radical.

individual a la influencia de la comunidad también podría variar según sea la visibilidad o "aceptación observada" de un determinado tipo de comportamiento. Por ejemplo, la participación en las actividades para resolver los problemas de la comunidad y las relaciones con funcionarios públicos como miembro de una delegación de residentes de la comunidad son actos muy visibles, y el residente de una comunidad en que tal participación es aprobada socialmente podría participar simplemente porque el no hacerlo así sería ponerse en evidencia. La participación debida a un deseo positivo de obtener estatus mediante el servicio a la comunidad también es congruente con este modelo de "conformidad normativa".

Una explicación alternativa de los mecanismos causales que operan, hace hincapié en la estructura y en la interacción sociales: la influencia de la comunidad se realiza a través de la red de relaciones sociales en que se encuentra el residente, incluyendo las relaciones con los líderes de la comunidad y con los amigos y familiares que residen cerca (Barton, 1970, pp. 226-227). De este modo, el grado en que el contexto de la comunidad afectará las actitudes y el comportamiento individuales depende de la exposición a la comunicación social dentro de la comunidad y de la frecuencia de la interacción del propio individuo —tanto formal como informal— con otros residentes. Este modelo de "interacción social" implica que las personas pueden ser influidas por el medio de su comunidad "incluso si no están motivadas a conformarse con las normas de la misma; en realidad, incluso si no se han dado cuenta de que existen esas normas" (Putnam, 1966, p. 641).[8]

Al hacer un análisis de contexto como el que aparece en el cuadro V.2, sobre los diferentes subgrupos dentro de la muestra total de informantes, uno obtiene una mejor visión de los procesos y mecanismos básicos a través de los cuales se manifiestan los efectos del contexto en las comunidades investigadas. Cuando se supone que los atributos individuales son constantes, la magnitud de los coeficientes de correlación parciales calculados para los diferentes subgrupos puede considerarse como una medida de su sensibilidad relativa al medio político de la comunidad (véase Tannenbaum y Bachman, 1964, p. 591; Sewell y Armer, 1966, p. 168). Nuevamente se han calculado las correlaciones parciales entre la participación política individual (la variable dependiente) y ciertas ca-

[8] Véase Young y Willmont, 1957, pp. 135-136. Para una explicación más detallada de estos diversos modelos de la influencia de la comunidad véase Barton, 1970, cap. 5; A. Campbell, 1958; Sherif, y Sherif, 1964. E. Campbell y Alexander, 1965; Cox. 1969, pp. 165-169. Davies, 1966, pp. 162-165; Mollenkopf, 1973, pp. 4-5, 10; Putnam, 1966; Robson, 1969, pp. 232-235, proporcionan apoyo empírico para el modelo de interacción social. El modelo que recalca la conformidad a las normas que se perciben en la comunidad tiene apoyo empírico en Barton, 1970, cap. 5; Flinn, 1970, y Sherif y Sherif, 1964.

racterísticas generales de la comunidad de residencia del individuo (niveles de participación política, conciencia cívica, y otras parecidas).

El cuadro V.3 muestra las relaciones entre las características de la comunidad y del individuo entre varios subgrupos, que se definen en términos de la forma en que los inmigrantes perciben y se orientan hacia la comunidad. Encontramos que quienes tienen un mayor sentido de identificación personal con la comunidad (integración psicológica con la comunidad), los que se consideran a sí mismos residentes permanentes, y los que están más dispuestos a conformarse a las normas de la comunidad, presentan una mayor sensibilidad al marco político local. Quienes perciben un alto nivel de preocupación por los problemas de la comunidad entre sus vecinos, quienes consideran a la mayoría de sus vecinos como seguidores de un solo partido político, y quienes perciben el alto nivel de cohesión de la comunidad, también son influidos más fuertemente por el contexto de ésta. Este descubrimiento coincide con las predicciones del modelo de influencia de la comunidad que se fundamenta en la conformidad a las normas, el cual hace hincapié en el apego psicológico a la comunidad, el conocimiento de las normas de la comunidad y la sensibilidad ante las presiones para conformarse.

El efecto de la interacción social dentro de la comunidad sobre la sensibilidad al marco político local es ejemplificado por los hallazgos que se muestran en el cuadro V.4. El comportamiento político de los inmigrantes que tienen mayor nivel de integración social en su comunidad está poderosamente influido por las características de ésta. Concretamente, aquellos cuya interacción con parientes o amigos íntimos está limitada principalmente a su comunidad de residencia, los que participan en asociaciones voluntarias dentro de su comunidad, y los que discuten con frecuencia problemas locales con otros residentes de ésta, son más sensibles a sus influencias.

Varios estudios han demostrado que con frecuencia los líderes locales sirven como canalizadores importantes de la influencia de la comunidad (Eisenstadt, 1965, pp. 323-337; Frey y Roos, 1967, pp. 26 *ss.*; Jacob *et al.*, 1972). Los líderes en varias de las comunidades incluidas en este estudio han desempeñado un papel principal en el establecimiento de normas locales de comportamiento y actitudes (véase el capítulo VI). Por lo anterior, podríamos hacer la hipótesis de que aquellos migrantes en las comunidades investigadas que perciben una estructura de jefatura bien definida dentro de su comunidad y los que están orientados positivamente hacia sus líderes locales, estarán más expuestos a los patrones vigentes en la comunidad para la actividad política y serán más sensibles a esos patrones. Y los datos del cuadro V.4 sugieren fuertemente que los líderes locales trasmiten, de hecho, las normas de la comunidad.

Cuadro V.3. *Correlaciones de las variables del contexto de la comunidad con la participación política individual entre los subgrupos de inmigrantes, I*

Características del subgrupo [a]	Correlación				
	r_1	r_2	r_3	r_4	r_5
Integración psicológica con la comunidad					
Baja (*N*=386)	.300	.252	.163	.137	.179
Alta (*N*=276)	.328	.292	.263	.258	.183
Percepción de la preocupación general en la comunidad por los problemas de la misma					
Baja (*N*=198)	.174	.109'	—.022'	.020'	.075'
Alta (*N*= 466)	.420	.394	.346	.295	.300
Percepción del predominio de un partido en la comunidad de residencia					
Sí (*N*=442)	.410	.377	.326	.266	.294
No (*N*=220)	.269	.248	.216	.250	.221
Percepción de la solidaridad entre los residentes de la comunidad					
Baja (*N*=82)	.311	.038'	—.092'	.019'	.165'
Alta (*N*=582)	.403	.374	.321	.273	.275
Disposición a conformarse a las normas de la comunidad					
Baja(*N*=299)	.261	.214	—	.115	.166
Alta (*N*=365)	.449	.417	—	.352	.301
¿Tiene intención de abandonar a la comunidad?					
Sí (*N*=77)	—.116'	.023'	.098'	—.035'	.015'
No (*N*=589)	.417	.360	.295	.273	.274

Nota: Las correlaciones que se muestran en los cuadros V.3 a V.5 representan correlaciones parciales del quinto orden de las mismas variables del contexto de la comunidad empleadas en el análisis que se hizo en el cuadro V.2 con la participación política individual, controlando los efectos de las mismas variables de control utilizadas en el cuadro V.2. El análisis difiere sólo en la composición de la muestra sobre la cual se hizo. Las correlaciones r_1 relacionan el nivel general de participación política en la comunidad de residencia del informante, con la frecuencia de su propia participación política. Las correlaciones r_2 relacionan el grado de conciencia cívica en la comunidad de residencia, con la participación política indvidual. Las correlaciones r_3 relacionan la disposición general a conformarse a las normas de la comunidad de residencia, con la participación política individual. Las correlaciones r_4 relacionan la percepción de las amenazas externas en la comunidad de residencia con la participación política individual. Las correlaciones r_5 relacionan la intensidad de la orientación hacia el esfuerzo propio en la comunidad de residencia con la participación política individual. Las correlaciones con el apóstrofo (') no son significativas estadísticamente al nivel de .05 o más.

[a] Véase el apéndice C para el contenido de los índices utilizados para medir las características de los subgrupos.

Los resultados que se muestran en los cuadros V.3 y V.4 indican que los mecanismos causales especificados tanto por el modelo de conformidad a las normas como por el de la interacción social de la influencia de

CUADRO V.4. *Correlaciones de las variables del contexto de la comunidad, con la participación política individual entre los subgrupos de inmigrantes, II*

Características del subgrupo	Correlación				
	r_1	r_2	r_3	r_4	r_5
Integración social en la comunidad					
Baja (*N*=397)	.304	.288	.228	.165	.228
Alta (*N*=264)	.487	.409	.332	.388	.270
¿Discute los problemas de la comunidad con otros residentes?					
Con poca frecuencia (*N*=532)	.363	.320	.235	.222	.243
Frecuentemente (*N*=132)	.475	.423	.404	.344	.275
¿Tiene amigos íntimos en la misma comunidad?					
No (*N*=360)	.362	.359	.287	.213	.285
Sí (*N*=304)	.415	.320	.298	.326	.201
¿Tiene parientes cercanos en la comunidad?					
No (*N*=503)	.364	.343	.270	.245	.253
Sí (*N*=162)	.461	.360	.323	.312	.265
¿Participa en organizaciones cuyo fin es mejorar la comunidad?					
No (*N*=411)	.129	.153	.098	.089	.110
Sí (*N*=253)	.466	.406	.386	.329	.284
Conciencia de jefatura en la comunidad					
Baja (*N*=319)	.040'	—.015'	—.039'	—.130	—.021'
Alta (*N*=345)	.348	.296	.269	.255	.229
Evaluación de la jefatura de la comunidad					
Negativa (*N*=282)	.260	.184	.103	.018'	.127
Positiva (*N*=382)	.374	.342	.310	.295	.248

NOTA: Para las explicaciones sobre las correlaciones y los apóstrofos, véase la nota del cuadro V.3.

la comunidad son importantes para explicar por qué se relacionan las características de una comunidad con el comportamiento político individual. En gran medida, la influencia política local se trasmite a través de redes de interacción social informales y de la estructura organizativa formal dentro de la comunidad. Sin embargo, también parece ser importante en la determinación del comportamiento individual el conocimiento de las normas de la comunidad y de la conformidad motivada a las mismas. Sin duda, hay importantes interrelaciones entre esos dos mecanismos, con altos niveles de interacción social fortaleciendo la percepción de las normas de la comunidad y de las presiones para conformarse a esas normas. De este modo, los dos modelos ofrecen explicaciones complementarias, en vez de alternativas, de la trasmisión de la influencia política de la comunidad.

Es instructivo comparar los resultados de mi encuesta en la ciudad de México con los de estudios en las vecindades suburbanas de los Estados Unidos. Aparentemente las comunidades suburbanas no han ejercido mucha influencia sobre las actitudes y el comportamiento político de sus residentes. Más específicamente, la investigación llevada a cabo hasta ahora indica que el clima de opinión suburbano no ha desempeñado un papel importante en la determinación de las preferencias del individuo en las votaciones, las actitudes hacia el gobierno local, o las opiniones sobre ciertos asuntos públicos (véase C. Bell, 1969; Hensler, 1973). Estos resultados negativos pueden ser atribuibles en parte a la poca estabilidad de la residencia en muchas zonas suburbanas; pero quizás una explicación más importante estriba en el hecho de que los residentes de los suburbios en los Estados Unidos probablemente tendrán una amplia gama de relaciones e intereses sociales afuera de sus zonas de residencia. Para esas personas el lugar de residencia es "una comunidad de compromisos limitados" que se distingue por la participación parcial o incompleta de la mayoría de los residentes en la vida de la comunidad (Janowitz, 1952, *cf.* Verba y Nie, 1972, pp. 231 *ss.*). La zona residencial sólo es el lugar de unas pocas de las actividades sociales, económicas y políticas básicas en que participan los residentes de los suburbios. Es razonable esperar que esas personas sean menos susceptibles a los efectos del contexto de la comunidad que los pobres urbanos, cuyos contactos organizativos y sociales se limitan en gran parte a su ambiente residencial inmediato (Cox, 1969; Segal y Wildstrom, 1970; M. Fried, 1973, pp. 86, 94-120).

La susceptibilidad individual a los efectos de la comunidad

Gran parte de la investigación sobre la comunicación política y los cambios de actitud sugiere que la sensibilidad a los estímulos políticos en el ambiente social propio del individuo varía considerablemente según ciertas características individuales sociodemográficas y psicológicas (véase Cox, 1969, pp. 160 *ss.*). Para identificar algunas de esas variaciones individua-

CUADRO V.5. *Correlaciones de las variables de contexto de la comunidad, con la participación política individual entre los subgrupos de residentes inmigrantes y nacidos en la ciudad*

Características del subgrupo	Correlación				
	r_1	r_2	r_3	r_4	r_5
Duración de la residencia en la ciudad de México					
Menos de 5 años AN=110)	.593	.557	.572	.419	.503
5-9 años (*N*=155)	.543	.538	.493	.391	.429
10 o más años, pero no toda la vida (*N*=392)	.280	.226	.106	.177	.142
Se trasladó a la ciudad después de los 15 años[a] (*N*=678)	.396	.355	.295	.267	.262
Nació en la ciudad (*N*=260)	.348	.252	.190	.215	.160
Edad del informante					
Menos de 35 años (*N*=266)	.490	.462	.448	.377	.328
35 años o más (*N*=398)	.325	.281	.185	.189	.223
El informante es:					
Padre inmigrante (*N*=174)	.395	.345	.291	.253	.252
Hijo mayor de padre inmigrante (*N*=182)	.382	.473	.304	.487	.357
Confianza en otras personas					
Baja (*N*=491)	.392	.354	.265	.245	.260
Alta (=174)	.424	.324	.381	.310	.293
Disposición a trabajar colectivamente					
Baja (*N*=318)	—.042'	—.004'	—.011'	.009'	.019
Alta (*N*=347)	.359	.295	.250	.186	.246
Religiosidad					
Baja (*N*=398)	.326	.308	.213	.207	.207
Alta (*N*=266)	.477	.417	.415	.383	.374
Exposición a las tensiones colectivas					
Baja (*N*=317)	.062'	.084'	.035'	—.003'	.093
Alta (*N*=348)	.359	.295	.250	.265	.246
¿Empleado en una empresa grande?					
No (*N*=383)	.337	.306	.255	.204	.242
Sí (*N*=281)	.473	.424	.371	.344	.308

NOTA: Para la explicación de las correlaciones y apóstrofos véase la nota del cuadro V.3.

[a] Todos los jefes de familia inmigrantes de mi muestra, independientemente de la duración de la residencia urbana.

les entre mis informantes de la ciudad de México, examinaré de nuevo la intensidad de las relaciones entre la participación política y aspectos del contexto político de la comunidad, midiendo esas relaciones por separado dentro de los subgrupos de informantes.

En el cuadro V.5 se divide la muestra total de informantes en la encuesta (esto es, incluyendo los inmigrantes y los nacidos en la ciudad) en cinco subgrupos definidos por la duración de su residencia en la zona metropolitana de la ciudad de México. Encontramos que los inmigrantes en general —y los que llegaron más recientemente a la ciudad en particular— presentan una mayor sensibilidad al contexto político de la comunidad que los residentes nacidos en ella. Esas diferencias se explican en vista de lo que se sabe de los mecanismos de ajuste psicológico entre las poblaciones inmigrantes (véase Brody, 1970; Morse, 1971; I, pp. 30-36; Nelson, 1974, cap. 3). Se ha reconocido durante mucho tiempo que la emigración de un ambiente rural a uno urbano crea fuertes tensiones de ajuste entre quienes emigran, en especial si se considera que el traslado será permanente. Aunque la mayoría de los emigrantes rurales a la ciudad de México (y a otras ciudades de América Latina) parecen resolver satisfactoriamente la tensión emocional, algunos podrían desarrollar una gran sensibilidad a las normas políticas de la comunidad porque procuran integrarse de una manera más completa a su nuevo medio.

Las observaciones de Eisenstadt (1965, p. 317) sobre la necesidad que sienten los inmigrantes internacionales de establecer relaciones con personas en sus comunidades huéspedes, parecen importantes en este respecto: "El individuo siente que se enfrenta a un comportamiento indefinido, desconocido de otras personas y no está seguro de establecer relaciones estables con ellos... esta ansiedad está estrechamente relacionada con el miedo de no lograr, o de perder, su lugar en la colectividad o en la sociedad más amplia de que es miembro." En tanto persista su incertidumbre sobre su posición en la comunidad, puede esperarse que el inmigrante se oriente más hacia la comunidad local como grupo de referencia, tanto porque carece del conocimiento del comportamiento adecuado dentro del nuevo medio, como porque desea obtener la aceptación social de sus vecinos. Además, es menos probable que el recién llegado a la ciudad tenga relaciones personales con la estructura de poder de la comunidad que controla la asignación de los varios beneficios proporcionados por el gobierno entre los residentes. Esto podría hacer que observara a la comunidad política de la colonia como algo de lo cual hay que aprender y conocer, si quiere obtener lo que desea de los líderes locales.

También es probable que la receptividad individual a la influencia de la comunidad varíe con las diferentes etapas del ciclo vital (Michelson, 1970, pp. 95-110; Orbell y Uno, 1972, pp. 485-486; Suttles, 1972, p. 37). Puesto que varias de las comunidades incluidas en este estudio son de origen relativamente reciente, las personas más viejas que residen en ellas no difieren apreciablemente de los vecinos más jóvenes en la duración de su exposición al contexto político de la comunidad. Sin embargo, la teoría de la socialización nos haría esperar que los residentes más viejos sean, exclusivamente debido a su edad, relativamente menos capaces de aprendizaje político "nuevo" que sus compañeros más jóvenes. Esto parece cierto de los inmigrantes que residen en las comunidades investigadas. Cuando se supone que permanecen constantes los efectos de la posición socioeconómica, de la duración de la residencia en la ciudad y de las orientaciones políticas individuales, los menores de 35 años presentan una susceptibilidad mucho mayor a la influencia de la comunidad, como ocurre con la muestra de hijos mayores de los inmigrantes de primera generación a la ciudad (véase el cuadro V.5). Esta diferencia es particularmente interesante en vista de ciertas teorías convencionales, que predicen que en la época de su vida en que la persona joven aún está empleada pero soltera, la comunidad local podría ser la influencia más débil sobre sus actitudes y comportamiento (Di Palma, 1970, p. 126; Mann, 1970, pp. 575-576). Una mayoría de quienes integran la submuestra de hijos mayores son en realidad adultos jóvenes, solteros que están empleados fuera de su comunidad de residencia; sin embargo, parece que son sensibles a las normas políticas locales.

En varios estudios hechos en los Estados Unidos se ha encontrado que la orientación religiosa es un importante factor que influye en la susceptibilidad del individuo a la influencia política de la comunidad (Foladare, 1968; Putnam, 1966, p. 648; Segal y Meyer, 1969, p. 228). Y en el cuadro V.5 vemos que los inmigrantes que presentan el mayor grado de religiosidad (tal como se midió en el índice 104, apéndice C) también son más sensibles a su medio político local. Se ha planteado la hipótesis de que un grado considerable de religiosidad ayuda a promover la confianza entre las personas, lo que a su vez puede predisponer a los residentes de las comunidades urbanas humildes a ciertas formas de participación política (Behrman, 1971, 1972; Lutz, 1970, p. 137). Sin embargo, tengo la sospecha de que las diferencias observadas en mi muestra pueden atribuirse en gran medida al hecho de que la asistencia frecuente a la iglesia —que casi siempre está dentro de la comunidad local o en una iglesia cercana frecuentada por los vecinos— simplemente aumenta los contactos del inmigrante con otros residentes de su comunidad.

Finalmente, se puede plantear la hipótesis de que ciertas orientaciones en las actitudes básicas y en las experiencias socializadoras aumentarán la susceptibilidad de un individuo a la influencia de la comunidad predisponiéndolo a la cooperación política con sus vecinos. Podría esperarse que quienes tienen una mayor confianza en otros y una orientación colectiva hacia la solución de problemas sean más susceptibles. De manera parecida, el contacto con varios tipos de tensión colectiva —invasiones de terrenos, intentos de desalojo por las autoridades, o desastres naturales—

aumentarán la receptividad de la persona a la influencia de la comunidad. También puede contribuir la socialización en el empleo: se ha presentado la hipótesis de que el empleo en empresas grandes (en especial fábricas y empresas de la construcción) predispone a los individuos a la cooperación política con sus compañeros de trabajo y vecinos (B. Roberts, 1970a, pp. 368-369; Inkeles, 1969; Inkeles y Smith, 1974). Los datos que se muestran en el cuadro V.5 dan apoyo a todas esas hipótesis. Los inmigrantes caracterizados por un alto nivel de confianza interpersonal, una gran disposición a trabajar colectivamente para satisfacer las necesidades, una mayor exposición a las situaciones de tensión colectivas, o por el empleo en empresas grandes parecen, efectivamente, mostrar una mayor sensibilidad al contexto político de la comunidad.

Características de la comunidad y desarrollo de las normas de participación

Hasta ahora nos hemos ocupado de identificar los principales procesos a través de los cuales las normas de la comunidad para el comportamiento participante son adoptadas por los inmigrantes, y de cómo csa adopción puede scr afectada por atributos o experiencias personales. Ciertamente, un individuo podría tornarse activo políticamente en respuesta a ciertos estímulos de su ambiente residencial inmediato. Pero esto no explica por qué razón las normas locales relativas a la participación varían en las diferentes comunidades. Específicamente, no explica por qué las normas que favorecen la participación política se desarrollan en una comunidad y no en otra. Si algunas comunidades son más eficientes que otras para socializar a sus residentes hacia la participación política, deben tener algún conjunto de características que sean particularmente propicias al desarrollo de normas de participación. Las más importantes de esas características, tal como lo mostró mi propia investigación y las de otros estudiosos de las comunidades urbanas de bajos ingresos, son las siguientes:

Tamaño y densidad de la población: Tal como lo han reconocido los planificadores urbanos y los estudiosos del comportamiento colectivo en las zonas urbanas desde hace mucho tiempo, "El espacio físico que los vecinos ocupan es inversamente proporcional a la posibilidad de interacción" entre ellos (Schorr, 1970, p. 720; *cf.* Festinger *et al.*, 1950; Michelson, 1970, pp. 168-190). Los estudios hechos en varias comunidades urbanas de bajos ingresos en Hispanoamérica han encontrado que "la pequeñez probablemente favorece un sentido de comunidad e identificación, comunicación e interés comunal dentro de un asentamiento y reduce los problemas del asentamiento a proporciones más fáciles de manejar" (Lutz, 1970, p. 118; *cf.* B. Roberts, 1970a, p. 365). Los líderes locales pueden movilizar con más facilidad una comunidad pequeña, densamente poblada como la Colonia Nueva para la acción política colectiva y los proyectos de esfuerzo propio. El control social y las presiones para conformarse con frecuencia son más fuertes en las comunidades más pequeñas, debido al mayor número de oportunidades que éstas ofrecen para la interacción social y el escrutinio del comportamiento de los vecinos (véase Mann, 1970, p. 580; J. Roberts y Gregor, 1971; Rogler, 1967, pp. 521-527; Ross, 1973b, p. 184). En las comunidades pequeñas con tradición de actividades políticas cooperativas, el abstenerse de participar en esa actividad podría ser considerado una forma de comportamiento aberrante. En general, la pequeñez propicia y facilita la amplia participación en los esfuerzos por resolver los problemas de la comunidad.[9]

Homogeneidad socioeconómica. El tamaño de la comunidad también es importante, ya que tiende a una intensa correlación con la diferenciación socioeconómica interna. Tal como ha observado Anthony Leeds (1969, p. 78) en Río de Janeiro y Lima, cuanto mayor sea un asentamiento precario, "tanto más diversificados serán los tipos de los grupos sociales, agregados y asociaciones, y cuantos más de éstos haya, mayores serán las diferencias absolutas y relativas". Los estudios de comunidades urbanas en los Estados Unidos (Bleiker, 1972; Foladare, 1968, p. 525; Gans, 1961a, pp. 136-137; Milbrath, 1965, p. 131, Tomeh, 1969), la América Latina (Calderón, 1963, pp. 162-163; Dietz, 1973; MacEwen, 1971; Vanderschueren, 1973, p. 277), y la Unión Soviética (Frolic, 1970, p. 683) han demostrado la importancia de la homogeneidad socioeconómica en el desarrollo de la cohesión de la comunidad y en el del *ethos* participatorio político. Al haber homogeneidad hay más interacción social y comunicación dentro de una comunidad y es más fácil el reconocimiento de los intereses mutuos.

La Colonia Unidad Popular, en México, es un ejemplo de la situación contraria. La gran heterogeneidad de posición social de sus residentes ha retrasado el reconocimiento de los intereses comunes, hasta el grado que los residentes de mayores ingresos se ocupan de efectuar negociaciones para cerrar el basurero adyacente, que es la principal fuente de ingresos de los humildes "pepenadores" a quienes debía, supuestamente, proporcionar viviendas el proyecto en un principio (*cf.* Quijano, 1972, pp. 99-100; Butterworth, 1974). La presencia de un número considerable

[9] Las investigaciones sobre la participación política en los Estados Unidos también parecen indicar que el individuo que vive en una comunidad pequeña, aislada, tiene mayores probabilidades de participar en actividades políticas relacionadas con la comunidad que un individuo de características sociales similares que vive en una zona más extensa (Verba y Nie, 1972, cap. 14). Pruebas de lo anterior en estudios internacionales se presentan en Nie *et al.*, 1969, e Inkeles, 1969.

de residentes de clase media en una comunidad predominantemente humilde podría también producir conflictos sobre la guía y las estrategias para presentar demandas al gobierno; no obstante, el contar con algunos líderes de posición elevada podría incrementar considerablemente las posibilidades de que la comunidad reciba ayuda del gobierno para el desarrollo (véase Fagen y Tuohy, 1972, p. 36; Butterworth, 1973, y el estudio del caso de la Colonia Militar en el capítulo VII).

Estabilidad de la residencia. Una alta tasa de ingresos y egresos de la comunidad no sólo obstaculiza la formación de normas de participación, sino que también desintegra las redes de comunicación e interacción necesarias para mantener esas normas (McKenzie, 1972, p. 43; B. Roberts, 1970a, pp. 349-350, 372-373; Savitch, 1972, p. 25). La cohesión de la comunidad y las normas de participación también se debilitan por el traslado hacia la comunidad de un gran número de personas que no han compartido experiencias políticas importantes en las etapas iniciales del desarrollo de una comunidad, como la invasión original de terrenos que creó la colonia (Maruska, 1972, p. 24; Goldrich, 1970). Estos cambios en los habitantes parecen ser una de las razones más importantes de la baja incidencia actual de la actividad cooperativa en antiguos asentamientos precarios, como la Colonia Militar.

Diferenciación espacial. La integración física de una vecindad en un complejo metropolitano puede tener importantes implicaciones para el desarrollo de las normas de la comunidad, puesto que el grado de separación geográfica de la comunidad en relación con otros sectores de la ciudad influye en la forma en que los residentes perciben la comunidad como una entidad distinta, con la cual pueden identificarse (T. Lee, 1968; Verba y Nie, 1972, pp. 243-246). Está claro que los residentes de una comunidad muy compacta, como la Colonia Nueva (que está limitada en tres de sus lados por un alto muro de piedra, un acantilado y un grupo denso de árboles) tienen más probabilidades de crear conciencia de la diferencia de su comunidad, que los residentes de una comunidad como la Colonia Texcoco, cuyo sistema de calles se confunde en todas partes con el de las colonias adyacentes y cuyos límites sólo están marcados por dos señales poco visibles en la calle. También es cierto que a los líderes y a las juntas de mejoras les es más fácil representar a los residentes de una comunidad que tiene límites territoriales bien definidos (Lutz, 1970, p. 120; Peattie, 1968, p. 54).

Origen. Con frecuencia las condiciones en que se creó una comunidad se encuentran entre los determinantes más importantes de su desarrollo posterior y de la estructura normativa que podría surgir en ella. La creación de una comunidad mediante la invasión de terrenos —ya se inicie espontáneamente o en forma organizada— puede ser una experiencia de importancia primordial para unificar y politizar a los residentes (*cf.* Mangin, 1970, p. xxxiii). Esto es especialmente cierto si la invasión inicial de los terrenos va seguida por repetidos intentos de desalojo por parte del gobierno o los terratenientes privados, como ocurrió en la Colonia Nueva.[10] La participación en la invasión y en la defensa del asentamiento al que se pertenece parecen ser muy importantes para el desarrollo de una orientación colectiva hacia la solución de problemas entre los precaristas. Este tipo de preferencia generalizada por soluciones que se procuran conseguir en forma colectiva, en vez de individualmente, es rara entre los campesinos en el México rural (véase Díaz, 1966, pp. 108-137); Lozier, 1971; G. Foster, 1967, pp. 122-152; Núñez, 1963; Torres Trueba, 1969), a pesar de la tradición de trabajo comunal en algunas comunidades rurales (D. Foster, 1971). Los orígenes ilegales de los asentamientos precarios y de los fraccionamientos comerciales no autorizados también definen sus relaciones con los organismos políticos y gubernamentales por muchos años en lo futuro, y crean un importante problema para la comunidad —la inseguridad en la tenencia de la tierra— en el cual se pueden concentrar las acciones políticas cooperativas de los residentes. Esas condiciones son menos importantes para la movilización política en los asentamientos cuyo crecimiento ha sido gradual y a los cuales no se han opuesto los terratenientes o el gobierno (por ejemplo, la Colonia Periférico).

Relaciones con los personajes autoritarios supralocales. Como ha observado Suttles (1972, p. 51), "las vecindades parecen adquirir su identidad mediante los diálogos que se sostienen entre ellas y las personas de fuera". Para los tipos de comunidades incluidos en este estudio, las personas de afuera más importantes son los funcionarios gubernamentales, los políticos y otros personajes autoritarios que controlan recursos necesarios para el desarrollo de la comunidad. Esos personajes políticos supralocales pueden influir en las orientaciones de la comunidad hacia la actividad política de varias maneras, pero en particular mediante los intentos de desalojo y otras sanciones negativas que se podrían imponer a una comunidad como consecuencia de su origen ilegal. Esas sanciones negativas tienden a tener un efecto integrador en la comunidad. La vieja máxima

[10] Por tanto, debo contradecir el argumento ampliamente citado de Goldrich, Pratt y Schuller (1970, pp. 198-201), en el sentido de que los intentos por desalojar a los precaristas y otras sanciones impuestas por el gobierno después de una invasión probablemente reducirán la politización de los residentes del asentamiento afectado. Maruska (1972, p. 24), sobre la base de una investigación de campo en los mismos asentamientos "sancionados" y supuestamente "despolitizados" estudiados por Goldrich *et al.*, pone en duda las interpretaciones de estos últimos, y encuentra que las divisiones y engaños perpetrados por los partidos políticos son una explicación más plausible de la baja politización en el asentamiento. Otro estudio basado en los mismos datos de Goldrich (Lindenberg 1970) también concluye que la asociación entre sanciones negativas y la despolitización depende de varios factores, entre los cuales está la gravedad de las sanciones y la duración de su aplicación.

sociopsicológica de "hostilidad hacia afuera del grupo, solidaridad dentro de él" (Becker, 1963) parece tener aquí importancia considerable:

> Sin experimentar y resistir una hostilidad de fuera de la comunidad, es poco probable que surja la solidaridad dentro del grupo; sin solidaridad dentro del grupo, no es posible la acción colectiva efectiva; sin ésta, no hay oportunidad de progreso acelerado... Una invasión de terrenos es una acción ilegal y peligrosa; precisamente porque es ilegal y peligrosa puede dar origen a procesos sociales lo bastante poderosos para formar comunidades entre las multitudes... en general, cuanto más difícil y obstaculizada sea la invasión inicial, más fuerte y más duradera será la cohesión resultante entre los participantes y mayor será su capacidad de acción colectiva (Portes, 1971a, p. 243).

La mera posibilidad de que las sanciones negativas serán mencionadas por las autoridades gubernamentales o por otras personas poderosas que no pertenecen a la comunidad podría ser motivo suficiente para conformarse a las normas de ésta. Los estudios sobre actitudes en la Europa occidental han demostrado que "las crecientes amenazas a los valores del grupo producirán una mayor tendencia a conformarse a las políticas comunes del grupo, mayor presión sobre otros residentes para que se adapten y un creciente rechazo a quienes no sigan la política del grupo" (Aubert, Fisher y Rokkan, 1954, p. 27; *cf.* Rokkan, 1955, p. 594). Los datos que se muestran en el cuadro V.6 indican que los inmigrantes de las comunidades investigadas que perciben una considerable amenaza externa están más dispuestos al comportamiento conformista en general y a conformarse a las normas de la comunidad en particular. El análisis por comunidad indica que esta relación es más fuerte entre los residentes de la Colonia Nueva, cuya experiencia con los intentos de desalojo por la policía y los terratenientes locales ha sido muy traumática.[11]

Las respuestas de los funcionarios del gobierno a las solicitudes de los residentes de la comunidad también pueden ser decisivas para fortalecer las normas de participación dentro de ésta. Los resultados positivos o negativos de la presentación de demandas influyen en la forma en que los

[11] Se ha hablado de pruebas de la importancia de la percepción de amenazas externas en el desarrollo de la cohesión de la comunidad y la movilización política en las vecindades de bajos ingresos, en el trabajo de muchos investigadores. En relación con las comunidades urbanas de la América Latina, véase Butterworth, 1973; Michl, 1973, p. 160; Morse, 1965, p. 55; Ornelas, 1973; Portes, 1971a; Rogler, 1967, pp. 514-516; Marc Cross (1973b, pp. 194-195), ha informado de descubrimientos similares en los asentamientos precarios de Nairobi, Kenia. Mollenkopf (1973, pp. 1-4) también hace hincapié en la importancia de la amenaza externa —"intromisiones adversas y ampliamente percibidas del proceso de desarrollo urbano"— para la movilización política de las vecindades en las ciudades de los Estados Unidos. Véase también la discusión sobre el "modo de defensa" de la politización entre las poblaciones de bajos ingresos de la América Latina en Goldrich, 1965, pp. 367-368 y el análisis del comportamiento social en "vecindades en estado de defensa" dentro de las ciudades de los Estados Unidos en Suttles, 1972, pp. 34 ss. Un modelo teórico de los efectos del contexto de la comunidad que también hace hincapié en las reacciones de los residentes ante algunos estímulos amenazadores externos fue propuesto por A. Campbell, 1958, pp. 321-322.

residentes perciben las probabilidades de éxito en sus relaciones futuras con los funcionarios públicos. En la medida en que los intentos por influir han encontrado respuestas indiferentes o inadecuadas de las autoridades, será cada vez más difícil conservar la capacidad de acción política colectiva entre los residentes de la comunidad.[12] Como han observado con frecuencia los estudiosos de la organización de las comunidades ur-

CUADRO V.6. *Efecto de la percepción de amenazas externas sobre la disposición del inmigrante a un comportamiento conformista*

Conformidad	*Percepción de la amenaza externa* Baja	Alta
Disposición general hacia un comportamiento conformista		
Baja	66.5%	40.9%
Alta	33.5	59.1
Disposición a conformarse con las normas de la comunidad		
Baja	53.8	25.5
Alta	46.2	74.5

NOTA: Las diferencias entre las proporciones son significativas estadísticamente (por la prueba de chi cuadrada) al nivel de .001. Véase el apéndice C para el contenido de los índices utilizados para medir la percepción y la disposición.

banas en los Estados Unidos, el compromiso de participar políticamente sólo puede sostenerse largo tiempo entre los grupos de baja posición, si sus miembros tienen una esperanza razonable de que el gobierno reaccione favorablemente (Lipsky, 1970; Lipsky y Levi, 1972). Al comentar esos problemas en la medida en que afectan a las organizaciones para mejorar la comunidad, Lutz (1970, pp. 287, 292) observa que en Guayaquil, Ecuador, las organizaciones de precaristas han hecho que sus miembros entren en contacto con un sistema político "que es incapaz o no desea resolver sus solicitudes y demandas... por lo tanto, es lógico que los precaristas aprendan mediante la experiencia organizativa que son menos capaces de influir en el gobierno de lo que hubieran creído sin esa experiencia".

Entre las comunidades incluidas en este estudio, las experiencias de aprendizaje negativas habían reducido considerablemente la actividad política colectiva en la Colonia Texcoco, cuyos desanimados residentes

[12] Esta pauta coincide con una afirmación básica de la teoría social de aprendizaje: "Cuando un grupo social encuentra que la participación no produce recompensas, no la pondrá en vigencia como norma social y no les ofrecerá a sus miembros capacitación en la interacción social que estimula la participación" (S. M. Lipset, citado por Di Palma, 1970, p. 127).

habían sido engañados repetidas veces y finalmente abandonados tanto por el "fraccionador" comercial que había abierto la comunidad como por la mayoría de los gobiernos municipales y estatales que habían ejercido el poder durante las dos décadas que tenía de existir la colonia.

Guía de la comunidad. Ya he mencionado el papel clave que los líderes de la comunidad desempeñan en la creación y transmisión de las normas de la comunidad. En la medida en que las normas definidas por esos líderes recalcan la necesidad de una considerable participación de los residentes en los asuntos de la comunidad (como ocurre en la Colonia Nueva), la guía puede contribuir de manera significativa a desarrollar un clima de opinión local que favorece la participación en política. No obstante, los residentes pueden ser menos sensibles a esa guía, si está en duda la legitimidad de los líderes o si su desempeño en la obtención de beneficios materiales para la comunidad ha sido malo (Behrman, 1972, p. 279). Algunas comunidades de bajos ingresos observadas en la ciudad de México no han tenido jefes fuertes y de confianza, porque empezaron como invasiones de terrenos dirigidas por organizadores profesionales. Esos hombres, que con frecuencia son especuladores de terrenos o agentes ocultos de políticos o burócratas, por lo general no tienen interés permanente en los asentamientos que ayudan a formar; y su salida en las fases iniciales crea un vacío que con frecuencia es llenado por líderes que no son de la comunidad, elegidos por el gobierno o impuestos por éste.[13]

La aceptación por el gobierno de los líderes de los grupos de bajos ingresos es una táctica de control político muy eficaz y ampliamente utilizada en México (véase Anderson y Cockcroft, 1966; Eckstein, 1972a, 1973; Tuohy, 1973b, pp. 266 *ss.*). Muchos líderes de las colonias proletarias de la ciudad de México (incluyendo a los caciques descritos en el capítulo VI) se las arreglan para conservar cierto grado de autonomía en el manejo de los asuntos de la comunidad, pero no ocurre así con muchos otros. A medida que los líderes locales se hacen cada vez más dependientes de políticos y recursos externos, sus energías se desvían de la solución de los problemas de la comunidad hacia el control político y la movilización electoral en favor del régimen. Cuando los intereses y preocupaciones supralocales se convierten en la influencia dominante sobre las actividades de la comunidad, por lo general disminuye la participación de los residentes, y los líderes locales dejan de tener la función constructiva en el desarrollo de las normas de participación.

Organizaciones voluntarias. La presencia o ausencia de organizaciones voluntarias formales en la comunidad es otra característica estructural que

[13] Eckstein (1972a, 1973) encontró este fenómeno en un asentamiento precario de la ciudad de México. Collier, 1971, 1973; Lutz, 1967 y Ray 1969, pp. 42-43 informan de casos similares en otras ciudades latinoamericanas.

afecta las normas locales. Indirectamente, esas organizaciones pueden acelerar el proceso de socialización política entre los residentes de la comunidad facilitando la formación de redes de interacción social informales (*cf.* Litwak, 1970, p. 587). Si las organizaciones de base local se ocupan fundamentalmente de las necesidades y negociaciones de la comunidad con las autoridades para satisfacer aquéllas, pueden ejercer una influencia directa para la adopción de normas políticas entre sus miembros.[14]

División política y competencia interna. La fragmentación de una comunidad de bajos ingresos en facciones políticas rivales puede inhibir considerablemente el desarrollo de las normas de participación. En la ciudad de México ese faccionalismo por lo general surge de rivalidades personales entre los líderes de la comunidad que dirigen consejos locales o juntas de mejoras que compiten por el apoyo de los residentes. En otros países latinoamericanos en que la competencia entre los principales partidos políticos por los votos de la gente humilde de la ciudad ha sido con frecuencia muy intensa, la influencia divisoria de la actividad política de los partidos ha sido a menudo una de las principades causas del faccionalismo en las vecindades de bajos ingresos.[15] En algunas de las comunidades incluidas en mi investigación (por ejemplo, la Colonia Periférico) las divisiones y competencia internas no habían presentado obstáculos insuperables para el éxito de la acción colectiva en favor de la comunidad; pero la mayor parte de las pruebas indican que es una meta difícil de alcanzar en esas condiciones (*cf.* Butterworth, 1973; B. Roberts, 1973, cap. 5). Además, los costos personales de identificarse abiertamente con una de las facciones rivales en una comunidad pequeña —ostracismo social, sanciones económicas, o incluso represalias violentas— pueden ser tan grandes que se desarrolla un ambiente favorable a la no participación en los asuntos de la comunidad.

Problemas y necesidades del desarrollo. En la mayoría de las comunidades urbanas de bajos ingresos el principal estímulo para la participa-

[14] Se ha observado que la participación en organizaciones que procuran mejorar el nivel de la comunidad en las ciudades latinoamericanas tiene un efecto más bien selectivo sobre las actitudes y el comportamiento políticos. Como ocurre en este estudio, se ha encontrado que la participación en esas organizaciones va unida a una mayor participación en la presentación de solicitudes al gobierno y otras formas de actividad política; pero ha tenido poco efecto sobre el nivel de información, sensación de eficiencia, y otras dimensiones distintas del comportamiento o de las actitudes correlacionadas de la participación política. Véase Lutz, 1970; McKenney, 1969; Pratt, 1971a, 1971b. Véase también el capítulo VII.

[15] Las formas y consecuencias de la competencia política entre los partidos en las vecindades de bajos ingresos en las ciudades latinoamericanas han sido descritas por Collier, 1973; Lutz, 1970, pp. 124, 249 ss.; Peattie, 1968, pp. 56 ss.; S. Powell, 1969; Ray, 1969, cap. 7; B. Roberts, 1973, cap. 5; Rogler, 1967, pp. 520-521; Vanderschueren, 1973. Para un análisis detallado de los esfuerzos de instituciones y organismos nominalmente apolíticos para penetrar y controlar los asentamientos precarios en Lima, véase Rodríguez *et al.*, 1972.

ción política es un conjunto de problemas y necesidades relacionados con el desarrollo de la comunidad, a los que se debe hacer frente si se quiere mejorar de manera significativa las condiciones de vida en la vecindad. En las ciudades latinoamericanas, las vecindades en que hay inseguridad en la tenencia de los terrenos dan preferencia a la obtención de títulos oficialmente reconocidos sobre los mismos. Sigue en importancia la instalación de servicios básicos como agua entubada, sistema de drenaje y electricidad. Después de éstos pueden presentarse demandas para que se construyan escuelas, mercados públicos, centros de salud y otros servicios.[16] En tanto se carezca de esas mejoras, esta situación dará razones para la acción política colectiva, por medio de la cual se procura influir en la decisión de los organismos gubernamentales sobre la forma en que asignarán recursos. Pero una vez que se han resuelto los problemas más graves, la participación en las organizaciones de la comunidad y todas las demás formas de la actividad política cooperativa tienden a disminuir notoriamente. De este modo los menores niveles de participación se encuentran con frecuencia en las comunidades que han logrado los mayores niveles de seguridad en la tenencia y en el desarrollo urbano.[17]

En este estudio esa pauta está perfectamente ejemplificada por la Colonia Militar, en donde la Junta de Mejoras se desintegró un año después del reconocimiento oficial de los derechos sobre los terrenos y de la introducción de los servicios urbanos básicos. Otras necesidades de esta comunidad aún no se han satisfecho hoy en día —por ejemplo, los edificios escolares están muy deteriorados, y no hay ningún local para mercado público—, pero no se han hecho intentos por organizar a los residentes para resolver estos problemas. La mayoría de los residentes utilizan las escuelas y mercados de las colonias vecinas de altos ingresos. Esta situación ejemplifica una condición necesaria para el mantenimiento de las normas de participación en los tipos de comunidades que están bajo discusión aquí: debe existir una fuerte y continua necesidad de asistencia mutua y cooperación, que se derive de la presencia de un conjunto de problemas primordiales relacionados con la comunidad, a los cuales se les pueda hacer frente *más efectivamente* mediante la acción política colectiva.[18]

[16] Los programas para el desarrollo de la comunidad que establecieron para sí mismos los residentes de las comunidades investigadas se discuten en el capítulo VII.

[17] Esta es una pauta bien documentada en la América Latina. Véase en especial Butterworth, 1973, Dietz, 1974; Gauhan, 1974, pp. 38-39; Goldrich *et al.*, 1970, Lutz, 1970, p. 122; Portes, 1972, pp. 275-277.

[18] Por supuesto, otros factores podrían ser los causantes de cualquier disminución notoria en la participación comunitaria en el transcurso del tiempo. Por ejemplo, los líderes locales podrían dejar de ser efectivos, debido a que el gobierno es el que tiene la opción de reconocerlos (véase Eckstein, 1972a, 1973). En otros casos, el hecho de que los residentes de una comunidad de bajos ingresos se retiren de la actividad política abierta, podría reflejar cambios en la estructura de oportunidades

Por otra parte, la magnitud de los problemas de desarrollo de una comunidad no debe ser tan grande que los residentes se sientan incapaces de resolverlos. Deben considerar que su comunidad es capaz del desarrollo y elegible para recibir ayuda del gobierno en un momento no muy distante en lo futuro. De otra manera es probable que no la consideren más que como un asentamiento temporal, al cual se abandonará en la primera oportunidad; y no desearán invertir su tiempo ni recursos materiales en el desarrollo de la comunidad (véase Portes, 1971a, pp. 244-246). En esas condiciones, no es probable que se desarrolle una estructura normativa que apoye la actividad política colectiva.

Resumen

Las pruebas que se presentan en este capítulo y en los anteriores indican que hay una considerable variación entre las experiencias de aprendizaje político a que están expuestos los inmigrantes en la ciudad en diferentes zonas de la misma. Parece conveniente caracterizar a esas comunidades urbanas locales como agentes de la socialización política entre los emigrantes pobres. Sin embargo, para demostrar definitivamente que las comunidades funcionan de esta manera, sería necesario relacionar las características políticas de los ambientes de socialización residencial con las variaciones en los resultados en la socialización (actitudes y comportamientos políticos), como se hace en las investigaciones sobre la socialización de los adultos en los negocios, iglesias, burocracias y otras organizaciones formales (Brim, 1966; G. Miller y Wager, 1971; Wilken, 1971). Esto requerirá una aplicación más compleja del tipo de análisis contextual que se presentó antes, a un campo más amplio de contextos sociales que los incluidos en el presente estudio. El limitado número de comunidades que estudié en la ciudad de México no permite un análisis en que se puedan supervisar relaciones potencialmente falsas al nivel de la comunidad. Por ejemplo, no es posible con base en mis datos determinar si es el grado de civismo de una comunidad como tal lo que influye en la participación política individual, o si el agente causal es algún otro atributo de la comunidad que esté correlacionado con el grado de civismo (*cf.* Coleman, 1961, p. 610).

En un estudio reciente de la participación política en los Estados Unidos, Austria, la India, Japón y Nigeria, Sidney Verba y sus coautores propusieron varios modelos diferentes para explicar el proceso de politiza-

políticas en la ciudad o incluso en nivel nacional (por ejemplo, en Brasil después del golpe militar de 1964, o en Chile después del golpe de 1973), que hace inútil e incluso peligroso participar en esas actividades (véase E. Leeds, 1972; Portes y Walton, 1975, cap. 3).

ción. Los resultados presentados en este capítulo sugieren que la conceptualización más adecuada del proceso de politización entre las poblaciones urbanas de bajos ingresos en México y otros países latinoamericanos incorporará elementos de varios de esos modelos. Entre esos elementos estará el modelo de "conciencia de grupo" (que especifica que los individuos empiezan a participar en política "mediante el desarrollo de un sentido de conciencia de grupo por lo usual fundamentado en una sensación compartida de privación") y del modelo de "importancia personal del gobierno" (que predice que las personas participarán por "el conocimiento de la importancia que para ellos tienen ciertos programas gubernamentales... [que] influyen en sus vidas").[19]

La investigación de que se ocupa este capítulo indica la importancia de un factor adicional —esto es, la diferente *estructura de oportunidades* de las comunidades de residencia— para explicar el proceso de politización entre los grupos urbanos de bajos ingresos. Aquí me refiero al campo y frecuencia de las oportunidades para participar en política a que tienen acceso las personas, en virtud de su residencia en ciertas comunidades.[20] Los residentes de algunos tipos de comunidades de bajos ingresos, en particular los asentamientos precarios, están probablemente en mayor contacto con los esfuerzos para presentar demandas, organizarse y actuar de la comunidad que muchos residentes urbanos con mejor situación económica (*cf.* Lutz, 1970, p. 170). Ciertas características de esas comunidades —orígenes ilegales, falta de servicios, guía "que sepa movilizar", y otros— ofrecen incentivos y oportunidades para la participación política. Por supuesto, la edad, la posición socioeconómica, la sensación de eficiencia política, interés en la política y otras características personales podrían influir en la medida en que los individuos son capaces de aprovechar esas oportunidades y eligen hacerlo así. Pero la participación real no depende sólo de las actitudes individuales o de la posición social.[21]

[19] Verba, Nie y Kim, 1971, p. 62. Verba y sus coautores encontraron que el modelo de "conciencia de grupo" se asemeja más a los procesos por los cuales los negros de los Estados Unidos llegan a participar en campañas políticas y en la solución de problemas de la comunidad; véase Verba, Ahmed y Bhatt, 1971. Este modelo se basa en algunos supuestos teóricos, como la teoría del "entusiasmo colectivo" de Durkheim para la participación social; véase Pizzorno, 1970, pp. 47-48.

[20] La importancia de la estructura local de oportunidades políticas para explicar el comportamiento político ha sido subrayada por varios estudiosos de la política urbana en los Estados Unidos. Greer y Orleans (1962), basándose en investigaciones conducidas en la zona metropolitana de San Luis, descubrieron que la participación en organizaciones formales, el grado que se percibe de la propia capacidad política, y el nivel general de participación política varían ampliamente de un tipo de zona social dentro de la ciudad a otra. Explican esas diferencias principalmente por las variaciones en las estructuras de oportunidades disponibles para la participación entre las subcomunidades urbanas. Eisinger (1973, pp. 11-12) ha propuesto una explicación similar para las variaciones en la frecuencia del comportamiento de protesta entre las poblaciones urbanas en los Estados Unidos.

[21] Esta perspectiva coincide con la teoría del comportamiento, para resolver problemas en las

Entre una considerable proporción de la población de las comunidades de bajos ingresos de las ciudades del Tercer Mundo, es evidente que los bajos niveles de conocimiento político, las normas culturales que desalientan la participación política de los pobres, y la posición socioeconómica baja *per se* no han demostrado ser obstáculos insuperables para la participación política (véase M. Ross, 1973b, pp. 38-62). En realidad, las pruebas acumuladas por las investigaciones de campo en esas comunidades indican que si se les presenta la oportunidad suficiente para el aprendizaje político, junto con una fuerte jefatura y apoyo organizativo de la comunidad, los pobres urbanos podrían participar con más frecuencia que las personas que se encuentran en niveles considerablemente más altos de la jerarquía social. Estos resultados demuestran la necesidad de revaluar las explicaciones convencionales de la participación política, así como de prestar una mayor atención a la comunidad urbana local en el proceso de aprendizaje político.

vecindades propuesto por Orbell y Uno, comprobada con datos de los Estados Unidos. Sugieren que se debe considerar la participación política de un individuo como "una respuesta a las necesidades que experimentan en su ambiente (o al menos en su vecindad), tal como se dirige hacia algún organismo, generalmente el gobierno, que tiene poder para hacer algo al respecto" (Orbell y Uno, 1972, pp. 475-476). Las quejas por las "desviaciones debidas a preferencias personales" de gran parte de las investigaciones y teorías sobre la participación política han sido frecuentes, pero no se les ha prestado atención. Véase, por ejemplo, Alford y Scoble, 1968, pp. 1205-1206; Houlihan, 1970; Form y Huber, 1971, p. 687; Verba, 1971; Eckstein, 1972b.

VI. LA GUÍA DE LA COMUNIDAD

La perspectiva teórica que he utilizado en este estudio presta atención especial a las variables estructurales y circunstanciales en los asentamientos inmigrantes, que se puede esperar que influyan en el aprendizaje político del individuo. La guía de la comunidad es una de esas variables. Tal como empleo el término aquí, la guía es uno de los varios tipos de relaciones entre los fenómenos al nivel de la comunidad y al nivel individual que tiene importancia especial para explicar el efecto del marco residencial en las actitudes y comportamiento políticos.

La mayoría de los estudiosos de los asentamientos precarios y de otras vecindades de bajos ingresos en las ciudades latinoamericanas han quedado impresionados por la importancia de las diferencias en la guía al explicar las variaciones en la "trayectoria de desarrollo" de esas comunidades. La calidad de la guía parece estar muy estrechamente relacionada con las diferencias en los resultados obtenidos de la presentación de demandas, la duración del tiempo que se requiere para obtener varios objetivos del desarrollo, la calidad de las relaciones entre la comunidad y los organismos gubernamentales o políticos, y el nivel de organización política dentro de un asentamiento.[1] Es evidente que la guía efectiva puede incrementar significativamente la capacidad de las comunidades de bajos ingresos al manipular su ambiente económico, social y político. Además, algunos de los resultados que se mencionaron en el capítulo V indican que la guía puede ser causa importante de las variaciones en las actitudes y comportamiento individuales de los residentes de esas comunidades.

La finalidad de este capítulo es ejemplificar con mayor detalle algu-

[1] Véanse, por ejemplo, Lutz, 1970, p. 129; Perlman, 1971, pp. 399-403; B. Roberts, 1973, pp. 307-330. A pesar de la importancia obvia de la guía en las comunidades urbanas de bajos ingresos en Hispanoamérica y otras regiones en desarrollo, ha habido notoriamente poca investigación sistemática sobre el tema. Además de los estudios que acabamos de citar, véanse Havens y Flinn, 1970, pp. 93-107; Kaufman, 1970; M. Ross, 1973b, pp 169-179. Varios estudios han concentrado su atención en las asociaciones voluntarias (en particular para mejoras locales) en los asentamientos urbanos de bajos ingresos en la América Latina (Friedman, 1968; Lutz, 1970; Pratt, 1968, 1971a, 1971b; McKenney, 1969). Por desgracia, esos estudios no prestaron atención a la guía en dichas organizaciones, concentrándose en cambio en los atributos personales de los miembros y de quienes no lo eran, las consecuencias que tiene la participación en esas organizaciones sobre las actitudes y comportamiento y otros temas relacionados. La misma falta de atención específica a la guía ha caracterizado estudios más amplios de la vida social y política entre los pobres urbanos en los países latinoamericanos (véase, por ejemplo, Portes, 1971a, 1971b, 1971c, 1972). Los estudios que contienen alguna información específica sobre las características de los líderes dedican poca o ninguna atención a los aspectos *estructurales* de la guía —naturaleza de las relaciones entre los líderes y sus seguidores, relaciones entre los líderes y los personajes políticos supralocales, bases de la influencia de un líder dentro de la comunidad— que son de gran importancia para la evaluación de los efectos de la guía sobre las actitudes y comportamiento de los residentes de la comunidad.

nas de las formas en que los líderes locales influyen en las colonias proletarias de la ciudad de México y en sus habitantes.

La mayor parte tratará de un tipo especial de líder, el cacique urbano, que ha sido de especial importancia en cuatro de las comunidades investigadas. Empezaré con un breve estudio de los patrones de surgimiento del líder en las seis comunidades.

¿Quién se vuelve líder?

La identificación de los líderes en las comunidades investigadas fue uno de los primeros y más importantes pasos en mi investigación de campo. Primero, era necesario determinar si se podía contar con la cooperación de los líderes de cada comunidad para la investigación, o cuando menos con que no pusieron obstáculos insuperables. Además, la mayor parte de la historia de esas comunidades no se ha registrado y los líderes locales son una fuente esencial para obtener información sobre los antecedentes. A medida que entrevistaba y observaba a los principales líderes durante un periodo de varios meses, llegué a conocer gradualmente la importancia de su función en el desarrollo de la comunidad y el aprendizaje político de los residentes de las comunidades. En un esfuerzo por obtener datos más completos sobre la forma en que los residentes percibían y evaluaban a sus líderes, incluí en el cuestionario de mi encuesta varias preguntas que se referían a ellos. Las respuestas a esas preguntas fueron recopiladas continuamente a medida que se hacía la encuesta, de gran ayuda para identificar a todo el grupo de individuos que eran considerados como líderes de sus comunidades.[2]

El grupo de 67 personas influyentes identificadas mediante este enfoque basado en la reputación, 64 de las cuales habían sido entrevistadas cuando menos en una ocasión, incluía a todos los "principales" identificados previamente mediante entrevistas informales y observación participante; pero también había un número considerable de individuos menos visibles, integrado en especial por quienes habían desempeñado papeles conspicuos en las etapas iniciales del desarrollo de sus comunidades, pero que ya no ocupaban ninguna posición definida de jefatura.

Generalizando para las seis comunidades, los líderes suelen ser residentes antiguos de sus vecindades. En los tres asentamientos de precaristas, la mayoría de las personas consideradas influyentes en el momento del estudio habían tomado parte en la invasión inicial de los terrenos que

[2] Sólo una de las personas a quien los informantes identificaron como líder estaba incluido en la muestra aleatoria de la encuesta.

dio origen a la comunidad o se habían trasladado allí poco después. Una mayoría había emigrado a la ciudad de México desde comunidades rurales, aunque la proporción de inmigrantes de los líderes de la comunidad era más o menos la misma que entre la población general de cada comunidad. Sus edades variaban entre 18 (un estudiante de preparatoria) y 76 años (un oficial militar retirado), pero en promedio no difería significativamente de la edad media de los hombres jefes de familia entrevistados en cada comunidad. En todas las comunidades la guía estaba concentrada predominantemente entre los hombres. Sin embargo, el líder dominante de la Colonia Periférico era una mujer, y los dos principales líderes de la Colonia Nueva eran una pareja de esposos. (El esposo era el cacique, pero prefería que su atractiva esposa representara a la comunidad en las reuniones con autoridades de fuera de la comunidad.) En general, era poco probable que los líderes de la comunidad hubieran recibido educación superior a la usual, pero en cuestión de influencia las "excepciones" en este sentido eran con frecuencia importantes. Por ejemplo, los líderes dominantes femeninos de la Colonia Nueva y la Colonia Periférico apenas sabían leer y escribir, y habían asistido a la escuela sólo dos o tres años.

Los factores más obvios que diferenciaban a los líderes de quienes no lo eran consistían en su posición de empleo y ocupación (véase cuadro VI.1). Los profesionales, técnicos o semiprofesionales, y los pequeños comerciantes o vendedores estaban representados más que proporcionalmente entre los líderes en la época en que se hizo el estudio. La mayoría de esos individuos trabajan por cuenta propia, y cuentan con ingresos relativamente altos y estables (además de cualquier ingreso obtenido en virtud de su posición guía). Por tanto, están mejor equipados en tiempo y recursos para desempeñar las funciones de guías. Los comerciantes al menudeo, la mayoría de los cuales son propietarios y administradores de tiendas en las comunidades en que viven, tienen además la ventaja de una ocupación que les da frecuentes contactos personales con muchos residentes de la comunidad. Los líderes con ocupaciones de mayor categoría (profesionales o semiprofesionales) se concentraban en dos comunidades, Esfuerzo Propio y Colonia Militar. Otros asentamientos estaban dominados por personas con ocupaciones que iban desde acomodador en un estadio deportivo, operador de una tienda general y cantina, hasta administrador de un basurero. Las personas económicamente inactivas eran más numerosas entre los líderes que entre sus seguidores, pero en su mayoría eran amas de casa que ayudaban a los dos principales líderes femeninos en la Colonia Nueva y en la Colonia Periférico.

Como mis entrevistas con la mayoría de los líderes se concentraron en sus actividades durante el periodo de su residencia en las comunidades investigadas, se obtuvo poca información de sus actividades y experiencias anteriores. Por lo tanto, no es posible evaluar la importancia de esas experiencias en la creación de aptitudes o incentivos para ocupar la función de líder dentro de las comunidades. Sin embargo, el líder dominante —y cacique— de la Colonia Nueva se describió a sí mismo como un activista en la organización de trabajadores en su pueblo natal antes de emigrar, y por un tiempo trabajó como aprendiz de impresor —ambas ex-

CUADRO VI.1. *Principales ocupaciones de los líderes de la comunidad y de sus seguidores*

Ocupación	*Líderes (N=67)*	*Seguidores (N=935)*
Profesionales	11.3%	0.0%
Técnicos o semiprofesionales[a]	20.1	1.0
Trabajadores de oficina	5.0	4.8
Comerciante al menudeo o vendedor	23.3	9.2
Trabajador calificado o artesano	12.2	27.6
Trabajador no calificado	12.0	44.0
Vendedor ambulante	1.5	3.5
Otras ocupaciones	2.2	6.6
Económicamente inactivos[b]	12.4	3.3

NOTA: Los líderes incluyen a todos los individuos identificados por los entrevistados en la encuesta por muestreo o por observaciones participantes como "personas que tienen la mayor influencia" en las seis comunidades investigadas. Los seguidores incluyen a todos los jefes de familia (inmigrantes y nacidos en la ciudad) entrevistados en la encuesta por muestreo. No se incluyen los líderes y seguidores cuyas ocupaciones no eran seguras.

[a] Incluye profesores, contadores, periodistas y oficiales militares.

[b] Incluye amas de casa, estudiantes y personas retiradas, pero no a las desocupadas temporalmente.

periencias que le dieron considerable facilidad con la palabra escrita y hablada.

Las circunstancias que rodearon la creación de las comunidades de bajos ingresos y la forma en que evolucionan al transcurso del tiempo, parecen ser determinantes muy importantes para el reclutamiento de los líderes. Por ejemplo, los líderes iniciales de los tres asentamientos precarios incluidos en mi estudio habían obtenido preeminencia mientras organizaban las invasiones iniciales de los terrenos o ayudaban a defender a sus asentamientos de los intentos de desalojo que se presentaron inmediatamente después. En 1970 la mayoría de los "fundadores" de dos de esos asentamientos, la Colonia Periférico y la Colonia Militar, habían sido reemplazados como líderes por personas llegadas más recientemente. El cambio de jefes fue en particular notable en la Colonia Militar, donde un oficial militar y sus subordinados, que habían sido los promotores de la invasión de terrenos, fueron sucedidos por un grupo de oposición compuesto por profesionales de clase media que se trasladaron a la colonia después de que el peligro de desalojo por parte del gobierno aparentemente había desaparecido.

La guía en los dos proyectos de vivienda del gobierno incluidos en el estudio también refleja la forma en que se crearon las comunidades. El proyecto "convencional" de vivienda, la Unidad Popular, como había sido creado en un sitio que colindaba con el basurero municipal, cayó inmediatamente bajo la influencia del líder que administraba el basurero y que supervisaba el trabajo de cientos de "pepenadores" que trabajaban en él. El proyecto de sitio y servicio, la Colonia Esfuerzo Propio, había sido establecido y conservado como virtual feudo de un arquitecto empleado por el Distrito Federal. Él y sus ayudantes (ninguno de los cuales residía en la colonia, y todos ellos profesionales empleados por el gobierno) constituían la estructura de guía efectiva de la comunidad, y todos se oponían enérgicamente al surgimiento de cualquier líder u organización local. Su éxito en este respecto es ejemplificado claramente por las respuestas que dieron los residentes de la Colonia Esfuerzo Propio a la pregunta en que se les pedía que identificaran a los líderes de su comunidad: ninguno de los entrevistados pudo mencionar un solo líder que no fuera miembro del grupo de desarrollo del arquitecto.

El cacique como líder de la comunidad

Mi estudio de las seis comunidades investigadas, tanto en el momento de hacer la investigación de campo como en las etapas previstas de su desarrollo, me llevó a la conclusión de que en cualquier parte y en cualquier momento en que existieran líderes fuertes, presentarían probablemente las características de la jefatura asociadas tradicionalmente con el cacique rural en México. Este tipo especial de liderazgo fue encontrado en el momento de la investigación de campo en la Colonia Nueva y en la Colonia Periférico, y descubrí que también había existido en la Colonia Militar en una etapa previa del asentamiento. Líderes que manifestaban algunos de los rasgos del cacique también eran prominentes, en el momento de la investigación de campo, en la Colonia Texcoco y la Unidad Popular. Mis observaciones de varias vecindades de bajos ingresos que colindaban con la del estudio, visitas personales a muchas otras colonias esparcidas por la zona metropolitana de México y entrevistas con políticos y funcionarios, me indicaron que el caciquismo ocurre con frecuencia considerable en las colonias proletarias, aunque no es de ninguna manera la única forma de guía local que puede observarse.[3]

En los países de habla española, el término "cacique" se aplica frecuentemente a cualquier individuo del que se piensa que ejerce una influencia abrumadora en la política local. Friedrich (1968, p. 247) ha definido al cacique como "un líder autocrático en la política local y/o regional, cuyo mando característicamente informal, personal y con frecuencia arbitrario es reforzado por un núcleo de familiares, 'pistoleros' y dependientes, y está marcado por el rasgo diagnóstico de la amenaza y la práctica de la violencia". También observa que la existencia de un *cacicazgo* (esto es, un caso concreto de caciquismo) ha implicado siempre "un gran poder individual sobre un grupo territorial unido por algún sistema socioeconómico o cultural" y cierto grado de "separación o independencia del sistema de gobierno normativo, formal y debidamente instituido".[4] Ugalde, quien, como Friedrich, estudió el caciquismo en una pequeña comunidad rural mexicana, presenta una definición similar, pero menos completa:

> Definiremos al *cacique* como el líder que: *1)* tiene control político, social y económico total o casi total sobre una zona geográfica; *2)* tiene en su poder el empleo potencial de la violencia física para hacer que sus deseos se conviertan en la ley de su territorio, y *3)* es reconocido e implícitamente legitimado como líder de su territorio por los líderes políticos exteriores de alto nivel (Ugalde, 1973, p. 124).

Aunque mi propia investigación de campo sugiere que los caciques que operan en un ambiente urbano podrían no compartir todos los rasgos que se incluyen en esas definiciones, su comportamiento parece ser muy similar al del modelo tradicional del caciquismo en algunos aspectos. Las principales diferencias con este modelo serán tratadas posteriormente.

En México, como en gran parte de Hispanoamérica, el caciquismo ha sido un fenómeno históricamente omnipresente; y aún es un rasgo importante (aunque ya se le procura disimular) de la situación política en las zonas rurales.[5] Durante los últimos 30 años, a medida que un gran número de *caudillos* y caciques rurales han desaparecido o perdido in-

[3] Para descripciones de las diversas pautas de guía en las vecindades de bajos ingresos en la capital y otras ciudades mexicanas, véanse Ugalde, 1970, pp. 143-146; Ugalde *et al.*, 1974; Eckstein, 1972a, 1973; D. Foster, 1971; Butterworth, 1973, pp. 223-228; Ornelas, 1973.

[4] El trabajo precursor que hizo Friedrich sobre el caciquismo mexicano se presenta con gran detalle en su tesis doctoral (Friedrich, 1957) y en una monografía más reciente (Friedrich, 1970). Véase también Friedrich, 1966.

[5] Para un estudio general del fenómeno del caciquismo, tanto histórico como contemporáneo, en los países latinoamericanos, véase Kern, 1973. El estudio más completo, con fundamentos empíricos, sobre el caciquismo rural en México es el de Bartra *et al.*, 1975. Véase también Díaz Díaz, 1972; Goldkind, 1966.

fluencia en la política del estado o del país,[6] se ha manifestado una tendencia creciente a referirse al caciquismo como un fenómeno limitado a las zonas más atrasadas, en donde está relacionado estrechamente con el aislamiento y la tradición de control político por una sola familia, que con frecuencia ha caracterizado a las comunidades rurales (González Casanova, 1970, p. 33; Drake, 1970, p. 407; Lambert, 1967, p. 154). Padgett ha observado (1966, p. 83): "Cuanto más remota sea la zona rural y cuanto más difícil sea llegar a ella desde una ciudad importante, más fácil le será al cacique establecerse y mantenerse en el poder." Implica que la desaparición en el número de caciques al antiguo estilo en el México actual puede atribuirse en gran parte "al creciente carácter urbano del país".

Sin embargo, investigaciones más recientes indican que los enunciados sobre la disminución del caciquismo son errados. Investigaciones de campo en gran escala por los investigadores de la Universidad Nacional Autónoma de México encontraron recientemente un gran número de caciques que todavía actúan en las comunidades rurales, incluyendo los ubicados en zonas con tecnología agrícola moderna, buenas comunicaciones y sistemas de transporte a los centros urbanos (Paré, 1972; Bartra *et al.*, 1975; *El Día*, 23 de mayo de 1973, p. 2). Mis propias observaciones en la ciudad de México, al igual que las de otros investigadores en ciudades latinoamericanas, sugieren que hay una importante manifestación de caciquismo en contextos urbanos. Ray (1969, p. 59) encontró que muchas vecindades de bajos ingresos en las ciudades venezolanas están dominadas por caciques que son "la autoridad suprema y casi absoluta en sus barrios. Sancionan, regulan o prohíben cualquier actividad de grupo y ejercen una fuerte influencia sobre cualquier decisión que pueda afectar a sus comunidades". Otros ejemplos de caciquismo urbano han sido observados en Venezuela (Bamberger, 1968), Nicaragua (Toness, 1967, p. 38) y Chile (Equipo de Estudios Poblacionales del CIDU, 1972b, p. 68), e incluso parece que hay analogía de este fenómeno en algunas ciudades pequeñas y medianas de África (véase Barrows, 1974, pp. 290-293). Por lo tanto, diríase que el urbanismo *per se* no impide el surgimiento del caciquismo como una pauta de la jefatura entre las personas de bajos ingresos. De hecho, como argumentaré más adelante, la formación de asentamientos precarios y los fraccionamientos comerciales no autorizados en la periferia de las ciudades más grandes de Hispanoamérica pueden ofrecer importantes oportunidades nuevas para este tipo de líder.

[6] El término caudillo se aplica por lo general a los hombres políticos fuertes que han hecho sentir su influencia en nivel regional o nacional. Tal como han indicado Wolf y Hansen, hay mucho en el código de conducta de un caudillo —en particular su hincapié en lealtades personales, el empleo frecuente de la violencia y un estilo arbitrario y autocrático de gobierno— que también es característico de muchos caciques locales, en especial en las zonas rurales.

Tanto en los marcos urbanos como en los rurales de México, el cacique es reconocido por los residentes de la comunidad donde opera y por las autoridades supralocales del gobierno y del PRI como la persona más poderosa en la arena política local. Los funcionarios públicos tratan invariablemente con él todos los asuntos que afectan a la comunidad, excluyendo a otros líderes potenciales. El cacique también tiene la autoridad *de facto* para tomar decisiones que comprometen a la comunidad bajo su control, al igual que poderes políticos y de tributación informales (por lo general descritos como "hacer una colecta" para financiar un proyecto, servicio o actividad determinados). En consecuencia, en algunos aspectos el cacicazgo tradicional es una especie de gobierno dentro de otro gobierno, controlado por un solo individuo dominante que no tiene que rendir cuentas *formalmente* a quienes residen en la comunidad que controla o a las autoridades externas. Como lo expresó sin ambages el cacique de la Colonia Nueva: "Aquí no hay más ley que yo." [7]

Generalmente un cacique obtiene su poder mediante la autoimposición, con aceptación (y ocasionalmente el apoyo activo) de la mayoría de los residentes de la comunidad. Puesto que no tiene cargos electivos y no depende de los funcionarios supralocales para su designación, puede permanecer en el poder hasta que renuncia voluntariamente a su jefatura o es sacado por la fuerza. Como ha indicado Friedrich (1968, pp. 258-259), el hecho de que el dominio de un cacique no esté limitado temporalmente es una de las características distintivas más importantes de su posición en la política mexicana. Los caciques locales son virtualmente los únicos líderes políticos reconocidos oficialmente cuya duración en el cargo no es afectada forzozamente por los cambios sexenales en el gobierno nacional, o los trienales en los gobiernos municipales, que ordena la Constitución. Por ejemplo, en la Colonia Periférico un solo cacique había detentado el poder desde 1959 hasta la fecha de mi estudio; y en la Colonia Militar el cacicazgo establecido durante la invasión de los terrenos en 1952 perduró hasta 1964. En las zonas rurales se han encontrado cacicazgos cuyos orígenes son anteriores a la Revolución de 1910 (véase Reyes Heroles, 1972).

El cacique es un verdadero líder indígena: proviene de la comunidad en la cual ejerce su influencia, y sus seguidores se limitan a los residentes de esa localidad. Además, su actividad política está orientada principalmente a las preocupaciones y problemas locales. Por lo anterior, se debe diferenciar al cacique de los líderes locales que simplemente son impuestos a una comunidad por fuerzas superiores externas. De manera similar,

[7] Sin embargo, como veremos, las acciones del cacique son influidas en cierta medida por personajes políticos supralocales, y es responsable informalmente ante ellos por la obtención de ciertos servicios políticos.

no se le debe confundir con individuos que sólo fungen como funcionarios o representantes locales del gobierno, partidos políticos, sindicatos, y otras organizaciones cuya actividad está orientada en cierto grado hacia la comunidad local, pero cuyo principal interés es claramente más amplio.

Las relaciones del cacique con sus seguidores tienden a tener un carácter mucho más utilitario que el de otros tipos de líderes locales, cuya influencia deriva en gran parte de la estima en que se les tiene.[8] Debido a esta carencia de base efectiva, la posición del cacique se puede debilitar con rapidez como consecuencia de indiscreciones financieras o abusos de autoridad particularmente notorios, o por no haber llenado ciertas normas mínimas de desempeño en un largo periodo de tiempo. Por lo tanto, debe luchar continuamente por legitimar sus pretensiones de guía. En cualquier momento este proceso de legitimación puede estar incompleto y expuesto a un cambio.[9]

El cacique puede ser aborrecido por muchos de sus seguidores, que sospechan correctamente que está empleando su posición de líder para favorecer sus propios intereses financieros. Como los antiguos caudillos, cuyo código de comportamiento trata de emular con frecuencia, su principal objetivo es aumentar su riqueza personal.[10] Deja pasar pocas oportunidades de enriquecerse o de que se enriquezcan sus ayudantes principales, y a pesar de la pobreza de la mayoría de sus habitantes por lo general la comunidad que controla ofrece muchas de esas oportunidades. En los tres asentamientos precarios incluidos en mi estudio, los caciques habían participado en varios esquemas para obtener dinero de manera ilegal: vendiendo lotes o "permisos" para ocupar la tierra dentro del asentamiento antes de que éste fuera "regularizado", recaudando dinero fraudulentamente para usos personales, explotando recursos minerales locales, y cobrando cuotas especiales por el acceso a servicios urbanos básicos como la electricidad. A los rendimientos económicos de esas actividades, el cacique puede añadir los ingresos derivados de la propiedad que tiene dentro de la comunidad, incluyendo con frecuencia pequeños negocios y el alquiler de viviendas.

Aunque las negociaciones ilícitas con los terrenos son la fuente más

[8] Las relaciones del cacique con sus seguidores se parecen en ciertos aspectos a la relación entre un patrón y un cliente; sin embargo, el cacique no opera exclusivamente con recursos locales controlados personalmente (como lo hace el patrón), y los derechos, obligaciones y tipos de interacciones por lo común también son diferentes. Para una relación patrón-cliente más detallada y de la forma en que se puede diferenciar de otros tipos de relaciones entre líderes y seguidores, véase Silverman, 1965; Wolf, 1965; J. Powell, 1970; J. C. Scott, 1972.

[9] Friedrich (1968, p. 244) ha argumentado convincentemente que la legitimidad de un cacique debe considerarse como "un proceso dinámico más que como un atributo fijo y estático de su condición de líder".

[10] Sin duda, se obtiene cierta satisfacción psicológica del ejercicio de la función de líder en un asentamiento precario; pero está claro que el principal motivo del cacique para adquirir y retener poder es de naturaleza económica.

importante de ingresos para los caciques en muchas comunidades, la frecuente recaudación de "donaciones" (cuotas o cooperaciones) de los residentes puede ser igualmente lucrativa. Por lo general el cacique justifica sus solicitudes de esos pagos de manera general haciendo referencia a las negociaciones que sostiene con los funcionarios del gobierno para obtener los títulos sobre los terrenos, servicios básicos urbanos y otras mejoras para la comunidad. Aparentemente el dinero se utiliza para cubrir los costos de traslado del cacique y sus ayudantes, sobornos o regalos a los funcionarios públicos, pagos a quien les escribe las cartas, y otros gastos similares. Las cuotas recaudadas en la Colonia Periférico y en la Colonia Militar por lo general estaban destinadas a proyectos o necesidades específicas de la comunidad, como la instalación de un sistema de agua provisional, reparación del salón de reuniones de la comunidad, o mejoras de la calle principal. Fue evidente, no obstante, que las sumas recaudadas fueron muy superiores a la cantidad que en realidad gastaron los líderes de la comunidad. Incluso se persuadió a los residentes de la Colonia Nueva de que proporcionaran apoyo financiero total al cacique local, su esposa y sus seis hijos, para que la familia pudiera dedicar su tiempo completo a los asuntos de la comunidad. Cada familia de la colonia aportaba entre 5 y 15 pesos semanales con ese fin (lo que proporcionaba entre 100 y 200 dólares a la semana). Las cuotas individuales eran determinadas por el cacique sobre la base del ingreso, y para ese fin conservaba un registro completo de los jefes de familia y de su ingreso semanal estimado. También se recaudaban con frecuencia cuotas especiales, además de las donaciones semanales regulares —por ejemplo, una contribución de 100 pesos por familia para comprar un automóvil destinado al uso personal del cacique (posteriormente lo destruyó en un accidente de tránsito).

Las motivaciones económicas apenas ocultas de algunos caciques para asumir su posición y conservarse en el poder, con frecuencia producen acusaciones de recaudaciones fraudulentas y de malos manejos de los fondos de la comunidad. Algunas muestras tomadas de mis entrevistas son un buen ejemplo de esas quejas. Un pequeño comerciante de la Colonia Texcoco dijo:

> ¿Por qué desearía alguien convertirse en líder político? Para hacer dinero rápido, como el señor González, que vino pobre y ahora tiene dos casas y mucho dinero.

Un vendedor ambulante de la Colonia Periférico:

> La señora Moreno pidió a cada familia 1 040 pesos (83.20 dólares) para pagar

los *trámites* que se requerían para legalizar nuestros lotes. Esto me enojó, porque no era cierto que se necesitara todo ese dinero. Envié una carta sobre lo que estaba ocurriendo en la colonia a la oficina de la Federación de Colonias Proletarias (organización afiliada al PRI).

Un obrero fabril en la Colonia Nueva:

> Actualmente viven muchas personas en la colonia. Esto es porque la señora Ortiz y su esposo les hicieron posible quedarse aquí. A cambio de cierta cantidad de dinero les dieron permiso para trasladarse a la colonia... un hombre se negó a darle a ella un solo centavo, por lo que hicieron que le tiraran la casa y después lo arrojaron de la colonia... se están haciendo ricos con todo ese dinero; con él están construyendo su casa aquí y también están cultivando tierras en su pueblo natal.

Bases de la influencia del cacique

¿Qué factores ayudan a explicar la influencia de un cacique urbano sobre la comunidad que domina? ¿Qué es lo que induce a otros a seguir su guía, incluso si hay evidencia clara de enriquecimiento ilícito y otros abusos de su parte? Para responder a estas preguntas debemos estudiar los recursos que un cacique trae a su posición de líder, los cuales le sirven para consolidar y legitimar su control sobre la comunidad.

Recursos controlados personalmente

Algunos recursos toman la forma de habilidades o aptitudes personales que según los residentes de la colonia capacitan al cacique para la función de líder. Por ejemplo, la habilidad de un cacique para organizar y unificar a una comunidad es muy apreciada por sus residentes, quienes consideran firmemente que un alto grado de unidad y organización mejora la posición de la comunidad en las negociaciones con los funcionarios gubernamentales para obtener servicios urbanos, el reconocimiento oficial de la propiedad de la tierra y otros beneficios. En la medida en que el cacique se pueda presentar a sí mismo como persona capaz de mantener la unidad y el orden en la zona bajo su control, obtendrá más influencia y legitimidad. Además, su capacidad para movilizar a la gente, tanto para fines relacionados con la comunidad como para participar en actividades políticas afuera de ésta, tiende a impresionar a los personajes políticos externos y a incrementar su poder de negociación al tratar con ellos.

Un "paracaidista" conecta ilegalmente la corriente eléctrica para su vivienda. Varias conexiones similares forman lo que los "paracaidistas" llaman "telaraña". Regularmente la Compañía de Luz y Fuerza del Centro envía trabajadores a que corten esas "telarañas", pero por lo general los "paracaidistas" las restablecen en unas cuantas horas.

Parte de la Colonia Nueva. Un remolino de tierra puede observarse en la calle a la izquierda de la foto. El muro de mampostería que está a la derecha fue construido por el antiguo propietario para impedir el "paracaidismo" en su terreno. La mayoría de las viviendas están construidas con láminas de cartón, pero aun así pueden verse numerosas antenas de televisión.

Otra sección de la Colonia Nueva, en la que puede verse el terreno volcánico irregular que ocupa el asentamiento. La vegetación natural en torno de las casas da una apariencia semirrural.

Una familia que prefirió no unirse a un grupo de ayuda mutua coloca los cimientos de una casa permanente en la Colonia Esfuerzo Propio. Su vivienda provisional de tabiques sin mezcla y lámina de cartón se ve al fondo.

Un grupo de ayuda mutua construye una vivienda en la Colonia Esfuerzo Propio supervisado por ingenieros que envió el gobierno.

Vista aérea de Unidad Popular.

Calle en la zona pavimentada de la Unidad Popular.

Una jornada en la Colonia Texcoco. Los residentes hacen cola frente a las tiendas del PRI para recibir gratis servicios médicos y dentales, cortes de pelo y regalos de plantas ornamentales, mientras el grupo musical que se ve a la izquierda los divierte.

La ceremonia de regularización de la Colonia Nueva en 1970. Los funcionarios de la ciudad se hallan atrás de la mesa, mientras un representante de la comunidad se dirige a los residentes.

Carlos Hank González, gobernador del estado de México, llega a la Colonia Texcoco para inaugurar una escuela secundaria técnica.

Los residentes de la Colonia Nueva preparan la bienvenida al candidato presidencial del PRI, Luis Echeverría, durante la campaña electoral de 1970.

El candidato presidencial del PRI dirige la palabra a los residentes de la Colonia Periférico en enero de 1970. Las siglas CNOP (Confederación Nacional de Organizaciones Populares) son de la principal institución del "sector popular" del PRI. La plataforma de los oradores, construida apresuradamente por el PRI para esa ocasión, fue desmantelada por los residentes, en cuanto se fue el candidato, con objeto de procurarse materiales de construcción.

Residentes de la Colonia Nueva, en una comisión, se alinean a lo largo de la ruta que seguirá el presidente Díaz Ordaz al ir a inaugurar una escuela. El lema de uno de los estandartes que sostienen los colonos dice: "Los ricos y poderosos se pueden defender a sí mismos. Los pobres necesitan alguien que los defienda: Gustavo Díaz Ordaz."

El presidente Díaz Ordaz saluda a la multitud cerca del sitio de la escuela, en tanto que los residentes de la Colonia Nueva, alineados a los lados de la calle, tratan de llamar su atención.

Un funcionario del gobierno local estudia la solicitud más reciente acerca de un sistema de drenaje para la Colonia Texcoco y anuncia una visita de inspección del gobernador del estado.

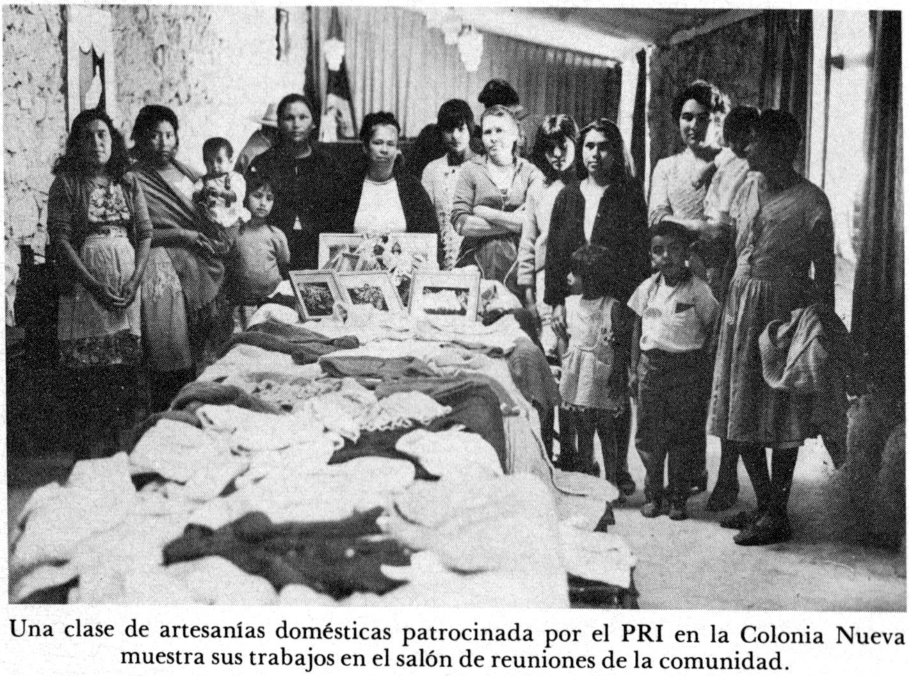

Una clase de artesanías domésticas patrocinada por el PRI en la Colonia Nueva muestra sus trabajos en el salón de reuniones de la comunidad.

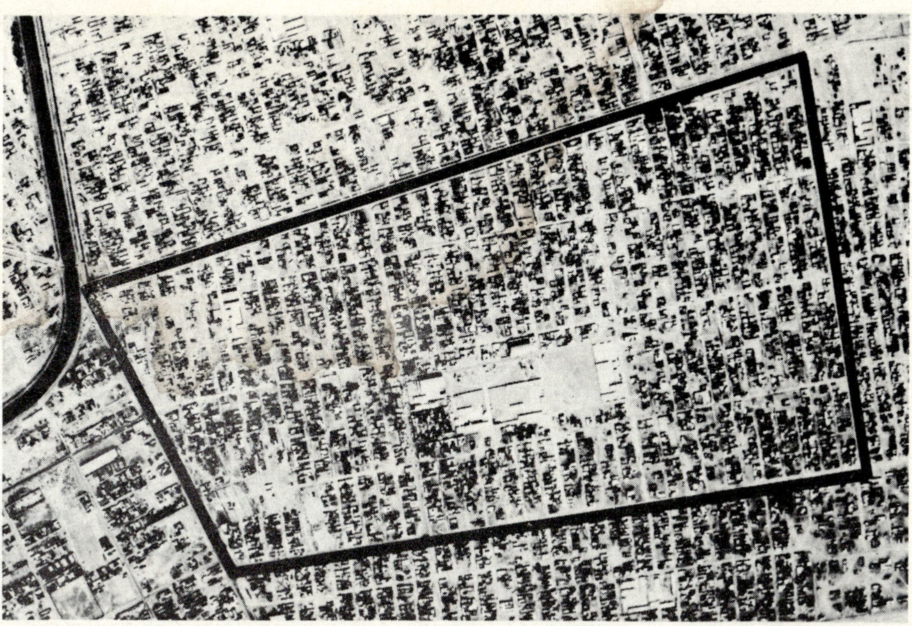

Vista aérea de la Colonia Texcoco (sus límites aparecen marcados en negro). En su mayoría, los lotes vacíos son conservados por especuladores de terrenos. El área abierta en el centro de la colonia está ocupada por una nueva escuela secundaria técnica.

Una calle típica de la Colonia Texcoco durante la época del estiaje. La zanja conduce las aguas negras.

Calle principal de la Colonia Esfuerzo Propio, a cuyo fondo se ve la sede del Programa Habitacional de Esfuerzo Propio y Ayuda Mutua del gobierno.

Calle lateral sin pavimentar, característica de la Colonia Esfuerzo Propio.

Vista aérea de la Colonia Periférico (sus límites están marcados por la línea negra), en la que se observa toda la red no planificada de calles y la alta densidad de población. Los camiones de pasajeros entran a la colonia por la única calle pavimentada (en la parte inferior de la fotografía).

Parte de la Colonia Periférico.

Colonia Militar. El acantilado de la derecha marca el límite de la mina de arena que ocupaba antiguamente el sitio. Las numerosas casas de buena construcción, muchas de dos pisos, contrastan con las casuchas temporales que predominan en los asentamientos "paracaidistas" de reciente formación.

Una calle residencial de la Colonia Militar.

Otro don útil para un cacique es su capacidad bien desarrollada de expresión. Como se le encomienda, entre otras cosas, la tarea de buscar ayuda exterior para el asentamiento, se le da gran importancia a su capacidad de comunicar las necesidades y aspiraciones de sus residentes al relacionarse con funcionarios públicos, o con representantes de los medios de comunicación que podrían estar deseosos de hacer públicas las necesidades y solicitudes de ayuda del asentamiento. La capacidad oratoria de los caciques de la Colonia Nueva y la Colonia Periférico se manifestaban frecuentemente en las reuniones de la comunidad, durante las cuales los caciques eran prácticamente los únicos que hablaban y con frecuencia leían las peticiones que habían redactado para presentarlas a los funcionarios gubernamentales.

El conceder favores también ayuda a los caciques a consolidar su control sobre una comunidad. Por lo general se procuran los servicios de varios ayudantes, que lo ayudan a movilizar y organizar a sus seguidores, recaudar dinero, y comunicar y hacer cumplir la voluntad del cacique. A cambio de eso, los ayudantes reciben una parte de la recompensa económica que le llega al cacique. Éste añade por lo común a su *comitiva* varias personas que nominalmente representan al gobierno de la ciudad o al PRI en el asentamiento, y cuyos nombramientos obtuvo por medio de sus relaciones con autoridades superiores. El cacique también podría nombrar miembros de este grupo en la *junta de mejoras* o en la *mesa directiva*. Con frecuencia los miembros de la comitiva del cacique tienen compromisos con él, no sólo por las recompensas económicas, sino también por relaciones familiares ficticias (compadrazgo), que fortalecen su lealtad y disposición a obedecer personales. Constituyen una "familia política" muy unida, que apoya, protege y aísla al cacique de los ataques de los residentes descontentos o de personas peligrosas del exterior.

El cacique depende en cierta medida de la coerción para obtener cooperación financiera y obediencia general entre sus seguidores. Es usual que tenga el control total sobre las acciones de la policía de la ciudad dentro de la comunidad y la utiliza eficientemente para intimidar a los disidentes y a los rivales potenciales. Como el cacique rural, el de la ciudad va por lo general acompañado por uno o dos partidarios armados que son sus guardaespaldas personales y que hacen cumplir sus deseos dentro de la comunidad; también pueden permanecer vigilando visiblemente afuera de su casa. En las colonias Nueva y Periférico, la imposición violenta de los caciques se manifiesta a veces en la dispersión de reuniones de grupos sospechosos de ser opositores, y cuando menos en una ocasión el cacique de la Colonia Nueva incitó a una muchedumbre a que demoliera la casa de una familia recalcitrante.

No obstante, en la ciudad de México no se observa la clase de aplicación continua y visible de violencia física incluyendo peleas a tiros y homicidios por motivos políticos, que aparentemente es parte normal de la vida de la comunidad en muchos *cacicazgos* rurales (Friedrich, 1965, pp. 205-206; 1968, p. 265; Simpson, 1967, pp. 341-342). Una posible explicación de esta menor dependencia de la fuerza física es que un cacique urbano está bajo una vigilancia relativamente estrecha de las autoridades gubernamentales y políticas. Sin embargo, una explicación más plausible se encuentra en la mayor diversidad de tácticas coercitivas de que dispone, y que le hacen posible imponer la "disciplina" y evitar a la vez los costos políticos que van generalmente asociados con la violencia.

La mayoría de las formas de presión son económicas. Por ejemplo, el cacique de un asentamiento precario puede tener el control casi absoluto sobre la asignación de los terrenos, primero mediante la venta ilegal de credenciales o permisos para ocupar terrenos dentro de la zona, y después durante el proceso de *lotificación* (la medición formal y subdivisión de los terrenos ocupados por el asentamiento) que se hace después del reconocimiento o legalización gubernamentales del asentamiento. Este control sobre la distribución de los terrenos hace posible que el cacique tenga un fuerte apoyo de las familias que le deben sus derechos de propiedad (*cf.* Ray, 1969, p. 59). A medida que crece el asentamiento precario y se ocupan prácticamente todos los lotes que hay en él, el cacique puede transferir lotes de los ocupantes originales a recién llegados, en especial familiares o subordinados inmediatos del mismo cacique. Algunas parcelas pueden ser reasignadas varias veces, y se puede reubicar a las familias que se niegan a someterse voluntariamente al desplazamiento, en los terrenos menos favorables, o simplemente se les expulsa.

Entre los inmigrantes incluidos en mi estudio, los residentes de la Colonia Nueva y la Colonia Periférico, ambos asentamientos precarios con cacicazgos bien establecidos, mostraron una extrema sensibilidad a la capacidad de sus líderes de restringir el acceso a los terrenos y expulsar a los ocupantes actuales cuando su comportamiento no era el que esperaba el cacique. La mera sugerencia de que se podría reasignar el lote propio a otro residente, o incluso a alguien de afuera, era por lo general todo lo que se necesitaba para obligar a obedecer.

Poder derivado

Otras clases de recursos que explican la influencia de un cacique dentro de sus dominios son externos a la comunidad y no están sometidos a su control personal. Lo más importante de esos recursos externos son las relaciones del cacique con funcionarios gubernamentales y políticos, profesionales como abogados, médicos, arquitectos o ingenieros y otras personas que no residen en la comunidad, individuos de elevada posición social que tienen la habilidad o recursos que pueden ayudar a satisfacer las necesidades de la comunidad. Esas relaciones son muy apreciadas por los residentes de vecindades de bajos ingresos (*cf.* Peattie, 1968, pp. 88-89. Maruska, 1972, pp. 67-68). Se considera que hacen posible que el cacique negocie eficientemente con personas de fuera de la comunidad y que asegure beneficios que están más allá del alcance de alguien que regularmente no tiene acceso a niveles más altos de autoridad. En realidad, muchos estudios de comunidades urbanas y rurales de México muestran que las relaciones personales entre los líderes locales y las autoridades superiores son la clave del éxito al solicitar beneficios del gobierno.[11] De este modo, el cacique continuamente procura impresionar a sus seguidores con la amplitud e importancia de las relaciones que ha establecido, presentándose a sí mismo como si disfrutara del apoyo exclusivo de varios funcionarios de alto nivel y recalcando la importancia de esos contactos para el éxito de las negociaciones destinadas a obtener mejoras para la comunidad.

En un sentido más amplio, las relaciones del cacique con personajes políticos del exterior son extremadamente importantes para comprender la influencia que ejerce dentro de la comunidad, porque el "poder derivado" así obtenido puede utilizarse para consolidar su posición y desalentar los desafíos a su autoridad.[12] En consecuencia, procura ampliar sus relaciones dentro del mecanismo gobierno-PRI tanto como sea posible, aumentando así su propio poder derivado. También debe demostrar a sus seguidores, con la mayor frecuencia y tan conspicuamente como sea posible —de preferencia mediante mensajes de felicitación e incluso visitas personales de los funcionarios— que en realidad goza del favor de los altos círculos.

Sin mbargo, la dependencia excesiva del apoyo exterior podría resultar cara, en caso de que ese apoyo fuera retirado. El caer en desgracia ante los funcionarios supralocales, y el que esto se sepa entre los residentes de su comunidad, podría debilitar gravemente la posición del cacique. En realidad, la táctica más efectiva de los residentes descontentos que procuran

[11] Esta es una de las principales conclusiones del estudio sobre las comunidades mexicanas que hicieron Purcell y Purcell (1973). Véase también Grindle, 1975, cap. 7; Ronfeld, 1972. Mi estudio del caso de la "regularización" de la Colonia Militar presentado en el capítulo VII ejemplifica este punto.

[12] El concepto de "poder derivado" utilizado aquí fue elaborado por Adams, 1967, pp. 40, 250 ss. La dependencia del liderazgo local de las vecindades de bajos ingresos en el "poder derivado" ha sido observada por varios investigadores (Vaughan, 1968; Toness, 1967, pp. 59, 68-70; Ray, 1969, pp. 56, 61-62; B. Roberts, 1973, pp. 306-330). También ha sido característica de algunos caciques del México rural (véase Friedrich, 1965, pp. 199, 203; Friedrich, 1968, pp. 262-263; Ugalde, 1973, pp. 133-134).

deponer a un cacique es el esforzarse en desacreditarlo ante la opinión de las autoridades externas y, si tienen éxito, enterar a tantos residentes como sea posible de la pérdida de apoyo oficial que ha sufrido el cacique. Una vez que parece que su utilidad para la comunidad ha terminado, sus seguidores podrían ser muy receptivos a los esfuerzos de la oposición por desplazarlo. Esta táctica tuvo éxito para lograr el desplazamiento de un antiguo cacique en la Colonia Militar.

En la Colonia Nueva los residentes opositores empezaron su esfuerzo por desacreditar al cacique local con la siguiente solicitud, dirigida al presidente de la República, cuyo nombre había tomado originalmente la colonia:

Asunto: protesta contra los actos ilegales de despojo, caciquismo, anarquía, terror y venta fraudulenta de lotes en la Colonia Nueva.

C. Presidente de los Estados Unidos Mexicanos
Los Pinos
México, D. F.
Presente:

Un numeroso grupo de residentes de la colonia que orgullosamente lleva su nombre, nos hemos reunido para enviarle nuestra más enérgica protesta contra los actos de despojo, caciquismo, anarquía, terror y venta fraudulenta de lotes en nuestra colonia, porque, al informársele de la fundación de nuestra colonia usted honrosa e incondicionalmente nos dio su valioso apoyo, con la firme intención, como siempre lo ha hecho, de que esta tierra estuviera disponible exclusivamente para las personas humildes como nosotros, de escasos recursos económicos. Pero ahora parece que los lotes nivelados y legalizados han sido entregados por los líderes no sólo a unos pocos residentes de la Colonia Nueva, sino también a muchas personas que no pertenecen a la colonia, desconocidos, que casi con toda seguridad han dado dinero a nuestros líderes, Sr. Guillermo Ortiz y su esposa, Juana Ramírez de Ortiz, a cambio de esos lotes.

En el periódico *El Día* del 20 de septiembre de este año, apareció una protesta de otro grupo de residentes de la Colonia Nueva, en que se denunciaba esta situación. Consideramos injusto que la denuncia implicara el nombre del Sr. Ramón Valdés,[13] quien no creemos que esté asociado con esas transacciones, e identificamos específicamente como responsables a los líderes antes mencionados, a los que acusamos además de exigir pagos desmedidos tanto para mantenerse como para proyectos que nunca se han llevado a cabo. También podemos decir que el Sr. Ortiz les pidió a los residentes que le compraran un automóvil para su uso personal —que le fue adquirido mediante una cuota adicional de 100 pesos por familia— sin considerar que la gran mayoría de

[13] Seudónimo que empleo para un funcionario del Departamento del Distrito Federal.

quienes vivimos en la colonia somos personas de recursos limitados. Pero fue necesario darle el dinero o enfrentarnos a las consecuencias, ya que estaba la amenaza de que quienes no dieran dinero no recibirían el lote a que tenían derecho legalmente.

Podríamos mencionar, para su conocimiento, que la colonia siempre ha colaborado para sostener los gastos personales de sus líderes. Hemos pagado por la operación quirúrgica y el cuidado médico del Sr. Ortiz, y por los partos y gastos médicos de su esposa. Como el Sr. Ortiz no tiene trabajo permanente, siempre hemos cooperado con él dándole dos o tres pesos diarios para que mantenga su casa; además, nos exigen cada semana una suma que varía entre 5 y 10 pesos para mejoras en la colonia. La razón por la cual hemos decidido enviarle nuestra más enérgica protesta es que antes de entregarnos los lotes, se nos exige un pago de 150 pesos como regalo a la Sra. Ramírez de Ortiz. Como muchos de nosotros no podemos pagar esa cantidad, nos han amenazado con dejarnos fuera cuando se distribuyan los lotes.

Le solicitamos encarecidamente que ordene una investigación de este asunto, de tal manera que se pueda poner un pronto fin a la explotación que sufrimos y se proteja de esta manera su honroso nombre, que lleva la colonia. Le pedimos que no mencione esta carta a nuestros líderes, de tal manera que la investigación pueda tener resultados positivos.

Finalmente, es nuestro deber ante usted explicar que nos hemos abstenido de firmar esta solicitud y de identificar a las personas que apoyan totalmente nuestra posición, porque en ocasiones previas ha habido varias protestas como ésta, pero nunca han tenido éxito, porque funcionarios menores de organismos oficiales han impedido que esas denuncias lleguen a las manos de personas honradas que, como usted, darían una pronta solución a nuestros problemas. En vez de eso, los solicitantes, que han sido descubiertos a final de cuentas, han sido puestos en ridículo por los líderes y señalados como traidores.

Debemos dejar en claro que ciertos mensajes enviados antes a usted, al Regente del Departamento Central, y a otros funcionarios no tienen nada que ver con nuestro mensaje. Esos mensajes o peticiones sólo tenían una finalidad: que se les entregara a los solicitantes el lote en que viven. Nuestra petición es la misma, pero además solicitamos que *se nos den nuevos líderes o representantes*, personas honradas estrictamente supervisadas por usted, o por las oficinas que tengan ese deber, que puedan impedir en el futuro las condiciones que lamentamos actualmente.

Con plena confianza en usted, puesto que lo llamamos nuestro benefactor, pedimos en nombre de muchos hogares mexicanos humildes su enérgica intervención para terminar con la intolerable situación de imposición, injusticia y abandono en que nos encontramos, con el firme propósito de nuestra parte de que pagaremos con nuestros actos, en lo que valen, la atención que sin duda nos prestará.

UN GRUPO DE RESIDENTES DE LA COLONIA NUEVA

Copia: C. Jefe del Departamento del Distrito Federal.

Ni esta petición ni varias visitas que hicieron posteriormente los disidentes a las oficinas del gobierno produjeron una intervención directa del gobierno para imponer nuevos líderes en la Colonia Nueva. Sin embargo, se envió un ingeniero del Departamento del Distrito Federal para que se hiciera cargo de la distribución de los lotes entre los residentes de la comunidad. Esto privó al cacique local de uno de sus principales medios de control y de lucro personal.

Normas de desempeño

Aunque inicialmente un cacique se autonombra para su función de líder, son sus logros posteriores los que por lo general determinan si podrá consolidar y legitimar su posición. Un buen desempeño en la obtención de beneficios para la comunidad es particularmente importante en este respecto. A los ojos de muchos de sus seguidores la eficiencia del cacique como líder se mide principalmente por su éxito en la conservación de una corriente continua de beneficios materiales para lo comunidad y para los residentes individuales. Beneficios, como servicios públicos o legalización de un asentamiento precario, son bienes colectivos obtenidos mediante las relaciones del cacique con funcionarios del exterior. La ayuda proporcionada a los residentes individuales podría incluir recomendaciones a los posibles patronos, ayuda para obtener permisos o licencias comerciales, ayuda para obtener que un hijo sea inscrito en escuelas locales que ya no tienen cupo, etc.

En la medida en que parezca que los intereses colectivos e individuales de los residentes de la comunidad son promovidos por el liderazgo del cacique, su comportamiento explotador será tolerado por la mayoría de sus seguidores. Por ejemplo, en la Colonia Militar el cacique que organizó las invasiones de los terrenos por las cuales se creó el asentamiento, se enriqueció durante muchos años ilegalmente continuando el trabajo en una mina de arena abandonada que había en el lugar; pero sólo se le depuso después de que un grupo de residentes descontentos demostró que había saboteado las negociaciones de la colonia para obtener el reconocimiento oficial de la propiedad de los lotes.[14]

La naturaleza fuertemente instrumental de los nexos que unen al cacique con sus seguidores le exige ser un personaje muy visible en la comunidad. Su casa debe ser el centro de actividad continua. Debe estar presente en todo acontecimiento importante o proyecto de desarrollo de la comunidad. En un sentido más amplio, debe procurar ser identificado personalmente con todas las obras públicas, servicios y otras mejoras introducidas en la zona bajo su control, sea o no sea realmente el

[14] Véase el capítulo VII para una discusión detallada de este episodio.

Cuadro VI.2. *Orientaciones de los inmigrantes hacia los líderes de la comunidad, en las diferentes comunidades*

Rasgo	Colonia Nueva (N=125-130)	Colonia Periférico (N=94-101)	Colonia Texcoco (N=105-124)	Colonia E. Propio (N=117-131)	Unidad Popular (N=69-77)	Colonia Militar (N=110-116)	TODAS
Puede identificar cuando menos un líder de la comunidad[a]	98.5%	93.4%	59.8%	84.2%	49.1%	63.2%	76.2%
Tiene una gran conciencia de la guía de la comunidad[b]	98.5	87.2	25.4	45.0	18.9	31.1	52.6
Percibe el "servicio a la comunidad" como la base principal de la influencia del líder[c]	41.1	60.1	12.0	27.2	15.1	8.9	27.5
Evalúa positivamente la guía de la comunidad[d]	90.3	77.4	34.4	53.3	32.1	48.8	57.3

Nota: Las diferencias de todas las orientaciones entre las comunidades son significativas estadísticamente, por la prueba de chi cuadrada, al nivel de .001.

[a] Pregunta: "En su opinión, ¿quiénes son las tres personas que tienen más influencia en (lugar de residencia)? —esto es, ¿qué personas logran hacer lo que quieren, y hacer que se hagan las cosas?"

[b] Índice 5. Véase el apéndice C para lo que contiene cada punto. Las puntuaciones de los índices se separaron en categorías alta y baja, con el punto de separación localizado tan cerca como fuera posible de la media de la muestra total, calculada sobre la base de todos los informantes (inmigrantes y nacidos en la ciudad) en la muestra ponderada.

[c] Pregunta: "¿Por qué tienen estas personas (los líderes identificados por el informante) más influencia en la colonia que otros?"

[d] Índice 89. Las puntuaciones del índice fueron separadas en categorías positiva y negativa con el punto de separación localizado tan cerca como fuera posible de la media de la muestra.

responsable de la obtención de esos beneficios. En muchos casos el cacique se atribuirá todo el crédito por una mejora de la que en realidad no es responsable y a la cual se pudo haber opuesto subrepticiamente en sus negociaciones con las instituciones políticas y gubernamentales.

El éxito de los caciques que dominaban en la Colonia Nueva y la Colonia Periférico para cultivar su imagen como "personas que lograban hacer las cosas" en los asuntos de la comunidad está ampliamente demostrado por los datos de la encuesta que aparecen en el cuadro VI-2. Es más probable que los inmigrantes que residen en esas colonias están más conscientes que sus compañeros de otras comunidades investigadas de la existencia y actividad de los líderes locales, y virtualmente todos los que pudieron identificar a una o dos personas influyentes de la comunidad mencionaron al cacique en el poder y a sus asociados inmediatos. Cuando se les preguntó la razón por la cual esas personas tenían más influencia, una mayoría de los informantes de las colonias Nueva y Periférico mencionó servicios pasados o actuales a la comunidad, y por lo común ofreció ejemplos concretos. En las otras cuatro comunidades la proporción de informantes que consideraba los servicios a la comunidad como la base principal de influencia del líder disminuyó considerablemente.

Finalmente, cuando se les hizo una serie de preguntas pidiéndoles que evaluaran los logros, disposición a escuchar y competencia general de los líderes locales, los inmigrantes de las comunidades recién dominadas por caciques fueron mucho más positivos en sus evaluaciones que los de otras comunidades. Aunque los datos de la encuesta de la Colonia Nueva fueron obtenidos antes de que se redujera la influencia del cacique, mis entrevistas informales realizadas posteriormente no indicaron ninguna tendencia a devaluar sus contribuciones previas a la comunidad.

Al tratar ciertos problemas, como la legalización de la tenencia de los terrenos dentro de la comunidad, el cacique puede enfrentarse a un grave dilema: los residentes esperan que logre ciertos progresos para resolver el problema en cierto tiempo, pero la regularización de la tenencia de los terrenos por acción del gobierno podría disminuir considerablemente las propias oportunindades que tiene el cacique de obtener beneficios personales por el control de la utilización de los terrenos dentro de la comunidad. En esta y otras situaciones problemáticas, con frecuencia el interés personal del cacique está en actuar contra los intereses de sus seguidores. Por consiguiente, podría preferir presionar por acciones del gobierno que produzcan mejoras en corto plazo que por buscar soluciones permanentes globales a los problemas de desarrollo de la comunidad. Puede hacer engaños complejos con respecto al progreso real de sus negociaciones para obtener la acción del gobierno. Sin embargo, está claro que a largo plazo debe "producir", o al menos debe aparentar "producir". De otro modo le será cara vez más difícil conservar la fidelidad de sus seguidores y contener a los rivales en potencia.

Estilo de jefatura

El estilo general de jefatura utilizado por un cacique también es importante para entender su control sobre la comunidad. El estilo incluye su manera de ejercer influencia entre los residentes de la comunidad, la forma en que maneja los conflictos y las disensiones, y su forma de hacer que los residentes participen en el proceso de decisiones de la comunidad. Como la guía de los caciques rurales, el estilo del cacique urbano puede ser muy personalista, pragmático, informal y autocrático (*cf.* Friedrich, 1968, pp. 246-248). Sin embargo, no es forzoso que su manera de tratar con los residentes de la comunidad, individual o colectivamente, sea demasiado imperiosa o dominante. Prefiere manifestar su influencia en formas sutiles, dependiendo de la amenaza de las sanciones negativas que tiene a su disposición para obligar a la obediencia y recurriendo a tácticas violentas sólo contra los residentes más rebeldes y menos cooperativos de la comunidad (*cf.* Ray, 1969, p. 61). En la medida de lo posible se evita el conflicto abierto con individuos de oposición y grupos recalcitrantes. Si permitiera que se suscitaran confrontaciones abiertas perjudicaría su imagen de unificador y defensor de la paz en la comunidad, tanto a los ojos de sus seguidores como de las autoridades externas.

La misma regla se aplica cuando preside mítines de la junta de mejoras u otras reuniones públicas. No se permite que las divisiones abiertas se manifiesten en público; de hecho, pocas veces se hacen votaciones formales sobre los asuntos de la comunidad, predominando la práctica de las decisiones por "consenso". En un cacicazgo urbano que funcione bien, el faccionalismo político manifiesto y las violentas rivalidades personales características de muchas comunidades mexicanas se ponen en evidencia en pocas ocasiones.[15] Las reuniones públicas son presididas (o mejor dicho manipuladas) por el cacique de tal manera que den la ilusión de una verdadera participación de las bases, limitándose la función del cacique, aparentemente, a proporcionar la orientación e información necesarias. Por supuesto, en realidad el cacique toma todas las decisiones importantes que afectan a la comunidad según su propio criterio, sin nada más que una consulta ritual a los residentes. Demuestra cierto grado de sensibilidad ante la opinión pública, pero sólo en la medida necesaria

[15] Para una descripción de las comunidades en que se presentan esas divisiones, véase Friedrich, 1965; Torres Trueba, 1969; Butterworth, 1973, pp. 223-228; Ugalde, 1973; Ugalde *et al.*, 1974.

para evitar sorpresas potenciales y evitar conflictos de grupos abiertos dentro de la comunidad. La disposición del cacique a tener en cuenta las preferencias de sus seguidores parece variar en forma directa con la capacidad de éstos para percibir las alternativas a su liderazgo.

En resumen, la influencia de un cacique sobre su dominio depende de varios logros demostrados, aptitudes, sanciones y percepciones de los residentes que le permitirán obligarlos a la obediencia, ya que no puede forzarlos a que le tengan afecto. Se le ve con una mezcla de respeto, cinismo y miedo. Se espera que utilizará su poder para llenarse los bolsillos cuando le sea posible, pero no se le dará importancia a esto en tanto se obtengan ciertos logros. La mayoría de los residentes apoyan al cacique por razones expresadas con gran colorido en el lema informal de campaña de un político brasileño notoriamente corrompido: "Roba, pero hace las cosas." [16]

Funciones de la guía

Las diferentes funciones que desempeña un cacique dentro de la comunidad local y en sus relaciones con el medio externo dependen estrechamente de sus diversas bases de influencia. El cacique obtiene más legitimidad en la medida en que sus seguidores consideran que ha llenado las expectativas generales asociadas con el desempebo de funciones como la de organizador formal, líder informal de la opinión, movilizador político y negociador o intermediario político.

En su función como líder de organizaciones formales, por lo general el cacique dirige la Junta de Mejoras de la comunidad, y acostumbra presentarse ante las personas de fuera como presidente de esa Junta. Dependiendo de la importancia que le dé a la Junta como institución de la comunidad y no sólo como instrumento de su mando personal, podría tener un importante efecto positivo sobre ese organismo con el transcurso del tiempo (*cf.* Ray, 1969, pp. 46, 54, 61). Como presidente de la Junta de Mejoras el cacique tiene amplia autoridad para definir los objetivos de la comunidad y organizarlos en una agenda para su negociación con las autoridades externas. Su desempeño de esta función le ayuda también a legitimar el control sobre la asignación de muchos de los beneficios obtenidos en fuentes políticas y gubernamentales externas.

Como se mostró en el capítulo V, el desempeño de los líderes de la

[16] El lema era de Ademar de Barros, que fue alcalde de la ciudad de São Paulo y gobernador del estado de São Paulo; siempre fue candidato a las elecciones presidenciales durante las décadas de los años cincuentas y sesentas. Gran parte de su apoyo electoral provenía de los *favelados* (precaristas) y otros sectores de la gente humilde.

comunidad como líderes informales de la opinión podría tener consecuencias significativas sobre el desarrollo y aceptación de las normas, valores y tradiciones de la comunidad. Entre las incluidas en este estudio, el liderazgo de opinión de los líderes locales era mayor y más efectivo en las comunidades más controladas por los caciques, la Colonia Nueva y la Colonia Periférico. Al cacique de la Colonia Nueva, Ortiz, le agradaba en especial esta función. Uno de sus principales objetivos era crear un sentimiento de solidaridad promoviendo la sensación de amenaza externa sobre las oportunidades de sobrevivencia y desarrollo de la comunidad. Concretamente, procuraba explotar la inseguridad en la tenencia de los terrenos de los residentes, exagerando la amenaza que representaban las maniobras políticas y legales de los terratenientes cuya propiedad había sido invadida para formar el asentamiento, y lo continuó haciendo después del periodo en que esas maniobras pudieron haber tenido éxito. Esas tácticas aumentaron la reputación de Ortiz como unificador y armonizador de intereses, a la vez que fortalecían su imagen como el principal protector de la comunidad contra las poderosas fuerzas que procuraban destruirla.

De igual importancia en el liderazgo de opinión son los esfuerzos del cacique por conformar la imagen que sus seguidores tienen del sistema político supralocal. Mediante descripciones exageradas de sus relaciones personales con personajes políticos externos y narraciones muy optimistas de sus negociaciones con ellos para obtener beneficios para la comunidad, podría crear percepciones muy positivas (y con frecuencia equivocadas) de la disposición de los funcionarios de alto nivel a prestar atención a las demandas de los ciudadanos. El cacique también encuentra conveniente políticamente propiciar una sensación de dependencia colectiva en el gobierno —e indirectamente en él— para que les ayude a desarrollar la comunidad; para ese fin incluso tratará de disminuir la confianza de sus seguidores en la eficacia del esfuerpo propio. Las actividades de desarrollo por esfuerzo propio en las comunidades investigadas eran raras en todas cuando hice mi estudio, aunque existían muchas necesidades que podrían haberse resuelto cuando menos provisionalmente de esa forma. La falta de iniciativa por parte de los líderes de la comunidad era culpable de esto en cierta medida.[17]

El cacique también puede tener un efecto significativo sobre el proceso de aprendizaje político entre sus seguidores en su función de movilizador político. Mediante reuniones públicas frecuentes para tratar los asuntos de la comunidad, visitas por delegaciones de residentes a las oficinas de

[17] Para un estudio adicional de los factores que debilitan la orientación hacia el esfuerzo propio y aumentan la dependencia en el gobierno entre los pobres urbanos de México, véase el capítulo VII.

políticos y funcionarios del gobierno, campañas para registrar a los electores, y otros esfuerzos de grupo, el cacique hace que sus seguidores participen en actividades políticas importantes. Al hacerlo así, aumenta la conciencia de la importancia de la política y de la participación en ella para la satisfacción de las necesidades individuales y de la comunidad. Con frecuencia, si se exige la participación en las actividades organizadas por el cacique para evitar que imponga sanciones, pueden lograrse votaciones extraordinarias.

La capacidad de algunos caciques para movilizar a sus seguidores en las actividades políticas puede explicarse por su éxito en la resolución de lo que se ha denominado el "dilema de los servicios públicos" de los organizadores de la comunidad:

> Los beneficios de la organización colectiva de la vecindad son servicios públicos no divisibles, y si no hay forma de obligar a todos los miembros a que asuman su parte de los costos de estos bienes —esto es, la participación en la organización—, a menos de que haya alguna forma de excluir a quien no contribuya de los beneficios de los bienes colectivos, hay muy poco incentivo para la persona racional, egoísta, de hacer una contribución voluntaria a esos esfuerzos (O'Brien, 1974, pp. 236-237).

En los tres asentamientos precarios incluidos en este estudio, los caciques que controlaban los derechos sobre la ocupación de los terrenos dentro de la comunidad habían hecho saber que quienes no contribuyeran a la acción política serían excluidos de cualesquiera beneficios que se derivaran de esa acción.

Este tipo de estructura negativa de incentivos había sido desarrollada de manera más completa en la Colonia Nueva, donde el cacique Ortiz conservaba registros meticulosos de la participación en las comisiones, en los mítines de la comunidad y en las patrullas de seguridad que organizaba. "Comisión" era el término que utilizaba Ortiz para designar varias actividades de grupo, como la asistencia a las presentaciones públicas del presidente de la República y otros funcionarios, ceremonias de inicio o inauguración de obras públicas en varias partes de la ciudad, y reuniones y mítines promovidos por el gobierno o el PRI. Otras comisiones consistían en visitas que hacían grupos de residentes, encabezados por Ortiz y su esposa, a las oficinas de funcionarios gubernamentales con los que el cacique estaba negociando ayuda para la comunidad.

Como se observa en el cuadro VI.3, los inmigrantes que viven en la Colonia Nueva con frecuencia participan en comisiones y otras actividades de grupo organizadas por su cacique, aunque la mayoría de las comisiones se hacían entre semana, cuando por lo normal los hombres jefes de familia estarían trabajando fuera de la comunidad.[18] Aunque sin duda, gran parte de esta participación resultaba de las presiones ejercidas por Ortiz y sus ayudantes, mis datos de la encuesta por muestreo y la obser-

Cuadro VI.3. *Participación "promovida" de los inmigrantes de Colonia Nueva en los asuntos de la comunidad, durante un año*

Participación	*Porcentaje (N=131-134)*
Ocasiones en que participó en comisiones	
0	26.7
1-2	8.5
3-9	17.3
10-19	10.5
20-49	13.7
50 o más	9.2
Casi siempre, pero no recuerda el número de veces	14.0
Juntas de la comunidad a las que asistió	
0	17.2
1-2	3.3
3-9	12.2
10-19	4.9
20-49	27.1
50 o más	18.7
Casi siempre pero no recuerda el número de veces	16.6
Ocasiones en que participó en guardias o veladas	
0	18.1
1-2	0.0
3-9	4.8
10-19	7.1
20-49	22.5
50 o más	34.9
Casi siempre, pero no recuerda el número de veces	2.5

Nota: Todos los datos se refieren al periodo comprendido entre mayo de 1969 y junio de 1970. Para la forma en que se plantearon las preguntas véase el apéndice A, puntos 120c, 120f y 120g.

vación participante sugieren que las personas que integraban dichas comisiones también consideraban que su comportamiento era un acto instrumental que procuraba influir en las decisiones del gobierno. Por ejemplo, cuando se les preguntó por qué razón participaban en comisio-

[18] Fue posible recopilar información tan detallada sobre la participación de los residentes mediante entrevistas durante la encuesta, porque Ortiz había proporcionado a cada uno de los adultos que residían en la colonia formatos impresos para cada tipo de actividad, en los cuales el secretario de la colonia estampaba con un sello las fechas de todas las participaciones.

nes, más de 80% de los informantes contestaron que ese tipo de actividad "ayuda a la colonia". Cuando se les pidió que explicaran de qué manera la ayudaba, cuatro de cada cinco informantes dijeron que aumentaba el conocimiento oficial de las necesidades y problemas de la colonia o que mejoraba de alguna otra manera las posibilidades de que la colonia recibiera ayuda del gobierno.[19]

En la función de negociador o intermediario político, el cacique interviene de varias maneras entre sus seguidores y los niveles de autoridad más elevados.[20] Representa a la comunidad bajo su control ante los funcionarios supralocales y tiene la responsabilidad principal para exponer las demandas y quejas de sus seguidores a esos funcionarios. Al hacerlo así el cacique ayuda a superar la brecha que existe entre los residentes de la comunidad —muchos de los cuales son inmigrantes rurales recientes que conocen muy poco o nada del sistema político de la ciudad o del país— y las instituciones de la sociedad nacional (*cf.* Friedrich, 1968, p. 247). Sirve como su protector contra las acciones arbitrarias del gobierno, y les pasa la información que proviene de los mecanismos gubernamentales o del PRI. Es el principal responsable de informar a los residentes de la comunidad de los programas o acciones del gobierno que los afectarán individual o colectivamente. En resumen, un cacique que desempeña la función de intermediario político "vigila las uniones o articulaciones de las relaciones que conectan al sistema local con el sistema general" (Wolf, 1965, p. 97).

El cacique, como mediador, procurará tener el monopolio de todos los nexos entre la comunidad que controla y las estructuras políticas y burocráticas del medio exterior. Se esforzará por presentarse como el único intermediario reconocido oficialmente, y por lo tanto como la única persona en posición de trabajar productivamente con el gobierno para mejorar la comunidad. Además, procurará reducir a un mínimo los contactos directos entre sus seguidores y los funcionarios públicos, a menos que él participe como intermediario o movilizador político.

[19] Las preguntas del cuestionario que son de importancia en este respecto son las 120d y 120e.

[20] El concepto de la mediación política ha sido interpretado principalmente por antropólogos interesados en las relaciones entre la nación y las comunidades rurales tradicionales (véase Wolf, 1965; Silverman, 1965; Betley, 1971, y Rollwagen, 1974). Pero también ha sido utilizado en el contexto de relaciones entre sectores tradicionales y modernos dentro del ambiente urbano (Hanna y Hanna, 1967, 1969, 1971; Ugalde, 1970, pp. 173-175; Bartolomé, 1971; Snyder, 1972). Varios investigadores han caracterizado a los líderes locales en los asentamientos precarios de Hispanoamérica como mediadores políticos que intervienen entre las relaciones de los políticos con sus seguidores en el medio electoral urbano. Véase en especial Bourricaud, 1970; Giusti, 1971, p. 83; E. Leeds, 1972, pp. 24-29; Lopes, 1970, pp. 164-165; Ríos, 1960; Toness, 1967, pp. 58-59; Vaughan, 1968. Para un tratamiento general de la importancia de la actividad mediadora política por los líderes locales en la América Latina, véase Chalmers, 1972, pp. 110-111.

Relaciones con los patronos oficiales

Por lo general el cacique tiene una relación de dependencia con uno o más patronos dentro de las estructuras del gobierno o del PRI. Con frecuencia éstos son funcionarios de alto nivel en varias oficinas del gobierno de la ciudad y del partido oficial que se ocupan de los problemas de los sectores de bajos ingresos en la ciudad de México.[21] Como todas las relaciones de dependencia, los nexos entre un cacique y sus benefactores externos se fundamentan en un "cambio recíproco de bienes y servicios que tienen valor para ambos" (J. Powell, 1970, p. 412). Además de concederle una gran medida de autonomía en la dirección de los asuntos locales y la asignación de los beneficios del gobierno dentro de la comunidad, los patronos del cacique representan una fuente de poder derivado que influye considerablemente en su predominio general sobre la comunidad. El cacique también depende de sus patronos para acelerar las acciones administrativas favorables a la colonia, y a mantener de este modo una corriente aceptable de beneficios materiales para la comunidad.

A cambio de eso, se espera que el cacique movilice un gran número de personas dentro de su zona de control para que asistan a las reuniones y mítines del PRI, las presentaciones públicas del Presidente u otros funcionarios de alto nivel, las inauguraciones de obras públicas, las ceremonias para conmemorar la legalización de los asentamientos precarios, y otros hechos cívicos. Como el benefactor por lo general compite con otros políticos ambiciosos para demostrar a las autoridades superiores su capacidad de aportar apoyo de las "bases" para el régimen, las multitudes que tiene a su disposición el cacique adquieren una importancia especial. También se espera que el cacique conserve el control de su asentamiento: que mantenga el orden, impida escándalos y demostraciones públicas que puedan ser molestas para el régimen, y evite en general cualquier actividad que pueda alterar la paz o minar la confianza en el régimen. También tiene la obligación de "orientar" a sus seguidores políticamente (esto es, de hacer propaganda en favor del gobierno y fortalecer la identificación local con éste), organizar la participación en las elecciones, las campañas para registrar electores y otras formas de actividad política recomendadas oficialmente.

Finalmente, se espera que el cacique ayude al régimen para que sean mínimas las demandas de beneficios caros, generalizados, que podrían

[21] A su vez, esos funcionarios dependen de políticos y burócratas de mayor jerarquía. A este patrón se la ha llamado "relación extensa patrono-dependiente" o "sistema de dependencia" (J. Powell, 1970; Nowak y Snyder, 1970). El sistema político mexicano puede ser concebido como sucesivas hileras de relaciones patrono-dependiente, las cuales funcionan en todos los niveles del sistema (véase Fagen y Tuohy, 1972, cap. 2; Tuohy, 1973; Grindle, 1975).

exigir un esfuerzo exagerado del sistema político (por ejemplo, reformas tributarias o un cubrimiento extensivo del seguro social). Esto lo hace propiciando que sus seguidores se consideren a sí mismos "diferentes" de los residentes de otras colonias proletarias de la ciudad, con sus propios problemas y soluciones. Promoviendo esas actitudes localistas, ayuda a asegurar que las demandas políticas de sus seguidores se concentrarán en necesidades concretas de corto plazo.

Cualquier violación flagrante de uno de esos términos básicos del contrato informal entre el cacique y su benefactor podría ser castigada con el retiro del apoyo de éste, con todas las consecuencias negativas que esto podría implicar.[22] Pero lo anterior no significa que el cacique está totalmente sometido a sus patronos. No funciona simplemente como apéndice del aparato gubernamental del PRI, aunque le presta servicios útiles y coopera con sus patronos oficiales en la mayor medida que le sea posible. Retiene considerable libertad de acción en el manejo de los asuntos internos de la comunidad, y está claro que su posición no depende por completo del poder derivado de autoridades exteriores. La mejor prueba de esta autonomía relativa la proporcionan los caciques que logran permanecer en el poder después del cambio total de funcionarios que ocurre al final de cada periodo presidencial.

Orígenes y persistencia del caciquismo urbano

¿Qué factores ayudan a explicar los orígenes y persistencia del caciquismo urbano como patrón de la jefatura local en un ambiente urbano? Ray (1969, p. 63) ha argumentado que dentro del contexto venezolano, "lo que determina la elección de líder que hace un barrio es el carácter económico, social y político, que se ha desarrollado durante el periodo de la posguerra, de la ciudad en que se localiza el barrio". Continúa afirmando que es más probable que surjan los caciques en ciudades que aún no han sido afectadas relativamente por las fuerzas de la modernización, cuya estructura ocupacional carece de un sector industrial moderno y vigoroso. Pero la diversidad de patrones de guía observada *dentro* de muchas ciudades grandes de América Latina —incluyendo la ciudad de

[22] Un líder del PRI entrevistado por Schers (1972, p. 93) mostró considerable sensibilidad a los problemas creados por los caciques que abusan de su poder. Reconoció que hay caciques en las colonias proletarias, pero sostuvo que tenían que comportarse correctamente: "Si el cacique tiene poder se le reconoce, pero se le hacen exigencias." Por la conversación quedaba en claro que esas exigencias no incluían solamente la lealtad al partido, sino también cierta medida de comportamiento honrado. De otra manera se ayudaría a otro líder a tomar el poder. A mi pregunta sobre la forma en que podrían hacer esto cuando se trata de un cacique poderoso, el informante respondió: "Lo encarcelamos durante cierto tiempo, y cuando sale, otro grupo ha tomado ya el poder."

México— sugiere que las variables más importantes en este respecto son las que se relacionan con el carácter de la vecindad urbana en que se localiza y no de la ciudad.

En la ciudad de México, los asentamientos que se originan mediante invasiones ilegales de terrenos parecen ofrecer un ambiente sociopolítico particularmente favorable para el surgimiento del caciquismo. Con frecuencia también hay caciques en numerosos fraccionamientos ilegales en la periferia de la ciudad. Ambos tipos de asentamientos padecen al principio privaciones extremas de servicios y de tenencia insegura de los terrenos, convirtiéndose con frecuencia en objetos de sanciones negativas o de amenazas del gobierno o de los terratenientes privados. El surgimiento del caciquismo en esas zonas podría estar relacionado tanto con su origen ilegal como con la magnitud de los problemas de desarrollo a que deben enfrentarse. Debido a que en tanto el gobierno no otorgue su reconocimiento oficial a un asentamiento de ese tipo, no asume la responsabilidad por su administración o mejoras, hay una mayor amplitud para que las personas enérgicas tomen el control y traten a sus seguidores de una manera autocrática.

Si esto es cierto, podríamos presentar la hipótesis de que a medida que se satisfacen las necesidades más importantes de una comunidad, le será cada vez más difícil conservar su posición al cacique que la preside.[23] El reconocimiento oficial a los derechos sobre la tenencia de los terrenos y el fraccionamiento subsiguiente de las tierras en lotes individuales podrían ser especialmente peligrosos para la influencia del cacique en la comunidad, porque esos actos lo privan simultáneamente de importantes recursos coercitivos (los que derivan de su poder para asignar la ubicación de las familias) y satisfacen la necesidad a la que son más sensibles sus seguidores. Los cacicazgos de la Colonia Nueva y de la Colonia Periférico fueron considerablemente debilitados por la legalización por parte del gobierno de esos asentamientos precarios.

El surgimiento de un cacique en determinada comunidad también puede estar relacionado con la composición de su población en términos de orígenes rurales o urbanos. Como una mayoría de las personas de los asentamientos precarios incluidas en este estudio son de origen rural, podría argumentarse que el cacicazgo observado en esas zonas representa únicamente otra manifestación de los resabios rurales, esto es, "la transferencia desde las zonas rurales de los patrones de comportamiento, valores e instituciones, y su persistencia o adaptación a los requerimientos es-

[23] Para estudios muy incisivos de la relación entre la satisfacción de las necesidades básicas y los cambios en la relación entre el líder y sus seguidores, tanto en medios urbanos como rurales, véase Silverman, 1965, pp. 183 ss.; González Casanova, 1970, p. 35; J. C. Scott, 1969, pp 1155-1157; Wolf, 1965, p. 98.

pecíficos del ambiente urbano" (Germani, 1967, p. 179; *cf.* Cornelius, 1971, pp. 111-112). Por tanto, se puede plantear la hipótesis de que el apoyo de los inmigrantes a los caciques representa una simple transferencia de las funciones que se esperan del líder, de su lugar de origen a las colonias proletarias urbanas.[24] Además, se considera que los campesinos, al igual que los emigrantes rurales a la ciudad, muestran una fuerte predisposición a someterse rápidamente ante cualquier clase de figura autoritaria.

Podríamos esperar que la estabilidad del cacicazgo se vea amenazada por los cambios en la distribución de esas expectativas con respecto al papel que desempeña el líder y las orientaciones de las actitudes entre la población de la comunidad, a medida que la primera generación de inmigrantes rurales adopta las nuevas normas "urbanas" y la segunda generación —con muy poco o ningún conocimiento de la situación rural—, llega a la madurez. Pero los datos obtenidos en las encuestas de la Colonia Nueva y la Colonia Periférico, las dos comunidades que todavía estaban dominadas por caciques en el momento de la encuesta, dieron poco apoyo a esas hipótesis. Muestran que los inmigrantes presentan en realidad una mayor predisposición hacia el autoritarismo y mayor deferencia a la autoridad que los residentes nacidos en la ciudad; pero no es mayor entre ellos que entre estos últimos la probabilidad de que evalúen al líder local positivamente. Tampoco hay diferencias importantes entre los inmigrantes y sus hijos mayores nacidos en la ciudad, en términos de la evaluación del líder.

Quizás la amenaza más fundamental para la persistencia de un cacicazgo urbano —en especial, de uno situado en un asentamiento precario— surge a medida que la comunidad local empieza a desarrollar un conjunto más complejo de relaciones sociales, económicas y políticas con el ambiente que la rodea y se integra más completamente dentro de la estructura física de la ciudad. La influencia del cacique en su función esencial de intermediario entre sus seguidores y las instituciones supralocales podría reducirse considerablemente en el transcurso de ese cambio evolutivo.[25] A medida que los residentes individuales se familiarizan más con el ambiente de la sociedad urbana y del sistema político que predomina en la misma, ocurrirán más contactos directos, sin *ningún intermediario*. El cacique también se podría enfrentar a una creciente competen-

[24] Cooper (1959) ha investigado la relación entre el papel que se espera del líder y el grado de orientación hacia la vida urbana industrial en el contexto de las situaciones de trabajo en una aldea rural, un pueblo de tamaño medio y una gran ciudad en México. Encontró que a medida que se pasaba de la comunidad rural tradicional hacia los ambientes urbano-industriales modernos de la ciudad de México, las actitudes sobre lo que constituye un "buen" y un "mal" líder cambian notoriamente.

[25] Rogler (1974) ha documentado las consecuencias negativas de la asimilación a la ciudad para la influencia de los líderes políticos locales, en una comunidad de inmigrantes puertorriqueños en los Estados Unidos.

cia de intermediarios que no residen en la comunidad, pero que invaden sus dominios. A la larga, uno de esos competidores podría desplazarlo como cacique; pero es más probable que el cacicazgo sencillamente se desintegre, dejando su lugar a alguna forma de jefatura impuesta desde el exterior, o quizás a una situación en que no es posible encontrar ninguna estructura de jefatura. Por lo tanto, lo más conveniente es considerar al caciquismo urbano como un fenómeno transitorio (aunque con frecuencia de larga duración), limitado a cierta fase en la evolución de las comunidades de bajos ingresos.

Caciquismo y "reforma política"

La amplia difusión del caciquismo en las zonas rurales y urbanas de México se ha convertido en un asunto cada vez más controvertido dentro del PRI y el gobierno en años recientes. Ha sido reconocido y condenado varias veces por funcionarios de alto nivel, incluyendo al presidente de la República y al presidente del PRI.[26] Este último ha hecho advertencias reiteradas de que "sería incongruente oponerse al caciquismo rural, herencia del antiguo régimen prerrevolucionario, en tanto que se ignora la amenaza del caciquismo urbano" (*El Día*, 24 de junio de 1972, p. 1). El tema también se presentó en los esfuerzos del presidente Echeverría para hacer algunas limitadas reformas democráticas en la estructura y los procedimientos del PRI, con la esperanza de contrarrestar o incluso cambiar la reciente tendencia que se ha manifestado en México hacia un mayor abstencionismo (véase Segovia, 1974). Los argumentos de Echeverría, el presidente del partido y otros altos funcionarios fueron, sencillamente, que el régimen ya no necesita caciques para que les lleven votos a sus candidatos, y que continuar dependiendo de ellos contribuirá a un mayor abstencionismo y a una creciente hostilidad de las mayorías. Esas preocupaciones fueron claramente expuestas por el presidente del PRI en un discurso que pronunció en 1972 ante trabajadores del partido (Reyes Heroles, 1972):

> Hay compañeros [militantes del PRI] que de buena fe —al menos así lo creo— nos dicen que es equivocado combatir al caciquismo; que los caciques constituyen parte del poder de nuestro Partido... que estamos destruyendo la espi-

[26] La "lucha contra el caciquismo" en el medio rural y en el urbano ha sido un tema persistente en la retórica del presidente Luis Echeverría y del presidente del PRI, Jesús Reyes Heroles, a partir de 1972. Véanse en particular los discursos reproducidos en *El Día*, 3 de octubre de 1972, p. 1; 22 de mayo de 1974, p. 3; 24 de mayo de 1974, p. 8; 6 de marzo de 1975, p. 12; 1 de junio de 1975, p. 4; y *Excelsior*, 10 de abril de 1975, pp. 1A, 9A; 11 de abril de 1975, p. 22A; 13 de abril de 1975, p. 10A.

> na dorsal del Partido. Sinceramente, no lo creo. Ningún gobernante puede basar su apoyo en cacicazgos. Se equivoca si cree que puede hacerlo así, porque él es quien sostiene a los caciques. Podría alegarse que el caciquismo ha llenado una función (en lo pasado), pero es indiscutible que desaparecerá en nuestro tiempo. En la breve experiencia que hemos tenido en esta lucha, hemos visto que el pueblo, dondequiera que combatimos a los caciques, ha votado con gran entusiasmo y ha dejado de abstenerse. Saben que al votar están decidiendo su propio destino y están venciendo aquello (el caciquismo) que detiene a su comunidad. En comparación con esta situación, vemos cómo el abstencionismo aumenta en las localidades en que el Partido, debido al juego interno de fuerzas o a una deliberada resistencia al cambio, no ha podido lanzar candidatos que garanticen la eliminación del cacicazgo... En esos casos el abstencionismo aumenta. Las personas no deciden sus propios asuntos, sino que se resignan, quizás sólo para explotar después.

No es sorprendente que muchos políticos del Partido y funcionarios gubernamentales de menor nivel tengan una opinión muy diferente del papel del cacique dentro del sistema político. Sus superiores esperan que mantenga el control social y político dentro de sus jurisdicciones y que aseguren a la vez una alta votación para el PRI y una gran asistencia a las manifestaciones. A los caciques les ha sido fácil obtener y conservar el poder en comunidades pequeñas, tanto rurales como urbanas, porque facilitan más a los funcionarios ambiciosos de menor nivel efectuar este trabajo (véase Paré, 1972). Esas personas tienden a no prestar atención a los argumentos de que los caciques autocráticos y explotadores que actúan como promotores del PRI están contribuyendo a la hostilidad y el abstencionismo entre los pobres.

La eliminación de los caciques requerirá que los funcionarios de menor nivel inviertan más de su propio tiempo y energía en la organización política de las bases, en medios sociales que en gran medida desconocen. Tal como está estructurado actualmente, "el PRI... puede trabajar con individuos seleccionados que están ubicados estratégicamente en la estructura social, con el conocimiento de que proporcionarán el apoyo de sus seguidores al partido... Por lo tanto, éste no siempre requiere una estructura organizativa separada; puede utilizar los contactos personales para trabajar a través de las organizaciones e instituciones" (Purcell y Purcell, 1973). Los líderes nacionales también deben ponderar las ventajas del control y movilización políticos, a través de caciques locales de confianza, con las incertidumbres y divisiones potenciales que lleva consigo la organización de las bases por personas de fuera; pero parecen haber concluido que cuando menos es indispensable cierto compromiso retórico enérgico con la erradicación del caciquismo.

También desde el punto de vista de los pobres urbanos y rurales los costos y beneficios del caciquismo como forma de jefatura local son ambivalentes. En el contexto urbano, los costos económicos del caciquismo pueden ser enormemente elevados para los residentes individuales de una vecindad de bajos ingresos. Sin embargo, los residentes de esas comunidades, en especial los de los asentamientos precarios de más reciente formación, saben que se enfrentan a varios problemas de desarrollo que se deben resolver si quieren que su comunidad sobreviva y se convierta en un ambiente residencial adecuado. Las pruebas obtenidas en la ciudad de México sugieren que un líder fuerte —ya sea un cacique o algún otro tipo de líder local— *puede* aumentarse significativamente la capacidad de una comunidad de bajos ingresos para manipular en el sistema político con el fin de obtener ayuda para el desarrollo de la comunidad. La forma en que ocurre esa manipulación, sus objetivos específicos, y las consecuencias para la comunidad, son los temas principales de que nos ocuparemos a continuación.

VII. LA PRESENTACIÓN DE DEMANDAS POLÍTICAS

La delegación de solicitantes de la Colonia X ha estado esperando pacientemente durante varias horas: siete familias completas, incluyendo niños inquietos y jefes de familia que han pedido permiso en sus trabajos, encabezados por miembros de la Junta de Mejoras de la colonia. La sala de espera de un funcionario del Distrito Federal está atestada por docenas de delegaciones similares de otras vecindades de la ciudad. Las personas de la Colonia X son "paracaidistas" urbanos, y cuando finalmente se les hace pasar a la oficina, presentan una solicitud laboriosamente mecanografiada en que le piden al gobierno que reconozca sus derechos sobre los terrenos, que ha sido firmada prácticamente por todos los residentes de su comunidad. El orador del grupo argumenta que los títulos sobre los terrenos son indispensables para asegurar una pequeña herencia a sus hijos. Además, continúa, la seguridad en la tenencia propiciará la inversión en la construcción de casas permanentes y empresas comerciales dentro de la comunidad. El orador también hace notar agudamente que con los títulos de propiedad los residentes de la colonia podrían empezar a contribuir a los ingresos por impuestos que recibe el gobierno. Para fortalecer la imagen de su comunidad como merecedora de la ayuda del gobierno, otros delegados citan ejemplos de las dificultades que han soportado al colonizar los terrenos y los esfuerzos que ellos mismos han hecho para mejorar la comunidad. Hacen hincapié en su creencia en el compromiso del gobierno con las preocupaciones humanitarias, que deben asegurar que su solicitud sea atendida en interés de la justicia social. El funcionario promete que la situación de la colonia será detenidamente estudiada. La sesión concluye en medio de expresiones fervientes del apoyo de los solicitantes al régimen.

Esta escena, que se repite muchas veces en la Oficina de Colonias del Gobierno de la ciudad, es el primer paso en un esfuerzo prolongado, complejo y con frecuencia frustrante, para manipular al sistema político y satisfacer una necesidad profunda. La vivienda libre de rentas que tienen por su residencia en un asentamiento precario es indispensable para satisfacer las aspiraciones materiales de millones de *capitalinos* de bajos ingresos, pero sólo se puede asegurar la residencia permanente en esos asentamientos mediante esfuerzos continuos por asegurarse el reconocimiento oficial de los derechos de tenencia.

El presentar peticiones de beneficios como los títulos de los terrenos y los servicios urbanos básicos es una forma de participación política importante, aunque poco espectacular, a la cual se ha prestado poca atención en las obras sobre la emigración hacia la ciudad o que tratan de la gente humilde en general. Llamo a esas actividades "presentación de demandas políticas", y la defino como la acción colectiva o individual que busca obtener ciertos tipos de beneficios del sistema político influyendo en las decisiones de los funcionarios del gobierno en el poder. Por tanto, hago distinción entre la presentación de demandas y la actividad política que procura influir en la asignación de recursos que hace el gobierno, ya sea reemplazando o conservando a las autoridades actuales (por ejemplo, la participación electoral) o bien derrocando o reestructurando el sistema político (por ejemplo, mediante una revolución violenta). En esta definición las demandas políticas tienen dos características: surgen de las necesidades cuya satisfacción se considera que depende de la acción del gobierno; y varios individuos o grupos las presentan como demandas específicas ante el gobierno. El término "demanda" no tiene ninguna implicación sobre la forma en que se hacen estas peticiones. En particular entre los habitantes pobres de las ciudades latinoamericanas, la articulación de las demandas no implica por lo general golpes sobre la mesa, demostraciones de protesta u otro comportamiento agresivo.

La presentación de demandas como forma de participación política tiene varias características distintivas. Debido a que un participante individual (o los líderes del grupo demandante al que pertenece) determina el tema de sus relaciones con los funcionarios públicos, el resultado de su participación será con toda seguridad notorio e importante para él (véase Verba y Nie, 1972, p. 52); la relación entre su participación y los resultados es más directa y visible que en ningún otro modo de actividad política. Además, los motivos para presentar demandas son casi totalmente instrumentales, en vez de expresivos o de apoyo al sistema.[1] Aunque la presentación de las demandas puede tener en ocasiones rasgos rituales de apoyo al sistema, su objetivo principal es el de manipularlo e influir en la asignación de valores. Los demandantes desean respuestas explícitas del sistema político, y ven su comportamiento como una "táctica para aumentar sus posibilidades de obtener esas respuestas" (Eisinger, 1971, p. 984). Para los pobres urbanos en México, la participación dentro del modo de presentación de demandas es la estrategia más directa y con frecuencia la más eficaz para influir en las decisiones del gobierno.

[1] Para la distinción entre la participación política "instrumental" y la "expresiva" véase Milbrath, 1965, p. 12; Verba y Nie (1972, p. 2) también diferencian la participación instrumental y la "ceremonial" o de apoyo, en que " 'participan' los ciudadanos expresando su apoyo al gobierno, marchando en desfiles, trabajando intensamente en proyectos de desarrollo, participando en grupos de jóvenes organizados por el gobierno o votando en elecciones ceremoniales". Véase también la discusión de la participación ceremoial y de apoyo al sistema en el sistema político mexicano que hacen Fagen y Tuohy, 1972, pp. 38-39.

Urbanización y presentación de demandas políticas

Los teóricos del cambio social y político, al igual que quienes toman las decisiones políticas, han postulado con frecuencia una estrecha relación entre la creciente migración de las zonas rurales hacia las ciudades y los cambios en los tipos y frecuencia de demandas que se hacen a los gobiernos.[2] Se ha argumentado que la vida en la ciudad favorece la ampliación del campo de necesidades humanas que pueden satisfacerse mediante la acción del gobierno. También se cree que el medio urbano aumenta la conciencia política entre la población inmigrante. Para terminar, la emigración a la ciudad hace que un mayor número de ciudadanos esté más cerca de los funcionarios del gobierno, de tal manera que las necesidades pueden expresarse con menor costo de tiempo, esfuerzo y dinero. Se supone que el resultado será una aceleración en la presentación de demandas; y también se supone que las demandas de servicios públicos y otros beneficios del gobierno aumentarán con mucha mayor rapidez que la capacidad del sistema político para hacerles frente. Robert Scott, siguiendo la línea de este argumento específicamente para la América Latina, ha escrito:

> A medida que el carácter de la población general se transforma de predominantemente rural y aislado a parcialmente integrado y urbano... ocurren cambios en los tipos, cantidades e intensidad de las demandas que se le hacen al gobierno. Tanto en términos absolutos como relativos, más personas dejan la agricultura y la aparcería para convertirse en parte de la economía monetaria de la ciudad, o afuera de ésta, como miembros del proletariado rural y participantes en operaciones agrícolas comerciales o de mercado. Para esas personas es importante lo que ocurre en la política nacional, y los tipos de programas gubernamentales que favorecerán cambiarán drásticamente. En lo pasado, ... mucho de lo que el gobierno proporcionaba era simbólico —por ejemplo, una ley de reforma agraria que nunca se aplicaba— o no reflejaba tanto lo que las multitudes deseaban, como lo que los líderes gubernamentales creían que debían tener. Ahora, a medida que aumentan los conocimientos de la población general, este tipo de actividad gubernamental ya no les satisface.

Esos argumentos parecen estar basados en supuestos un tanto mecanicistas sobre la transformación de necesidades definidas objetivamente en demandas efectivas sobre el gobierno. Se considera en gran medida la demanda de servicios públicos como una función del número potencial de clientes, cuya cantidad aumenta no sólo por las migraciones desde el campo, sino también por tasas de crecimiento persistentemente altas en-

[2] Véase en especial Deutsch, 1961, pp. 498-499; 1974, p. 541; Huntington, 1968, p. 5; Wriggins y Guyot, 1973, pp. 5-16. Véase también, con referencia específica a Hispanoamérica, Duff y McCamant, 1968, pp. 1125-1129, y los estudios citados por Cornelius, 1971, pp. 100-101.

tre los pobres que ya viven en las ciudades. Las pruebas que presentaré en este capítulo indican que este tipo de supuesto "de un individuo, una demanda", podría ser sumamente desorientador en todo intento de estimar el efecto potencial que tiene el rápido crecimiento de la población o de la migración sobre el funcionamiento de los sistemas políticos. En particular en lo que se refiere a los emigrantes rurales de bajos ingresos, la medida en que la mayor conciencia política y las necesidades definidas objetivamente se convierten en presiones crecientes sobre el gobierno urbano es un problema empírico que pocas veces ha sido tratado en investigaciones previas.

Las investigaciones de este problema deben ir más allá de la medición del nivel absoluto o la frecuencia de la presentación de demandas políticas entre los sectores recientemente urbanizados de la población. También se debe procurar *aclarar* el proceso por el que necesidades objetivas se convierten en demandas políticas. ¿De qué manera perciben y definen los emigrantes pobres sus necesidades y problemas más graves? ¿En qué medida perciben al gobierno como el organismo importante en la resolución de los problemas? ¿Cuál es la naturaleza sustantiva de las demandas que presentan? ¿Les preocupan necesidades individuales o necesidades colectivas de los vecindarios urbanos y otras unidades sociales? ¿A qué tipo de funcionarios u organismos se dirigen las demandas? ¿Qué estrategias se utilizan en la presentación de demandas, y qué factores determinan su éxito o su fracaso? En resumen, ¿cómo pueden alcanzar sus metas quienes buscan influir en la distribución de los beneficios que proporciona el gobierno?

La conversión de las necesidades en demandas políticas

Es posible identificar varias etapas distintas en la conversión de las necesidades definidas objetivamente en demandas reales sobre el gobierno. Primero, el individuo debe percibir las privaciones o problemas objetivos como situaciones que requieren algún tipo de solución o de acción para mejorarlas. Después, debe considerar que las necesidades que siente pueden ser satisfechas por la acción gubernamental. Finalmente, el potencial demandante debe ser capaz de concebir una estrategia o canal para articular esas necesidades "politizada". Esas etapas básicas están resumidas gráficamente en la figura VII.1.[3]

[3] Para otra conceptualización del proceso de creación de demandas al nivel individual, véase Medler, 1966 cap. 5. Mi modelo de proceso difiere del de Medler principalmente en que atribuye menos importancia a la participación por conocimiento en la política y al sentimiento de eficacia política como requisitos para presentar demandas. *Cf.* Graham y Pride, 1971.

El supuesto implícito en la mayoría de las discusiones sobre la relación entre el urbanismo y las demandas sobre el sistema político es que la conversión de necesidades objetivas en demandas políticas ocurre casi automáticamente, pero en gran medida esto no ha sido demostrado. En el análisis siguiente procuraré probar que a menudo hay importantes retrasos en el proceso de creación de demandas entre los emigrantes a la

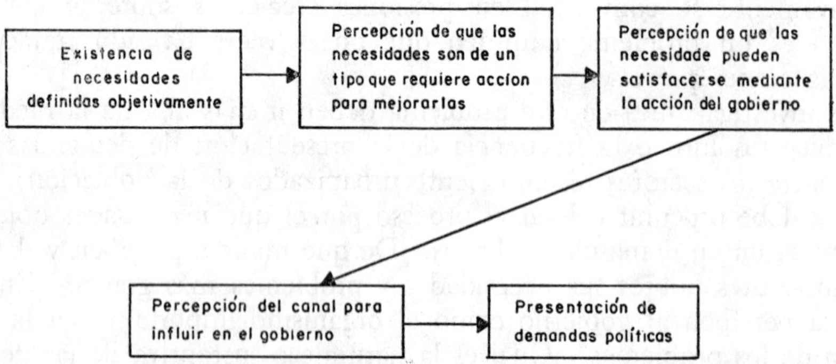

FIGURA VII.1. Etapas básicas en el proceso de creación de demandas.

ciudad, y que muchos tipos de necesidades sentidas son en realidad contempladas por los migrantes como necesidades que deben satisfacerse por el migrante mediante la acción individual, en vez de la presentación de demandas políticas.

Necesidades objetivas y percibidas

Las necesidades objetivas de los inmigrantes que viven en las comunidades incluidas en este estudio son evidentes.[4] En el momento en que se llevaron a cabo las entrevistas de la encuesta, 70% de los hogares estudiados carecían de agua entubada, y un número igual de drenaje. La mayoría de las casas (75%) no tenían calles pavimentadas ni banquetas. Casi una tercera parte de las familias vivían en casas de una sola habitación, y 23% de las viviendas eran casuchas temporales de lámina de cartón o materiales de desecho. Sólo 4.4% de las viviendas carecían de electricidad, pero 48% sólo podía obtenerla mediante conexiones ilegales con las líneas de transmisión de colonias vecinas.

Las condiciones físicas eran sólo parte del problema. Únicamente 4% de las familias inmigrantes habían recibido título formal sobre los terre-

[4] Mis cifras se basan en un promedio de N=671.

nos que ocupaban.[5] Aunque sólo 4.7% de los jefes de familia inmigrantes estaban desocupados en el momento de la encuesta, había considerable desempleo, y los que tenían trabajo estaban mal pagados (50% de las familias tenían ingresos menores del salario mínimo legal, que entonces equivalía a cerca de 60 dólares mensuales). Las familias que debían sostenerse con esos ingresos eran grandes: 61% de los jefes de familia tenían viviendo con ellos en sus casas seis o más dependientes, y 90% tenían hijos en edad escolar. Las familias eran grandes a pesar de una alta tasa de mortalidad infantil: más de la mitad de las familias de inmigrantes (50.6%) informó que habían tenido hijos que murieron antes de los seis años durante su residencia en la ciudad de México. Entrevistas posteriores confirmaron que la mayoría de esas muertes habían ocurrido durante la residencia de las familias en las colonias en que vivían al hacerse el estudio. Los médicos de los servicios de salud pública que atendían a las comunidades informaron que la gran mayoría de las muertes entre los niños ocurrían por trastornos gastrointestinales contraídos debido al agua contaminada y a las aguas negras no tratadas que fluían a través de las zanjas abiertas en las zonas en que juegan los niños.

En vista de estos problemas económicos y ambientales reales, ¿cuáles son las necesidades que los propios inmigrantes consideran más urgentes? Las respuestas a la encuesta que se muestran en el cuadro VII.1 indican que los problemas que tienen más presentes son los que se relacionan con la movilidad socioeconómica. Aumentar el ingreso de la familia y tener un trabajo estable son las metas más importantes. La educación —ya sea para ellos mismos o para sus hijos— es otra preocupación importante, a la cual sigue de cerca la necesidad de convertirse en propietario de terrenos o de una vivienda (u obtener el título legal sobre los terrenos que ocupan actualmente). Es sorprendente que pocos informantes consideran las mejorías en las condiciones de vida (mediante la adquisición de una mejor casa o del acceso a servicios urbanos básicos) como su preocupación más importante.

Uno de los descubrimientos más sorprendentes de este y otros estudios sobre personas de bajos ingresos en la periferia de las ciudades latinoamericanas es la importancia relativamente baja que esas personas dan a una mejor vivienda. Queda en claro que consideran la seguridad en la tenencia de los terrenos, los servicios básicos como agua entubada, y las mejoras en infraestructura como las calles pavimentadas, necesidades más

[5] Esta cifra baja no sólo es reflejo del hecho de que dos de las comunidades investigadas eran asentamientos precarios que aún no estaban del todo legalizados en el momento de la encuesta. Incluso en comunidades en que a todos los ocupantes de los terrenos se les habían reconocido oficialmente sus derechos, muchos residentes no podían pagar las cuotas que se requerían para obtener un título de propiedad ante el notario (con frecuencia más de 1 500 pesos), incluso después de que habían hecho todos los pagos que se requerían sobre los propios lotes.

urgentes que una casa amplia construida con materiales permanentes. Sí se lleva a cabo construcción de casas permanentes entre los residentes de los asentamientos precarios y de los fraccionamientos de bajos ingresos, pero en la medida en que lo permiten los recursos financieros de las familias. La mayoría de éstas estaría muy renuente a asumir la carga financiera a largo plazo que impondrían los pagos por una vivienda construida por el gobierno o comercialmente, suponiendo que pudieran adquirir una. En vez de eso, prefieren construir y mejorar sus propias casas a medida que tienen dinero y tiempo disponibles, incluso si el periodo básico de construcción debe durar entre 10 y 15 años (J. Turner, 1971, 1974; Turner y Fichter, 1972, cap. 7; Dietz, 1974).

CUADRO VII.1. *Principales preocupaciones personales de los inmigrantes*

Preocupación	*Porcentaje*
Aumentar el ingreso de la familia	26.5
Tener empleo seguro	22.4
Educación (para uno mismo o para sus hijos)	15.2
Ser propietario del terreno o de una vivienda, inseguridad en la tenencia de los terrenos	14.8
Mejorar las condiciones de vida (adquirir una vivienda mejor, mejorar la casa actual, instalar agua entubada, electricidad o drenaje)	9.2
Salud propia y de la familia	7.7
Progresar en el trabajo, hacer su trabajo bien	2.3
Necesidades y problemas de la comunidad del informante (que no sea la inseguridad de la tenencia de la tierra)	0.8
Otros	1.1

NOTA: La pregunta era: ¿"Cuáles son sus preocupaciones?... ¿qué tipo de cosas le preocupan más?" Este cuadro informa de la primera preocupación mencionada por los informantes. N=629. Se excluyeron las respuestas "No sé" y "no tengo preocupaciones" (7.3% de la muestra).

Se pidió a los inmigrantes incluidos en mi estudio que identificaran el problema o necesidad más graves a que se enfrentaba su comunidad de residencia (véase el cuadro VII.2). La necesidad que se sentía abrumadoramente en la Colonia Nueva y la Colonia Periférico era la seguridad en la tenencia, los dos asentamientos precarios en que el proceso de reconocimiento de los derechos de tenencia individuales por parte del gobierno no había terminado aún en el momento de la encuesta. En las otras cuatro comunidades casi nadie consideraba que la seguridad en la tenencia fuese la necesidad principal. En cambio, los servicios y mejoras urbanos básicos se consideraban —en especial agua entubada, sistema de drenaje y calles pavimentadas— como las necesidades principales, después de las cuales venían las instalaciones comunales como

CUADRO VII.2. *Problemas más importantes para la comunidad, tal como los perciben los inmigrantes, por comunidad*

Problema	*Colonia* Nueva	*Colonia* Periférico	*Colonia* Texcoco	*Colonia* E. Propio	*Unidad* Popular	*Colonia* Militar	TODAS
Abastecimiento de agua	23.4%	12.6%	32.5%	12.0%	35.6%	7.9%	20.1%
Drenaje	11.0	28.7	41.7	14.5	0.0	0.9	16.9
Seguridad en la tenencia	46.7	45.8	0.8	0.0	0.0	2.6	16.5
Cuidado de la salud	2.0	0.0	10.4	20.5	13.6	13.2	10.0
Pavimentación de calles	2.3	8.9	7.5	19.6	3.4	2.6	7.7
Mercados públicos	0.0	0.0	0.0	12.9	0.0	28.1	7.2
Escuelas	9.1	1.1	0.0	0.0	1.7	25.3	6.4
Ambiente[a]	0.0	0.0	0.0	4.3	23.7	0.0	3.6
Electricidad	1.0	0.0	5.0	3.4	0.0	0.0	1.8
Protección de la policía	0.0	1.1	2.1	0.8	3.4	0.9	1.2
Recolección de basura	0.0	1.9	0.0	0.0	0.0	3.5	0.9
Otros	4.4	0.0	0.0	11.9	13.6	7.2	6.8
Ninguno	0.0	0.0	0.0	0.0	5.1	7.9	1.9

NOTA: N=663. Las diferencias entre las comunidades son estadísticamente significativas, por la prueba de chi cuadrada, al nivel de .001. Se excluyen las respuestas de "no sé" o los casos en que no se respondió. La pregunta era: "En su opinión ¿cuáles son los problemas y necesidades más urgentes o graves de esta comunidad?" Comprobación: "¿De los problemas o necesidades que ha mencionado, cuál cree que sea el más importante?"

[a] Incluye la contaminación del aire, insectos, condiciones inestables del subsuelo, aglomeraciones, etc.

escuelas, mercados públicos y centros de salud. Sólo en las dos comunidades más desarrolladas (Unidad Popular y Colonia Militar) se consideraba un problema la contaminación ambiental, la falta de parques e instalaciones recreativas y transportes públicos inadecuados; e incluso en esas comunidades se consideraban más graves las deficiencias en el abastecimiento de agua y en instalaciones como escuelas y mercados públicos. En todas las comunidades investigadas sólo tres informantes mencionaron la "mala vivienda" como el problema más importante a que se enfrentan las personas de su comunidad. La frecuencia general (considerando todas las comunidades) con que se mencionó la falta de sistemas de agua y drenajes, calles pavimentadas y seguridad en la tenencia como las necesidades más importantes de la comunidad son muy parecidas a las encontradas en otros estudios sobre la percepción de necesidades, que se hicieron en contextos similares (Butterworth, 1973, p. 231; Andrews y Phillips, 1970, pp. 217-218; Cornelius y Dietz, 1973, p. 8; J. Turner, 1970, pp. 8-9).

El grado de importancia que se atribuyó a dos necesidades particulares —seguridad en la tenencia de los terrenos y escuelas públicas— requiere un tratamiento adicional. La intensidad con que los inmigrantes que carecían de título legal sobre sus lotes necesitaban asegurarlo es ejemplificada por tres preguntas adicionales incluidas en la encuesta. Cuando se les preguntó si estuvieron preocupados personalmente por algún problema relacionado con la comunidad durante el último año, más informantes mencionaron la inseguridad de la tenencia que cualquier otro problema. Al responder a una pregunta relacionada, 30% de todos los migrantes que no alquilaban vivienda expresaron su opinión de que sus propios derechos sobre la casa y el terreno aún no eran seguros, y el porcentaje que lo creía así era mayor en la Colonia Nueva y la Colonia Periférico, las dos comunidades cuya regularización oficial no se había terminado en el momento de la encuesta. También se preguntó a los informantes si habían trabajado o cooperado con otros residentes de la comunidad para tratar de resolver un problema común. Muchos (28%) de quienes lo habían hecho así informaron que había sido en asuntos relacionados con el problema de la tenencia.

La gran importancia atribuida a este problema por los residentes de una comunidad formada ilegalmente no es de sorprender, ya que la oportunidad de adquirir un lugar para vivir es el principal móvil que los llevó inicialmente a trasladarse a ese lugar. Sea cual fuere la importante satisfacción psicológica de ser propietario de su terreno, la propiedad le asegura cuando menos una modesta herencia para sus hijos (patrimonio familiar). Pero las ventajas económicas a corto plazo para el inmigrante y su familia también son importantes. La mayoría de los inmigrantes que viven en las comunidades investigadas habían construido o aún estaban construyendo sus propias casas. De hecho, la construcción de casas era su principal forma de inversión de capital. Una vivienda libre de rentas e hipotecas puede ofrecer seguridad económica durante periodos de desempleo, enfermedades graves y otras crisis familiares. Si lo permiten las finanzas, se puede añadir una habitación a la vivienda para alquilarla, o para abrir una pequeña tienda o algún otro negocio familiar. Pero la protección de esta fuente de seguridad y de ingresos complementarios requiere el reconocimiento de los derechos de tenencia por parte del gobierno. Además, con frecuencia se necesitan los títulos de los terrenos para obtener préstamos de los bancos y otras instituciones.

En lo referente a la necesidad de más (o mejores) escuelas públicas, el lector puede encontrar sorprendente que personas que conciben la educación como una de las principales preocupaciones personales (véase el cuadro VII.1) por lo general no coloca a las escuelas entre las primeras necesidades en su comunidad. Sólo en la Colonia Militar, la más urbanizada de las comunidades investigadas, se encontraba la necesidad de escuelas entre las principales necesidades que sentían los residentes en su comunidad. En esa colonia, el problema implicaba instalaciones muy antiguas y malos profesores, no total ausencia de escuelas. En realidad, todas las comunidades incluidas en el estudio tenían una o más escuelas públicas. Incluso en la Colonia Nueva, que al momento de la encuesta carecía de servicios básicos, los residentes habían construido su propia escuela provisional y contratado a un profesor, cuyo salario era pagado por el PRI. En general, a pesar de la extrema sobrepoblación en muchas escuelas primarias y secundarias, el funcionamiento de la organización del PRI y del gobierno al construir escuelas públicas y dar profesores para las escuelas construidas por la comunidad es más impresionante que en ningún otro tipo de problemas de los que afectan a los vecindarios de bajos ingresos de la ciudad de México.

Necesidades politizadas

¿En qué consiste, entonces, el programa del ciudadano para la acción del gobierno entre la población inmigrante? Esto es, ¿qué tipo de necesidades consideran que es posible satisfacer mediante la acción del gobierno? Se pidió a los residentes de las comunidades investigadas que dieran su opinión sobre lo bien que actuaba el gobierno en problemas determinados, y también se les pidió que especificaran los campos en que creían que el gobierno no tenía ninguna responsabilidad. Aunque algunos inmigrantes dudaban de que el gobierno debiera dar ayuda económica a los necesitados, proporcionar empleo, redistribuir la riqueza ("procurar reducir las diferencias entre las clases ricas y pobres de México"), en su gran mayoría consideraban que el gobierno era responsable de proporcionar todo tipo de servicios y mejoras para la comunidad.

La medida en que se han politizado los problemas y necesidades de la comunidad queda ejemplificada aún más, por la respuesta que dieron los inmigrantes a varias preguntas sobre la función del gobierno en el desarrollo de la comunidad. En respuesta a la pregunta: "¿A quién o a qué debe culparse por la mayoría de los problemas de su comunidad?" casi dos terceras partes de los informantes mencionaron "Al gobierno" en general o a un determinado funcionario u oficina gubernamental. Al responder a otra pregunta, sólo 14% de la muestra de inmigrantes consideró que los problemas más importantes de sus comunidades podían ser resueltos por los mismos residentes, sin ayuda externa. Cuando se les preguntó quién de afuera de su comunidad podía ayudarlos a resolver sus problemas, más de 97% de los informantes mencionaron un organismo o funcionario gubernamental. Sólo 1% mencionó fuentes privadas de ayuda (empresas de negocios, fraccionadores privados, la Iglesia, etc.). En las comunidades incluidas en este estudio no ha existido inversión importante de hombres de negocios no residentes, y la función de los sacerdotes y de las organizaciones religiosas en el desarrollo de la comunidad ha sido mínima.

La importancia con que se percibe la ayuda del gobierno para el desarrollo de la comunidad también queda manifiesta por las respuestas de los inmigrantes a una pregunta fija-optativa que les pedía identificar al factor individual más importante para mejorar las condiciones de vida en su comunidad (véase cuadro VII.3). La mayoría de los informantes en las comunidades investigadas consideraban que la ayuda del gobierno era la más importante, seguida por los esfuerzos propios de los residentes. El análisis por comunidades muestra que incluso entre los informantes que vivían en los asentamientos precarios en donde la ética del esfuerzo propio está más arraigada, se considera esencial la ayuda del gobierno en el proceso de desarrollo de la comunidad.

Diferencias muy significativas surgen con respecto al problema del esfuerzo propio comparado con la ayuda del gobierno para la resolución de problemas en las comunidades, cuando se comparan las respuestas de mi muestra con las de los residentes de un asentamiento precario en Lima, Perú. Más de 30% de los precaristas de Lima creían que los problemas más importantes de su comunidad podían ser resueltos por los residentes solos; en la ciudad de México sólo 14% de los residentes pensaban lo mismo. Aunque las diferencias entre los dos países en la distribución de respuestas en otras categorías (la ayuda divina, buena suerte) también son considerables, la notoria disparidad en la importancia *relativa* que se asigna al esfuerzo propio y a la ayuda del gobierno es de particular importancia para nuestro interés en la politización de las necesidades entre los pobres urbanos.

La explicación más adecuada de la diferencia entre Perú y México se puede encontrar en el diferente contenido de la socialización política

CUADRO VII.3. *Importancia con que se perciben las fuentes alternativas de ayuda para el desarrollo de la comunidad*

Fuente de ayuda	*Ciudad de México (N=676)*	*México rural (N=474)*	*Lima, Perú (N=328)*
Gobierno	40.5%	57.6%	37.8%
Residentes de la comunidad	28.4	29.3	57.9
Dios	17.8	10.1	2.4
La buena suerte	13.5	2.1	1.8

NOTA: Los datos para la ciudad de México son de inmigrantes en las seis comunidades estudiadas. La información para el México rural se obtuvo de un estudio en cuatro aldeas del estado de Michoacán (Arterton, 1974). Los datos precaristas en Lima son de la encuesta de Dietz (1974) en cuatro asentamientos precarios (véase también Cornelius y Ditez, 1973). En los tres estudios la pregunta de la encuesta era: "Hablando en términos generales: ¿qué es más importante para mejorar las condiciones de vida en su comunidad, el trabajo arduo de sus residentes, la ayuda divina, la buena suerte? Las diferencias entre los inmigrantes de la ciudad de México y los precaristas de Lima son significativas estadísticamente, por la prueba de chi cuadrada, al nivel de .001.

dirigida en ambos países. En las dos naciones el gobierno ha influido fuertemente en la forma en que las multitudes perciben sus responsabilidades, aunque de maneras muy diferentes. En Perú, la mayoría de los administradores desde finales de la década de los cincuentas ha procurado promover y beneficiarse con el esfuerzo propio de los residentes de bajos ingresos de la ciudad, y esta orientación hacia el esfuerzo propio fue reforzada por los esfuerzos de los voluntarios del Cuerpo de Paz de los Estados Unidos durante la década de los sesentas. Además, hasta 1968, cuando un régimen militar reformista subió al poder, la enérgica insistencia gubernamental en el esfuerzo propio entre los pobres urbanos iba acompañada de un nivel relativamente bajo de respuesta oficial ante sus demandas. En parte como respuesta a esas condiciones, se iniciaron proyectos grandes y eficientes de esfuerzo propio en muchos asentamientos precarios que rodean a las ciudades peruanas.[6] En México, la baja pro-

[6] Para los trabajos de esfuerzo propio en los *pueblos jóvenes* peruanos (asentamientos precarios), véase en especial S. Powell, 1969, p. 211; Collier, 1971, 1975; Maruska, 1972; Rodríguez et al., 1972; Dietz, 1973, 1974; Michl, 1973. Los precaristas de otros países latinoamericanos parecen dar un valor relativamente más bajo a las labores de esfuerzo propio, que los *pobladores* peruanos. Véase Luntz, 1970, pp. 156-158 (Ecuador); Ray, 1969, p. 85 (Venezuela). Cf. Karst *et al.*, 1973, pp. 50-51, 76-77.

pensión de los pobres hacia el esfuerzo propio, tanto en las zonas rurales como en las urbanas (véase la columna de en medio del cuadro VII.3), refleja los esfuerzos de gobiernos sucesivos desde 1940 para promover entre las multiudes un sentido de dependencia del régimen, en lo relativo a las mejoras de la comunidad y otros tipos de beneficios sociales. Como se dijo en el capítulo VI, los líderes locales de las comunidades urbanas de bajos ingresos, la mayoría de los cuales tienen nexos con los burócratas del gobierno o funcionarios del PRI mediante relaciones de dependencia, también han promovido la sensación de dependencia en el gobierno.

Por tanto, la información comparativa disponible sugiere que la gama de las necesidades que según los inmigrantes pobres requiere acción gubernamental, es en parte función de la presencia o ausencia de intentos gubernamentales abiertos por crear una sensación de dependencia entre las clases bajas. Donde los incentivos oficiales para el esfuerzo propio han sido débiles o no se han presentado, como en México, el campo de las necesidades politizadas será mayor. Sin embargo, la transformación de solicitudes vagas ante el gobierno en demandas concretas ante funcionarios públicos, será reducida por el hincapié en el paternalismo y la dependencia en la relación del gobierno con los pobres.

La disposición del sistema político a responder a las solicitudes de los pobres, podría también condicionar sus actitudes hacia la dependencia de la ayuda gubernamental. En los países en que el sistema de partidos en competencia ha inducido a los gobiernos en el poder a estar más dispuestos a responder a las solicitudes de las comunidades urbanas de bajos ingresos, como en Chile desde principios de la década de los sesentas y en Venezuela desde 1958, los pobres urbanos han dedicado la mayor parte de sus energías a presentar solicitudes, y no a acciones de esfuerzo propio (véase Huntington y Nelson, 1973, pp. 5, 33). En México, el PRI se ha enfrentado a muy poca competencia de los partidos opositores por los votos de los residentes de bajos ingresos de la ciudad, pero la importancia que da el régimen a la obtención de apoyo entre los pobres ha asegurado, no obstante, una disposición relativamente grande a responder a las solicitudes de las colonias proletarias al menos en la ciudad de México.

Percepción de los canales para la presentación de solicitudes

El que las necesidades politizadas se transformen en demandas reales al gobierno depende con frecuencia de la capacidad de los demandantes potenciales para percibir un canal adecuado por el cual influir sobre las decisiones del gobierno. Aunque los emigrantes a la ciudad podrían asumir la tarea de establecer contacto con funcionarios gubernamentales y presentar solicitudes con individuos, la mayoría de la información (incluyendo la mía) proveniente de las ciudades latinoamericanas indica que casi todos los contactos de los inmigrantes con funcionarios son hechos por delegaciones de residentes de comunidades determinadas. Como el grupo que presenta la demanda se recluta por lo general entre los miembros de las juntas de mejoras existentes y va encabezado por miembros de esas juntas, es obvia la importancia de ellas y de sus líderes entre la población migrante. Si los inmigrantes no contaran con recursos de guía y de organización, sería mucho menos probable que participaran en alguna forma de presentación de demandas políticas.

Numerosos estudios de la participación política en los países en desarrollo y en los desarrollados han demostrado que los ciudadanos que integran *cualquier* tipo de organización voluntaria participan en política con más frecuencia que quienes no se integran a esas asociaciones.[7] Esos estudios también han mostrado que el afiliarse a esas asociaciones puede conducir a una creciente participación política, aun cuando la persona de que se trate carezca de otros atributos que la podrían llevar a la actividad en política (por ejemplo, una alta posición socioeconómica, sensación de eficiencia política, o alto nivel de información política). Además, los datos de estudios de comunidades de bajos ingresos en Santiago de Chile y Lima, indican que existe una mayor probabilidad de que los miembros de las organizaciones para mejorar la comunidad se dediquen a la presentación de demandas políticas, que los vecinos que no son miembros (McKenney, 1969, p. 184; Goldrich, 1970, p. 192; Pratt, 1971a, pp. 536-537). Entre los inmigrantes en mi muestra de la ciudad de México, había una probabilidad cinco veces mayor de que quienes habían participado en organizaciones de mejoras locales presentaran demandas que entre quienes no habían participado.

Las juntas de mejoras de las comunidades proporcionan un importante apoyo psicológico al inmigrante de bajos ingresos que desea algo del gobierno. La participación en los esfuerzos colectivos de presentación de demandas requiere mucho menos iniciativa individual, y proporciona al demandante potencial una estrategia clara para influir en las decisiones del gobierno. Además, en la medida en que las organizaciones basadas en la comunidad logran obtener beneficios mediante los esfuerzos colectivos de presentación de demandas, fortalecen la percepción que el inmigrante tiene del sistema político como algo sujeto a manipulación,

[7] Véase Almond y Verba, 1963, pp. 262-265; Erbe 1964, p. 198; Nie *et al.*, 1969, p. 813; Form y Huber, 1971, p. 688; Verba y Nie, 1972, pp. 174-208; Burstein, 1972, p. 1087; Ambrecht y Pachon, 1973, p. 22; Ross, 1973a, p. 19.

y en consecuencia aumentan su sensación de eficiencia política. Entonces será más probable que en lo futuro participe en la presentación de demandas.

La participación en la presentación colectiva de demandas canalizadas por las organizaciones de la comunidad podrían, sin embargo, no aumentar la confianza del inmigrante al tratar con los funcionarios gubernamentales individualmente. Las organizaciones para mejorar la comunidad en las vecindades de bajos ingresos parecen afectar las actitudes de sus miembros de una manera muy parecida a la de las asociaciones campesinas en las zonas rurales:

> La asociación es algo concreto, visible y comprensible para los campesinos. Para tener una sensación de eficacia no se requiere imaginarse a sí mismo tratando de influir en el gobierno nacional. Un campesino sólo necesita saber que la asociación existe como un intermediario entre él y el gobierno, y aprende esta lección observando, y en especial participando en las actividades de la asociación como intermediario... En consecuencia, si la asociación es propensa a la actuación como intermediaria mediante delegaciones... hay mayor probabilidad de que sus miembros aprendan que, de hecho, son eficaces (Mathiason y Powell, 1972, p. 327).

Esto ayuda a explicar la razón de que pocos de los inmigrantes en las comunidades investigadas que han participado en los esfuerzos de presentación de demandas hayan tratado de establecer contacto con los funcionarios gubernamentales individuales (véanse las pp. 198-199). La presentación individual de demandas con una finalidad objetiva particular requiere un diferente conjunto de percepciones del sistema político y de la competencia propia para influir en sus productos, percepciones que forzosamente son promovidas por las experiencias colectivas de presentación de demandas.

Las demandas políticas

En la mayoría de los países en que se cuenta con datos comparables (véase cuadro VII.4), la presentación de demandas parece ser una forma poco común de participación política entre la población general. Incluso en los Estados Unidos sólo cerca de una tercera parte de la población informó que había establecido contacto con un funcionario gubernamental cuando menos en una ocasión. Entre los inmigrantes de mi muestra de la ciudad de México, aproximadamente uno de cada cuatro había establecido contacto con un funcionario cuando menos en una ocasión.[8] La

[8] Por la forma en que se redactaron las preguntas de la encuesta (Puntos 136b, 136c, 137e, 176a),

CUADRO VII.4. *Frecuencia de contactos iniciados por el ciudadano con funcionarios del gobierno*

País, composición de la muestra y fuente de los datos	*Frecuencia del contacto*[a]
MÉXICO	
Jefes de familias inmigrantes, hombres, de clase bien, en seis vecindades de bajos ingresos de la ciudad de México (los datos de este estudio)	25.8%
Residentes adultos de clases bajas en la ciudad de Jalapa (Fagen y Tuohy, 1972, p. 89)	20.0
Jefes de familia, hombres, en cuatro comunidades rurales, estado de Michoacán (Aıterton, 1974)	17.0
PERÚ	
Jefes de familia inmigrantes, hombres de clase baja en cuatro asentamientos precarios de Lima (Dietz, 1974)	32.3
Jefes de hogar, hombres, de clase baja en Lima (McKenney), 1969, p. 181)	5.9
CHILE	
Jefes de familia, hombres, de clase baja, en Santiago (McKenney, 1969, p. 181)	11.1
BRASIL	
Residentes hombres, de clase baja, en los asentamientos precarios de Río de Janeiro (Perlman, 1971, p. 317)	42.0
ESTADOS UNIDOS	
Muestra nacional de la población adulta (Verba y Nie, 1972, p. 106)	33.0
Votantes registrados en New Haven, Conn. (Dahl, 1961, p. 279) . . .	27.0
Residentes adultos en Nashville, Tenn. (Graham y Pride, 1971, p. 41)	27.5
Residentes adultos en cinco vecindades urbanas de bajos ingresos en varias ciudades (Curt Lamb, citado por Perlman, 1971, p. 316)	12.0
INDIA	
Muestra nacional de la población adulta (Field, 1973, p. 355A)	20.0

a Porcentaje de quienes han hecho contacto con funcionarios gubernamentales en más de una ocasión.

incidencia de la actividad de presentación de demandas variaba considerablemente entre las diferentes comunidades investigadas: de 45% en la Colonia Nueva, a 10% en la Colonia Texcoco. Esas diferencias pueden atribuirse en parte a la naturaleza de los problemas del desarrollo a que cada comunidad se había enfrentado (por ejemplo, la presentación de demandas era más frecuente entre los inmigrantes que residían en asen-

CUADRO VII-5. *Tema de los contactos de los inmigrantes con funcionarios del gobierno*

Tema	*Porcentaje*	*Tema*	*Porcentaje*
Seguridad en la tenencia de los terrenos	64.6	Transporte público	1.0
Abastecimiento de agua	11.4	Sistema de drenaje público	0.9
Servicio postal	4.1	Servicio de limpia	0.9
Pavimentación de calles	2.8	Otros problemas relacionados con la comunidad	7.8
Electricidad	2.2	Problemas personales o familiares	3.1
Escuelas, profesores	1.2		

NOTA: N= 112. Se excluyen las respuestas "no sé" y los casos en que no se respondió.

tamientos precarios como la Colonia Nueva, como consecuencia de las prolongadas negociaciones que se requerían para asegurar el reconocimiento gubernamental de los derechos de tenencia); pero parece que las diferencias en la guía de la comunidad y la estructura organizativa son determinantes igualmente importantes de la propensión a presentar demandas entre los residentes (véase el capítulo VI).

Cuando los inmigrantes hacen contacto con funcionarios gubernamentales, ¿cuál es el contenido de sus demandas? Los datos que interesan en este respecto son presentados en el cuadro VII.5 para la ciudad de México. Casi las dos terceras partes de las relaciones con funcionarios habían tenido como tema la necesidad de asegurar la tenencia. En el periodo que sigue inmediatamente a una invasión de terrenos, las demandas que se relacionan con esa necesidad son de naturaleza esencialmente defensiva; esto es, simples solicitudes de que se les permita a los colonos permanecer en la tierra sin temor de ser desalojados por el gobierno. Posteriormente, las demandas que se refieren a la tenencia toman la forma de solicitudes de legalizar a la comunidad y otorgar los títulos legales sobre los terrenos a sus residentes. Las peticiones que se relacionan con otros tipos de ne-

todos los contactos de que se informó con los funcionarios oficiales implican alguna visita personal a la oficina de algún funcionario o del PRI. Por tanto, los datos no reflejan los contactos mediante cartas o firmas por el informante de peticiones que fueron presentadas por otros.

cesidades de la comunidad constituyeron la causa de la mayoría de los intentos restantes por presentar demandas de que informaron los entrevistados.

En su estudio de una muestra nacional de la población de los Estados Unidos, Verba y Nie (1972, p. 67) encontraron que aproximadamente una tercera parte de todos los contactos iniciados por los ciudadanos con funcionarios del gobierno se referían a un problema particular de un demandante individual o de su familia; las otras dos terceras partes tenían un mayor contenido social. En comparación, sólo cerca de 3% de los contactos con funcionarios gubernamentales de los cuales informaron los inmigrantes en la ciudad de México trataron de necesidades personales o familiares.[9] De este modo, la gran mayoría de las demandas que hace la población migratoria al gobierno son presentadas en nombre de toda una comunidad y procuran obtener "bienes públicos" no divisibles que beneficiarán a todos los residentes de la comunidad. Las solicitudes muy particulares de empleo u otras concesiones especiales que beneficiaran a un solo individuo o a sus familiares cercanos eran relativamente poco comunes entre los residentes de las comunidades investigadas.

La baja frecuencia de la presentación de demandas particulares refleja no sólo la urgencia que un migrante le da a los problemas relacionados con la comunidad, como la tenencia insegura de los lotes o un inadecuado abastecimiento de agua, sino también sus percepciones del tipo de necesidades que es más fácil satisfacer mediante la acción del gobierno. Quizás la razón más importante de que rara vez se expresen necesidades individuales de vivienda y empleo por medio de la presentación de demandas es que el inmigrante por lo general considera que la satisfacción de esas necesidades es responsabilidad *individual*.[10] Alternativamente, incluso cuando un problema es urgente (como cuando el inmigrante está

[9] Entre los contactos con funcionarios del PRI, cerca de 13% de los mencionados habían tenido una finalidad particular (personal o familiar); pero los contactos con los funcionarios del PRI fueron sólo 9% del número total de los intentos por presentar demandas.

[10] Fagen y Tuohy (1972, pp. 142-143) han encontrado una situación similar entre los residentes de la ciudad de Jalapa: "la principal causa de dificultades personales —la situación económica y en especial el problema de los empleos— es percibida todavía ampliamente y en primera instancia como un asunto privado o individual. La movilidad individual en el contexto del crecimiento nacional global es considerada como el mecanismo a través del cual se mejorarán las condiciones económicas. Un sentimiento de culpa y responsabilidad personales matiza en consecuencia las perspectivas sobre estos problemas... a pesar de una considerable dependencia general en el gobierno, la economía no ha sido relacionada con la política de manera que haga que el ciudadano medio busque justicia política por sus privaciones económicas." Se han observado percepciones particularizadas similares entre los residentes de asentamientos precarios en Lima, Perú (Rodríguez, *et. al.*, 1972, p. 131). Esos conceptos y expectativas podrían ayudar a explicar lo raro que es la actividad política organizada en torno al problema del desempleo entre los residentes de bajos ingresos en las ciudades latinoamericanas. *Cf.* Gutkind, 1973, y M. Cohen, 1974, que escribieron sobre las ciudades africanas en que la acción colectiva de la clase baja ha encontrado su punto de unión en el desempleo y otros problemas económicos.

sin trabajo), podría no considerarse una forma eficaz de tratar con el problema el buscar ayuda del gobierno, ya sea por la complejidad y retrasos implícitos en la obtención de la ayuda del gobierno, o por poca disposición del gobierno para atender solicitudes individuales. En comparación, el asegurar los derechos de tenencia y obtener el acceso a servicios urbanos básicos no se considera susceptible de una solución "individual". Incluso los residentes más acomodados de las comunidades formadas ilegalmente en la ciudad de México han encontrado que es imposible obtener los títulos sobre sus terrenos mediante negociaciones individuales con funcionarios del gobierno. La seguridad en la tenencia sólo puede lograrse mediante la decisión del gobierno de reconocer los derechos de todos los residentes de una colonia; y esa decisión de manera invariable es el resultado de los esfuerzos realizados por presentar demandas que hacen los residentes.

Estrategias en la presentación de demandas

¿Cuáles son las tácticas en la presentación de demandas que más probablemente seguirán los inmigrantes de bajos ingresos? Para ayudar a identificar las preferencias de los informantes, les presenté una situación hipotética (punto 176i): "Suponga que un grupo de personas en esta ciudad piensa intensamente que el gobierno no los trata con justicia. Le voy a leer una lista de lo que estas personas podrían hacer para procurar que el gobierno cambie la situación. ¿Cuál cree que sería el método más efectivo?" Las respuestas (cuadro VII.6) mostraron una preferencia muy marcada por la utilización de los canales burocráticos convencionales (en especial, el envío de una representación o delegación para que hablara con un funcionario del gobierno). Mi investigación de los esfuerzos de presentación de demandas realizados en lo pasado y en lo presente por los residentes de las comunidades investigadas ya había revelado que con frecuencia tratan de evitar los procesos burocráticos cultivando las relaciones personales con funcionarios importantes, de tal manera que esta táctica se presentó como alternativa en la pregunta de la encuesta. Cerca de una cuarta parte de los informantes la prefirió ("trabajar mediante relaciones personales con funcionarios del gobierno"). Una proporción mucho menor de informantes favoreció trabajar por medio del PRI, organizando manifestaciones de protesta o procurando movilizar a otros ciudadanos mediante reuniones o mítines públicos.

Los partidos como articuladores de demandas

Trabajar con políticos de los partidos con el fin de influir sobre la burocracia gubernamental es una táctica común entre los pobres en algunas ciudades latinoamericanas, principalmente en aquellas en que hay un sistema de competencia entre varios partidos.[11] En México, sin embargo, ni

CUADRO VII.6. *Estrategias que prefieren los inmigrantes para presentar demandas*

Táctica	Porcentaje
Enviar un representante o una delegación a una oficina del gobierno	47.9
Trabajar por medio de relaciones personales con funcionarios del gobierno	25.2
Trabajar por medio del PRI	11.5
Organizar una manifestación de protesta	9.5
Organizar reuniones o mítines públicos para lograr que otras personas se interesen en el problema	5.8

NOTA: N=545. Se excluyeron las respuestas "no sé" y los casos en que no se respondió.

el PRI ni ningún otro partido de oposición es considerado por los pobres urbanos como medio importante para presentar demandas, en especial cuando el asunto de que se trata se relaciona con la comunidad. No es difícil comprender por qué se considera una pérdida de tiempo el trabajar por medio de los partidos de oposición. Se sabe que no tienen recursos propios para distribuirlos entre las vecindades de pocos recursos. Además, su debilidad electoral en comparación con el PRI hace que no tengan la menor posibilidad de obtener el control de las oficinas gubernamentales que asignan los recursos. Las razones por las que el mismo PRI no es considerado un canal efectivo para presentar demandas son más complejas.

A pesar de la ausencia de toda amenaza verdadera a la hegemonía del PRI, el régimen mexicano continúa dando gran importancia a la conservación e incluso al aumento de la abrumadora mayoría de votos que obtiene el partido oficial. No obstante, los residentes de las comunidades de bajos ingresos con frecuencia encuentran difícil o imposible aprovechar este hincapié en la movilización de los votantes. La mayoría de las colonias proletarias de las ciudades mexicanas son relativamente pequeñas

[11] Véase Peattie, 1968, pp. 67-70 (Ciudad Guayana, Venezuela); Ray, 1969, pp. 98-127 (varias ciudades venezolanas); E. Leeds, 1972, pp. 24-29 y Epstein, 1973, pp. 113, 130-131 (ambos en ciudades brasileñas antes del golpe militar de 1964); S. Powell, 1969, pp. 194-195, y Uzell, 1972, p. 240 (ambos en Lima, Perú, antes del golpe militar de 1968); Pratt, 1971b, pp. 509-510 (Santiago de Chile).

si se les compara con las de otras ciudades latinoamericanas, y en consecuencia no pueden dar un número considerable de votos al PRI. Además, los límites de los distritos electorales pocas veces coinciden con los de las colonias; como resultado, las estadísticas electorales no reflejan la lealtad o deslealtad de una colonia determinada. En resumen, las colonias proletarias tienen poco o ningún poder de negociación para otorgar o negar apoyo electoral al régimen.

Se ha observado en algunas ciudades de provincia mexicanas que el PRI funciona como "una oficina de 'trámites' por medio de la cual se pueden articular, y en algunas ocasiones atender, las demandas (de la clase baja)" (Fagel y Tuohy, 1972, p. 31; *cf.* Ugalde, 1970, pp. 139-149; Ugalde *et al.*, 1974). Sin embargo, hay considerables diferencias entre el desempeño de esta función en diferentes ciudades, e incluso dentro de una misma ciudad. Por ejemplo, en la sección de Ciudad Netzahualcóyotl de la zona metropolitana de la ciudad de México, la junta de mejoras está incorporada administrativamente a la estructura local del PRI, y dirigen sus solicitudes a la oficina del partido. Cuando no existen esas relaciones directas, por lo común la presentación de demandas no se hace a través del PRI. En general, los pobres urbanos consideran que el trabajar exclusivamente por medio de los funcionarios del PRI es una táctica eminentemente indirecta. Creen que se pueden obtener mejores resultados mediante contactos directos con funcionarios del gobierno, y sólo recurren a los funcionarios del PRI cuando sus contactos con aquéllos han fracasado. Esas tácticas revelan una percepción muy profunda de los lugares de autoridad y decisión en el sistema político mexicano: son los burócratas del gobierno y no los políticos del partido quienes controlan la asignación de los recursos que más se necesitan para satisfacer las necesidades de la comunidad.[12]

El PRI, principalmente por medio de su "Sector Popular", proporciona cierto patrocinio a los residentes individuales de vecindades de bajos ingresos. Por ejemplo, puede proporcionar asistencia médica, ayudar en la obtención de licencias o permisos para actividades comerciales, o a encontrar un empleo de bajo nivel en el sector público. Pero como ya observé, la presentación de demandas con un contenido individualista es poco frecuente entre las personas incluidas en este estudio, independientemente del tipo de funcionario (del PRI o del gobierno) al cual se dirija.

[12] Basándose principalmente en una investigación realizada en la ciudad de Jalapa, en la provincia mexicana, Tuohy (1969, pp. 8-9), concluyó: "Sólo las personas y organizaciones que carecen de recursos políticos adecuados presentan sus demandas ante el partido o por su intermedio. Como éste no es el que toma las decisiones, esos solicitantes sólo pueden esperar que el partido les sirva como un intermediario que está relacionado con el gobierno." Véase también Schers, 1972 p. 68.

La política de protesta

La poca preferencia de los inmigrantes de las comunidades investigadas por las manifestaciones de protesta como táctica para la presentación de demandas es particularmente significativa, en vista de la numerosa bibliografía que considera que el emigrante hacia la ciudad tiene un considerable potencial para el comportamiento de protesta (véase Nelson, 1969, Cornelius, 1969 y 1971, y White, 1973, para notas bibliográficas sobre las obras de ese tipo). Al responder a otra pregunta de la encuesta (punto 145), casi la mitad de los inmigrantes de mi muestra expresaron la opinión de que sería equivocado que un hombre se uniera a una marcha o manifestación de protesta "para lograr que los funcionarios públicos corrigieran una situación injusta". Por la diferencia entre 59% y 15% (el 26% no expresó ninguna opinión) condenaron también las actividades de protesta de los estudiantes que habían hecho manifestaciones contra violaciones por el gobierno de la autonomía universitaria (entre otras cosas) en la ciudad de México entre el verano y el otoño de 1968 (punto 129e). No es sorprendente, por tanto, que la participación del inmigrante en actividades de protesta abierta haya sido poco frecuente. Sólo 3% habían ido con un grupo de personas a protestar o a quejarse ante un funcionario público de algún problema, y sólo cerca de 2% de los inmigrantes habían participado en alguna ocasión en una reunión o manifestación de protesta (puntos 176O, 176p). Estos pocos manifestantes habían sido estudiantes que participaron en el movimiento de 1968 contra el gobierno. En mis entrevistas con los líderes de las comunidades, varios expresaron la opinión de que si alguna necesidad de su comunidad era particularmente intensa, y si el gobierno había pasado por alto las solicitudes de la comunidad, tratarían de organizar una manifestación ante la oficina de un funcionario gubernamental de alto nivel; pero ningún líder pudo recordar un caso en que hubiera realizado esa acción.

Aun dentro del marco de la actividad habitual de presentar peticiones, las comunicaciones que entregaban los residentes de la comunidad a los funcionarios nunca fueron redactadas como protesta contra el gobierno, quejas o expresiones de ira por haber sido privados injustamente de algún tipo de servicios o beneficio gubernamental. Peticiones como la que se reproduce en el capítulo VI podrían protestar contra las arbitrariedades de algunos líderes locales o condenar a algunos "funcionarios menores" no especificados, que no cumplen las órdenes de sus superiores, pero a éstos nunca se les critica. En general, tanto las solicitudes por escrito, como el lenguaje que se emplea cuando se les presenta a los funcionarios del gobierno —algo que pude presenciar en varias ocasiones— están llenas de expresiones de respeto a la autoridad y de la esperanza de que los beneficios que se procura obtener le serán concedidos a los residentes de la comunidad como un "favor especial".[13]

El enfoque respetuoso, sin amenazas, del inmigrante en sus negociaciones con funcionarios públicos, al igual que su tendencia general a evitar las tácticas violentas, puede considerarse una expresión de su aceptación de las reglas políticas del juego en el sistema mexicano. Nunca se consideran las formas violentas o claramente ilegales de acción política como un medio de ejercer presión sobre las autoridades, porque serían una violación fundamental de esas reglas. La participación en una invasión de terrenos es usualmente el único caso en que un inmigrante está dispuesto a contravenir deliberadamente las normas sociales y políticas. No obstante, como las invasiones de terrenos en la ciudad de México son con frecuencia ejecutadas con el apoyo oculto de políticos o funcionarios, es poco probable que muchos de los participantes lleguen incluso a considerarlas como una forma de acción política opuesta al sistema.[14]

La escasa tolerancia del inmigrante a los riesgos e incertidumbres de la acción política convencional también se manifiesta en su percepción de las clases de tácticas para la presentación de demandas que son más efectivas en la obtención de beneficios tangibles para él y su comunidad. Ve poco o nada que ganar ofendiendo a las autoridades mediante manifestaciones de protesta, y quizás mucho que perder. Ejemplos de la futilidad y del costo posible de las demostraciones de protesta abundan en la historia reciente de México. En el campo, las demostraciones de protesta de los campesinos han sido sistemáticamente suprimidas, muchas veces con el empleo de la violencia. Las manifestaciones de protesta de los estudiantes de la ciudad de México en 1968 fueron violentamente reprimidas por la policía y el ejército; cuando menos murieron 300 personas y los estudiantes acusados de organizar las protestas fueron sentenciados a penas que fluctuaban entre 15 y 20 años de prisión. La mayoría de los encarcelados fueron puestos en libertad en 1971, pero el gobierno había demostrado su fuerza. En 1971 hubo otras muertes, cuando un grupo de funcionarios de alto nivel del gobierno y del PRI patrocinaron

[13] La renuencia de los residentes de las vecindades de bajos ingresos a protestar formalmente o quejarse por las deficiencias en los servicios públicos, se refleja notoriamente en una reciente recopilación de información sobre las quejas de los ciudadanos recibidas por el gobierno, los periódicos y estaciones de televisión de la ciudad de México (*El Día*, 8 de julio de 1973, p. 13). Entre enero y junio de 1973, más de 61% de las quejas recibidas se referían al servicio de limpia —un problema que se consideraba de poca urgencia en la mayoría de las vecindades de bajos ingresos—. Más de las tres cuartas partes de todas las quejas eran de personas que residían en zonas de ingresos medios o altos.

[14] Funcionarios del gobierno y políticos también han figurado prominentemente en las invasiones de terrenos que ocurren en Santiago (Chile), Lima, y varias ciudades venezolanas. Véase Vanderschueren, 1973, pp. 267-268; Collier, 1971, 1974; Ray, 1969, pp. 33-37, 42-43.

un ataque por una pandilla callejera terrorista a una manifestación de estudiantes en la capital. Desde 1968 quizás han muerto una docena de estudiantes que participaban en manifestaciones al enfrentarse a la policía contra motines en Puebla, Culiacán y otras ciudades de provincia.[15] Esos hechos han incrementado considerablemente el conocimiento que tienen las personas de los formidables medios de represión que puede utilizar el gobierno como respuesta a una manifestación de protesta. Como ocurre en algunas ciudades norteamericanas en que la protesta ha producido una violenta respuesta de las autoridades, ahora es más probable que nunca, que la gente humilde prefiera tácticas menos agresivas para presentar sus demandas.[16]

Desde el punto de vista de los líderes de la comunidad, que son quienes organizan los esfuerzos para presentar demandas, las tácticas de protesta presentan riesgos y son improductivas porque perjudican las propias relaciones de dependencia del líder con los funcionarios del partido. Las manifestaciones de protesta amenazan en realidad la reputación del funcionario como un "administrador capaz" y en consecuencia sus perspectivas de promoción futura (*cf.* Fagen y Tuohy, 1972, p. 71). Cuando se enfrenta a esas amenazas, probablemente reaccionará con medidas punitivas, en vez de acciones positivas para satisfacer las necesidades de los demandantes. A partir de entonces, además, se considerará a los líderes de la comunidad que cometió la ofensa como agitadores a los que ya no se debe patrocinar.

> La necesidad de cautela va aunada a lo poco claro de la distinción que hacen muchos funcionarios públicos mexicanos entre la presentación legítima de demandas y los ataques personales apolíticos... Existe la tendencia, aún presente si bien está disminuyendo con la mayor capacidad de los líderes del gobierno, a considerar que todas las críticas son negativas (Tuohy, 1973b, p. 277).

En resumen, las manifestaciones de protesta probablemente no serán recompensadas por el sistema mexicano, y esta realidad política la conocen de sobra los pobres.

Finalmente, la atracción que tienen las tácticas de protesta para los pobres urbanos se ve disminuida por la eficacia que han demostrado las

[15] En un análisis reciente de las tendencias históricas en la utilización de la violencia como instrumento represivo por las autoridades mexicanas, Evelyn P. Stevens (1974, cap. 9) observa que esas prácticas aún son muy comunes al nivel local en las zonas rurales, e incluso al nivel de los gobiernos de los estados en algunas partes del país. El empleo en pequeña escala de la violencia contra los campesinos en las zonas rurales es tratado con más detalle por Cockroft, 1972, p. 254; *cf.* Fagen y Tuohy, 1972, p. 27.

[16] Véase Eisinger, 1973, p. 27. El miedo a la coerción física y económica también ha reducido la participación política entre los grupos minoritarios del sur de los Estados Unidos. Véase el análisis empírico presentado en Salamon y Van Evera, 1973.

tácticas tradicionales para presentar demandas en la obtención al menos de algunas mejoras en la comunidad. En la ciudad de México las autoridades han trabajado con diligencia para cultivar una imagen popular de fácil acceso a ellas y de su disposición a responder ante las necesidades de las clases bajas, aunque con frecuencia sus respuestas toman la forma de acciones simbólicas (por ejemplo, hacer una visita de inspección o encomendar el problema a un grupo para que haga un estudio técnico) más que de la asignación de beneficios materiales. Pocas veces se les niega a los solicitantes procedentes de vecindades de bajos ingresos el acceso a los funcionarios de gobierno de nivel medio y bajo; y casi todos los que habían visitado una oficina del PRI o del gobierno informaron que los funcionarios que los recibieron los trataron con cortesía y equidad (véase el capítulo VIII). Por otra parte, más de dos terceras partes de los inmigrantes de mi muestra que habían participado en la presentación de demandas creían que sus contactos con funcionarios habían tenido éxito, en el sentido de haber contribuido a la solución de algún problema de la comunidad. El cuadro VII.7 resume los resultados de los intentos de presentar demandas realizados por los residentes de las comunidades investigadas desde que éstas se crearon, tal como se me informó durante mis entrevistas con los líderes de la comunidad. Esos líderes tendían a considerar *cualquier* beneficio recibido por su comunidad como resultado de la presentación de demandas (organizadas por ellos), más que de la iniciativa del gobierno. Subsecuentes entrevistas con las autoridades gubernamentales que tomaban las decisiones confirmaron que la mayoría de los beneficios de que informaron los líderes de las comunidades no habrían sido proporcionados de no haber sido por las persistentes solicitudes de las comunidades.[17]

Incluso los residentes de las comunidades cuyas solicitudes de reconocimiento de los derechos de tenencia o de mejoras urbanas no han recibido una respuesta positiva por parte del gobierno conocen comunidades vecinas que sí han sido favorecidas. Esos ejemplos propician que se perciba la estructura de oportunidades políticas como algo relativamente abierto, y por tanto desalientan las tácticas de protesta. Por consiguiente,

[17] Se puede sospechar que las comunidades investigadas se han beneficiado de una disposición poco común entre los altos niveles del gobierno para atenderlas. Sin embargo, la mayoría de los beneficios que recibieron fueron el resultado de solicitudes persistentes, que con frecuencia se prolongaban entre cinco y diez años. Además, hay muchas necesidades urgentes de las comunidades que no han sido satisfechas. Incluso hoy en día, los sistemas de drenaje, las escuelas, los mercados y los centros de salud son inadecuados o no existen en tres de las seis comunidades. En algunos casos esas necesidades no satisfechas manifiestan la ausencia o suspensión de la presentación de demandas por los residentes de la comunidad; en otras, que la falta de capacidad o dedicación de los líderes de la comunidad ha resultado en negociaciones poco productivas con las autoridades. Hay además otras necesidades no satisfechas que simplemente reflejan falta de atención de ciertos funcionarios del gobierno.

Cuadro VII.7. *Resultados de los esfuerzos por presentar demandas, por comunidad*

Colonia Nueva: Destrucción del muro de piedra construido por el antiguo dueño para restringir el acceso a los terrenos.
Reconstrucción de las casas destruidas por el incendio.
Expropiación por el gobierno de los terrenos que ocupa la comunidad (primer paso hacia la "regularización").
Construcción de una escuela primaria.
Instalación del servicio eléctrico regular y del alumbrado de las calles.
Agua entubada para las residencias individuales.

Colonia Esfuerzo Propio: Ninguna, el abastecimiento de agua, el drenaje, la electricidad y otras mejoras fueron instaladas todas por iniciativa del gobierno.

Colonia Periférico: Introducción del servicio de transporte público regular.
Instalación de un sistema provisional de abastecimiento de agua.
Construcción de una escuela primaria.
Instalación del servicio eléctrico regular y del alumbrado de las calles.
Pavimentación de la calle principal.
Instalación de un teléfono público.
Expropiación de los terrenos por el gobierno.

Unidad Popular: Instalación de una planta purificadora de agua.
Moratoria de los pagos del impuesto sobre la propiedad.
Construcción de dos escuelas primarias y de una escuela secundaria.
Instalación de varios teléfonos públicos.
Pavimentación de algunas calles.

Colonia Texcoco: Instalación del servicio eléctrico provisional.
Construcción de una escuela secundaria.
Instalación de un sistema de abastecimiento de agua provisional.
Construcción de un centro de cuidado infantil.

Colonia Militar: Reconocimiento de los derechos de tenencia por parte del gobierno.
Instalación del servicio eléctrico regular y del alumbrado de las calles.
Instalación de un sistema de drenaje.
Instalación de agua entubada para casas individuales.
Construcción de una escuela primaria.
Pavimentación de calles.
Instalación de teléfonos públicos y privados.

es probable que los residentes de las colonias proletarias consideren que trabajando juntos pueden influir cuando menos sobre algunas decisiones del gobierno que afectan a su comunidad; y la mayoría cree que lo pueden hacer así mediante canales burocráticos tradicionales. Si el gobierno rechaza persistentemente las solicitudes de una comunidad, y ésta tiene necesidades urgentes que parece que no se podrán satisfacer en lo futuro próximo, es mucho más probable que un residente individual reaccione a esta situación trasladándose a otra comunidad que tenga mejores perspectivas, que participando en alguna forma de protesta.[18]

Tácticas habituales para presentar demandas

La táctica más común utilizada por los pobres de la ciudad de México consiste en formar un comité o delegación de los residentes de la comunidad para que visite la oficina de un funcionario y presente una solicitud formal de ayuda. ¿Qué funcionarios son el objetivo principal de esas peticiones? En casi la mitad de los casos de presentación de las demandas que se consideraron en mi muestra de inmigrantes, se había visitado a ciertos funcionarios de alto nivel del Departamento del Distrito Federal (D. D. F.). Otro 31% de los intentos había sido dirigido hacia el jefe de la Oficina de Colonias, un apéndice del D. D. F., que tenía la responsabilidad oficial por los problemas de tenencia de terrenos en las vecindades de bajos ingresos. De los contactos que se informó, sólo 9% habían sido con funcionarios del PRI, y sólo 6% se referían al *delegado* (funcionario de bajo nivel del D. D. F. que por lo normal es responsable de todas las zonas residenciales dentro de una determinada subdivisión política del Distrito Federal).

La selección del objeto de sus demandas muestra una comprensión adecuada de la naturaleza muy centralizada del proceso de decisiones en México. Al intentar influir en sus resultados, "tanto la eficiencia como la seguridad indican que es conveniente buscar apoyo y decisiones tan cerca del centro como sea posible, si no se quiere perder tiempo con quienes no son importantes y cuyas decisiones podrían ser desautorizadas posteriormente".[19] Por tanto, los residentes de una comunidad que procura obtener abastecimiento de agua podría enviar copia de sus solicitudes al delegado, al jefe del Departamento de la ciudad y a otros funcionarios de nivel medio; pero procurarán negociar directamente con el

[18] Por supuesto, muchos factores, además del descuido gubernamental podrían contribuir a la decisión de abandonar una comunidad que padece de inseguridad en la tenencia o de privación de servicios. Uzzell (1974) y A. Leeds (1974) presentan conceptos útiles sobre el proceso de decisiones que condiciona la movilidad residencial dentro de una ciudad, entre los pobres de Lima y Río de Janeiro. Gran parte del análisis de esos autores parece aplicable a los emigrantes pobres de la ciudad de México. Véase también Ward, 1975.

[19] Fagen y Tuohy, 1972, p. 23. Para una discusión más detallada de los mecanismos y consecuencias del centralismo político en México, véase Touhy, 1973b; Furlong, 1972; Purcell y Purcell, 1973b.

regente del Distrito Federal o con uno de sus subalternos inmediatos. Ocasionalmente también se hacen contactos directos con el presidente del país durante sus giras de inspección a varias partes de la ciudad, al igual que con la primera dama de la nación, con los ayudantes de alto nivel del presidente; y se envían rutinariamente a la oficina del presidente copias de todas las solicitudes importantes que presenta la comunidad. Por supuesto, el acceso a funcionarios con poder político personal y autonomía de decisiones es más difícil de obtener; sin embargo, es probable que las recompensas potenciales que deriven de esos contactos sean más importantes y se concreten con más rapidez que los beneficios proporcionados por los subordinados.

Al presentar una solicitud de ayuda al gobierno, los líderes de la comunidad tienen mucho cuidado de hacer hincapié en el deseo de los residentes de pagar por cualquier servicio que se les conceda ("no queremos que nos regalen nada..."). Como por lo general se les pide a los residentes de las comunidades de bajos ingresos de la ciudad de México que paguen la mayor parte del costo de la instalación de servicios y mejoras urbanas (por lo normal mediante una valuación de la cuota individual, que se pagará en un periodo de cinco a diez años), se pueden presentar pruebas de éxito en campañas de obtención de fondos para financiar mejoras hechas en lo pasado, para demostrar el crédito de la comunidad. También se hacen periódicamente ofrecimientos de mano de obra sin costo para ayudar en la construcción de mejoras. En ocasiones se le dan regalos, o sobornos descarados, a un funcionario. Por ejemplo, en la Colonia Nueva un residente que no tenía ningún otro trabajo era "comisionado" regularmente por los líderes de la comunidad para que pintara paisajes con el fin de regalarlos a los funcionarios con los que estaban negociando.

Si esos y otros estímulos no dan el resultado apetecido, los demandantes podrían intentar ejercer presiones indirectas sobre el gobierno haciendo públicas sus necesidades. Uno de los principales periódicos de la ciudad de México mantiene una sección de "quejas y peticiones" de los residentes de zonas predominantemente de ingresos bajos en la ciudad, además, delegaciones de residentes de dichas comunidades visitan con frecuencia las oficinas de los periódicos para presentar copias de sus solicitudes o solicitar que se publiquen noticias de la situación de sus necesidades. Las historias que resultan pueden ser molestas para los burócratas poco dispuestos a prestarles atención. Otra táctica indirecta, utilizada con menos frecuencia, implica solicitar a los funcionarios o diputados del PRI que intercedan ante los funcionarios del gobierno para que accedan a las peticiones de la comunidad.

Las negociaciones para el reconocimiento oficial de los derechos de tenencia y la instalación de servicios urbanos básicos son usualmente muy complejas y requieren acciones frecuentes de los demandantes durante largos periodos. La decisión gubernamental de "regularizar" una comunidad creada ilegalmente debe ser seguida por otros varios actos administrativos antes de que se pueda considerar segura la tenencia individual: la expropiación de la tierra, si era de propiedad privada antes de ser invadida o fraccionada ilegalmente; terminación de los estudios técnicos para determinar lo factible de la instalación de ciertos tipos de mejoras y servicios; un censo de los residentes actuales de la comunidad; trazo de planos y subdivisión de la tierra en lotes asignados a residentes individuales; y determinación de los precios de los terrenos, evaluación de servicios y de los términos de pago. En cualquiera de esas etapas pueden surgir graves dificultades y retrasos; de aquí la necesidad de numerosas visitas a los funcionarios para conocer el estado de trámite de las peticiones y cultivar lazos personales.

Durante este periodo de seguimiento, los demandantes aprovechan cualquier oportunidad de reiterar sus solicitudes. Los funcionarios que hacen visitas de inspección, los trabajadores sociales del PRI, o los políticos en campaña electoral pueden encontrarse con delegaciones que les recuerdan las peticiones que aún no han sido atendidas. Cualquier tipo de catástrofe —en particular uno de la escala suficiente para merecer que lo publiquen los medios de comunicación públicos— ofrece oportunidades adicionales para dramatizar la situación de la comunidad y ejercer presión sobre las autoridades. Por ejemplo, un incendio causado por el dueño original de los terrenos ocupados por los precaristas de Colonia Nueva, que causó siete muertes, facilitó considerablemente las negociaciones de esa comunidad para el reconocimiento oficial de los derechos de tenencia.

La competencia por la atención del gobierno entre las diferentes comunidades cuyas necesidades son de igual urgencia es a menudo feroz, pero la persistencia y habilidad en las negociaciones con los funcionarios a menudo puede constituir la gran diferencia, en particular cuando la asignación de los beneficios del gobierno no está regida por un criterio sistematizado de desarrollo o planificación. En la ciudad de México no ha habido lineamientos administrativos claros para determinar qué vecindades de bajos ingresos recibirán ciertos servicios y en qué época los recibirán (véase Bataillon y Rivière d'Arc, 1973, pp. 90-104; R. Fried, 1972, p. 680; *cf.* Fagen y Tuohy, 1972, pp. 28-29). De hecho, la idea de una planeación física global, incluso como meta final, fue descartada poco después de la segunda Guerra Mundial y nunca ha resurgido. Tampoco ha existido una sola oficina de gobierno responsable de la planeación general y la asignación de recursos en las zonas de bajos ingresos de la capital. En vez de eso, muchas oficinas separadas, al igual que políticos y burócratas individuales, actúan —o pretenden actuar— en beneficio de las colonias proletarias.[20]

Esas condiciones se reflejan claramente en las respuestas muy erráticas de los funcionarios a las solicitudes de los barrios de bajos ingresos. El comportamiento oficial hacia esas comunidades ha variado considerablemente entre la hostilidad abierta y la tolerancia benévola a medida que han ocurrido cambios en los cargos de alto nivel en los gobiernos de la ciudad y del estado de México. Rechazos obstinados a la urbanización de un asentamiento precario con base en consideraciones técnicas (por ejemplo, que la topografía o las condiciones del subsuelo harían muy cara la introducción de servicios básicos) en algunas ocasiones han dejado su lugar a decisiones repentinas de prestar todos los servicios necesarios.

Aunque ofrezcan ciertas oportunidades a los solicitantes de clase baja, la ausencia de criterios formalmente establecidos para evaluar las necesidades y la multiplicidad de puntos de acceso dentro de la burocracia del gobierno podría crear otro tipo de obstáculos, en especial para las comunidades cuyos líderes no han desarrollado relaciones con funcionarios de alto nivel. El particularismo del comportamiento burocrático "hace difícil para (el solicitante) obtener un compromiso firme por parte de cualquier organismo. Le podría ser difícil hasta enterarse de la política del organismo, porque quizás esa política no exista; podría ser que los diferentes burócratas tengan cada uno sus propias políticas en conflicto... En un sistema como ese, es verdad que un acuerdo con un funcionario no compromete al organismo" (Peattie, 1968, p. 89).

Estudio de un caso: la "regularización" de la Colonia Militar

La dinámica del proceso de presentación de demandas, al igual que algunos de los principales factores que afectan el resultado de los esfuerzos por presentar demandas, son bien ejemplificados por la experiencia de la Colonia Militar al obtener el reconocimiento oficial de los derechos de tenencia sobre los terrenos. Las tierras ocupadas por esta comunidad habían sido antiguamente el sitio de una mina comercial de arena. Después de que se agotaron los yacimientos, se vendió la tierra a la Secretaría de la Defensa, que tenía la intención de ampliar una base militar cer-

[20] Como ha observado Schers (1972, pp. 71-72), los funcionarios del PRI están conscientes de que los líderes de las colonias "saben muy bien cómo aprovechar esta situación (para) lograr que las cosas marchen". Otros observadores también han documentado las ventajas ofrecidas a los solicitantes de barrios de bajos ingresos en Lima y la ciudad de Guatemala por las ambigüedades en las jurisdicciones de varios funcionarios y agencias gubernamentales. Véase Dietz, 1973; Uzzell, 1973; B. Roberts, 1974, p. 230.

cana. Pero este plan nunca se llevó a cabo, y el control de los terrenos pasó a la Secretaría del Patrimonio Nacional, organismo responsable de la administración de los terrenos federales.

La disponibilidad de terrenos no fraccionados para colonizarlos atrajo la atención de cierto mayor Rodríguez, joven oficial de servicio en la base militar vecina, que a principios de 1952 empezó a organizar un grupo de compañeros oficiales y soldados para invadir la tierra. Este grupo se amplió pronto para incluir parientes civiles y otras personas interesadas, entre las cuales se contaban profesores, policías y oficinistas. Sin embargo, la mayor parte del grupo de invasores estaba integrada por familias de bajos ingresos, la mayoría de las cuales habían emigrado a la ciudad de México desde zonas rurales, y que en aquel tiempo alquilaban viviendas en otras partes de la ciudad. Los precaristas en perspectiva se reunieron con frecuencia durante un periodo de dos años para elaborar una estrategia de invasión de la tierra "descubierta" por el mayor Rodríguez; y cada uno le compró a éste un "permiso", sin ningún valor legal, para ocupar un lote en el asentamiento que se crearía.

Desde el principio de la invasión, en junio de 1954, los líderes de la Colonia Militar procuraron darle una imagen de permanencia y orden. "No queríamos crear problemas al gobierno —recuerda uno de los colonos originales— o darles excusa para arrojarnos de los terrenos." Mediante los "permisos" de ocupación de los terrenos, se limitó cuidadosamente el acceso a los terrenos durante la organización del grupo de invasores y con posterioridad a la invasión. Los líderes procuraron excluir "indeseables", que definían como personas con antecedentes penales o que carecían de ingresos para construir una vivienda permanente en un periodo relativamente breve. El reclutamiento selectivo también ayudó a obtener capacidades técnicas que ayudaran al desarrollo de la comunidad. Entre quienes recibieron permisos estaba un ingeniero que supervisó posteriormente el trazado de las calles y de los lotes individuales y un doctor que aconsejaba a los colonos sobre la forma de eliminar la basura y otras medidas de salubridad pública.

Se prestó gran importancia al esfuerzo propio durante los primeros cinco años que siguieron a la invasión. Los oficiales militares llevaron maquinaria pesada para nivelar la tierra y consolidar las calles. Como los líderes de la comunidad se oponían a las casuchas de lámina de cartón o de otros materiales provisionales, empezó casi al punto la construcción de viviendas de ladrillo y cemento. Se instalaron fosas sépticas. Los residentes aportaron tanto la mano de obra como el dinero para la construcción de una escuela primaria, una iglesia y un pequeño parque público. También contribuyeron con 300 pesos por familia para instalar un sistema eléctrico regular. Las calles y los lotes vacíos se mantenían limpios. Se prohibieron cantinas, casas de prostitución y otros "centros de vicio". Aunque muchos de esos proyectos y regulaciones mejoraron las condiciones de vida de los colonos, también querían dar a los funcionarios pruebas del potencial de la comunidad para el desarrollo posterior.

Ningún intento inmediato por desalojarlos siguió a la formación de la Colonia Militar, probablemente porque el sitio invadido era un terreno federal sin fraccionar, en vez de terrenos de propiedad privada. Sin embargo, seguían existiendo grandes amenazas para la sobrevivencia de la comunidad. Estaba rodeada prácticamente por zonas residenciales de clase alta, cuyos habitantes empezaron a presionar al gobierno para impedir que surgiera un asentamiento precario permanente casi a las puertas de sus casas. La junta de mejoras de la comunidad, encabezada por el mayor Rodríguez, comenzó las negociaciones para el reconocimiento de los derechos de tenencia en 1955. Se enviaron delegaciones de residentes de la comunidad a visitar a funcionarios de la Secretaría del Patrimonio Nacional, y al regente del Distrito Federal, Ernesto P. Uruchurtu. La hostilidad de Uruchurtu hacia los asentamientos precarios era ampliamente conocida, y los residentes de la colonia pronto llegaron a considerarlo su principal enemigo. Uruchurtu argumentaba que la legalización de la comunidad tendría que ser negociada con la Secretaría del Patrimonio Nacional; pero informó rudamente a los solicitantes que incluso si esas negociaciones tenían éxito, él se negaría a conceder servicios básicos a la comunidad.

La oposición de Uruchurtu y de los funcionarios de la Secretaría del Patrimonio Nacional fue citada por el mayor Rodríguez y sus aliados como un obstáculo insuperable para obtener los derechos de tenencia. Después de casi cinco años durante los cuales no se había logrado ningún progreso perceptible, un grupo de residentes descontentos empezó a investigar la situación. Se descubrió entonces que el mismo Rodríguez había suspendido las negociaciones con el gobierno, cubriendo sus huellas con una documentación fraudulenta de actividades de solicitud y con informes falsos sobre el "progreso" de las negociaciones, que había presentado periódicamente en las reuniones públicas de la junta de mejoras.

En realidad, Rodríguez tenía múltiples razones para conservar la situación ilegal de la comunidad. En tanto prevaleciera esa situación podía continuar vendiendo permisos de ocupación, cuyo precio había aumentado de 7 pesos en el momento de la invasión, a más de 10 mil pesos en 1960. En una acalorada reunión que exigieron los residentes descontentos, Rodríguez fue denunciado y acusado de fraude en la representación de la comunidad por un representante del gobierno que había sido convocado a la reunión. Posteriormente fue condenado por explotación ilegal de propiedad federal y encarcelado en una prisión militar durante varios meses. Estos acontecimientos condujeron a la creación de una nueva organización de la comunidad, cuyos miembros inmediatamente renovaron las negociaciones para la regularización y ayuda del gobierno.

En esta segunda serie de negociaciones se trató con otros funcionarios. Como el regente Uruchurtu seguía en su posición intransigente, debían buscarse aliados dentro de la Secretaría del Patrimonio Nacional y otras dependencias del gobierno. La clave para crear las relaciones necesarias con esos funcionarios fue proporcionada por un joven profesor que residía en la comunidad, Juan Suárez, joven organizador del PRI en el Distrito Federal. Suárez tenía entre sus amigos a quien sería pronto el diputado por el distrito en que estaba situada la Colonia Militar. La amistad fue aprovechada para entablar relaciones con funcionarios de la Secretaría del Patrimonio Nacional y con el general Alfonso Corona del Rosal, antiguo militar que en ese entonces era presidente del PRI. El interés del amigo de Suárez en los problemas de la Colonia Militar había sido asegurado en primer lugar por el ofrecimiento del apoyo abierto de la colonia a su nominación como diputado: "Fue política —lamentó uno de los líderes de la comunidad— pero fue necesaria."

La intervención del nuevo diputado en esas negociaciones resultó decisiva. En varias ocasiones actuó como intermediario entre los residentes de la comunidad y los burócratas del gobierno, ya fuera dirigiéndose hacia los funcionarios pertinentes o acompañándolos a las oficinas del gobierno para presentar peticiones. Mientras tanto, el mismo Suárez había sido nombrado director nacional de las Juventudes del PRI, y en ese cargo estaba incluso en mejor posición para obtener el apoyo del presidente del Partido, Corona del Rosal. La promoción de este último también fue muy favorable para la suerte de la comunidad. Pronto fue nombrado Secretario del Patrimonio Nacional, que se había convertido en el principal recipiente de las demandas de la comunidad. Todas las semanas durante este periodo, delegaciones de los residentes de la comunidad visitaron la Secretaría u otras dependencias del gobierno para pedir una pronta acción con respecto a sus peticiones. A instancias del diputado que se había vuelto benefactor de la comunidad, Gustavo Díaz Ordaz visitó la Colonia Militar durante su campaña para la presidencia de 1964. Se le presentó una solicitud de regularización y mejoras de la comunidad, y su discurso a los residentes congregados incluyó la promesa de ayuda una vez que subiera al poder.

Un último golpe de suerte para la comunidad fue el despido del regente Uruchurtu por Díaz Ordaz en 1966, en parte como respuesta a la indignación pública creada por la orden de Uruchurtu de arrasar con maquinaria pesada un asentamiento precario situado en otra zona de la ciudad. El nuevo regente fue el benefactor más importante de la colonia:

Corona del Rosal. Éste visitó la comunidad poco después de asumir el cargo, y algunas semanas después se emitió un decreto presidencial regularizándola. Después que se obtuvo la regularización, los residentes continuaron negociando con los funcionarios del Departamento del Distrito Federal para la instalación de servicios y mejoras básicas; pero esta tarea fue facilitada por el aparente deseo de Corona de introducir todo servicio que fuera necesario. Salvo una pequeña sección que se prolongaba más allá del límite del Distrito Federal, en el vecino estado de México, la urbanización completa de la Colonia Militar —incluyendo la instalación de un sistema de drenaje, agua entubada para las viviendas individuales, banquetas y calles pavimentadas— se hizo en un periodo de 15 meses, en 1966-1967.

El éxito de la presentación de demandas de la Colonia Militar puede atribuirse a varios factores: reclutamiento selectivo de los colonos, guía efectiva (aunque tardía), considerable esfuerzo propio, y excelentes relaciones con políticos y funcionarios gubernamentales. En parte como resultado de esas ventajas la comunidad pudo impedir las acciones del gobierno para desalojarla. Además, sus problemas más urgentes fueron resueltos durante un periodo relativamente breve, después de que se reiniciaron negociaciones serias. No debe suponerse que todos los factores mencionados deben estar presentes para asegurar el éxito en la presentación de demandas de una comunidad de bajos ingresos; pero la experiencia de comunidades como la Colonia Periférico y la Colonia Texcoco, que han buscado alcanzar los mismos objetivos que la Colonia Militar con mucho menor éxito, sugiere que cuando faltan la mayor parte o todos estos factores, no se producirá la ayuda del gobierno.

En particular, el caso de la Colonia Militar ejemplifica la importancia de relaciones muy personales con quienes toman las decisiones importantes. Aunque los líderes de las comunidades de bajos ingresos de la ciudad tratan de crear esas relaciones, pocas veces tienen tanto éxito como los solicitantes de la Colonia Militar. Además, las relaciones que establecieron fueron hechas más productivas por el azar: los benefactores de la Colonia Militar fueron promovidos a posiciones de autoridad que tenían que ver con la satisfacción de sus necesidades.

Previsión de las demandas y "carga" del sistema

Hemos observado que la mayoría de las demandas presentadas por los inmigrantes de las comunidades investigadas se referían a problemas concretos muy cercanos a las preocupaciones diarias del individuo. Pero ¿qué ocurre una vez que la mayoría de las necesidades más intensamente sentidas, urgentes y locales por asuntos como los títulos de los terrenos y servicios urbanos, han sido satisfechas? ¿Debemos esperar que las demandas se trasladen ahora a otros campos de mayor importancia económica y social, como la inflación, desempleo, o desigualdades en la distribución de la riqueza en el país?

Un conocido estudioso de los pobres urbanos en los países asiáticos ha elaborado la hipótesis de que a medida que mejoran las condiciones económicas y sociales en los barrios de bajos ingresos, habrá un cambio en las funciones de las juntas de mejoras locales "que se transformarán de grupos de presión particulares a círculos más preocupados por el bienestar general" (Laquian, 1972, pp. 199-200). No obstante, indicó que esto podría requerir "una generación de niños de los barrios educados, con movilidad ascendente", cuyas preocupaciones sean más amplias que los problemas de desarrollo de sus comunidades.

La actividad de presentación de demandas que se ha observado entre los emigrantes a la ciudad de México y otras importantes zonas metropolitanas de Hispanoamérica proporciona poco apoyo a esa expectativa. Después de varias décadas de migración en gran escala a esas ciudades, la presentación de demandas por parte de las comunidades pobladas en su mayor parte por inmigrantes de bajos ingresos o por sus hijos, sigue limitada a necesidades locales de pequeña escala.[21] Además, la presentación de demandas tiende a disminuir considerablemente en esas comunidades una vez que se ha obtenido seguridad de la tenencia y se han introducido servicios urbanos. En muchos casos se crea la junta de mejoras de la comunidad con el exclusivo fin de negociar los títulos de los terrenos o algún otro beneficio específico. Cuando se cumple esa finalidad, pierden su razón de ser y se desintegran en un plazo breve (tal fue, por ejemplo, la suerte de la organización para mejoras de la comunidad de la Colonia Militar, que se desempeñó con mucho éxito). Son muy raros los casos de organizaciones de la comunidad que empiezan con una función muy limitada y posteriormente se convierten en círculos de presiones con fines generales.

Al evaluar el efecto potencial de la migración hacia las ciudades en la presentación de demandas dirigidas a los gobiernos locales y nacionales, se debe tomar en cuenta el campo limitado de la presentación de demandas en que es posible que los migrantes participen. En la ciudad de México, y en otras importantes ciudades latinoamericanas, casi no existen intentos de unir las demandas de las diferentes comunidades en que toman residencia los inmigrantes, como ocurre con los esfuerzos de esas

[21] Como se dijo en el capítulo IV, los hijos adultos de los emigrantes a la ciudad han mostrado menos propensión que sus padres a participar en la presentación de demandas políticas.

comunidades por influir en el contenido general o escala de las políticas y programas del gobierno. Por ejemplo, las comunidades de la ciudad de México negocian con frecuencia el reconocimiento de los derechos sobre la tenencia de los terrenos en sus casos particulares, y nunca tratan de modificar las políticas generales del gobierno con respecto a la utilización de la tierra o la legalización de los asentamientos precarios. Por lo tanto, la mayoría de las demandas presentadas por los emigrantes de bajos ingresos a la ciudad, procuran influir en el proceso de decisiones del gobierno sólo en el aspecto de los productos (ejecución de la política).[22]

Esas observaciones coinciden con las de quienes han estudiado a los pobres urbanos en los Estados Unidos, pues con frecuencia recalcan las dificultades de organizar a los pobres en torno a problemas políticos más generales.[23] Sin embargo, hay unos pocos casos latinoamericanos en que grupos urbanos de bajos ingresos son importantes excepciones a esta pauta general, en la medida en que de vez en cuando se han preocupado por asuntos que trascienden sus necesidades locales inmediatas de seguridad en la tenencia y de servicios básicos. En los barrios urbanos de Cuba bajo el régimen de Castro, los residentes fueron organizados en Comités para la Defensa de la Revolución; y un número considerable de "campamentos" de las ciudades chilenas fueron organizados en los primeros años de la década de los setentas por miembros extremistas del Movimiento de la Izquierda Revolucionaria (MIR), el MAPU (partido que se creó en 1969 como una división del Partido Demócrata Cristiano) y algunos elementos de los partidos Socialista y Comunista. Mientras que los comités cubanos han funcionado a menudo como instrumentos de control político o de movilización de las multitudes para apoyar al régimen de Castro, las organizaciones de precaristas de Chile procuraban ostensiblemente promover la presentación de demandas con base en la percepción de los intereses y solidaridad de clase. Sus organizadores las consideraban como "instrumentos de educación política" que propiciarían la demanda de beneficios procedentes del gobierno más allá de los títulos del terreno y de los servicios de la comunidad.[24]

[22] De manera similar, John Walton ha observado que los grupos de acción de los barrios de Cali, Colombia, "tienen un historial lamentable en su tratamiento de los problemas más amplios que motivaron su organización" (Portes y Walton, 1975, cap. 4). Lisa R. Peattie informa que en Quito, Ecuador, incluso un movimiento en gran escala en favor de "tierras para los pobres", con partidarios en muchos barrios de bajos ingresos, no había logrado hacer demandas generales al gobierno (comunicación personal, 4 de mayo de 1973).

[23] Véase, por ejemplo, Hillman y Seever, 1970, pp. 284-285; Kramer, 1967, pp. 235-237. Sin embargo, mi investigación sugiere que los pobres de la ciudad de México tienen una mayor capacidad para organizarse a sí mismos con el fin de presentar demandas que se relacionan con problemas y necesidades de la comunidad, de lo que se ha observado entre los pobres urbanos de los Estados Unidos. Sobre el fracaso de las asociaciones para mejoras de la comunidad creadas en las ciudades de los Estados Unidos durante la década de los años sesentas, véase Gove y Costner, 1969; O'Brien, 1974, 1975.

[24] Descripciones detalladas de los campamentos chilenos aparecen en E. Petras, 1973, pp. 53-89;

Durante la administración del presidente Salvador Allende, delegaciones de los residentes de los campamentos de Santiago o de otras ciudades chilenas llevaron a cabo *tomas* (ocupaciones temporales) de edificios del gobierno (incluso ministerios), calles u otras instalaciones públicas para obligar a los funcionarios a recibirlos y tomar medidas para satisfacer sus demandas de ayuda.[25] Muchos —quizás la mayoría— de esos casos de acción dirigida, fueron motivados por su necesidad de agua y drenajes, escuelas, servicios médicos y otras mejoras locales; pero las otras "tomas" se hacían para protestar contra los altos precios, la escasez de alimentos y otros bienes, y el desempleo. Algunos campamentos de Santiago también organizaron a las comunidades para buscar empleos para los residentes desempleados por medio de visitas convencionales a políticos y burócratas del gobierno. En resumen, la organización de esos esfuerzos hizo que los precaristas prestaran atención a una gran variedad de problemas de gran escala que se manifestaban concretamente al nivel de la comunidad, y propició que consideraran estos problemas en su amplitud, origen e importancia nacionales.

Quizás haya sido aún más importante que el régimen de Allende adoptó una actitud general de tolerancia ante la presentación de demandas por los pobres, independientemente del objetivo de las demandas o de las tácticas que se habían utilizado para presentarlas. Ocasionalmente las autoridades locales reaccionaban ante una toma empleando gases y arrestos; pero en general este tipo de presentación de demandas era tolerado, y las negociaciones subsiguientes entre precaristas y funcionarios del gobierno producía con frecuencia soluciones aceptables del problema de que se trataba, al menos en sus manifestaciones locales.

El caso de Chile durante el régimen de Allende sugiere que si los inmigrantes y otros elementos de los pobres urbanos de América Latina van a presentar cualquier demanda que supere sus problemas inmediatos, relacionados con la comunidad, lo harán así sólo como resultado de una movilización intensa y sostenida por líderes de grupos políticos que no residen en las comunidades de bajos ingresos. Además, esta movilización debe ocurrir dentro del marco de un ambiente político nacional que

Vanderschueren, 1973, pp. 281-282; Duque y Pastrana, 1972; Equipo de Estudios Poblacionales del CIDU, 1972a, 1972b; y Castells *et al.*, 1973. La siguiente discusión de la presentación de demandas por los residentes de los campamentos se basa principalmente en esas fuentes y en información complementaria proporcionada por Richard R. Fagen (comunicación personal, abril-mayo de 1973). Para un análisis detallado de la presentación de demandas por los residentes de asentamientos precarios en Santiago durante la administración de Frei (1965-1970), que recalca la preocupación casi total de los demandantes con problemas de tenencia locales, véase Cleaves, 1974, cap. 8; la organización política de los barrios de bajos ingresos en La Habana bajo el régimen de Castro es descrita por Butterworth, 1974.

[25] En Chile la palabra *toma* también se utiliza para referirse a ocupaciones ilegales de terrenos para el asentamiento permanente de los precaristas urbanos. Esas tomas no representan demandas políticas tal como se las definió en este capítulo, aunque podrían conducir a ese comportamiento.

tolera la presentación agresiva de demandas por los grupos de bajos ingresos relativas a problemas muy variados. Sólo es probable que los pobres urbanos hagan demandas que no se refieren a necesidades de la comunidad cuando consideran que el riesgo de represión violenta por parte de la autoridad es mínimo y que la probabilidad de obtener alguna satisfacción a sus quejas es grande. El tiempo y energía requeridos por la presentación de solicitudes ante los funcionarios públicos son tan considerables que no se les gastará en asuntos que el gobierno no considere objetivos legítimos de las demandas que presentan los pobres. En ausencia de esfuerzos de movilización total exterior y de la percepción de que el gobierno está bien dispuesto a aceptar demandas no locales, de varias comunidades, "basadas en la clase social", el potencial para esas actividades entre los inmigrantes pobres será muy bajo.[26]

Los datos presentados antes indican que los emigrantes de bajos ingresos a la ciudad de México no deben ser considerados como un sector de la población que "no presenta demandas", aunque las demandas que hacen son menos frecuentes de lo que se ha supuesto a menudo. No obstante, sus demandas sobre el sistema político son muy limitadas y de tipo muy local. Son el tipo de demandas que las autoridades en el poder pueden resolver con facilidad sin cambios fundamentales en las preferencias del gobierno o en las pautas de asignación de recursos. Un sistema político en que la mayoría de las demandas de los pobres están limitadas a la búsqueda de la satisfacción de necesidades concretas de la comunidad es el que tiende a la conservación de las bases del orden sociopolítico:

> Las presiones que de otra manera se expresarían colectivamente, y se dirigirían hacia las primeras etapas de la elaboración de políticas o de la misma integración del gobierno, son convertidas en demandas en pequeña escala, discretas, separables, que pueden ser satisfechas en su totalidad, parcialmente o rechazadas por separado... Incluso en donde la incidencia de organización de los barrios es alta... la naturaleza esporádica de la acción colectiva independiente en pequeña escala significa que es probable que sólo una parte de las asociaciones estén presionando por ayuda en un momento determinado.[27]

[26] Los obstáculos para la presentación de demandas por los inmigrantes de bajos ingresos basadas en la percepción de los intereses de clase son muchos, pero quizás el más importante se deriva de la extremada heterogeneidad ocupacional de la población migrante y de su concentración dentro del sector terciario de la economía urbana. Para un estudio de esos y otros factores que inhiben la presentación de demandas por los pobres en las actuales ciudades latinoamericanas, véase Goldrich, 1965 pp. 368-371; Touraine y Pécaut, 1967-1968; González Casanova, 1968, pp. 76-80; J. Petras, 1970, pp. 13-23; Hamburg, 1972, pp. 18-19, Huntington y Nelson, 1973, pp. 5.21-5.29; A. Leeds, 1974.

[27] Huntington y Nelson, 1973, p. 5.51. Bryan Roberts (1974, p. 230), sobre la base de investigaciones de campo en la ciudad de Guatemala y en Lima, concluye que aunque los residentes de los barrios de bajos ingresos de esas ciudades con frecuencia pueden sacar ventaja de las ambigüedades de la estructura de poder urbana para obtener los servicios que necesitan, esas tácticas de

La migración rural-urbana ha incrementado sin duda el número de demandas hechas sobre los gobiernos de México y otros países latinoamericanos. Pero las visiones apocalípticas de un aumento explosivo de las demandas populares que podría superar las capacidades de los sistemas políticos local o nacional y originar presiones por cambios importantes en la asignación de recursos, son con toda claridad prematuras, si no es que infundadas. La mayoría de las demandas sobre el gobierno originadas por la redistribución en gran escala de la población del campo a las ciudades son, por desgracia, las que menos amenazan la muy desigual distribución del poder y los privilegios en la sociedad mexicana.

manipulación "tienen pocos efectos duraderos sobre la estructura existente de poder o sobre la distribución de los recursos... El efecto principal de esas actividades políticas de nivel local... es el de crear un estado de incertidumbre política para quienes controlan los recursos políticos y económicos". Véase también B. Roberts, 1973, pp. 307-337.

VIII. EL DESEMPEÑO DEL SISTEMA POLÍTICO

Las actividades políticas y gubernamentales influyen en las vidas de los ciudadanos urbanos de varias maneras, muchas de las cuales en gran medida no son percibidas por los afectados. Pero los inmigrantes pobres de la ciudad de México y de otras partes están en mejor posición que los citadinos de mejor posición económica para conocer las consecuencias de las acciones del gobierno. Los orígenes ilegales de muchos de los barrios que habitan, junto con la privación aguda de servicios, general en esas áreas cuando se establecen, conducen a frecuentes contactos con las dependencias gubernamentales cuya ayuda se necesita. Los ingresos inadecuados hacen que los inmigrantes dependan más del gobierno para servicios médicos, educación de los hijos y otros bienes y servicios. Además, el gobierno dedica atención especial a este sector de la población urbana con el fin de movilizar el apoyo electoral u otra participación en actividades políticas de apoyo al régimen. En este capítulo se estudiará la hipótesis general de que las actitudes de los inmigrantes hacia el sistema político y su disposición a participar políticamente son influidas significativamente por la forma en que funciona el sistema.[1]

Definiré el desempeño del sistema político de la ciudad de México en forma tal que incluya la producción de bienes y servicios para ciudadanos individuales, acciones o sanciones administrativas que afectan a barrios enteros, respuestas a demandas individuales o comunales dirigidas a funcionarios determinados, y a los esfuerzos de movilización electoral por el PRI. No se hará ningún intento por diferenciar entre el desempeño del gobierno y el del PRI. En realidad hay un considerable traslape en las funciones de algunas dependencias gubernamentales y algunos sectores del partido oficial en lo que se refiere a los pobres urbanos; además, con frecuencia la población de bajos ingresos no considera importante diferenciar entre los productos del gobierno y los del PRI. Tampoco diferenciaré entre el desempeño de niveles o dependencias gubernamentales específi-

[1] El efecto de los productos del gobierno sobre las actitudes y el comportamiento político ha recibido poca atención en los estudios de los pobres urbanos de América Latina. Como he afirmado en otras obras, los científicos norteamericanos de la política, "en su prisa por aprovechar la literatura sociológica y psicológica en busca de conceptos y teorías que aplicar en su investigación... han descuidado muchos aspectos que se refieren al funcionamiento del mismo sistema político y que influyen de manera importante en el comportamiento de las poblaciones urbanas" (Cornelius, 1971, p. 115). Con pocas excepciones (Eldersveld *et al.*, 1968, pp. 97-106; C. Lee, 1971; Kaufman, 1966, pp. 44-100; Kaufman *et al.*, 1973), esta crítica puede aplicarse a los estudios del comportamiento político urbano en la mayoría de los países en desarrollo. Incluso en los Estados Unidos, la investigación sobre el efecto de la relación entre el ciudadano y el gobierno y los productos de éste sobre las actitudes y comportamiento político de los habitantes urbanos ha sido muy limitada (Eisinger, 1970, 1972; Glassberg, 1972; Schuman y Gruenberg, 1972).

cas. Todas, menos una de las comunidades que investigué, están localizadas dentro de la jurisdicción del Departamento del Distrito Federal, que funcionalmente es parte del gobierno federal y está encabezado por un regente designado que forma parte del gabinete del presidente. Para la otra comunidad, la Colonia Texcoco, los organismos importantes son el gobierno del municipio en que se localiza y el gobierno del estado de México. Como se observó en el capítulo VII, la mayoría de las relaciones que han tenido con el gobierno los residentes de las comunidades investigadas han sido con el Departamento del Distrito Federal.

Después de una presentación general de la naturaleza y amplitud de los productos del sistema político en relación con los pobres de la ciudad de México, examinaré el patrón de relaciones entre el mecanismo PRI-gobierno y las comunidades investigadas. Después se relacionarán las medidas del desempeño del sistema con las actitudes y comportamiento políticos de los residentes de las comunidades. ¿Qué frecuencia tienen y de qué tipo son los contactos entre los funcionarios públicos y los residentes de las comunidades? ¿Qué servicios relacionados con el individuo y con la comunidad reciben los residentes? ¿Influye lo que recibe el individuo del sistema político en su percepción y evaluación del mismo? ¿Es el individuo motivado a participar más en política por los contactos con dependencias políticas y gubernamentales? ¿Hace esto que espere más del sistema? ¿Qué tipo de productos del sistema o de relaciones con funcionarios son más importantes para producir esas consecuencias en las actitudes y comportamiento? Esas son las principales preguntas que trataremos de responder en este capítulo.

DIMENSIONES DEL DESEMPEÑO DEL SISTEMA POLÍTICO

El régimen mexicano tiende a concentrar sus gastos, en particular los de servicios sociales, en los estados y ciudades en que encuentra la mayor oposición electoral (véase Ames, 1970, p. 167; Hogan, 1972, p. 495); y la ciudad de México ha sido tradicionalmente el principal reducto de los partidos nacionales de oposición. Por estas y otras razones relacionadas con pautas muy centralizadas de la actividad política y económica en México, la capital ha disfrutado de una participación muy desproporcionada en los servicios urbanos, educativos y otros beneficios sociales financiados con fondos federales (Wilkie, 1974, p. 217).[2]

En las décadas recientes la actitud del gobierno hacia las zonas de

[2] Para estudios de los orígenes y consecuencias del centralismo político en México, véase Fagen y Tuohy, 1972, cap. 2; R. Fried, 1972, pp. 652 ss.; Tuohy, 1973; Purcell y Purcell, 1973.

bajos ingresos en la ciudad de México ha cambiado de una de olvido y ocasionales represiones durante el gobierno autocrático del regente Ernesto P. Uruchurtu (1952-1966), a una de benevolencia relativa bajo el regente Alfonso Corona del Rosal (1966-1970) y sus sucesores (véase R. Fried, 1972, p. 669). Bajo Uruchurtu, el gobierno procuraba desalentar la emigración hacia la capital prohibiendo los fraccionamientos de terrenos para viviendas de personas de bajos ingresos, y actuaba rápidamente para arrojar a los precaristas de los terrenos invadidos, negando también los derechos de tenencia y los servicios urbanos básicos a la mayoría de las colonias existentes formadas mediante invasiones de precaristas. A partir de 1966 se han hecho menos rígidas las restricciones sobre los terrenos para familias de bajos ingresos. Aunque continúan resistiendo la formación de nuevos asentamientos precarios (con frecuencia sin mucho empeño), los regentes del Distrito Federal y el gobierno del estado de México han aumentado la ayuda oficial a esas y otros tipos de colonias creadas ilegalmente dentro de la zona metropolitana.[3]

El cambio en la política ha sido particularmente manifiesto en el aspecto de los derechos sobre la tenencia. Justificando su acción como esfuerzo para terminar con la especulación de terrenos, ventas fraudulentas de los mismos, y otros abusos cometidos por los fraccionadores de tierras para asentamientos de bajos ingresos, el gobierno ha tomado con más frecuencia cada vez, medidas para "regularizar" las zonas de bajos ingresos expropiando la tierra y vendiéndola a sus ocupantes a un precio considerablemente más bajo que el de mercado, con un plazo de 5 a 10 años para pagarlo. En 1971, el gobierno "intervino" de esta manera en 186 colonias proletarias dentro del Distrito Federal. En años recientes se han distribuido cientos de títulos cada mes a los residentes de las nuevas colonias regularizadas, y durante un periodo de 40 meses entre 1967 y 1970, se distribuyeron más de 20 mil títulos. Esta política tiene claramente un extraordinario potencial para obtener apoyo entre los pobres urbanos, cuya preocupación principal es a menudo la de obtener la seguridad en la tenencia de los terrenos.

Una vez otorgado el reconocimiento oficial a los derechos de tenencia, la política oficial del gobierno consiste en ayudar a la urbanización

[3] El número de evicciones de precaristas por parte del gobierno se ha reducido considerablemente en años recientes. La nueva política (no enunciada) del régimen se refleja en la respuesta de un importante líder del PRI a la pregunta sobre la reacción del partido a las invasiones de terrenos en el Distrito Federal: "Primero, se puede llamar al dueño de los terrenos y acordar que los colonos le hagan un pago razonable. Segundo, si el valor de los terrenos es muy alto, se le puede pedir al dueño que les entregue una 'compensación' a los colonos para que puedan pagar la 'prima' inicial por lotes en otra zona. Finalmente, INDECO (una institución oficial de vivienda) podría hacer una encuesta y ofrecer otras soluciones al problema. En realidad este tercer curso de acción por lo general significa preservar el *statu quo*. En muy pocos casos se desaloja a la gente." (Schers, 1972, pp. 69-70).

de una colonia introduciendo el servicio eléctrico regular, el alumbrado de las calles, sistemas de agua y drenaje, calles pavimentadas, banquetas, etc. Los residentes deben pagar a la postre la costa de esas mejoras después de valuaciones individuales basadas en el tamaño del lote, su ubicación y otros factores; y con frecuencia se les pide que donen la mano de obra que se necesite para instalar los servicios básicos en su comunidad.

Hasta ahora, los compromisos reales de recursos del gobierno de las colonias proletarias de la zona metropolitana de la ciudad de México han sido mucho menores que las necesidades. En 1968, 83 de las 350 colonias incluidas en una encuesta del gobierno carecían por completo de agua entubada, drenaje, electricidad "legal", calles pavimentadas, y escuelas (Instituto Nacional de la Vivienda, 1968, p. 10). En 1970 un grupo asesor técnico afiliado al PRI estimó que la zona metropolitana tenía más de 500 colonias de reciente creación, la mayoría de bajos ingresos, que no tenían servicios urbanos básicos (*El Día*, 25 de octubre de 1970, p. 9). Posteriormente, en ese mismo año el regente del Distrito Federal reconoció que no menos de la mitad de la población de la zona metropolitana —cerca de 4.5 millones de personas en ese momento— carecía de acceso a esos servicios (*El Día*, 24 de diciembre de 1970, p. 9; *cf.* PRI, 1970, pp. 137-311, 461-496). El gobierno afirma haber introducido sistemas de agua entubada y drenaje en 300 colonias durante el periodo 1971-1975, pero quizás el doble de ese número continuó sin "urbanizar".

En comparación, pocas veces se carece de servicios urbanos en las zonas de altos ingresos, y algunas veces se les proporcionan a ciertas zonas que no necesitan de ellos (por ejemplo, se pueden pavimentar con frecuencia las mismas calles, incluso si no se han deteriorado). Es el alto nivel de desempeño del gobierno en las zonas de clases media y alta lo que le da al Distrito Federal su elevada puntuación en los índices nacionales de servicios urbanos y desarrollo de infraestructura. De hecho, dentro de la zona metropolitana la distribución de muchos servicios públicos es sólo ligeramente menos dispareja que la distribución del ingreso personal. No obstante, el gobierno ha empezado a cumplir sus promesas de ayudar a las colonias proletarias más activamente; y los residentes de éstas han llegado a esperar una mayor predisposición del gobierno hacia las solicitudes de mejoras en la comunidad.

El régimen también proporciona varios servicios de bienestar social. La mayor parte de los servicios médicos que están disponibles para los pobres en la ciudad de México es proporcionada gratis en las clínicas del gobierno o por médicos pagados por el PRI. El Partido también proporciona profesores para las escuelas provisionales de los asentamientos de bajos ingresos, y patrocina clases de artes domésticas, higiene, nutrición, planificación familiar, primeros auxilios y alfabetización de adultos. Una agencia federal, el Instituto Nacional de Protección a la Infancia (INPI),* da desayunos gratis a los niños de la escuela, dirige jardines de niños, y ofrece otros tipos de cuidado para los infantes. La Compañía Nacional de Subsistencias Populares (CONASUPO) del gobierno, tiene tiendas en la mayoría de las zonas de la ciudad, en las que ofrece alimentos, aceite comestible, vestidos, zapatos, útiles escolares, medicinas y otros bienes esenciales a precios considerablemente más bajos que los cobrados por los distribuidores privados (véase Alisky, 1973; Grindle, 1975). Desde 1969 esas tiendas fueron complementadas con "mercados sobre ruedas" que les proporcionan a los campesinos y a los artesanos rurales la oportunidad de vender sus productos directamente a capitalinos de bajos ingresos, eliminando así al intermediario y los aumentos en el precio. En 1973-1974, cuando los precios al menudeo de varios alimentos básicos para las familias pobres aumentaron más de 200%, el gobierno empezó a financiar la creación de cooperativas de consumo en sectores predominantemente de bajos ingresos de la zona metropolitana. También se han creado varios centros grandes de servicios sociales en las zonas pobres de la ciudad, que ofrecen servicios que van desde programas recreativos hasta los funerales de baja costa.

Entre los servicios de bienestar social más visibles y más ampliamente utilizados del régimen, están los proporcionados durante las "jornadas de mejoramiento ambiental" que se hacen todos los domingos en varias colonias proletarias ubicadas en diferentes puntos de la ciudad. Para llevar a cabo estas operaciones, que duran un día y están bien organizadas, numerosos grupos de trabajadores de salubridad y otro personal capacitado que asignan varias dependencias gubernamentales y los organismos del PRI se presentan en las colonias, por lo general invitados por los líderes locales o por funcionarios de bajo nivel en cuyos distritos están ubicadas las colonias.[4] En cada colonia se construye apresuradamente una plataforma para el orador y se levantan varias tiendas, todas con el emblema del PRI. Se les presta atención médica y dental gratis a los residentes, se vacuna a los niños, se vacuna contra la rabia a los perros y se da asesoramiento jurídico. Se ofrecen charlas sobre el abuso en las drogas, alcoholismo, higiene personal, cuidado de niños y nutrición. Se fumigan las casas para eliminar las plagas; se recoge la basura de las calles y los

* Al iniciarse el régimen del presidente José López Portillo, cambió su nombre a Sistema Nacional para el Desarrollo Integral de la Familia (DIF).

[4] Un funcionario del PRI le dijo a Schers (1972, p. 67) que una colonia particular había sido designada como el sitio de la jornada debido a que el Partido Acción Nacional (PAN) de oposición, había iniciado actividades en la zona. Mi propia impresión, basada en observaciones y entrevistas hechas en 1970, es que la elección del sitio no es dictada primordialmente por razones electorales. Las jornadas parecen representar otra forma de recompensa periódica que dan a los líderes locales sus benefactores ubicados en niveles superiores.

lotes vacíos; y los camiones de CONASUPO distribuyen alimentos, medicinas y plantas ornamentales gratis. La niños obtienen sin costa alguna desayunos, cortes de pelo y entretenimiento musical y por grupos de teatro.[5] El gobierno sostiene que esas jornadas han beneficiado "directa o indirectamente" cuando menos a 1.5 millones de residentes de la ciudad entre mayo de 1967 y julio de 1968, y otro millón entre diciembre de 1970 y agosto de 1972 (*El Día*, 1 de julio de 1968, p. 12; 25 de agosto de 1972, p. 11).

Otras oportunidades para demostrar la preocupación del régimen por el bienestar de los pobres son las proporcionadas por inundaciones, incendios y otros desastres que con frecuencia afligen a las zonas de bajos ingresos de la ciudad. Tanto el gobierno del Distrito Federal como el "sector popular" del PRI han organizado eficientes grupos de ayuda en caso de desastres, al estilo de las "maquinarias políticas" de las grandes ciudades de los Estados Unidos en los días de su apogeo.[6] A las víctimas se les proporciona rápidamente alimento, vestidos, y alojamiento provisional. Al igual que las jornadas conducidas esporádicamente, este tipo de ayuda en casos de crisis es muy visible y tiene un efecto duradero y profundo en quienes la reciben. Al mismo tiempo, las costas de proporcionar esa ayuda son relativamente pequeñas y no hay ningún compromiso de cualquier forma de ayuda continua. Esas características hacen que la

[5] Para una descripción detallada de una jornada, que se pareció mucho a las que presencié en varias colonias proletarias en 1970, véase Schers, 1972, pp. 82-90. Schers observa (p. 89) que el maestro de ceremonias "sugirió enviar un telegrama al presidente de México expresándole el apoyo del pueblo en esa colonia, y pidiéndole que actúe con mano firme al tratar con los problemas del país. Esto fue diez días después de los sangrientos sucesos del día de *Corpus Christi* en la ciudad de México (cuando una manifestación de estudiantes fue disuelta por un grupo paramilitar organizado por altos funcionarios del PRI y del gobierno que se oponían al Presidente en el poder) y cinco días después de la gigantesca manifestación (en apoyo del presidente) que se había celebrado enfrente del Palacio Nacional. Las personas lo aprobaron con entusiasmo. Era difícil decir cuántos sabían de qué se trataba realmente".

[6] Las similitudes entre la "maquinaria" PRI-gobierno en las ciudades de México y las de las grandes ciudades norteamericanas ha sido observada por numerosos investigadores (véase en especial Purcell y Purcell, 1975a; Ugalde *et al.*, 1974; Eckstein, 1973; Needler, 1971, p. 86). Aunque es de mayor utilidad considerar a todo el sistema político mexicano, y no sólo un subsistema particular local, como una "máquina" a semejanza del modelo norteamericano, algunos aspectos importantes de la "política de aplanadora" tal como se practica en el México urbano tienen analogías en las experiencias de los Estados Unidos. Me refiero con esto al cambio institucionalizado de votos y otras manifestaciones de apoyo al sistema, por bienes y servicios muy particularizados, y por empleos; a un estilo político oportunista y no ideológico; y a una base social integrada en su mayor parte por personas pobres de origen rural. En ambos países la "aplanadora" ha tenido el efecto de aumentar la fragmentación política de la clase baja, inhibir la formación de organizaciones y movimientos políticos basados en la clase social y desalentar las demandas de alcance más amplio (esto es, las demandas de bienes y servicios que benefician a más individuos o barrios aislados), ante los funcionarios locales (véase Rosenbaum, 1973). Sin embargo, hay algunas diferencias importantes entre las "maquinarias políticas" de los Estados Unidos y las mexicanas en términos de estructura de organización y contexto sociopolítico (véase Purcell y Purcell, 1975a).

ayuda en casos de desastres sea muy atrayente para el gobierno como una forma de obtener apoyo entre los sectores menos favorecidos de la población de la ciudad.[7]

La preferencia del régimen por la ayuda de baja costa y de gran efecto a los pobres urbanos se refleja también en la gran importancia que se asigna a su programa de expropiar o regularizar de alguna otra manera las colonias proletarias creadas ilegalmente y proporcionar los títulos de los terrenos a sus habitantes. Los gastos iniciales implicados en el proceso de regularización podrían ser considerables; pero se recuperan pronto por los pagos de los residentes, y el ingreso a largo plazo por los impuestos sobre la propiedad que pagan los nuevos propietarios es considerable.

La regularización de asentamientos precarios ya establecidos y de fraccionamientos no autorizados como solución al problema de la vivienda de los pobres urbanos ha tenido preferencia en años recientes sobre la construcción de proyectos convencionales de viviendas para personas de bajos ingresos. Aunque no menos de doce diferentes dependencias gubernamentales federales y estatales que operan en la zona metropolitana de la ciudad de México continúan construyendo viviendas públicas tradicionales, no han podido proporcionar vivienda más que a una parte insignificante de los pobres de la ciudad. De hecho, la mayoría de las viviendas construidas por el gobierno han sido ocupadas por elementos más acomodados de la clase obrera o de trabajadores de oficina, incluso en proyectos de vivienda que supuestamente estaban destinados a ser ocupados por las familias más necesitadas (por ejemplo, Unidad Popular). Aunque la administración corrompida o ineficiente de los proyectos desde que se les ha terminado es culpable en parte, el problema básico es que sólo las familias más privilegiadas de la clase trabajadora con ingresos permanentes puede costearse esas viviendas. Además, la cuantiosa inversión de capital en la construcción de viviendas públicas limita la construcción a unos pocos miles de viviendas cada año, en una época en que la demanda de viviendas de baja costa está aumentando con rapidez debido a la tasa anual de 3.5% de incremento natural de la población y de la inmigración desde el campo. En vista de la creciente demanda y de la limitación de recursos, la promesa retórica del gobierno de entregar viviendas a los pobres se traduce cada vez más en una política de proporcionar terrenos seguros en los cuales las familias de bajos ingresos puedan construir sus propias casas.

[7] Sería fácil imaginar a un funcionario del PRI pronunciando las palabras de George Washington Plunkitt, político de Tammany Hall: "Es filantropía, pero también es política, muy buena política. ¿Quién me puede decir cuántos votos me aporta uno de esos incendios? Los pobres son las personas más agradecidas del mundo y, permítanme decirlo, tienen más amigos en sus barrios que los ricos en los suyos" (citado por Riordan, 1962, p. 28).

Contacto personal con funcionarios públicos

Para evaluar el efecto de algunas de las medidas políticas y programas que acabamos de discutir en los residentes de las comunidades investigadas, se les preguntó a quienes respondieron a la encuesta sobre sus experiencias personales con los organismos políticos y gubernamentales, y sobre los beneficios que habían recibido de esos organismos. Las respuestas revelan que los inmigrantes que viven en las comunidades investigadas han establecido relaciones con los representantes del PRI y del gobierno de muchas maneras; pero la más importante de esas, para influir en las actitudes y comportamiento políticos, son contactos iniciados por los mismos inmigrantes, por lo usual con la finalidad de presentar demandas.

Como se dijo en el capítulo VII, aproximadamente uno de cada cuatro de los inmigrantes entrevistados había tenido contactos con un funcionario público cuando menos en una ocasión, ya fuera solo o como miembro de un grupo. Casi 90% de quienes lo habían hecho así informaron que habían recibido un "buen" o "muy buen" trato por parte de los funcionarios que visitaron, y más de las dos terceras partes creían que los contactos habían sido benéficos de alguna manera, ya fuera para sí mismos individualmente o para su comunidad. La mayoría de los informantes restantes no sabían si sus contactos con los funcionarios habían resultado en algún beneficio específico.

Parece que incluso quienes nunca han tenido contacto con funcionarios del PRI o del gobierno abrigan la esperanza de un trato favorable de esos funcionarios. Entre este grupo —las tres cuartas partes de la muestra total de inmigrantes— más de 67% creían que serían tratados "bien" o "muy bien", si tuvieran oportunidad de visitar la oficina del PRI para tratar problemas personales o de la comunidad, y casi 73% esperaba un buen tratamiento si fuera a una oficina del gobierno. Cuando se les preguntó cuál creían que era la razón por la cual muchas personas nunca habían tenido contacto con algún funcionario del PRI o del gobierno (punto 176c), la mayoría de quienes respondieron citó la ignorancia o la inexperiencia —desconocimiento de las oportunidades para establecer contacto, o no saber a qué funcionario dirigirse—. Sólo 27% explicó la inacción de los ciudadanos como resultado de cinismo político —creer que el contacto con los funcionarios no haría ningún bien, o que éstos tratarían muy mal a los ciudadanos—. Un porcentaje algo menor expresó la opinión de que quienes no han tenido contacto con funcionarios probablemente no han tenido ningún problema o necesidad sobre el cual quejarse o hacer una solicitud.

Es dudoso que respuestas a preguntas tan abstractas presentadas en un cuestionario deban aceptarse sin mayor análisis. Pero las respuestas a muchos otros puntos de la encuesta, al igual que muchos meses de pláticas informales con los residentes de la comunidad, sugieren que los que carecían de fe en el gobierno y en el PRI no habrían dudado en dar una respuesta cínica a la pregunta sobre la razón por la cual los ciudadanos no tenían contacto con los funcionarios. La cultura política mexicana considerada en todos sus aspectos, es muy propicia a esas actitudes cínicas (véase Almond y Verba, 1963, pp. 106-114), y había esperado que más respuestas a esta pregunta las reflejaran. De este modo, el bajo porcentaje de informantes que mencionaron el mal trato, la incapacidad de obtener acceso y la falta de respuesta es particularmente interesante.

Los contactos personales directos iniciados por los mismos funcionarios parecen ser muy limitados: sólo 5% de los inmigrantes de mi muestra informaron que alguna vez se había acercado personalmente a ellos un funcionario del gobierno o del PRI. Cerca de 7% respondieron que los había buscado individualmente un promotor de las campañas electorales del PRI, pero casi todos esos miembros trabajadores del partido eran residentes de la comunidad en que vivían los informantes.

Sin embargo, un número considerable de personas ha tenido contacto con el régimen mediante las visitas que hacen los funcionarios del PRI o del gobierno a sus colonias; en la mayoría de los casos las visitas fueron de funcionarios de bajo nivel, pero la Colonia Militar fue visitada a mediados de 1964 por el candidato presidencial del partido oficial, y la Colonia Nueva y la Colonia Periférico lo fueron durante la campaña electoral de 1970. Más de la mitad de los inmigrantes de mi muestra habían presenciado cuando menos una visita oficial a su comunidad de residencia actual. La mayoría de esas visitas eran consideradas como intentos de obtener votos; pero 22% fueron consideradas como visitas de inspección por funcionarios que procuraban conocer los problemas y necesidades de la comunidad, y se dijo que 19% habían sido hechas con el propósito de anunciar alguna medida o acción gubernamental referente a la comunidad. Casi dos de cada tres informantes fue incapaz de identificar alguna consecuencia específica de esas visitas oficiales, pero 15% consideraron la instalación de servicios públicos o de alguna otra mejora en la comunidad como resultado de una de esas visitas.

La mayoría de los contactos negativos con funcionarios, informadas por los entrevistados, surgió por la oposición del gobierno a la invasión de los terrenos por medio de las cuales se habían creado tres de las seis comunidades. Cerca de 17% de los inmigrantes habían estado presentes en cuando menos un intento del gobierno por desalojar mediante el uso de la fuerza a los "paracaidistas" de su actual comunidad de residencia; y 5%más habían presenciado incidentes similares en otras partes de la ciudad. Más de tres cuartas partes de los que habían sido objeto de intentos de desalojo por parte del gobierno los consideraban injustos. Pero, en general, esta forma de contacto negativo había sido esporádica entre los residentes de las seis comunidades; y su efecto sobre las actitudes hacia el sistema político había sido compensado con creces por contactos más frecuentes, positivamente evaluados, con funcionarios del PRI y del gobierno.

Otros datos indican claramente que la experiencia negativa más importante de los inmigrantes con las "autoridades" se debe al comportamiento de la policía. Al igual que en los *ghettos* urbanos de los Estados Unidos, la conducta de los agentes de policía es la principal causa de irritación en las colonias proletarias de la ciudad de México. Se les preguntó a quienes respondieron a la encuesta si ellos o algunos miembros de su familia habían tenido alguna experiencia con las autoridades —esto es, con alguna oficina del gobierno o con la policía— que le haya causado sufrimiento. Casi 13% de los inmigrantes informaron de experiencias de ese tipo, y casi todas se referían a contactos con la policía. En más de la mitad de esos casos, los informantes creían simplemente que habían sido detenidos sin justificación o provocación; otras quejas se referían a la brutalidad de la policía, a intentos de obtener sobornos mientras el informante estuvo detenido por alguna violación a las leyes, y la falta de acción ante una queja que el informante había intentado presentar contra otro individuo.

Incluso los inmigrantes que no habían tenido incidentes personales con la policía creían que las personas como ellos eran extorsionadas sistemáticamente por los patrulleros locales, por lo general para obtener sobornos o "pagos". Tendían a considerar que toda la policía era irremediablemente corrompida y arbitraria en su comportamiento con las personas pobres, y con frecuencia hacían la acusación de que los destacados a sus zonas habían sido reclutados entre las filas de conocidos criminales (con los recursos financieros para sobornar a los oficiales que los reclutaban). Esas opiniones eran compartidas por la mayoría de los residentes de las comunidades investigadas, pero eran más enérgicas en la Colonia Texcoco, localizada en un municipio en que se informa que la brutalidad y corrupción de la policía existen en una escala que incluso supera la del Distrito Federal. Por tanto, no fue sorprendente que más de 78% de los inmigrantes entrevistados sólo esperara maltratos en cualquier contacto con la justicia (entrada 176g). Cuando se les pidió que concretaran qué entendían por "maltratos", la mayoría dijo que probablemente serían golpeados o dañados físicamente si los detenía la policía.

Por lo generalizado de los abusos de la policía en las zonas pobres de la capital y por el profundo resentimiento que originan, se podría esperar que la mala conducta de la policía influyera considerablemente sobre la percepción de los funcionarios del gobierno o de cualquier figura autoritaria en general por parte de los inmigrantes, dato común en los estudios de los pobres urbanos en los Estados Unidos (véase, por ejemplo, Rossi

Cuadro VIII-1. *Servicios públicos recibidos por los inmigrantes*

Servicio	Porcentaje (N mínimo = 665)
Servicios personales recibidos en una o más ocasiones	
Cuidados médicos en un hospital o clínica del gobierno	79.0
Atención médica en la comunidad de residencia, proporcionada por personal enviado por el gobierno o el PRI	66.8
Beneficios (sin incluir servicios médicos) del Seguro Social	16.6
Ayuda del gobierno para obtener empleo o encontrar vivienda	28.1
Servicios legales gratis proporcionados por el gobierno o el PRI	7.0
Alimentos u otros bienes comprados o recibidos de las tiendas de la CONASUPO o de los "Mercados sobre ruedas"	65.1
Servicios proporcionados por un centro social del gobierno	4.0
Ayuda recibida de un trabajador social	7.5
Servicios urbanos básicos y mejoras	
Servicio eléctrico regular	47.4
Conexión con el sistema de drenaje	30.0
Agua corriente dentro de la casa	29.7
Calle pavimentada inmediata a la casa	24.8

et al., 1974, cap. 12). Pero ni los datos de la encuesta ni mis entrevistas informales, incluyendo varias hechas a personas que habían sido interrogadas en las delegaciones de policía, dieron pruebas claras de que los residentes de las comunidades investigadas hicieran responsable al gobierno por los abusos de autoridad de la policía. Esta renuencia a culpar al régimen parecía extenderse a todas las situaciones, excepto los desalojos de los asentamientos precarios, que por lo general llevan a cabo los "granaderos" (policía anti-motines) que claramente actúan por órdenes de funcionarios gubernamentales.

Beneficios recibidos del gobierno

Una medida de lo que en realidad han recibido los inmigrantes en las seis comunidades investigadas, en servicios personales o relacionados con la comunidad, puede verse en el cuadro VIII.1. El importante compromiso del régimen de dar servicios y cuidado de la salud a los pobres de la ciudad queda manifestado por el alto porcentaje de informantes que dijeron haber recibido esa atención en alguna forma. Casi dos terceras partes de los inmigrantes se habían beneficiado con la venta por el gobierno de alimentos u otras mercancías a bajo precio por medio de las tiendas de CONASUPO o de los mercados sobre ruedas. Mis investigaciones sobre la ayuda del gobierno para encontrar empleo o casa fueron presentadas como una sola pregunta; sin embargo, de 28% que respondieron afirmativamente a esa pregunta, casi todos eran residentes de dos proyectos de vivienda del gobierno, las colonias Esfuerzo Propio y Unidad Popular, y habían recibido viviendas o terrenos, no empleos. Una proporción mucho menor había recibido otros beneficios: asesoramiento jurídico, asistencia de un trabajador social del gobierno, o compensaciones por incapacidad de la administración del Seguro Social (pero sólo 44% tenían trabajos cubiertos por el Seguro Social).

Los logros del gobierno en lo relativo a proporcionar servicios básicos urbanos y otros beneficios "colectivos" han sido por lo general menos satisfactorios. Menos de una tercera parte de los inmigrantes entrevistados tenían conexión con el drenaje o agua corriente en sus casas en el momento en que se hizo la encuesta, y era incluso menor el número de casas que estaban inmediatas a una calle pavimentada. La cifra, considerablemente más alta, para el servicio eléctrico regular es consecuencia de la importancia sumamente alta que el gobierno da a los proyectos de electrificación en las colonias proletarias de la ciudad. La electrificación puede ser terminada con relativa rapidez, además de ser "muy visible", y cuesta menos que un sistema de agua o drenaje. Además, en la mayoría de los casos se le necesita menos: los residentes de las colonias proletarias suelen obtener su propia electricidad mediante conexiones ilegales, y 46% de las familias inmigrantes de mi muestra recurrían a ese sistema en el momento en que se hizo la encuesta.

Los beneficios procedentes del gobierno en forma de servicios urbanos básicos y mejoras se distribuyeron de manera muy desigual entre las comunidades representadas en el estudio. El porcentaje de residentes que tenían acceso a *todos* los servicios y mejoras urbanas que se mencionan en el cuadro VIII.1 variaba desde ninguno en la Colonia Nueva y sólo 37% en la Colonia Texcoco, hasta 88% en la Unidad Popular y 95% en la Colonia Militar. Esas disparidades extremadas se debían a las distintas condiciones en que se formó cada comunidad, al igual que a las circunstancias del liderazgo local y otros factores específicos de cada comunidad, discutidos en los capítulos anteriores. Todos ellos han influido en la calidad de las relaciones de las comunidades con los funcionarios políticos y gubernamentales en el transcurso del tiempo.

EL EFECTO DEL DESEMPEÑO DEL SISTEMA POLÍTICO SOBRE LAS ACTITUDES Y COMPORTAMIENTO POLÍTICO

Participación política

Al principio de mi investigación, formulé la hipótesis de que los contactos personales con el gobierno y la recepción de servicios públicos propiciaría una mayor conciencia de las actividades políticas y gubernamentales, y fortalecería también la predisposición del individuo para utilizar el proceso político en la satisfacción de sus necesidades.[8] Esas hipótesis

CUADRO VIII.2. *Efecto del desempeño del sistema sobre la participación política entre los inmigrantes*

Variables dependientes	*Variables independientes*				
	Contactos con funcionarios			*Servicios recibidos*	
	General	*Positivo*	*Negativo*	*Personales*	*Urbanos*
Conciencia de los productos del gobierno que afectan a la comunidad	.190	.194	.000*	.314	.117
Percepción de la importancia general del gobierno y de la política para la satisfacción de necesidades	.204	.165	.025*	.262	.031*
Atención prestada a las campañas electorales y al contenido político de los medios de información	.257	.169	.006*	.206	—.039*
Interés en la política y los asuntos públicos	.165	.140	—.120	.168	—.087
Conocimiento del gobierno y de la política	.490	.414	.149	.334	—.107
Discusiones sobre política	.275	.239	—.006*	.187	—.017*
Participación en votaciones	.181	.183	.027*	.219	.023*
Participación en campañas	.593	.407	.115	.303	—.123
Participación en la solución de problemas de la comunidad	.420	.408	.266	.261	—.257

NOTA: N mínimo = 670. Todas las cifras presentadas en el cuadro son correlaciones parciales del tercer orden (fijando testigos para las variables de edad, nivel socioeconómico, y duración de la residencia en la ciudad de México), y todas, menos las señaladas con un asterisco, son significativas estadísticamente al nivel de .05 o mayor. Los índices de sumas son utilizados como medidas de todas las variables incluidas en los cuadros VIII.2 al VIII.6; véase el apéndice C para los puntos que contienen.

[8] El análisis que se presenta en esta sección utiliza varios índices que resumen las respuestas a las preguntas pertinentes del cuestionario. El índice 88, "contactos positivos con funcionarios", incluye tanto contactos iniciados por el informante, como contactos iniciados por los mismos funcionarios, cuyos resultados fueron evaluados por el primero como favorables para él o para su comunidad. La mayoría de los contactos positivos que se mencionarorn ocurrieron durante negociaciones para la regularización o la ayuda del gobierno al desarrollo de la comunidad. El índice 46,

generales son apoyadas por los datos obtenidos en las comunidades investigadas, pero el efecto del desempeño del sistema político sobre la participación política entre los inmigrantes varió en forma significativa, según el tipo de contacto personal que se tuvo y la clase de beneficios recibidos (véase cuadro VIII.2). Cuando se establecen controles sobre los efectos de la edad, posición socioeconómica y duración de la residencia en la ciudad, hay una relación positiva entre el contacto general con el gobierno y la mayoría de las medidas de conciencia y participación política, en particular en lo que respecta a la participación en campañas electorales ($r = .593$) y en la resolución de problemas de la comunidad ($r = .420$). Debe tenerse en cuenta que incluso las correlaciones menores de .20 con frecuencia reflejan grandes diferencias en los porcentajes. Por ejemplo, entre los inmigrantes de mi muestra que tenían un nivel general bajo de contactos con el gobierno, sólo 46% tenían una percepción alta de la importancia del gobierno y de la política para la satisfacción de necesidades. Entre quienes habían tenido frecuentes contactos con el gobierno, 64% perciben la actividad política y gubernamental como muy importante para la satisfacción de necesidades.[9]

Sin embargo, el análisis también indica que sólo los contactos cuyos resultados son evaluados positivamente por los informantes tienen un efecto significativo sobre la participación política. Los contactos negativos se relacionan sólo muy débilmente con la mayoría de las medidas de conciencia y participación política. Investigaciones acerca de los pobres urbanos en Lima y Santiago (Chile) indican que los contactos negativos con el gobierno deben tener consecuencias personales particularmente graves y deben sufrirse repetidamente durante un largo periodo para que el interés y participación políticos de esas poblaciones disminuyan en forma significativa (Lindberg, 1970, pp. 178, 187). Esas circunstancias no se aplican a ninguna de las comunidades investigadas. Incluso en la comunidad

"contactos negativos con funcionarios", mide la experiencia ante los intentos de desalojo por parte del gobierno, además de contactos personales con funcionarios del gobierno o del PRI cuyo resultado fue considerado negativo. El índice 54, "contacto general con funcionarios", combina todos los tipos de contactos personales con el gobierno o el partido oficial, independientemente de su resultado. Finalmente, se elaboraron dos índices para medir el grado en que los informantes se beneficiaron personalmente con varios tipos de productos del gobierno. El índice 101, "servicios personales recibidos", incluye atención médica, ayuda para encontrar vivienda o empleo, servicios jurídicos, adquisición de mercancías de baja costa mediante CONASUPO o alguna otra agencia del gobierno, y otros tipos de beneficios obtenidos de los mecanismos de bienestar social. El índice 102, "servicios urbanos recibidos", mide el acceso de los informantes al servicio eléctrico regular, agua entubada, sistemas de drenaje, calles pavimentadas y aceras. Las partes de la encuesta que se utilizaron en la elaboración de cada índice son descritos en el Apéndice C.

[9] Esos porcentajes se derivan de una tabulación cruzada de las puntuaciones de los informantes (separadas en "altas" y "bajas") en el índice 54, "contactos generales con funcionarios", con las puntuaciones en el índice 81, "percepción de la importancia del gobierno y de la política para la satisfacción de las necesidades". Las diferencias que se muestran son significativas estadísticamente, por la prueba de chi cuadrada, al nivel .001.

más severamente "sancionada", la Colonia Nueva, el periodo de intentos de desalojo por parte del gobierno fue relativamente breve, y fue seguido por varios casos de ayuda del gobierno para defender al asentamiento contra los ataques de los propietarios privados de los terrenos.

Mi descubrimiento de una relación positiva entre los contactos iniciados personalmente con los funcionarios públicos y la participación en las votaciones y en las campañas electorales coincide con lo que se ha descubierto en los estudios sobre residentes de las ciudades en los Estados Unidos. Obviamente es difícil determinar la dirección causa-efecto implicada por esas relaciones. Como ha observado un investigador, parece probable que "las impresiones que se obtienen por el contacto (con funcionarios del gobierno) afecten otros campos del comportamiento político. Lo contrario también es cierto: la actividad política (distinta de los contactos con funcionarios) proporciona incentivos y oportunidades para iniciar los contactos" (Eisinger, 1972, p. 63). No hay duda de que los contactos personales con funcionarios aumentan el conocimiento general que tiene la persona de los puntos de acceso dentro de la burocracia y de los procedimientos para presentar demandas.

Las relaciones entre los servicios públicos recibidos y la participación individual en política aparentemente dependen de la naturaleza de los servicios que se reciben. Entre mi muestra de inmigrantes, la amplitud de servicios *personales* recibidos se relaciona positivamente con todas las medidas de conciencia y participación política. Como las actividades de votar y de participar en campañas políticas se hacen en favor del PRI, los inmigrantes pueden participar en esas actividades de apoyo al régimen cuando menos en parte como un *quid pro quo*, por los servicios personales recibidos del PRI o del gobierno. Sin embargo, los servicios y mejoras recibidos por la *comunidad* no promueven la participación en esas y otras formas de actividad política; de hecho, se relacionan negativamente con la mayoría de las medidas de participación. Esto refleja el hecho de que casi todos los informantes viven en las comunidades (Unidad Popular, Colonia Militar) en que los incentivos para la participación política son más débiles.

Eficiencia e impotencia políticas

Por lo común se supone que la sensación de eficiencia o de impotencia política entre las personas de bajos ingresos puede estar influida fuertemente por el contacto personal con el gobierno. Concretamente, podríamos esperar que esos contactos aumentaran la confianza del individuo al tratar con funcionarios, y su sentido de competencia personal para influir en sus decisiones. El análisis que se presenta en el cuadro VIII.3 confirma esas previsiones con respecto a los inmigrantes en las comunidades investigadas. Si nuevamente establecemos controles por las variaciones en la edad, la posición socioeconómica y el tiempo de residencia en la ciudad, veremos que el contacto general con funcionarios se relaciona positivamente con una sensación de eficiencia política, y negati-

CUADRO VIII.3. *Efecto del desempeño del sistema sobre la sensación de eficiencia e impotencia políticas entre los inmigrantes*

Variables dependientes	*Variables independientes*				
	Contactos con funcionarios			*Servicios recibidos*	
	General	*Positivo*	*Negativo*	*Personales*	*Urbanos*
Sentido de eficiencia política	.284	.233	.023*	.219	—.072
Sentido de impotencia política	—.197	—.153	.016*	—.200	.040*

NOTA: N = 670. Controles, correlaciones y significancia, iguales a las del cuadro VIII.2.

vamente con la sensación de impotencia política. Nuevamente, sólo los contactos cuyos resultados son considerados positivos por los informantes contribuyen de manera importante a estas relaciones. El recibir servicios personales muestra la misma relación con la eficiencia y la impotencia percibidas, pero el acceso a los servicios urbanos básicos no está relacionado con esas percepciones.

Como veremos, quienes se han beneficiado considerablemente por servicios personales también son más propensos a defender en lo general al sistema político; y su mayor sensación de eficiencia política podría derivar principalmente de una aceptación sin crítica de las afirmaciones del gobierno en el sentido de que responde prontamente a las demandas de los ciudadanos. En comparación, quienes disfrutan en la realidad de la mayoría de los servicios urbanos básicos podrían no considerarse a sí mismos como eficientes políticamente, ya fuera porque no participaron personalmente en la presentación colectiva de las demandas que obtuvieron esos beneficios (quizás por haberse trasladado a la comunidad en etapas posteriores de su desarrollo) o debido a que su comunidad recibió esos servicios por iniciativa del gobierno y no de los residentes (como fue el caso en la Unidad Popular).

Tanto los datos de la encuesta como las entrevistas informales indican que el inmigrante de bajos ingresos que ha tenido contacto personal con el gobierno durante los intentos de presentar demandas con frecuencia sale de ellos con una mayor sensación de eficiencia política, en especial si se evalúan positivamente los resultados de esos esfuerzos (*cf.* Mathiason, 1972, p. 75). Quienes han experimentado la satisfacción que se pro-

CUADRO VIII.4. *Efecto del desempeño del sistema sobre el apoyo general que los inmigrantes dan al sistema político*

Variables dependientes	Variables independientes				
	Contactos con funcionarios			Servicios recibidos	
	General	Positivo	Negativo	Personales	Urbanos
Afecto a las instituciones políticas nacionales	.257	.248	—.025*	.355	—.032*
Confianza en el gobierno	.214	.206	—.104	.227	.047*
Percepción de la preocupación del gobierno por los pobres	.198	.133	.040*	.217	.053*
Cinismo político	—.190	—.168	.146	—.219	.107
Percepción de la necesidad de cambios radicales sociopolíticos	—.014*	—.053*	.072	—.138	—.005*
Apoyo general al sistema político	.236	.183	.024*	.276	.098

NOTA: mínimo N = 675. Controles, correlaciones y significancia iguales a los del cuadro VIII.2.

duce cuando una acción en que han participado voluntariamente los acerca a sus metas, tienen una mayor fe en la posibilidad de obtener ayuda del gobierno y en los medios empleados para obtenerla.

Actitudes hacia el sistema político

Evaluaremos ahora el efecto del desempeño del sistema político sobre las actitudes de los inmigrantes hacia el sistema, conservando la distinción que se hizo en el capítulo III entre las diferentes actitudes que reflejan apoyo concreto o vago al sistema. El cuadro VIII.4 considera el desempeño del sistema como determinante del apoyo difuso. El contacto general con el gobierno se relaciona positivamente con el afecto a las instituciones políticas nacionales, la confianza en el gobierno, y la percepción de la preocupación del gobierno por los pobres pero relacionada negativamente con el cinismo político. Sólo los contactos que los informantes evaluaron negativamente parecen aumentar las actitudes que no apoyan el sistema político (*cf.* Lindberg, 1970, pp. 115-124).

Lo anterior es muy diferente de lo que encontraron Fagen y Tuohy (1972, p. 114) en la ciudad de Jalapa: "un ciudadano (que) establece contacto con el proceso político en forma distinta de la usual... probablemente será muy negativo en sus actitudes hacia la política". Se encontró que esa relación era válida para todos los niveles de ingreso familiar. La aparente contradicción entre el estudio de Jalapa y lo que encontré en la ciudad de México podría atribuirse a la mayor capacidad desarrollada para responder a las necesidades de los pobres que tiene el gobierno de la capital. En la ciudad de México los solicitantes de clase baja tienen más puntos de acceso a las burocracias del gobierno y del PRI. Además, los recursos comparativamente mayores que los funcionarios de la capital pueden destinar a vecindades de bajos ingresos aumentan la probabilidad de una respuesta favorable a las solicitudes. En esas circunstancias el contacto con el gobierno puede generar con más facilidad apoyo general al sistema político.

Cuando se correlaciona al desempeño del sistema político con el apoyo específico al sistema surge una pauta particularmente interesante de relaciones. Como se muestra en el cuadro VIII.5, los contactos personales con el gobierno (en especial los contactos evaluados positivamente) están relacionados con una evaluación favorable del desempeño de funcionarios públicos determinados (en especial funcionarios de alto nivel), al igual que a una percepción general del gobierno como un ente dispuesto a prestar atención a las demandas de ciudadanos ordinarios. Los contactos negativos con el régimen no parecen afectar adversamente las evaluaciones que los inmigrantes hacen del desempeño de funcionarios de alto nivel, quizás porque usualmente atribuyen las experiencias negativas con las autoridades a las fallas de burócratas o políticos de bajo nivel, cuyo comportamiento arbitrario o corrompido anula la voluntad de sus superiores (*cf.* Kahl, 1968, pp. 114-116).

La hipótesis de que quienes reciben objetivamente los mejores servicios públicos probablemente evaluarán el desempeño del sistema político más positivamente es confirmada por los datos que se muestran en el cuadro VIII.5. La recepción de servicios personales se relaciona positivamente con las evaluaciones favorables del desempeño de los funcionarios públicos y de la disposición del gobierno a responder ante los esfuerzos por influir en él. La recepción de servicios urbanos básicos se relaciona inversamente con el descontento por los productos del gobierno. Sin embargo, es posible que algunas personas expresaran descontento con los servicios públicos por razones que no están relacionadas con la cantidad o calidad objetivas de los servicios. Por ejemplo, el descontento con los servicios producidos podría ser simplemente una faceta de un síndrome general de enajenamiento o negativismo políticos (*cf.* Schuman y Gruenberg 1972, pp. 372-387). Para explotar esta posibilidad, el análisis que se presenta en el cuadro VIII.5 fue repetido, controlando en esta ocasión el sentimiento general de enajenamiento político y las percepciones de injusticia social en el país. La relación negativa entre el descontento con los servicios y productos del gobierno y la recepción de servicios urbanos básicos casi no disminuyó, lo que sugiere que las eva-

CUADRO VIII.5. *Efecto del desempeño del sistema sobre el apoyo concreto que los inmigrantes dan al sistema político*

Variables dependientes	*Variables independientes*				
	Contactos con funcionarios			*Servicios recibidos*	
	General	*Positivo*	*Negativo*	*Personales*	*Urbanos*
Evaluación positiva del desempeño de los funcionarios públicos	.268	.302	.099	.254	.030*
Descontento con los productos del gobierno	.014	.016*	—.057*	—.086	—.337
Percepción de la disposición del gobierno a responder ante los intentos por influir en él	.294	.351	.003*	.269	—.025*
Apoyo concreto en general al sistema político	.238	.260	.045*	.280	.150

NOTA: N mínimo = 663. Controles, correlaciones y significancia como en el cuadro VIII.2.

luaciones del desempeño del sistema político en este campo están influidas en realidad por niveles objetivos de privación de servicios.

Hasta ahora no he considerado en este capítulo las diferencias entre los inmigrantes y los nacidos en la ciudad que residen en las comunidades investigadas, puesto que las relaciones estudiadas no varían significativamente entre los dos grupos. Sin embargo, hay algunas diferencias importantes en el efecto del desempeño del sistema político sobre las actividades del inmigrante y del nacido en la ciudad hacia el sistema. El cuadro VIII.6 muestra que, en general, el contacto personal con el gobierno y la recepción de servicios públicos son indicadores más importantes del apoyo general o especificado para el sistema entre los inmigrantes, que entre los nacidos en la ciudad. Esta pauta persiste si se analizan por separado las comunidades; es decir, en cada una de las comunidades investigadas el desempeño del sistema tenía mayor efecto sobre las actitudes políticas de los inmigrantes.

Podría encontrarse la explicación de esto en las expectativas relativamente bajas de ayuda del gobierno que con frecuencia tienen los inmigrantes cuando llegan por primera vez a la ciudad. Como la mayoría de los inmigrantes en las comunidades investigadas nacieron y se criaron en pequeños pueblos o aldeas donde los servicios públicos eran mínimos y el contacto personal con los funcionarios del PRI y del gobierno era limitado y, como ellos lo describían, no proporcionaban recompensas (*cf.* G. Foster, 1967, pp. 109, 170; Arterton, 1974; Corbett, 1974). Las bajas expectativas iniciales también coincidían con una "ética inmigrante" más general en que las oportunidades urbanas para el progreso y mejoras materiales en las condiciones de vida se consideraban como beneficios potenciales que debían obtenerse mediante la acción individual (o de la comunidad) en vez de como derechos básicos de todos los residentes de la ciudad (Portes, 1971c, p. 716). Debido a este conjunto de percepciones y expectativas, el inmigrante que tiene contactos positivos con funcionarios públicos y se beneficia por una variedad de servicios gubernamentales después de su llegada a la ciudad, probablemente evalúe al sistema político más favorablemente que su vecino nacido en ella. Este último podría dar por sentado su derecho; y si carece de acceso a ciertos servicios públicos podría incluso considerar que el gobierno lo ha privado de beneficios legítimos.

PRODUCTOS SIMBÓLICOS Y APOYO AL SISTEMA

Es probable que las actitudes y comportamiento políticos de los pobres en la ciudad de México, incluyendo los residentes de mis comunidades, hayan sido condicionados por el desempeño del sistema político, de varias maneras que no han sido examinadas directamente en el análisis precedente. Como se observó en el capítulo VII, el otorgar derechos de tenencia sobre los terrenos a los precaristas es probablemente, para ellos, la medida más importante del desempeño del gobierno. El dar oportunidades de educación es otro campo críticamente importante, y en que el gobierno ha hecho grandes progresos dentro de la zona metropolitana de la ciudad (más de 90% de los inmigrantes de mi muestra con hijos en edad escolar tenían cuando menos un hijo que asistía regularmente a la escuela pública, y en 55% de las familias con hijos en edad escolar todos los niños elegibles asistían). Los productos simbólicos del régimen, canalizados por medio de la prensa, la radio y la televisión, las escuelas, los sindicatos y los líderes locales atados al gobierno por relaciones de dependencia habían conformado también las actitudes y comportamiento de los pobres urbanos de maneras muy importantes. Las afirmaciones simbólicas de la preocupación del régimen por los pobres también eran proyectadas en los actos públicos, durante los cuales se distribuían títulos de los terrenos y altos funcionarios, incluyendo al presidente de la República, "entregaban" al pueblo nuevas escuelas y

CUADRO VIII.6. *Efecto del desempeño del sistema sobre el apoyo al sistema político entre los residentes inmigrantes y los nacidos en la ciudad*

	Variables independientes									
	Contactos con funcionarios						Servicios recibidos			
	General		Positivo		Negativo		Personales		Urbanos	
	Inmigran.	Nat.	Inmigran.	Nat.	Inmigran.	Nat.	Inmigrantes	Nativos	Inmigrantes	Nativos
Apoyo indeterminado general para el sistema político	.236	.102	.183	.175	.024*	.155	.276	.151	.098	.027*
Apoyo determinado general para el sistema político	.238	.129	.260	.202	.045*	.046*	.280	.228	.150	.186

NOTA: N mínima para los inmigrantes = 670; N mínima para los nacidos en la ciudad = 377. Las cifras del cuadro son correlaciones parciales de segundo orden, controlándose la edad y la posición socioeconómica. Las correlaciones que no tienen el asterisco son significativas estadísticamente al nivel de .050 o menos.

otras obras públicas de pequeña escala. Por lo general, se transporta al sitio de un acto a los residentes de muchas colonias proletarias ubicadas en diferentes puntos de la ciudad, en autobuses alquilados por el gobierno o el PRI.

La importancia de esos productos simbólicos, en relación con los beneficios materiales proporcionados por el régimen, no debe ser subestimada. Una comparación de los gastos y políticas económicas del gobierno mexicano con los de otros gobiernos latinoamericanos puede servir para aclarar este punto:

> Si se exceptúa el efecto de la distribución de la tierra, en ningún otro país latinoamericano ha hecho menos el gobierno en favor de la población que ocupa los niveles inferiores. Las tendencias de los precios, salarios y oportunidades de empleo en México, han dejado probablemente a las familias de ese estrato con un nivel de vida igual o menor al que tenían en 1940 (Hansen, 1971, p. 87).

Aunque esta observación es menos común en la Capital que en otros lugares de México, llama la atención la notoria yuxtaposición de un desempeño gubernamental objetivamente inadecuado en zonas de muchos problemas y actitudes de apoyo de las "masas" al régimen, tal como ha quedado mostrado por todo estudio sobre actitudes terminado en la ciudad de México durante la década pasada, incluyendo el mío (*cf.* Kahl, 1968, cap. 6; K. Coleman, 1972, pp. 45-56; C. Davis y Coleman, 1974).

Murray Edelman ha planteado la hipótesis de que las acciones del gobierno satisfacen o motivan a las personas principalmente "cambiando las demandas y expectativas, y no concediendo o rechazando las demandas presentes" (Edelman, 1971, p. 7; *cf.* Edelman, 1965, cap. 2). Muchos científicos sociales recalcan ahora de manera similar la importancia de las expectativas con respecto al bienestar o privaciones futuras al predecir las actitudes y comportamiento de las "masas". Por ejemplo, estudios recientes sobre la teoría de la frustración y la agresión sostienen que "se debe dar mucha mayor ponderación a las *anticipaciones de la meta,* que a la mera magnitud o duración de la privación por sí sola" al explicar la mayor parte del comportamiento motivado (Leonard Berkowitz, citado por Edelman, 1971, p. 8; *cf.* Klassen, 1972).

Los productos simbólicos del régimen mexicano, que subrayan su compromiso con la obtención de la justicia social y otros objetivos que "continúan la Revolución", han influido fuertemente en las expectativas de las "masas" con respecto a su bienestar futuro. Además, esas expectativas han estado relacionadas no sólo con el progreso económico continuo de la nación en general, sino también con las perspectivas de ayuda directa del gobierno a los pobres. Entre mi muestra de inmigrantes, el contacto personal con el gobierno parece reforzar esas expectativas, puesto que el contacto general con los funcionarios se relaciona positivamente con mayores expectativas de ayuda gubernamental futura para resolver importantes problemas personales o relativos a la comunidad.[10] Esto le crea un difícil dilema al régimen: los contactos de los ciudadanos con funcionarios públicos, al menos en zonas en que el gobierno ha respondido relativamente a las demandas de los grupos de bajos ingresos, pueden aumentar el apoyo al sistema; pero también aumentarán las expectativas con respecto al desempeño del gobierno. Si se excluye la posibilidad de un cambio radical en las preferencias y patrones de gasto del gobierno al nivel nacional, muchas de esas expectativas no se cumplirán.

Se ha observado que el régimen mexicano "promueve los contactos políticos controlados y estructurados (de los ciudadanos) quizás en un grado mayor que ningún otro de Hispanoamérica, con excepción del de Cuba" (Fagen y Tuohy, 1972, pp. 88-89). Sin duda esos contactos disminuyen la sensación de lejanía del régimen que tiene el ciudadano, y podrían incluso convencerlo de que éste se preocupa por su bienestar. Pero en una situación de recursos limitados para hacer frente a las necesidades de los pobres urbanos, cuyo número aumenta constantemente por la migración desde el campo y por el crecimiento natural de la población, a largo plazo el efecto de la promoción de los contactos con funcionarios públicos podría ser el de minar la confianza en la capacidad del régimen para responder efectivamente ante las necesidades de las "masas". La "maquinaria" política del régimen y la percepción limitada de la responsabilidad del gobierno por parte de los pobres, podrían continuar aislando al sistema político mexicano de las demandas por un mayor incremento de los recursos asignados a ellos. Entre quienes ya se han beneficiado con los productos del gobierno de alguna manera, sin importar lo limitado que haya sido, las recompensas simbólicas podrían remplazar, a la postre, la recepción de bienes y servicios como fundamento para atribuir legitimidad al sistema (*cf.* Kaufman *et al.*, 1973). Pero entre una gran proporción de los pobres urbanos, el desarrollo inicial de orientaciones de apoyo al sistema político continuará dependiendo en gran medida de la entrega de beneficios concretos por ese sistema.[11]

[10] La correlación parcial entre la puntuación de los informantes en mi índice "contacto general con funcionarios" (54) y las puntuaciones en el índice "expectativas sobre el desempeño del gobierno" (22), estableciendo testigos sobre la edad, la posición socioeconómica y la duración de la residencia en la ciudad de México, es .26, significativa al nivel .001.

[11] Esta conclusión también es apoyada por lo que han encontrado algunos estudiosos de la socialización política en los Estados Unidos. Véase en especial, Merelman, 1966.

IX. CONCLUSIÓN

La comunidad como arena para el aprendizaje político

Uno de los temas más frecuentemente mencionados en este estudio es lo relativo a la importancia del contexto inmediato de la comunidad para el proceso de aprendizaje político entre los migrantes pobres. De hecho, el proyecto de esta investigación se debió en gran parte a mi descontento con el estudio de las personas que se dirigen hacia las ciudades del Tercer Mundo como "masas" indiferenciadas, que responden de manera uniforme a un determinado conjunto de condiciones o estímulos, a los que se supone está expuesto todo inmigrante rural en las grandes ciudades. La realidad empírica, como he demostrado, es mucho más compleja; incluso dentro de una ciudad, hay una considerable variación en las influencias socializadoras a que está expuesto el inmigrante. Esas diferencias en los patrones de socialización en las diferentes vecindades son una fuente importante de variaciones en las actitudes y comportamiento políticos individuales.

La evidencia que se presenta aquí sugiere incluso que ciertas características de la comunidad local del inmigrante con frecuencia son de mayor importancia para determinar sus actitudes y comportamiento políticos en el ambiente urbano, que sus atributos socioeconómicos individuales o que sus condiciones psicológicas. La participación política intensa, el afecto hacia el sistema político y el sentido de comunidad que caracterizan a un asentamiento precario reciente, con movilidad ascendente, como la Colonia Nueva, tienen poca semejanza con la pasividad, negativismo político y débil sentido de comunidad en un fraccionamiento "estancado" como la Colonia Texcoco. Debido a esta diversidad en los contextos de la socialización, no es sorprendente que los resultados del proceso de aprendizaje político entre los inmigrantes de la ciudad sea poco uniforme.

Las diferencias halladas entre las comunidades en la ciudad de México y en otras grandes ciudades de América Latina, ayudan a explicar por qué el simple hecho de resistir en una zona urbana, o la duración de la residencia en una zona similar, no es un buen indicio por sí solo de las actitudes y comportamiento políticos. Como argumentó Oscar Lewis (1965, p. 497), la ciudad como un conjunto no podría ser la unidad adecuada de comparación o análisis en la mayoría de los estudios sobre la vida política y social, debido a que las variables que funcionan al nivel de la ciudad no son las principales determinantes de las actitudes y comportamiento individuales. En cualquier caso, las generalizaciones sobre la vida urbana y su efecto en la orientación política deben comprobarse mediante la evidencia proporcionada por estudios de las vecindades, sistemas sociales, y otros agrupamientos relativamente pequeños de residentes de las ciudades. Sólo de esta manera podemos empezar a comprender las razones por las que la urbanización no ha producido respuestas políticas uniformes entre los grupos de población.

Hemos observado que, en ciertas condiciones, la comunidad urbana local podría funcionar como un factor de socialización política intensa y rápida. Este descubrimiento tiene importantes implicaciones para quienes intentan moldear deliberadamente las actitudes y comportamiento políticos. En particular, sugiere que tales intentos no necesitan propiciar que los individuos desarrollen un interés general en política o se comprometan psicológicamente a la participación política. Podría ser suficiente crear (o capitalizar) situaciones que indujeran a las personas a comportarse de la manera que se desea y establecer después un incentivo local adecuado o reforzar la estructura para este comportamiento. Esta es la estrategia que han seguido, con pocas variaciones, los gobiernos y partidos políticos de Chile, Cuba y la República Popular de China que han procurado utilizar la comunidad urbana local como un instrumento para la socialización y movilización política dirigidas.[1]

La medida en que las actitudes y comportamiento políticos son determinados por las situaciones particulares, hace surgir preguntas importantes sobre su estabilidad. Como indica Becker (1964, p. 45):

> Las perspectivas que adquiere una persona como resultado de ajustes a su situación particular no son más estables que la situación en sí o que su participación en ella. En las instituciones ocurren situaciones... cuando cambian las instituciones, cambian las situaciones que proporcionan a quienes participan en ellas y exigen el desarrollo de nuevos patrones de ideas y de acciones... De manera similar, si un individuo ingresa o sale de situaciones particulares, es un participante temporal, en vez de a largo plazo, y por lo tanto sus perspectivas cambian a medida que se traslada.

Por supuesto, las actitudes políticas y las predisposiciones en el comportamiento no son inmutables, y sin duda siempre se tendrá la experiencia obtenida en situaciones particulares, al enfrentarse a situaciones

[1] La competencia entre los principales partidos políticos de Chile por el control permanente de la organización de las vecindades urbanas de bajos ingresos es presentada por Friedmann, 1972, pp. 27-28; Vanderschueren, 1973 (véase también la p. 217, nota 24). Para información sobre la utilización de comités de vecinos para el control y la socialización en Cuba durante el régimen de Castro, véase Fagen, 1969; Butterworth, 1974. La utilizacin de organizaciones vecinales para alterar los patrones de socialización durante la Revolución Cultural de China es descrita por Salaff, 1971.

futuras. Sin embargo, está claro que las variables estructurales y circunstanciales que se relacionan con la comunidad de residencia del inmigrante son determinantes muy importantes de sus incentivos y oportunidades para la participación política.

Hemos observado que la participación política entre los inmigrantes es muy sensitiva a los cambios en las necesidades de la comunidad, al grado de "amenaza externa" para la sobrevivencia de la comunidad y a otros factores circunstanciales. La resolución de los principales problemas que enfrenta el desarrollo de la comunidad, por ejemplo, tiende a disminuir la participación. Las recompensas a quienes participan en la resolución de los problemas de la comunidad podrían cambiar drásticamente a medida que el control de los líderes locales sobre sus comunidades empezara a debilitarse. Sin embargo, esos y otros cambios en el contexto comunal del aprendizaje político podrían no conducir a la "despolitización" o al "olvido" de las orientaciones políticas. Lo que un residente puede aprender en una situación determinada no es olvidado con facilidad; podría simplemente carecer de importancia en el contexto de las necesidades de una nueva comunidad o de nuevas normas de comportamiento. Por ejemplo, los residentes podrían haber desarrollado en alguna ocasión la capacidad para la acción política cooperativa, que después se hace latente, pero que puede reactivarse cuando surgen nuevas necesidades o se alteran las limitaciones supralocales sobre la actividad política. Es evidente que estudios a largo plazo de las comunidades particulares son requeridos para determinar el "poder de subsistencia" y la generalización del aprendizaje político inducido por la comunidad.

Política y pobreza urbana en México

Otra preocupación de este estudio ha sido la forma en que los inmigrantes y otras personas de clase humilde se relacionan con las instituciones políticas y gubernamentales. Hemos observado que entre los residentes de las comunidades investigadas, las relaciones con políticos y funcionarios del gobierno por lo usual ocurren en el contexto de actividades relacionadas con la comunidad. Se ha argumentado que la presentación de demandas basada territorialmente probablemente no abrumaría al sistema político nacional o citadino, ya que se refieren a necesidades de corto plazo, locales y en pocas ocasiones abarcan más de una comunidad. En vez de eso, un gran número de solicitudes particularizadas de ayuda gubernamental se trasladan hacia los niveles superiores a través de los canales "dependiente-benefactor". Esas solicitudes pueden ser satisfechas mediante acciones administrativas aisladas, con una costa relativamente baja para el régimen, en comparación con la costa de satisfacer demandas de base amplia que benefician a sectores enteros de personas o a unidades territoriales. El concepto que tienen los inmigrantes de la amplitud de las responsabilidades del gobierno con respecto a muchos problemas es bastante limitado, y no son propensos a buscar soluciones gubernamentales a problemas muy alejados de su inmediato espacio vital. Además, en comparación con los nacidos en la ciudad, los inmigrantes tienden a mostrar mayor respeto hacia las figuras con autoridad en general, y a ser partidarios del PRI, en tanto que muestran una menor propensión a apoyar a los grupos o movimientos que amenazan al régimen establecido. No consideran la violencia como una respuesta legítima o efectiva a la privación material; de hecho, muchos de ellos tienen un profundo temor de las consecuencias personales del cambio social o político. Todo esto reduce considerablemente el deseo y capacidad del inmigrante pobre para desafiar al sistema político tal y como funciona hoy en día.

De hecho, podría argumentarse que el interés del régimen, cuando menos a corto plazo, está en promover la inmigración a las ciudades, tanto como una influencia conservadora sobre la población urbana, como para dar una salida al descontento rural. Los funcionarios del gobierno también saben que la mayoría de la inmigración de las últimas décadas representa una respuesta a los extremos de la pobreza y al desempleo del campo, y tienden a considerar el desempleo generalizado en las ciudades, preferible a un alto desempleo en las zonas rurales. Eventualmente, a medida que la población de la nación se concentra cada vez más en las ciudades, casi con toda seguridad aumentará la oposición al actual sistema político —electoral y de otras formas—. De mucho mayor importancia como fuente de oposición al régimen son los hijos mayores educados, nacidos en la ciudad, de los inmigrantes y de los citadinos en general, que podrían encontrarse en desventaja frente a los inmigrantes en la competencia por ciertos tipos de empleos (*cf.* Weiner, 1973a, 1973b).

Aunque los inmigrantes no son reclutas fáciles para cualquier movimiento político contra el sistema, muchos *sí* están disponibles para las actividades de apoyo al sistema. Las fuentes más importantes de tensión dentro del sistema político mexicano en los últimos años han sido los conflictos entre los grupos de élite, en especial entre la élite comercial-industrial y el grupo que domina los organismos del PRI y del gobierno. El régimen en el poder utiliza su contrrol sobre los sectores de población de bajos ingresos como un recurso político al negociar con el sector capitalista rico (Tuohy, 1973, pp. 265-266; Purcell y Purcell, 1975a). Por esa razón, aunque no hubiera otras, el régimen encuentra conveniente continuar creando apoyo entre los citadinos pobres, que están localizados más estratégicamente y pueden ser movilizados con más facilidad que sus contrapartes rurales. Políticas como la regularización de los asentamientos precarios mediante la expropiación de terrenos invadidos, tienen por objeto prepararse para el día en que el régimen en el poder deba depender del apoyo popular para hacer frente a una grave crisis económica o al desafío de alguna otra élite disidente. El mismo objetivo general es propiciado por prácticas como la de escoger sistemáticamente a los líderes locales de las comunidades de bajos ingresos y de congraciarse con los trabajadores sindicalizados mediante aumentos en los salarios.

Los esfuerzos del régimen por crearse apoyo, en especial entre los trabajadores desorganizados y en desventaja en los sectores comerciales y de servicios, podrían verse complicados en años futuros por las cambiantes condiciones económicas. Durante la mayor parte del periodo 1940-1970, el producto nacional bruto de México creció más de 6% al año —una de las tasas más altas en América Latina o en cualquier otro país del Tercer Mundo—. Desde 1970, la tasa de expansión económica general del país ha disminuido, y el exagerado crecimiento de la población y la inflación se han combinado para hacer desaparecer los beneficios económicos obtenidos en esos años. Hacia 1974, la tasa anual de incremento en los precios de los consumidores, que había estado por debajo de 4% durante los años sesentas, había subido a 23.3% nacionalmente e incluso más en la ciudad de México (véase *Latin America*, 30 de mayo de 1975, p. 163; López Rosado, 1975). Resta ver si las expectativas de movilidad socioeconómica generadas durante las décadas de los cincuentas y de los sesentas desaparecen, y si la tolerancia de la clase baja por la privación material disminuirá considerablemente, como algunos autores han sugerido (Hirschman, 1973).

La disposición de los pobres de apoyar, o cuando menos aceptar, los acuerdos políticos existentes, se ha basado al menos en parte en sus percepciones de una estructura "abierta" de oportunidades en la sociedad mexicana. Sólo 29% de los inmigrantes entrevistados en las comunidades investigadas en 1970, creía que era muy difícil o imposible pasar de una clase social baja a una más alta (Punto 86b). Como se dijo en el capítulo II, muchos inmigrantes han experimentado una movilidad ascendente, e incluso quienes no han mejorado conocen parientes y amigos cuya situación económica mejoró considerablemente. No es sorprendente que las expectativas de los inmigrantes para sus hijos sean muy altas. Al responder a otra pregunta de la encuesta, más de 94% de ellos pensaba que la vida de sus hijos sería mejor o mucho mejor que la de ellos (Punto 71a), y tres cuartas partes de éstos citaron como explicación de esta idea la "mejor educación". Más de la mitad de los inmigrantes deseaba que sus hijos tuvieran una educación universitaria, y 60% creía que sería factible económicamente para ellos proporcionárselas (Pregunta 77). Se suponía que el acceso que tendrían sus hijos a empleos de nivel más alto era considerable. Cuando se les preguntó: ¿Qué tipo de trabajo le gustaría que tuviera su hijo mayor?, 56% mencionaron empleos profesionales o semiprofesionales, y otro 22% deseaban que sus hijos fueran trabajadores calificados. El 50% de los inmigrantes creía probable que sus hijos tuviesen el tipo de ocupación que sus padres deseaban para ellos.[2] Un porcentaje igual pensaba que con el tiempo sus hijos pertenecerían a la clase media.

El que esas esperanzas se vean cumplidas dependerá casi con toda seguridad de la expansión continuada de la estructura ocupacional urbana, y en particular del crecimiento de la industria que emplea mano de obra intensiva. Los mismos inmigrantes están conscientes de esto: cuando se les preguntó sobre las causas de la pobreza en México (Punto 69a), la mayoría de mis entrevistados mencionaron la escasez de empleos; y cuando se les pidió que identificaran el problema más importante al que se enfrenta el país, la mayoría citó el desempleo o la necesidad de crear nuevas fuentes de empleo. Por desgracia, las tendencias recientes en lo que respecta a este problema, no son favorables. En 1974 se estimó que el 5.7% de la población económicamente activa de la ciudad de México estaba desempleado (6.3% en la sección de Ciudad Netzahualcóyotl), y que 35.3% estaba subempleado (*Excelsior*, 21 de junio de 1975, p. 10A; Manuel Gollás, citado en Moiron, 1975, p. 7).[3] La tasa de creación de empleos en la ciudad, en especial en el sector industrial, ha disminuido de manera importante en años recientes, en un momento en que la estructura por edades de la población y las tasas de inmigración y de crecimiento natural de la población indican que se necesitan muchos más empleos incluso para evitar que aumenten las tasas de desempleo y subempleo (Contreras, 1972; Muñoz *et al.*, 1972; López Rosado, 1975; Robles Quintero, 1975).

Previamente, los pobres habían acreditado al gobierno una parte más que proporcional en la responsabilidad por el rápido y sostenido crecimiento económico del país; ahora podrían considerarlo responsable por cualquier limitación importante en las oportunidades de empleo. La evidencia obtenida en varios países latinoamericanos, africanos y del

[2] Cuando se les preguntó si el hijo de un trabajador, "inteligente y dedicado" podría convertirse en el propietario de una pequeña empresa, 62% contestó que esa persona muy probablemente tendría la oportunidad de convertirse en dueño (Pregunta 73). El 38% creía que esa persona tendría una buena oportunidad de convertirse en un funcionario público de alto nivel; 46% creían que tenía una oportunidad similar de hacerse doctor; y 63% pensaban que fácilmente podría ser un "empleado".

[3] La tasa de desempleo nacional en 1974 fue estimada entre 15-17%, lo que refleja principalmente la grave escasez de trabajos en las zonas rurales (*Excelsior*, 2 de febrero de 1974, p. 1A; 12 de mayo de 1975, p. 1A; 20 de junio de 1975, p. 4A).

Medio Oriente, indica que el potencial del comportamiento de protesta contra el gobierno entre los pobres urbanos es mayor en condiciones de alto desempleo.[4] Los individuos más perturbadores son los trabajadores jóvenes que han tenido empleo estable y repentinamente pierden sus empleos. Como Horowitz (1967, p. 219) ha observado, la evidencia histórica parece apoyar la generalización de que sólo cuando las ciudades mejoran la privación material al ampliar las oportunidades de empleo, el potencial entre la urbanización hacia el descontento político es reducido significativamente.

Sin embargo, se debe ser muy cauteloso al predecir la respuesta que darán los inmigrantes pobres en su comportamiento a condiciones económicas en deterioro. Inclusive si en lo futuro el inmigrante se frustra más como consecuencia de las menores oportunidades de empleo y de la inflación creciente, podría ser difícil explotar su descontento. El éxito de cualquier movimiento de protesta pública para dirigir las quejas de los inmigrantes contra el orden sociopolítico, dependerá probablemente en gran medida de la disponibilidad de líderes locales, independientes y capaces de movilizar este sector de la población urbana. Como hemos observado, los pobres de la ciudad de México tienen sus propios líderes; pero pocas veces son éstos autónomos de la autoridad del gobierno, y no es probable que movilicen a sus seguidores en provecho de demandas "no autorizadas" que sobrepasen los problemas de la comunidad local.

Las respuestas de los residentes incluidos en este estudio a preguntas relacionadas con la legitimidad y eficacia de las actividades de protesta y de violencia política sugieren que resistirían mucho los esfuerzos para que participen en actividades públicas "contra el sistema", independientemente de los líderes de que se trate. Resistirían no sólo por respeto a la autoridad o por temor a la retribución del gobierno, sino también por una convicción profundamente arraigada de que es más productivo tratar de manipular el sistema para satisfacer sus necesidades, que enfrentársele o tratar de cambiarlo. Es este punto de vista pragmático de las opciones que proporciona la situación política existente lo que convierte al inmigrante supuestamente "disponible" en muchas ciudades latinoamericanas, en una persona menos susceptible de ser captada por los llamados al levantamiento político, de lo que han creído tanto la izquierda militante como las élites en el poder.

Debe hacerse hincapié en que esta renuencia a ir hacia las barricadas o a unirse a movimientos políticos basados en clases que tienen como finalidad cambiar el orden sociopolítico existente, incluso ante la eviden-

[4] Véase M. Cohen, 1974; Hobsbawn, 1967, p. 65; Gutkind, 1973; Moreno, 1970 pp. 92-96, Portes, 1971c.

cia de flagrantes inequidades materiales, no es resultado de la irracionalidad, de una "falsa conciencia", o de la falta de conciencia entre los pobres sobre la manipulación a que los somete el sistema político. Por lo contrario, su falta de disposición a enfrentarse al sistema refleja una adaptación racional a las reglas del juego político, una baja propensión a asumir riesgos, y el conocimiento de los tipos de acción política que recompensan las autoridades, al igual que de aquellos que probablemente ignorarán o reprimirán violentamente. En la ciudad de México, al igual que en otras partes de América Latina, continuará la lucha de los migrantes pobres por obtener reconocimiento y beneficios materiales, pero muy probablemente la harán dentro de la estructura general de oportunidades y limitaciones cuidadosamente creada y conservada por las élites en el poder.

APÉNDICES

A. Cuestionario de la encuesta por muestreo
B. Elaboración de los índices sumados
C. *Items* contenidos en los índices sumados
D. Diseño, administración y análisis de la encuesta por muestreo.

Apéndice A

CUESTIONARIO DE LA ENCUESTA POR MUESTREO *

Buenos días (tardes). Estamos haciendo un estudio de opinión para una gran universidad, para averiguar más sobre la gente de esta ciudad: qué ideas tienen, y qué necesitan. Estamos interesados en los asuntos de este lugar, como son vistos por las gentes que viven aquí; y sobre todo, en su punto de vista acerca de éstos. Por favor, permítanos hacerle algunas preguntas, que también estamos haciendo en otras partes de la ciudad. Le aseguramos que sus respuestas serán *estrictamente confidenciales*; nadie más que nosotros sabrá lo que usted ha contestado. La información obtenida en cada familia se utilizará solamente en combinación con la obtenida en las otras familias que se entrevisten en la ciudad.

Según el método de investigación empleado en esta encuesta, yo tengo que hacer unas preguntas al jefe de la familia, el Sr. ____________________ ¿Es usted esa persona?

1a. ¿Tiene usted a su señora viviendo con usted o no?
1b. (SI ES AFIRMATIVO:) ¿Está casado por lo civil, por la Iglesia, o por lo civil y la Iglesia?
1c. (SI ES NEGATIVO:) ¿Es usted soltero, viudo, divorciado, separado, o abandonado?
2. (SI EL ENTREVISTADO ESTÁ CASADO:) ¿Desde hace cuánto tiempo está casado?
3a. ¿Cuántos hijos tiene usted? (SI TIENE HIJOS, HACER LAS PREGUNTAS 3b, 3c y 3d.)
3b. ¿Cuántos de ellos viven aquí con usted?
3c. ¿Qué edades tienen los que viven con usted?
3d. ¿Tuvo usted algunos hijos que murieron antes de cumplir los 6 años? (SI ES AFIRMATIVO:) ¿Cuántos fueron y qué edad tenían cuando murieron?
4. (A TODOS LOS ENTREVISTADOS:) En total, ¿cuántas personas viven en esta casa, incluyéndose a usted mismo? ¿Quiénes son? No sus nombres, sino ¿qué parentesco tienen

* Nota: Algunas instrucciones al entrevistador se han omitido en esta reproducción del cuestionario. La versión completa en español está disponible para quienes la soliciten al autor.

con usted: cuántos hijos e hijas, hermanos y hermanas, suegras y suegros, etc.?

5. ¿Cuánto tiempo ha vivido usted en la ciudad de México? Entendemos por "ciudad de México" (ENSEÑAR MAPA) no sólo el Distrito Federal, sino también los municipios de Chimalhuacán, Ecatepec, Naucalpan, Netzahualcóyotl, y Tlalnepantla del estado de México, así que si ha vivido usted en uno de esos municipios, haga de cuenta que forman parte de la ciudad de México.
(SI EL ENTREVISTADO HA VIVIDO EN EL ÁREA METROPOLITANA DE LA CIUDAD DE MÉXICO POR TODA SU VIDA, PASAR A LA PREGUNTA 36a.)

6a. Ahora le voy a hacer algunas preguntas relacionadas con el hecho de que usted ha vivido en otro lugar antes de venir a establecerse a la ciudad de México.
Si ha venido a vivir más de una vez a la ciudad de México, las preguntas se refieren a la *última vez* que vino para acá. ¿Dónde nació usted?

6b. ¿Dónde se localiza este lugar? ¿En qué estado o territorio?

7a. Cuando usted tenía 15 años...¿dónde vivía usted? ¿Dónde se localiza este lugar? ¿En qué estado o territorio?

7b. Usted vivía en: (SI SE TRATA DE UNA LOCALIDAD RURAL:) ¿un rancho?, ¿un pueblo?, ¿un ejido? (SI SE TRATA DE UNA LOCALIDAD URBANA:) ¿una colonia proletaria?, ¿una vecindad o patio?, ¿otro tipo de colonia?

7c. ¿Cuál era la fuente de trabajo más importante en (EL LUGAR MENCIONADO EN LA PREGUNTA 7a)? (SI EL ENTREVISTADO NO MENCIONA FÁBRICAS O INDUSTRIAS EN LA RESPUESTA ANTERIOR 7c) ¿Tenía ese lugar alguna fábrica o industria: por ejemplo, minas o fábricas donde se hacían ciertos productos? (SI ES AFIRMATIVO:) ¿De qué tipos? ¿Trabajó usted en esta (fábrica, mina, industria, etc.) por algún tiempo? (SI ES AFIRMATIVO:) ¿Cuánto tiempo?

8a. (SI EL ENTREVISTADO ES CASADO:) ¿Dónde vivía su esposa cuando tenía 15 años?

8b. ¿Dónde se localiza? ¿En qué estado o territorio?

8c. Ella vivía en: (SI SE TRATA DE UNA LOCALIDAD RURAL:) ¿un rancho?, ¿un pueblo?, ¿un ejido? (SI SE TRATA DE UNA LOCALIDAD URBANA:) ¿una colonia proletaria?, ¿una vecindad o patio?, ¿otro tipo de colonia?

9a. ¿Cuántos años tenía usted cuando salió de (LUGAR MENCIONADO EN LA PREGUNTA 7a)? (SI EL ENTREVISTADO YA VIVÍA EN LA CIUDAD DE MÉXICO CUANDO TENÍA 15 AÑOS, PREGUNTAR CUÁNDO DEJÓ SU PUEBLO NATAL).

9b. ¿En qué año se fue usted de allí?

9c. ¿Como cuánto tiempo *antes* de salir de (LUGAR MENCIONADO EN LA PREGUNTA 7a) (SI EL ENTREVISTADO YA VIVÍA EN LA CIUDAD DE MÉXICO CUANDO TENÍA 15 AÑOS, INSERTAR EL NOMBRE DE SU *PUEBLO NATAL*) estuvo pensando seriamente en irse?

10. ¿Conoce usted a algunas otras personas que viven en esta colonia (INSERTAR EL LUGAR DE RESIDENCIA ACTUAL DEL ENTREVISTADO) y que hayan venido de (LUGAR MENCIONADO EN LA PREGUNTA 7a)? (SI EL ENTREVISTADO YA VIVÍA EN LA CIUDAD DE MÉXICO CUANDO TENÍA 15 AÑOS, INSERTAR EL NOMBRE DE SU PUEBLO NATAL.) Queremos decir, además de su propia familia. (SI ES AFIRMATIVO:) ¿Cuántos?

11a. Después de salir de (LUGAR MENCIONADO EN LA PREGUNTA 7a O LUGAR DE NACIMIENTO), ¿vivió usted en algunos otros lugares antes de venir a la ciudad de México? (SI ES AFIRMATIVO:) ¿Cuáles son los nombres de esos lugares? ¿Dónde se localizan? ¿En qué estado o territorio? (SI ES *NEGATIVO,* PASAR A PREGUNTA 12a.)

11b. ¿Cuánto tiempo vivió allí (en cada lugar)?

12a. ¿Qué edad tenía usted cuando se cambió a la ciudad de México?

12b. ¿En qué año llegó usted a esta ciudad?

12c. ¿Vino usted solo, o acompañado por otros miembros de su familia, o por otras personas?

12d. (SI EL ENTREVISTADO VINO CON FAMILIARES U OTRAS PERSONAS:) ¿Quiénes eran estas otras personas?

No sus nombres, sino ¿cuál era el parentesco de ellos con usted?, o ¿cómo llegó a conocerlas?

12e. (SI EL ENTREVISTADO VINO SOLO:) ¿Fue usted el primer miembro de su familia en venir a la ciudad de México?

13a. A su llegada, ¿estaban viviendo otros parientes, compadres o amigos suyos en la ciudad de México? (SI ES AFIRMATIVO, HACER LAS PREGUNTAS 13b, 13c, y 13d.)

13b. ¿Quiénes eran ellos? No sus nombres, sino ¿qué parentesco tenían con usted?, o ¿cómo llegó a conocerlos?

13c. ¿Alguno de estos parientes (o amigos) suyos tuvo *éxito* en la ciudad de México? (SI ES AFIRMATIVO:) ¿En qué forma?

13d. ¿Algunas de estas personas lo animaron a usted a venirse a la ciudad de México, quizás en sus cartas, o mandándole a usted dinero o un pasaje para el viaje, o en alguna otra forma? (SI ES AFIRMATIVO:) ¿Cómo?

14. (SI EL ENTREVISTADO *NO FUE* LA PRIMERA PERSONA DE SU FAMILIA EN VENIR A LA CIUDAD DE MEXICO:) El primtr miembro de su familia en venir a la ciudad de México, ¿cuál fue el motivo que tuvo para salir de donde vivía antes? Si tuvo varias razones, por favor dígamelas todas, empezando con la *más* importante y acabando con la *menos* importante.

(SI EL ENTREVISTADO *FUE LA PRIMERA PERSONA* DE SU FAMILIA EN VENIR A LA CIUDAD, ES DECIR, SI LA RESPUESTA A LA PREGUNTA 12e ES *AFIRMATIVA*, PASAR A LA PREGUNTA 15a.)

15a. (A TODOS LOS INMIGRANTES:) En su caso, el haber venido a establecerse a la ciudad de México ¿fue resultado de una decisión personal, o la decisión dependió de otras personas, como sus padres, tíos, etc.?

15b. ¿Cuál fue el motivo que (tuvo usted, tuvieron las personas que tomaron la decisión) para salir de donde vivía(n) antes de venir a la ciudad de México? Si tuvo (tuvieron) varias razones, por favor dígamelas todas, empezando con la *más* importante y acabando con la *menos* importante.

15c. (SI LA RESPUESTA A LA PREGUNTA 15b HIZO ALUSIÓN A *OPORTUNIDADES* PARA ENCONTRAR EMPLEO, PARA ESTUDIAR, DISPONIBILIDAD DE SERVICIOS PÚBLICOS, VIVIENDA, O ATENCIÓN MÉDICA; OPORTUNIDADES DE CONVERTIRSE EN PROPIETARIO DE TERRENO O DE CASA, U OTRAS *ATRACCIONES DE LA CIUDAD*:) ¿Cómo se enteró (enteraron) usted (ellos) acerca de estas cosas? ¿Quién le(s) dijo a usted (ellos) de estas cosas?

15d. (SI LA RESPUESTA A LA PREGUNTA 15b *NO* HIZO ALUSIÓN A *PROBLEMAS QUE TENÍA EL ENTREVISTADO EN SU LUGAR DE ORIGEN*:) Antes de tomar la decisión para salir de donde vivía antes de venir a la ciudad de México, ¿había tenido usted algunos problemas en (INSERTAR EL NOMBRE DE LUGAR EN P. 7a; SI RESPONDE QUE VIVE EN LA CIUDAD DE MÉXICO DESDE LOS 15 AÑOS DE EDAD, INSERTAR NOMBRE DE SU PUEBLO NATAL)? Por ejemplo ¿problemas con familiares, con amigos, con sus vecinos, o con las autoridades? (Recuerde, le aseguramos que sus respuestas a todas las preguntas que hacemos serán estrictamente confidenciales; la información obtenida de cada persona se utilizará solamente en combinación con la obtenida de las otras personas que se entrevisten en la ciudad.) (SI ES AFIRMATIVO:) ¿Podría decirme algo sobre estos problemas?

16a. (A TODOS LOS INMIGRANTES:) ¿Qué tan bien conocía usted la ciudad de México antes de venir a vivir? ¿Diría usted que la conocía muy bien, bastante bien, no muy bien, o nada?

16b. (SI LA RESPUESTA ES "MUY BIEN" o "BASTANTE BIEN":) ¿Cómo llegó usted a conocer la ciudad? ¿Había pasado usted algún tiempo aquí antes de venir a vivir a la ciudad? (SI ES AFIRMATIVO:) ¿Cuánto tiempo? ¿Con qué objeto?

17a. (SI EL HABER VENIDO A ESTABLECERSE A MÉXICO FUE RESULTADO DE UNA DECISIÓN PERSONAL:) Aparte de la ciudad de México ¿había usted pensado en algún *otro* lugar al cual se hubiera podido cambiar? (SI ES

AFIRMATIVO:) ¿A qué otro lugar? (SI EL ENTREVISTADO CONSIDERÓ OTRO LUGAR DE RESIDENCIA, HAGA LAS PREGUNTAS 17b y 17c).

17b. ¿Por qué pensó usted en (INSERTAR NOMBRE DEL PRIMER LUGAR MENCIONADO EN LA PREGUNTA 17a)?

17c. ¿Por qué decidió usted venir a la ciudad de México y no a (INSERTAR OTRO(S) LUGAR(ES) ANOTADO(S) EN LA RESPUESTA ANTERIOR)?

18a. Cuando usted llegó a la ciudad de México por primera vez, ¿esperaba usted establecerse permanentemente en ella o sólo por una temporada?

18b. (SI EL ENTREVISTADO NO ESPERABA ESTABLECERSE PERMANENTEMENTE:) ¿Cuánto tiempo pensaba usted quedarse?

18c. (SI EL ENTREVISTADO NO ESPERABA ESTABLECERSE PERMANENTEMENTE:) ¿Por qué decidió permanecer en la ciudad de México?

19a. ¿Fue más o menos difícil de lo que usted esperaba vivir en la ciudad de México?

19b. (SI FUE "MÁS DIFÍCIL" O "MENOS DIFÍCIL":) ¿De qué manera?

20a. (SI EL HABER VENIDO A ESTABLECERSE FUE RESULTADO DE UNA DECISIÓN PERSONAL DEL ENTREVISTADO, PREGUNTE SOBRE LA PROPIA EXPERIENCIA; SI LA DECISIÓN NO FUE UNA DECISIÓN PERSONAL, PREGUNTE SOBRE EL JEFE DE LA FAMILIA EN AQUEL TIEMPO:) Al venir a la ciudad de México, ¿tenía (usted/el jefe de la familia —INSERTAR PALABRAS APROPIADAS) algún trabajo asegurado o prometido, o había oído algo acerca de alguna posibilidad concreta de trabajo, o sólo esperaba conseguir algo?

20b. Recibió (usted/él) ayuda de alguien para encontrar trabajo? (SI ES AFIRMATIVO:) ¿Quién lo ayudó? (SI ES NEGATIVO:) Entonces ¿cómo consiguió (usted/él) el trabajo? ¿A través del periódico, buscando de puerta en puerta, o cómo?

20c. (A TODOS LOS ENTREVISTADOS:) ¿Diría usted que tuvo mucha, poca o ninguna dificultad en conseguir ese primer trabajo en la ciudad?

20d. Inmediatamente después de ponerse a buscar trabajo, ¿cuánto tiempo tardó (usted/él) en conseguirlo?

21a. ¿Alguien le ayudó (a usted/él) a encontrar un lugar donde vivir? (SI ES AFIRMATIVO:) ¿Quién le ayudó?

21b. Recibió (usted/él) algún otro tipo de ayuda para establecerse en la ciudad? (SI ES AFIRMATIVO:) ¿Qué tipo de ayuda? ¿Quién lo ayudó?

22a. ¿En qué parte de la ciudad de México vivió usted inmediatamente después de haber llegado?

22b. En esta colonia, además de las personas que vivían con usted ¿había alguna persona conocida como un compadre, pariente, o amigo de usted? (SI ES AFIRMATIVO:) ¿Quiénes eran? No sus nombres, sino ¿qué relación tenían con usted?, o ¿cómo llegó a conocerlas?

22c. (CODIFICAR PERSONAS MENCIONADAS:) ¿Vivió con esta persona (una de estas personas) al llegar a la ciudad?

23. ¿En qué clase de casa vivió usted cuando llegó a (INSERTAR NOMBRE DE LA COLONIA, MENCIONADO EN LA PREGUNTA 22a)?

24. Durante ese tiempo, ¿recibía su familia que vivía aquí ingresos por lo común por la *semana*, por la *quincena*, por *mes*? (MOSTRAR TARJETA APROPIADA.) Usando esta tarjeta, le voy a rogar que me indique cuál de estos otros grupos, de "A" hasta "I", se acerca más al monto de los ingresos totales de los miembros de su familia cuando empezaron a vivir en (INSERTAR NOMBRE DE COLONIA, P. 22a), incluyendo los ingresos de toda fuente, tales como sueldos, renta, o lo que sea.

25. Cuando usted se cambió a (INSERTAR NOMBRE DE COLONIA EN LA RESPUESTA A LA PREGUNTA 22a), ¿había traído consigo alguna cantidad de dinero —por ejemplo, dinero que usted había ahorrado o pedido prestado de sus parientes o amigos?

26. (SI ES AFIRMATIVO:) ¿Más o menos cuánto dinero había traído consigo?

(SI EL LUGAR DE RESIDENCIA ACTUAL DEL ENTREVISTADO ES DIFERENTE DEL LUGAR MENCIONADO EN LA PREGUNTA 22a, HACER LAS PREGUNTAS 27a a 28c.)

27a. ¿Cuánto tiempo vivió usted en (INSERTAR NOMBRE DE COLONIA MENCIONADO EN LA PREGUNTA 22a)?

27b. ¿Por qué se cambió usted de este lugar?

27c. Cuando usted se cambió de (INSERTAR NOMBRE DE COLONIA MENCIONADO EN LA PREGUNTA 22a), ¿qué tipo de trabajo estaba haciendo usted?

28a. ¿Adónde se mudó usted después de dejar (INSERTAR NOMBRE DE COLONIA MENCIONADO EN LA PREGUNTA 22a)?

28b. ¿Por qué se cambió usted a (INSERTAR NOMBRE DE COLONIA MENCIONADO EN LA PREGUNTA 28a) en vez de ir a otra parte? (ANOTAR LA RESPUESTA COMPLETA.)

(SI EL LUGAR DE RESIDENCIA ACTUAL DEL ENTREVISTADO ES *DIFERENTE* DEL LUGAR MENCIONADO EN LA PREGUNTA 28a, HACER LAS PRGUNTAS 28c, 28d, 28e y 29a.)

28c. ¿En qué tipo de casa vivía usted en (INSERTAR NOMBRE DE COLONIA, BARRIO, O UNIDAD HABITACIONAL MENCIONADO EN LA PREGUNTA 28a)?

28d. ¿Cuánto tiempo vivió en (INSERTAR NOMBRE DE COLONIA, BARRIO, O UNIDAD HABITACIONAL MENCIONADO EN LA PREGUNTA 28a)?

28e. ¿Por qué se cambió usted de este lugar? (ANOTAR LA RESPUESTA COMPLETA.)

29a. ¿Hay algún otro lugar en la ciudad donde haya vivido usted? (SI ES AFIRMATIVO:) ¿Cuál? (SI ES AFIRMATIVO, HACER LAS PREGUNTAS 29b a 30a.)

29b. ¿Por qué se cambió usted a esta (e) (colonia/barrio/unidad habitacional —INSERTAR TÉRMINO APROPIADO) en vez de algún otro?

29c. ¿En qué tipo de casa vivió usted en (INSERTAR NOMBRE DE COLONIA, BARRIO, O UNIDAD HABITACIONAL MENCIONADO EN LA PREGUNTA 29a)?

29d. ¿Cuánto tiempo vivió usted en (INSERTAR NOMBRE DE COLONIA, BARRIO, O UNIDAD HABITACIONAL MENCIONADO EN LA PREGUNTA 29a)?

29e. ¿Por qué se cambió usted de este lugar? (ANOTAR LA RESPUESTA COMPLETA.)

30a. ¿Hay algunos otros lugares en la ciudad de México donde haya vivido usted? (SI ES AFIRMATIVO:) ¿Cuáles? (HACER LAS PREGUNTAS 30b, 30c, 30d, y 30e SOBRE EL *PRIMER* LUGAR ADICIONAL MENCIONADO.)

30b. ¿Por qué se mudó usted a (INSERTAR NOMBRE DEL *PRIMER* LUGAR MENCIONADO EN LA PREGUNTA 30a) en vez de ir a otra parte?

30c. ¿En qué tipo de casa vivía usted en (INSERTAR NOMBRE DE COLONIA, BARRIO, O UNIDAD HABITACIONAL MENCIONADO EN LA PREGUNTA 30b)?

30d. ¿Cuánto tiempo vivió usted en (INSERTAR NOMBRE DE COLONIA, BARRIO O UNIDAD HABITACIONAL MENCIONADO EN LA PREGUNTA 30b)?

30e. ¿Por qué se mudó de este lugar?

31. (A TODOS LOS INMIGRANTES:) Actualmente ¿se siente usted más *capitalino* que (INSERTAR NOMBRE DEL ESTADO EN QUE SE ENCUENTRA EL PUEBLO NATAL DEL ENTREVISTADO) o se siente igual que antes? (POR EJEMPLO: OAXAQUEÑO, MICHOACANO, MORELENSE, GUANAJUATENSE, GUERRERENSE), (SI LA RESPUESTA A LA PREGUNTA 31 ES "NI CAPITALINO NI PROVINCIANO", U "OTRO", PREGUNTAR:) ¿Por qué se siente usted de esta manera?

32. Ahora que conoce usted la ciudad de México, ¿está usted satisfecho de haber venido aquí... o hubiera preferido quedarse en su lugar de origen? (SE REFIERE AL LUGAR MENCIONADO POR EL ENTREVISTADO EN LA PREGUNTA 7a. SI EL ENTREVISTADO YA VIVÍA EN LA CIUDAD DE MÉXICO CUANDO TENÍA 15 AÑOS, HACER LA PREGUNTA SOBRE EL PUEBLO NATAL.)

33a. ¿La casa que usted tiene ahora es mucho mejor, algo mejor, más o menos igual, peor, o mucho peor que la que tenía usted en (LUGAR MENCIONADO EN PREGUNTA 7a)? (SI EL ENTREVISTADO YA VIVÍA EN LA CIUDAD DE MÉXICO CUANDO TENÍA 15 AÑOS, INSERTAR EL NOMBRE DE SU PUEBLO NATAL.)

33b. Piense en la casa en que vivió usted recién llegado a la ciudad de México... La casa en que vive *actualmente* es ¿mucho mejor, algo mejor, más o menos igual, peor, o mucho peor que aquella en que vivió usted cuando llegó por primera vez a la ciudad?

(SI LA RESPUESTA A LA PREGUNTA *32* FUE "SATISFECHO EN LA CIUDAD DE MÉXICO", HACER LAS PREGUNTAS 34a y 34b) (*NO HACER* LAS PREGUNTAS 34c, 34d o 34e.)

(SI LA RESPUESTA A LA PREGUNTA *32* FUE "HUBIERA PREFERIDO QUEDARME EN LUGAR DE ORIGEN", PASAR A LA PREGUNTA 34c.)

34a. Si usted tuviera la oportunidad de hacerlo ¿quisiera regresar algún día a vivir a (LUGAR MENCIONADO EN LA PREGUNTA 7a)? (SI EL ENTREVISTADO YA VIVÍA EN LA CIUDAD DE MÉXICO CUANDO TENÍA 15 AÑOS, INSERTAR EL NOMBRE DE SU PUEBLO NATAL.)

34b. (SI ES AFIRMATIVO:) ¿Qué hecho o circunstancia lo motivaría a volver?

34c. ¿Qué tan probable es que usted regrese a (LUGAR MENCIONADO EN PREGUNTA 7a): (SI EL ENTREVISTADO YA VIVÍA EN LA CIUDAD DE MÉXICO CUANDO TENÍA 15 AÑOS, INSERTAR EL NOMBRE DE SU PUEBLO NATAL.)

(SI LA RESPUESTA ES "MUY PROBABLE" O "ALGO PROBABLE", HACER LA PREGUNTA 34d, Y LUEGO PASAR A LA PREGUNTA 35a. *NO HACER* LA PREGUNTA 34e.)

(SI LA RESPUESTA ES "NO MUY PROBABLE", "NADA PROBABLE", O "NO SABE", PASAR A LA PREGUNTA 34e.)

34d. ¿Dentro de cuánto tiempo cree usted que regresará a (LUGAR MENCIONADO EN PREGUNTA 7a)? (SI EL ENTREVISTADO YA VIVÍA EN LA CIUDAD DE MÉXICO CUANDO TENÍA 15 AÑOS, INSERTAR EL NOMBRE DE SU PUEBLO NATAL.)

¿Qué hecho o circunstancia lo motivaría a volver a (LUGAR MENCIONADO EN PREGUNTA 7a)? ¿Qué razones lo impulsarían a regresar a (LUGAR MENCIONADO EN PREGUNTA 7a)? (SI EL ENTREVISTADO YA VIVÍA EN LA CIUDAD DE MÉXICO CUANDO TENÍA 15 AÑOS, INSERTAR EL NOMBRE DE SU PUEBLO NATAL.)

34e. ¿Qué le impediría regresar a (LUGAR MENCIONADO EN PREGUNTA 7a)? (SI EL ENTREVISTADO YA VIVÍA EN LA CIUDAD DE MÉXICO CUANDO TENÍA 15 AÑOS, INSERTAR EL NOMBRE DE SU PUEBLO NATAL.)

35a. (A TODOS LOS INMIGRANTES:) ¿En qué aspectos diría usted que vivir en esta ciudad es *mejor* que vivir en (LUGAR MENCIONADO EN PREGUNTA 7a)? (SI EL ENTREVISTADO YA VIVÍA EN LA CIUDAD DE MÉXICO CUANDO TENÍA 15 AÑOS, INSERTAR EL NOMBRE DE SU PUEBLO NATAL.)

35b. (A TODOS LOS INMIGRANTES:) ¿En qué aspectos diría usted que vivir en esta ciudad es *peor* que vivir en (LUGAR MENCIONADO EN PREGUNTA 7a)? (SI EL ENTREVISTADO YA VIVÍA EN LA CIUDAD DE MÉXICO CUANDO TENÍA 15 AÑOS, INSERTAR EL NOMBRE DE SU PUEBLO NATAL.)

35c. ¿Tiene usted parientes que aún (todavía) viven en (LUGAR MENCIONADO EN PREGUNTA 7a)? (SI ES *AFIRMATIVO*, PREGUNTAR:) ¿Quiénes son? No sus nombres, sino ¿qué parentesco tienen con usted?

35d. Desde que usted llegó a establecerse a la ciudad de México, ¿qué tan seguido ha visitado a estos parientes? ¿Diría que los ha visitado muy seguido, de vez en cuando, no muy seguido, casi nunca, o nunca?

35e. (SI EL ENTREVISTADO *HA VISITADO* A SUS PARIENTES:) ¿Durante cuántos días ha visitado a sus parientes en

(LUGAR MENCIONADO EN PREGUNTA 7a) (SI EL ENTREVISTADO YA VIVÍA EN LA CIUDAD DE MÉXICO CUANDO TENÍA 15 AÑOS, INSERTAR EL NOMBRE DE SU PUEBLO NATAL) en los últimos 12 meses?

35f. Desde su llegada a la ciudad de México, ¿qué tan frecuente fue visitado *por* estos parientes aquí en la ciudad de México?

(HACER PREGUNTAS 36a. y 36b SÓLO A NO INMIGRANTES.)

36a. ¿Qué es lo que *más* le gusta de la vida en esta ciudad?

36b. ¿Qué es lo que *menos* le gusta de la vida en esta ciudad?

37a. (A TODOS LOS ENTREVISTADOS:) ¿Conoce usted algunos familiares, amigos, vecinos, o compañeros de trabajo que hayan venido a vivir por algún tiempo a la ciudad de México, pero hayan decidido regresar a su lugar de origen? (SI ES *AFIRMATIVO*, PREGUNTAR:) ¿Quiénes son? No sus nombres, sino ¿qué parentesco tienen con usted?, o ¿cómo llegó a conocerlos?

37b. ¿Sabe usted qué es lo que motivó a esta(s) persona(s) a dejar la ciudad? (SI ES NECESARIO:) ¿Tuvo (tuvieron) él (ellos) alguna experiencia desagradable, tuvo (tuvieron) dificultades en encontrar trabajo o lugar donde vivir, o qué otro tipo de problemas tuvo (tuvieron)?

38a. ¿Han venido parientes o amigos suyos a vivir a la ciudad de México, animados o ayudados por usted? (SI ES *AFIRMATIVO*, PREGUNTAR:) ¿Quiénes son? No sus nombres, sino ¿qué parentesco tienen con usted?, o ¿cómo llegó a conocerlos? (SI ES *NEGATIVO*, O NO SABE O NO RESPONDE, PASAR A LA PREGUNTA 39.)

38b. ¿De dónde vino (vinieron) esta(s) persona(s)?

39. (A TODOS LOS ENTREVISTADOS:) Tomando en cuenta todos los aspectos de la vida, ¿en dónde cree usted que la gente es generalmente más satisfecha y feliz: en el campo o en la ciudad?

40. (PREGUNTAR SOLAMENTE A *INMIGRANTES*:) ¿Diría usted que es más fácil, más difícil, o más o menos igual hacer amistades en esta ciudad que en (LUGAR MENCIONADO EN PREGUNTA 7a)? (SI EL ENTREVISTADO YA VIVÍA EN LA CIUDAD DE MÉXICO CUANDO TENÍA 15 AÑOS, INSERTAR EL NOMBRE DE SU PUEBLO NATAL.)

41a. (A TODOS LOS ENTREVISTADOS:) ¿Cree usted que es más difícil para un *provinciano* tener éxito en esta ciudad que para uno que nació y ha vivido aquí toda su vida? ¿O no cree usted que haya alguna diferencia?

(SI LA RESPUESTA ES "MÁS DIFÍCIL" O "MÁS FÁCIL", HACER LA PREGUNTA 41b.)

41b. ¿En qué aspectos cree usted que sea más (difícil/fácil — INSERTAR PALABRA APROPIADA)?

42a. (A TODOS LOS ENTREVISTADOS:) Si usted pudiera decidir ¿estaría a favor de que viniera toda la gente que pudiera del campo a la ciudad, o estaría en favor de frenar que tanta gente viniera aquí?

42b. ¿Por qué piensa usted así?

43a. ¿Podría decirme algo acerca de su ocupación principal: qué hace usted para ganarse la vida? (SI LA RESPUESTA NO MENCIONA UN TIPO *ESPECÍFICO* DE TRABAJO U OCUPACIÓN), ¿Podría usted describir el trabajo que desempeña? (SI EL ENTREVISTADO ESTÁ *SIN EMPLEO*, PREGUNTAR SOBRE SU ÚLTIMO EMPLEO O SOBRE SU EMPLEO HABITUAL; PASAR LUEGO A LA PREGUNTA 44a.)

(HACER LAS PREGUNTAS 43b a 43g SOLAMENTE A LOS ENTREVISTADOS QUE TIENEN EMPLEO ACTUALMENTE.)

43b. ¿Cuántas horas al día trabaja usted en este empleo?

43c. ¿Cuántos días a la semana trabaja usted en este empleo?

43d. ¿Cuántas semanas al mes trabaja usted en este empleo?

43e. ¿Cuántos meses al año trabaja usted en este empleo?

43f. Además de su trabajo principal, ¿tiene usted otros trabajos? (SI ES *AFIRMATIVO*, PREGUNTAR:) ¿De qué tipos? (SI ES NECESARIO, PREGUNTAR:) ¿Podría usted describir este (estos) otro (s) trabajo (s) que desempeña? (SI ES NEGATIVO PASAR A LA PREGUNTA 45.)

43g. En total ¿cuántas horas del día dedica usted a trabajar, contando su trabajo principal y los demás?

(HACER LAS PREGUNTAS 44a, 44b y 44c SOLAMENTE A LOS ENTREVISTADOS QUE *NO TIENEN EMPLEO*, SI TIENE EMPLEO, PASAR A LA PREGUNTA 45.)

44a. ¿Cuánto tiempo ha estado usted sin trabajo?

44b. En toda su vida, desde que empezó usted a trabajar, ¿cuánto ha durado la temporada más larga en que usted ha estado *sin* trabajo?

44c. ¿Por qué no está usted trabajando actualmente?

45. (A TODOS LOS ENTREVISTADOS:) ¿Cuánto tiempo ha trabajado usted en su ocupación principal —sumando todo el tiempo que usted ha trabajado en esta ocupación, aun cuando haya sido por varias temporadas?

(SI EL ENTREVISTADO *ESTÁ EMPLEADO EN UNA FÁBRICA, OFICINA, RESTAURANTE, TIENDA, GRANJA O EN UN RANCHO*, HACER LAS PREGUNTAS 46a a 46d; SI EL ENTREVISTADO *NO ESTÁ EMPLEADO EN NINGUNO DE ESTOS LUGARES*, PASAR A LA PREGUNTA 47a; SI EL ENTREVISTADO *ESTÁ SIN EMPLEO*, PASAR A LA PREGUNTA 48.)

46a. ¿Podría usted decirme algo sobre el lugar donde trabaja? —es decir, la (FÁBRICA/OFICINA/TIENDA/RANCHO) donde trabaja usted. Por ejemplo, ¿cuántas personas trabajan en este lugar, más o menos?

46b. ¿Qué hace esta (FÁBRICA/OFICINA/TIENDA/RANCHO/GRANJA)? ¿Qué es lo que vende, produce u ofrece como servicio?

46c. ¿Dónde se localiza?

46d. ¿Cuánto tiempo ha trabajado usted allí?

(HACER LAS PREGUNTAS 47a, 47b y 47c SOLAMENTE A LOS ENTREVISTADOS QUE *TIENEN* EMPLEO. SI *NO TIENE* EMPLEO, PASAR A LA PREGUNTA 48.)

47a. Hablando acerca de su trabajo principal, en el cual usted pasa la mayor parte del tiempo durante el año, ¿qué tan satisfecho está con su trabajo actual? ¿Diría usted que está muy satisfecho, algo satisfecho, un poco satisfecho, o nada satisfecho?

47b. ¿Cuál de estas frases se acerca más a la opinión que usted tiene de su trabajo actual?
"Es un trabajo malo".
"Es un trabajo, como cualquier otro".
"Es un buen trabajo".
"Es un muy buen trabajo".

47c. Unos trabajos ofrecen muchas oportunidades de salir adelante y mejorar su situación, mientras que otros no ofrecen tales oportunidades.

En *su trabajo actual* ¿qué tan buenas son sus oportunidades de salir adelante y de mejorar la situación económica de su familia? ¿Diría usted que son muy buenas, buenas, regulares, no muy buenas, o malas?

48. (A TODOS LOS ENTREVISTADOS:) ¿En qué tipo de empleo cree usted que estará trabajando dentro de cinco años?

49. ¿Cuál consideraría usted mejor? (LEER ALTERNATIVAS.)
¿Un trabajo que es estable y seguro pero que no ofrezca muchas oportunidades de progresar (o)
¿Un trabajo inseguro y variable pero con muchas oportunidades para salir adelante?

50. Supóngase que usted tuviera la oportunidad de conseguir un trabajo *mucho mejor* del que tiene ahora. ¿Qué tanto le *impedirían* las siguientes cosas para tomarlo?
PREGUNTAR UNA POR UNA:
Tener que esperar por algún tiempo para tener un hijo.
Tener que aprender nuevas cosas para desempeñar el trabajo.
Tener que sacrificar su tiempo libre.
Tener que callar sus opiniones políticas.
Tener que dejar a sus amigos.
Tener que dejar a sus parientes (aparte de los que viven aquí con usted).
Tener que dejar a su familia (que vive aquí con usted) por algún tiempo.

Tener que viajar mucho de un lado a otro en el nuevo trabajo.

51. (HACER LA PREGUNTA 51 SOLAMENTE A *NO INMIGRANTES*:) Desde que usted empezó a trabajar, ¿ha desempeñado algún otro tipo de trabajo además del que está haciendo actualmente? (SI ES AFIRMATIVO, PREGUNTAR:) ¿Qué tipo de trabajo, y cuánto tiempo lo hizo? (SI LA RESPUESTA NO MENCIONA UN TIPO *ESPECÍFICO* DE TRABAJO U OCUPACIÓN:) ¿Exactamente qué hacía usted en este trabajo?

(HACER LAS PREGUNTAS 52a y 52b SÓLO A LOS *INMIGRANTES* QUE *HAYAN TRABAJADO ANTES DE INMIGRAR*. PARA LOS *INMIGRANTES QUE NO HAYAN TRABAJADO ANTES DE INMIGRAR*, PASAR A LA PREGUNTA 52c. PARA LOS *NO INMIGRANTES*, PASAR A LA PREGUNTA 53.)

52a. ¿Cuál fue el *último* trabajo que tuvo usted antes de cambiarse a la ciudad de México? (SI EL INMIGRANTE TUVO UN TRABAJO DE TIPO AGRÍCOLA:) ¿Era usted propietario, ejidatario, capesino con derechos a salvo, peón, o en qué situación se encontraba? (PASAR AHORA A LA PREGUNTA 52c.)

52b. (PARA LOS INMIGRANTES QUE *NO TRABAJABAN* EN LA AGRICULTURA:) En ese trabajo, ¿trabajaba para un patrón o jefe, o era dueño o socio del negocio?

52c. (A *TODOS* LOS INMIGRANTES:) ¿Cuál fue el primer trabajo que tuvo usted al llegar a la ciudad de México?

52d. Aparte de su trabajo actual ¿ha tenido algún *otro* tipo de trabajo desde que llegó a la ciudad de México? (SI ES AFIRMATIVO, PREGUNTAR:) ¿Qué tipo de trabajo?

53. (A TODOS LOS ENTREVISTADOS:) ¿Recuerda las esperanzas que tenía usted sobre su trabajo cuando empezó por *primera vez* a trabajar? ¿Ha llegado más allá de lo que esperaba, o no tan lejos?

54. (SOLAMENTE A INMIGRANTES:) Si tuvo usted un trabajo en (LUGAR MENCIONADO EN PREGUNTA 7a), ¿cómo considera su trabajo *actual* comparado con aquel trabajo? ¿Diría usted que su trabajo actual es mucho mejor, mejor, más o menos igual, peor, o mucho peor que el trabajo que tenía en (LUGAR MENCIONADO EN PREGUNTA 7a)?

55. (A TODOS LOS ENTREVISTADOS:) En su opinión ¿cuál es la mejor ocupación que una persona con su experiencia y habilidad puede pretender?

56a. ¿Puede usted decirme algo sobre la *nueva Ley Federal del Trabajo*? Por ejemplo, ¿qué tipo de cosas se supone que va a lograr para los obreros?

56b. (SI EL ENTREVISTADO *HA OÍDO HABLAR* DE LA LEY, O *PUEDE IDENTIFICARLA*:) ¿Cree usted que esta ley tendrá algún efecto en su trabajo particular? (SI ES *AFIRMATIVO,* PREGUNTAR:) ¿De qué manera?

57. (A *TODOS* LOS ENTREVISTADOS:) Regresamos a su niñez —¿Cuál fue el trabajo principal de su padre durante los primeros 15 años de la vida de usted? (SI EL ENTREVISTADO NO RECUERDA, O NO CONOCIÓ A SU PADRE, HACER LA PREGUNTA SOBRE SU *MADRE*.)

58. ¿Dónde nació su padre? ¿Dónde se localiza? ¿En qué estado o territorio?

59. ¿Dónde nació su mamá? ¿Dónde se encuentra eso? ¿En qué estado o territorio?

60. Aquí tenemos algunas preguntas sobre diferentes aspectos de la vida y el trabajo. Cada pregunta tiene dos partes. Para cada una de ellas, nosotros deseamos saber qué parte es la que usted considera la *más* acertada. En algunos casos usted podrá creer que *las dos* partes son acertadas. En otros casos usted podrá pensar que *ninguna* de las partes es acertada. Pero nosotros queremos que para cada pregunta escoja usted, sin pensarlo demasiado, la parte que le parece la *más* acertada de las dos (LEER CADA PAR DE FRASES CLARAMENTE; REPETIR SI ES NECESARIO).

60a. Lo único importante en la vida es trabajar duro —esa es la única manera de progresar en la vida.
Salir adelante en la vida es sólo cuestión de tener mejor suerte que los demás.

60b. A las personas con ideas u opiniones alocadas y extrañas no se les debería permitir hablar en público en este país.
Se debe permitir que todo el mundo emita su opinión, no importa cuáles sean sus ideas ni su punto de vista.

60c. A veces uno se pregunta si vale la pena seguir viviendo.
La vida es, frecuentemente, dura e injusta pero siempre debe sacar el mejor partido de lo que uno tiene.

60d. A la larga, nosotros mismos somos los responsables de tener un mal gobierno.
Una gente como yo no tiene nada que decir sobre lo que hace el gobierno.

60e. Hoy en día, una persona tiene que vivir de un día para otro sin preocuparse por el mañana.
Es necesario prepararnos para el futuro y hacer planes para éste.

60f. El mejor trabajo es uno en que se trabaja en grupo todas las personas juntas.
Es mejor trabajar solo, consiguiendo sus propias metas, que trabajar con otra gente y tener que depender de ella.

60g. Resulta muy confuso escuchar muchos puntos de vista sobre algo; es mejor escuchar únicamente el punto de vista de una persona que esté informada.
Antes de tomar una decisión, es bueno tomar en cuenta las opiniones de tantas personas diferentes como sea posible.

60h. Una de las causas principales de la guerra es que la gente que puede no toma el suficiente interés en lo que está sucediendo en el mundo.
Aunque yo quisiera, yo me siento con las manos cada día más atadas ante lo que está ocurriendo en el mundo.

60i. Una persona debe luchar para tener éxito aunque los demás le tengan envidia y pierda a sus amigos.
A la larga, es más importante que los amigos y vecinos lo quieran y lo respeten a uno que subir en la vida.

60j. Todo dirigente debe ser muy severo y estricto con sus subordinados para ganar su respeto.
Un dirigente se gana el respeto de sus seguidores sólo tratándoles bien.

60k. Generalmente siento que estoy muy metido en las cosas que pasan a mi alrededor.
Generalmente siento que nadie me toma en cuenta en lo que sucede aquí.

60l. Para poder hacer un buen trabajo es muy importante que nuestros jefes nos digan exactamente qué hay que hacer y cómo hacerlo.
Generalmente nosotros podemos desempeñar el cargo eficazmente sin necesitar instrucciones de nuestros jefes.

60m. Algunas veces la política y el gobierno parecen algo tan complicado que una persona como yo no puede comprender lo que está sucediendo.
Si una persona prestara atención a lo que está ocurriendo en la política y el gobierno, debería comprender lo que está sucediendo.

60n. Para algunas personas, por más grande que sea el esfuerzo que hagan por triunfar, les es muy difícil salir adelante en la vida.
La gente que no progresa, es porque no tiene voluntad suficiente.

60o. Lo mejor es el hacer planes para las cosas que se desean en la vida.
Es mejor dejar las cosas al destino.

60p. No es justo traer un niño al mundo, estando las cosas como están para el futuro.
Por más mal que se vean las cosas a veces, nosotros siempre deberíamos tener esperanza en lo que el futuro nos puede traer.

60q. Es inútil matarse trabajando, si no le queda a uno tiempo para hacer otras cosas.
El trabajo debe ser lo primero, aunque esto signifique sacrificar el tiempo libre y el dedicado a la familia.

60r. Lo que la gente joven necesita más que nada es que sus padres la metan en cintura.

Los jóvenes de hoy deberían tener más libertad e independencia de sus familias.

60s. Siempre se puede contar con la ayuda de alguna persona cuando las cosas van muy mal.

Al final de cuentas, a nadie le importa lo que le sucede a uno.

60t. El secreto de la felicidad es no esperar mucho y estar contento con lo que le venga.

Uno debería hacer cualquier sacrificio por triunfar en la vida.

60u. Lo que más necesitamos es un dirigente fuerte que nos diga qué hacer.

Estamos mejor tratando de encontrar el camino por nosotros mismos, que escuchando a algún dirigente que dice saber qué es lo mejor para nosotros.

60v. Una persona puede hacer más o menos lo que quiera con su vida.

Por más que trate uno de cambiar las cosas, el destino no lo permite.

60w. Es bueno poner atención a las campañas electorales, porque es importante que gane el mejor candidato.

No importa si la gente elige un candidato u otro, porque de cualquier forma, nada cambiará.

60x. Todo está tan incierto hoy en día que parece que cualquier cosa pudiera suceder.

A pesar de todo, realmente no es difícil para una persona saber lo que puede esperar de un día para otro.

61. Ahora bien, éste es otro tipo de pregunta. Algunas personas dicen que un hombre debe tratar de lograr sus metas en la vida, participando con otros como miembro de grupos organizados. Otros piensan que es mejor trabajar por las metas propias actuando solo, sin pertenecer a grupos organizados. ¿Qué piensa usted acerca de esto? ¿Es mejor luchar por sus metas participando con otros como miembro de grupos organizados, o es mejor luchar solo?

62. Ahora le voy a leer a usted una lista de cosas que un joven puede necesitar aprender en la vida. ¿Podría usted decirme cuál de estas cosas le parece la más importante? (LEER LA LISTA DE ALTERNATIVAS.)

Conocer cómo hacer bien su trabajo.
Ser un buen padre y jefe de familia.
Ser un buen mexicano.
Ganar buen dinero.
Ser un buen amigo.
Practicar y cumplir con su religión.
Ayudar a su prójimo.

¿Y cuál sería la *segunda* más importante? (REPETIR LA LISTA DE ALTERNATIVAS.)

63. Se dice que si un hombre trabaja mucho, ahorra su dinero, y es ambicioso, saldrá adelante en la vida. ¿Qué tan a menudo cree usted que sucede esto realmente?

64. Todo el mundo aspira a tener ciertas cosas en la vida. Piense en lo que es realmente importante para *usted*... luego piense en la *mejor vida* que usted pueda imaginarse, suponiendo que usted pudiera obtener todo lo que quisiera y como lo quisiera... Ahora piense en el tipo de vida que usted no querría para nada; la *peor vida posible* que se pueda imaginar. Aquí tenemos un dibujo de una escalera. (ENSEÑAR ESCALERA.) Supongamos que la parte superior de la escalera (SEÑALANDO) representa *la mejor vida posible* para usted, y que la parte inferior (SEÑALANDO) representa *la peor vida posible* para usted.

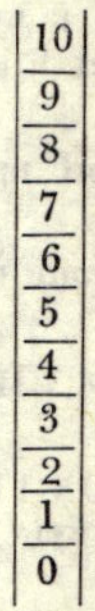

64a. ¿En qué lugar de la escalera (MOVIENDO EL DEDO DE ARRIBA ABAJO EN LA ESCALERA) se siente usted, personalmente, situado en la *actualidad*?

64b. ¿En qué lugar de la escalera cree usted que estaba hace cinco años?

64c. ¿En qué lugar de la escalera cree usted que estará dentro de *cinco años a partir de ahora*? —¿Más o menos?

(HACER LAS PREGUNTAS 64d, 64e, y 64f SOLAMENTE A *INMIGRANTES.)*

64d. ¿En qué escalón estaba usted cuando llegó por primera vez a la ciudad de México?

64e. Hoy en día ¿dónde situaría usted, en la escalera, a una persona común y corriente de (LUGAR MENCIONADO EN PREGUNTA 7a)? Es decir, una persona que haya nacido en ese lugar y que vive allí ahora.

64f. Y ¿dónde estaría usted, más o menos, en la escalera, si se hubiera quedado en (LUGAR MENCIONADO EN PREGUNTA 7a)? (SI EL ENTREVISTADO YA VIVÍA EN LA CIUDAD DE MÉXICO CUANDO TENÍA 15 AÑOS, INSERTAR EL NOMBRE DE SU PUEBLO NATAL.)

65. (A TODOS LOS ENTREVISTADOS:) Algunas personas dicen que triunfar en la vida es cosa de la suerte y del destino. Otros dicen que depende de los propios esfuerzos de la persona. ¿Cree usted que la posición que alcanza un hombre en la vida depende de sus propios esfuerzos o de la suerte y el destino?

66. ¿Cree usted que la mayoría de las personas tratarían de aprovecharse de usted si tuvieran la oportunidad, o que tratarían de ser justos?

67. ¿Cree usted que tiene más oportunidades, las mismas oportunidades, o menos oportunidades que las demás personas En México, de tener una buena vida, es decir, vivir felizmente y con comodidades?

68a. Tomando en cuenta lo que usted ve a su alrededor ¿diría usted que hay mucha injusticia en este país, o que no hay mucha injusticia?

68b. ¿Por qué piensa usted así? ¿Podría darme un ejemplo de lo que quiere decir?

69a. ¿Cuáles cree usted que son las causas de la pobreza?

69b. ¿Cree usted que siempre habrá tanta pobreza en México como ahora?

70. Voy a leer una lista de afirmaciones. ¿Podría decirme con cuál de las tres siguientes afirmaciones está usted más de acuerdo? (LEER LISTA).

El goierno no debería intervenir en la vida económica del país, sino que debería dejar las cuestiones económicas en manos de los ciudadanos particulares.

El gobierno no debe ser propietario de las empresas pero debe controlar algunos aspectos de su funcionamiento.

El gobierno debería ser el propietario de *todas* las empresas e industrias y controlar toda la vida económica del país.

(HACER LAS PREGUNTAS 71a A 72d SOLAMENTE A LOS ENTREVISTADOS QUE *TIENEN* HIJOS. SI *NO TIENEN HIJOS*, PASAR A LA PREGUNTA 73.)

71a. En general, ¿cree usted que la vida de sus hijos será mejor o peor que la suya? ¿Qué tanto mejor o peor?

(SI LA RESPUESTA ES "MUCHO MEJOR" O "ALGO MEJOR", HACER LA PREGUNTA 71b. PASAR LUEGO A LA PREGUNTA 72a.)

(SI LA RESPUESTA ES "ALGO PEOR" O "MUCHO PEOR", PASAR A LA PREGUNTA 71c.)

71b. ¿Por qué cree usted que sus hijos tendrán una vida mejor que la suya?

71c. ¿Por qué cree usted que sus hijos tendrán una vida peor que la suya?

72a. Considere las oportunidades que tienen sus hijos para mejorar sus condiciones de vida. ¿Qué tan parecidas son a las oportunidades de los *demás jóvenes* de esta ciudad? ¿Diría usted que son mucho mejor, un poco mejor, más o menos iguales, un poco peor o mucho peor?

72b. ¿Cree usted que hay algunos jóvenes que tengan mejores oportunidades para mejorar sus condiciones de vida que las de sus hijos? (SI ES AFIRMATIVO, PREGUNTAR:) ¿Quiénes son?

72c. ¿Hay algunos que tengan *menos* oportunidades para mejorar sus condiciones de vida que sus hijos? (SI ES AFIRMATIVO, PREGUNTAR:) ¿Quiénes son?

72d. (SI SE MENCIONARON DIFERENCIAS:) ¿Cuáles cree usted que son las razones para estas diferencias entre las oportunidades de sus hijos y las de otros?

73. (A TODOS LOS ENTREVISTADOS:) ¿Si el hijo de un

obrero es inteligente y trabajador, qué tanta oportunidad tiene si realmente lo intenta de convertirse en:

Propietario de un pequeño negocio; Propietario de una gran empresa; Funcionario público de alto nivel; Alto oficial del ejército; Político importante; Empleado de oficina; Médico?

74. ¿Qué cree usted que sea lo más necesario para subir en la vida?

(SI EL ENTREVISTADO TIENE *HIJOS EN EDAD ESCOLAR*, HACER LAS PREGUNTAS 75a A 77.)

(SI EL ENTREVISTADO TIENE *HIJOS MENORES DE EDAD ESCOLAR*, PASAR A LA PREGUNTA 76a.)

(SI EL ENTREVISTADO TIENE *HIJOS QUE HAN PASADO DE LA EDAD ESCOLAR*, PASAR A LA PREGUNTA 78a.)

(SI EL ENTREVISTADO *NO TIENE HIJOS*, PASAR A LA PREGUNTA 82a.)

75a. ¿Asisten a la escuela sus hijos actualmente? (SI ES AFIRMATIVO, PREGUNTAR:) ¿Cuántos de ellos asisten regularmente?

75b. ¿A qué escuela (s) asisten, y dónde se localiza (n) ésta (s)?

75c. (SOLAMENTE A ENTREVISTADOS QUE TIENEN HIJOS EN EDAD ESCOLAR QUE *NO ASISTEN* A LA ESCUELA:) ¿Por qué no asisten a la escuela? (SI EL ENTREVISTADO MENCIONA MÁS DE UNA RAZÓN, PREGUNTAR:) ¿Cuál de estas causas que usted ha mencionado es la más importante —la razón principal por la que sus hijos no van a la escuela?

76a. ¿Cuántos estudios quiere usted que hagan sus niños?

76b. (SI LA RESPUESTA ES "NINGUNOS":) ¿Le gustaría que sus hijos aprendieran algún oficio? (SI ES AFIRMATIVO:) ¿Cuál oficio? (o ¿cuáles oficios?)

(PASAR AHORA A LA PREGUNTA 80a.)

77. Uno nunca sabe cómo van a salir las cosas. Aquí tenemos algunas afirmaciones. Dígame, por favor, cuál de ellas se acerca *más* a lo que usted piensa. (LEER LISTA DE AFIRMACIONES:)

— Para una persona en mi situación económica, es casi imposible que mis hijos sigan estudiando después de la *primaria*.

— Para una persona en mi situación económica, es casi imposible que mis hijos sigan estudiando después de la *secundaria*.

— Para una persona en mi situación económica, es casi imposible que mis hijos terminen una *carrera universitaria*.

— Si una persona en mi situación económica está dispuesta a hacer los sacrificios necesarios, debería ser posible costear a sus hijos *todos los estudios que quieran*.

(HACER LAS PREGUNTAS 78a A 79 SOLAMENTE A ENTREVISTADOS CON *HIJOS MAYORES DE LA EDAD ESCOLAR*.)

78a. ¿Qué tantos estudios tuvieron sus hijos? ¿Cuál fue el último año de escuela que completó cada hijo?

(HACER LAS PREGUNTAS 78b y 78c SOLAMENTE A *INMIGRANTES* CON HIJOS MAYORES DE LA EDAD ESCOLAR.)

78b. ¿Sus hijos empezaron a ir a la escuela en (LUGAR MENCIONADO EN PREGUNTA 7a.) SI EL ENTREVISTADO YA VIVÍA EN LA CIUDAD DE MÉXICO CUANDO TENÍA 15 AÑOS, INSERTAR NOMBRE DE SU *PUEBLO NATAL*), en la ciudad de México, o en algún otro lugar?

78c. (SI LA EDUCACION EMPEZÓ EN EL LUGAR MENCIONADO EN PREGUNTA 7a:) ¿Terminaron sus estudios allá, o los continuaron en esta ciudad?

79. ¿Qué tantos estudios le hubiera gustado que tuvieran sus hijos?

(HACER LAS PREGUNTAS 80a y 80b SOLAMENTE A ENTREVISTADOS CON *HIJOS VARONES MENORES DE 30 AÑOS*.)

80a. ¿Qué tipo de trabajo le gustaría a usted que tuviera su hijo mayor?

80b. ¿Qué posibilidades tiene de tener ese tipo de trabajo? ¿Diría usted que tiene muchas posibilidades, algunas posibilidades, no muchas, o ninguna?

81. (SOLAMENTE A LOS ENTREVISTADOS CON *HIJOS VARONES, DE 30 AÑOS O MAS*:) Cuándo su hijo varón mayor era más joven, ¿tenía usted deseos de que fuera algo en especial? ¿Qué tipo de trabajo quería usted que tuviera él?

82a. (A TODOS LOS ENTREVISTADOS:) Si un hijo suyo estuviera escogiendo un trabajo en este momento, ¿cuál *preferiría* usted que él escogiera? (suponiendo que no hubiera nada en especial que *él* deseara hacer:) (LEER ALTERNATIVAS.)

— Un trabajo de mecánico de automóviles con sueldo de 2 000 pesos al mes, o

— Un trabajo de maestro de escuela con sueldo de 1 500 pesos al mes?

82b. Suponga usted que pudiera escoger entre: un trabajo de empleado en una oficina del gobierno, con sueldo de 3 000 pesos al mes, o un trabajo de electricista con sueldo de 3 500 pesos al mes. ¿Cuál preferiría *usted* que él escogiera?

83a. Le tendría usted más respeto a un hombre que fuera: (LEER ALTERNATIVAS.)

El alcalde de una gran ciudad.

El rector de una universidad.

El jefe de una gran empresa.

83b. ¿Por qué cree usted esto?

84a. Algunas personas piensan que pueden planear sus vidas y luchar por metas lejanas —como por ejemplo, lo que estarán haciendo dentro de diez años. Otros dicen: "lo que será, será", y toman las cosas como vienen. ¿Qué piensa usted de esto? (SI ES NECESARIO:) ¿Cree usted que es mejor hacer planes y luchar por metas lejanas, o cree usted que es mejor no tratar de hacer planes y tomar las cosas como le vienen a uno?

84b. ¿Alguna vez hizo usted planes a largo plazo para usted mismo, para su familia, o para algún otro grupo de gente? (SI ES AFIRMATIVO:) ¿Cómo resultó esto?

85. Ahora quisiera hacerle unas preguntas sobre diferentes grupos de personas y su nivel social dentro del país. Aquí está el dibujo de una escalera. Imagínese que esta escalera representa los niveles sociales de todas las personas del país. Esto quiere decir que en *la parte superior* de la escalera están aquellas personas que ocupan los niveles sociales más altos. En la *parte central* de la escalera están aquellas personas que ocupan un nivel social mediano. Y en la *parte inferior* de la escalera están aquellos que ocupan un nivel social más bajo.

85a. Ahora, desearía que usted señalara en la escalera el lugar que ocupa la gente con *el mismo nivel social que usted.*

85b. (SI EL ENTREVISTADO TIENE *HIJOS EN EDAD ESCOLAR*:) Y ¿en qué lugar de la escalera cree usted que estarán *sus hijos* cuando sean mayores?

86a. Algunas veces uno oye el término "clase social", así como "clase media", "clase rica o acomodada", "clase obrera", "clase humilde", "clase trabajadora" y otros así. ¿Cuál de estos términos diría usted que es el más aplicable a usted y a su familia?

86b. ¿Qué tan difícil le parece a usted pasar de una clase social más baja a otra más alta? ¿Diría usted que es muy difícil o casi imposible, algo difícil, no muy difícil, o nada difícil?

86c. (SOLAMENTE A ENTREVISTADOS CON *HIJOS EN EDAD ESCOLAR*:) ¿A qué clase social cree usted que van a pertenecer sus hijos?

87. (A *TODOS* LOS ENTREVISTADOS:) Ahora quisiera hablar con usted sobre la (colonia/unidad habitacional) en la que vive. Aquí tiene lápiz y papel. ¿Podría usted hacerme un mapa aproximado de esta (colonia/unidad habitacional), señalando más o menos dónde cree usted que empieza y dónde termina la (colonia/unidad habitacional)?... Sin detallar nada; sólo un esquema sencillo señalando los límites de la (colonia/unidad habitacional). (SI EL ENTREVISTADO ENCUENTRA QUE ES MUY DIFÍCIL O IMPOSIBLE DIBUJAR EL MAPA, PREGUNTAR:) ¿Podría usted decirme dónde cree usted que empieza y dónde cree que termina la (colonia/unidad habitacional)?

88a. ¿Cuánto tiempo tiene usted de vivir aquí, en esta (colonia/unidad habitacional)?

88b. Entonces, usted llegó a la (colonia/unidad habitacional) ¿en qué año?

89a. ¿Ya se siente usted parte de la (colonia/unidad habitacional) y ya se halló en ella? (SI ES NECESARIO:) ¿Siente usted que "pertenece" a esta (colonia/unidad habitacional), y que está totalmente establecido en ella?

89b. (SI ES AFIRMATIVO:) ¿Cuándo empezó a sentirse usted así?

(PASAR AHORA A LA PREGUNTA 90:)

89c. (SI ES NEGATIVO:) Ya veo. ¿Por qué dice usted esto? ¿Podría darme un ejemplo de lo que usted quiere decir?

89d. (SI ES NEGATIVO:) ¿Hay algún otro lugar en esta ciudad o quizás en alguna otra parte en la cual usted se sienta que está en casa? (SI ES NECESARIO:) ¿Un lugar que usted considera verdaderamente como su "hogar"? (SI ES AFIRMATIVO:) ¿Qué lugar es éste?

89e. (SI MENCIONA ALGÚN OTRO LUGAR:) ¿Por qué siente usted eso de (INSERTAR NOMBRE DE LA COLONIA, BARRIO, UNIDAD HABITACIONAL, O LOCALIDAD MENCIONADA EN LA PREGUNTA 89d)?

90. (A *TODOS* LOS ENTREVISTADOS:) ¿Cree usted tener mucho en común, bastante en común, poco en común o nada en común con las otras personas que viven en esta (colonia/unidad habitacional)?

91. ¿Hubo algún cambio importante en su vida desde que se cambió a esta (colonia/unidad habitacional)? (SI ES AFIRMATIVO:) ¿En qué sentido? ¿Cuáles son las cosas más importante que han cambiado?

(HACER LAS PREGUNTAS 92a y 92b SÓLO SI EL ENTREVISTADO ESTÁ VIVIENDO EN ESFUERZO PROPIO.)

92a. Tomando en cuenta todos los aspectos, ¿está usted satisfecho o insatisfecho con su cambio a esta colonia? ¿Diría usted que está muy satisfecho, algo satisfecho, un poco insatisfecho, o muy insatisfecho?

92b. (SI LA RESPUESTA ES "INSATISFECHO":) ¿Por qué se siente usted así? ¿Podría usted darme un ejemplo de lo que usted quiere decir?

93a. (A *TODOS* LOS ENTREVISTADOS:) La casa en la que usted vive ¿es suya (construida o comprada por usted), rentada, o prestada?

93b. (SI LA CASA ES *PROPIA*:) ¿Está la casa completamente pagada, o la está pagando en abonos? Tuvo alguna vez casa propia antes de venir a (INSERTAR NOMBRE DE LA COLONIA O UNIDAD HABITACIONAL DONDE VIVE EL ENTREVISTADO ACTUALMENTE)? (SI ES AFIRMATIVO:) ¿Dónde estaba su casa?

93c. (SOLAMENTE A ENTREVISTADOS QUE *RENTAN SU CASA*:) ¿Cuántos pesos al mes paga usted de renta?

(HACER LA PREGUNTA 94 EN TODAS LAS COLONIAS, PERO NO *EN UNIDAD POPULAR.*)

94. ¿Construyó usted mismo esta casa? (SI ES AFIRMATIVO:) ¿Cuánto tiempo le llevó construirla?

95. (A TODOS LOS ENTREVISTADOS:) ¿Se ha inundado su casa alguna vez? (SI ES AFIRMATIVO:) ¿Cuántas veces? ¿Cuándo fue la última vez?

96a. ¿Y el terreno? ¿Cómo lo consiguió?

(SI EL TERRENO SE OBTUVO POR MEDIO DE UNA INVASIÓN CONJUNTA –UN GRUPO DE FAMILIAS–, HACER LAS PREGUNTAS 96b a 96i.)

96b. ¿Usted participó en la ocupación original de los terrenos que forman esta colonia?

96c. (SI ES AFIRMATIVO:) ¿Cómo se enteró usted de los planes para ocupar los terrenos?

96d. En total ¿como cuántas familias participaron en esta ocupación de terrenos?

¿Estaba su familia con usted durante ese tiempo?

96e. ¿Cuál fue la razón más importante por la que se decidió a participar?

96f. ¿Tuvo usted un papel especial en la ocupación de los terrenos? Por ejemplo, ¿estuvo usted encargado de algún tipo de actividad o trabajo en particular? (SI ES AFIRMATI-

VO:) ¿Cuál era ése? (SI ES NECESARIO:) ¿Podría usted darme una descripción de lo que hacía en ese trabajo especial?

96g. ¿Podría usted decirme algo acerca de cómo se sentía mientras participaba en la ocupación de estos terrenos? ¿Me podría dar un ejemplo de lo que usted quiere decir?

96h. Cuándo ustedes ocupaban los terrenos, ¿pensó usted que no tendrían graves dificultades para ocuparlos y retenerlos, o creyó que sería necesario luchar para retenerlos?

96i. ¿Alguna vez había participado usted en *otra* ocupación de terrenos por un grupo de familias, antes de la ocupación de los terrenos de esta colonia? (SI ES AFIRMATIVO:) ¿Dónde ocurrió esto?

(SI ES NEGATIVO, O NO SABE O NO RESPONDE, PASAR A LA PREGUNTA 101a.)

96j. (SI EL ENTREVISTADO *HABÍA PARTICIPADO*:) ¿Hace cuánto tiempo de esto? ¿Cómo resultó? ¿Qué hicieron al respecto el dueño del terreno y las autoridades? (SI HABÍA PARTICIPADO EN MÁS DE UNA INVASIÓN, PREGUNTAR SOBRE LA ÚLTIMA INVASIÓN.)

(SI EL ENTREVISTADO COMPRÓ SU TERRENO A UN PROPIETARIO PARTICULAR, FRACCIONADOR, O AL GOBIERNO, HACER LAS PREGUNTAS 97a A 97g.)

97a. ¿Ha terminado usted de pagar el terreno?

97b. (SI ES AFIRMATIVO:) ¿Cuánto pagó por el terreno, en total?

97c. ¿Cuántos metros de tierra tiene usted?

97d. ¿Ya recibió usted su título de propiedad?

97e. (SI ESTÁ PAGANDO SU TERRENO) ¿Cuánto ha pagado usted hasta ahora, en total?

97f. ¿Cuánto debe usted todavía?

97g. ¿Cuánto tiene que pagar mensualmente?

97h. ¿Cuántos metros de terrenos tiene usted?

(SI EL ENTREVISTADO COMPRÓ EL TERRENO A UN *FRACCIONADOR,* O AÚN LO ESTÁ PAGANDO A UN *FRACCIONADOR,* HACER LAS PREGUNTAS 98a A 98d.)

98a. En su contrato de compraventa, ¿están claramente especificadas las obligaciones del fraccionador de urbanizar el terreno, es decir, dotarlo con agua potable, drenaje, luz, banquetas, pavimento de la calle y otras?

98b. (SI ES *AFIRMATIVO*:) ¿El fraccionador ha cumplido con alguna de estas obligaciones? (SI ES *AFIRMATIVO*:) ¿Cuáles?

98c. ¿Cree usted que el gobierno haya intervenido para que el fraccionador cumpla con sus obligaciones?

98d. (SI ES NEGATIVO:) ¿Por qué cree usted que el gobierno no ha hecho nada?

(HACER LAS PREGUNTAS 99a Y 99b SÓLO A ENTREVISTADOS QUE *RENTAN* SU TERRENO.)

99a. ¿Cuánto paga usted mensualmente de renta?

99b. ¿Cuántos metros de terreno renta usted?

(HACER LAS PREGUNTAS 99c a 99f SÓLO A LOS ENTREVISTADOS QUE *NO COMPRARON UN TERRENO* A UN FRACCIONADOR O TERRATENIENTE PARTICULAR, O AL GOBIERNO; *QUE NO RENTAN* SU TERRENO; Y QUE *NO LO OCUPARON POR MEDIO DE* UNA *INVASIÓN* DE GRUPO.)

99c. ¿Tuvo usted que pagar a alguna persona por el terreno?

99d. (SI ES AFIRMATIVO:) ¿A quién tuvo que pagar?

99e. (SI ES AFIRMATIVO:) ¿Cuánto tuvo que pagar usted, en total?

99f. ¿Cuántos metros de terreno tiene usted?

(HACER LAS PREGUNTAS 100a A 100h SÓLO A ENTREVISTADOS QUE *VIVEN EN ESFUERZO PROPIO.*)

100a. ¿Participa usted en el programa de *Ayuda Mutua y Esfuerzo Propio* en esta colonia? (SI ES AFIRMATIVO:) ¿Participa usted en forma individual o como miembro de uno de los grupos de Ayuda Mutua?

100b. Algunas personas en esta colonia han empezado a participar en el programa de Ayuda Mutua y Esfuerzo Propio, mientras que otras no han participado. (SI EL ENTREVISTADO *ES UN PARTICIPANTE*:)

¿Por qué decidió usted participar en el programa? (SI EL ENTREVISTADO *NO ES PARTICIPANTE*:)
¿Por qué usted no ha participado en el programa?

100c. ¿Cuáles considera usted que son las ventajas y desventajas más importantes de participar en este programa?
(HACER LAS PREGUNTAS 100d, 100e, y 100f SÓLO A *PARTICIPANTES* EN EL PROGRAMA DE AYUDA MUTUA. SI EL ENTREVISTADO NO ES PARTICIPANTE EN EL PROGRAMA, PASAR A LA PREGUNTA 100g.)

100d. ¿Cree usted que los funcionarios o administradores del programa realmente están tratando de ayudarle?

100e. ¿Piensa usted que los funcionarios o administradores del programa entienden realmente sus problemas?

100f. ¿Los funcionarios o administradores del programa realmente toman en serio sus puntos de vista? Por ejemplo, en cuanto a la manera de construir su casa, o pagar los materiales de construcción, o a cualquier otro asunto relacionado con su participación en el programa.

100g. ¿Cree usted que el Programa de Ayuda Mutua y Esfuerzo Propio está relacionado de alguna manera con asuntos políticos o asuntos del gobierno? (SI ES AFIRMATIVO:) ¿De qué manera cree usted que estén relacionados?

101a. (A TODOS LOS ENTREVISTADOS:) Era usted dueño de algún terreno antes de venir a esta (colonia/unidad habitacional)?

101b. (SI ES AFIRMATIVO:) ¿Dónde fue esto? ¿Dónde se localiza eso? ¿En qué estado o territorio?

102a. ¿Sabe usted si ha habido algún intento por parte *del gobierno o de la policía* para desalojar a algunos habitantes de este lugar o para derribar sus casas?

102b. (SI ES AFIRMATIVO:) ¿Cuándo sucedió esto?

102c. ¿Estaba usted viviendo en la (colonia/unidad habitacional) cuando sucedió esto?

102d. ¿Cómo llegó a suceder esto?

102e. ¿Como cuántas familias se vieron afectadas por esto?

102f. ¿Qué acciones tomaron?, o ¿de qué manera iniciaron las autoridades estos intentos de desalojo?

102g. ¿Qué sintió usted cuando sucedió esto? Por ejemplo, ¿sintió que las medidas tomadas por las autoridades fueron justa o injustas?

102h. ¿Afectaron a usted o a su familia estas acciones? (SI ES AFIRMATIVO:) ¿En qué sentido?

102i. ¿Puede usted recordar algún otro incidente del mismo tipo? (SI ES AFIRMATIVO:) ¿Cuántos? ¿También tuvieron lugar aquí en esta (colonia/unidad habitacional), o en otra? ¿Cuál?
(A TODOS LOS ENTREVISTADOS EXCEPTO *A AQUELLOS QUE VIVEN* EN UNIDAD POPULAR O ESFUERZO PROPIO:)

103a. ¿Sabe usted si los terratenientes o fraccionadores de esta colonia han iniciado acciones de este tipo aquí? Es decir, actos de despojo, destrucción de casas —atropellos de este tipo.
(SI ES AFIRMATIVO HACER LAS PREGUNTAS 103b A 103i).
(Si ES *NEGATIVO*, PASAR A LA PREGUNTA *104a*.)

103b. ¿Cuándo sucedió esto?

103c. ¿Estaba usted viviendo en la colonia cuando sucedió esto?

103d. ¿Cómo llegó a suceder esto?

103e. ¿Como cuántas familias se vieron afectadas por esto?

103f. ¿Qué acciones tomó, o de qué manera inició el fraccionador o terrateniente estos intentos de desalojo?

103g. ¿Qué sintió usted cuando sucedió esto? Por ejemplo, ¿sintió que las acciones iniciadas por el fraccionador o terrateniente fueron justas o injustas?

103h. ¿Afectaron a usted o a su familia estas acciones? (SI ES *AFIRMATIVO*, PREGUNTAR:) ¿En qué sentido y qué hizo usted respecto a esto?

103i. ¿Puede usted recordar algún otro incidente del mismo tipo, que sucedió en esta colonia? (SI ES *AFIRMATIVO*, PREGUNTAR:) ¿Cuántos?

104a. (A *TODOS* LOS ENTREVISTADOS:) ¿Recuerda usted algún incidente de este tipo que haya tenido lugar en uno de los lugares en que usted vivió antes de venir a (INSERTAR NOMBRE DE LA COLONIA O UNIDAD HABI-

TACIONAL EN QUE VIVE EL ENTREVISTADO ACTUALMENTE)?

(SI ES *AFIRMATIVO*, HACER LAS PREGUNTAS 104b, 104c y 104d:)

(SI ES *NEGATIVO*, O NO RESPONDE, PASAR A LA PREGUNTA 105a.)

104b. ¿Dónde sucedió esto?

104c. ¿Cuándo sucedió esto?

104d. ¿Quién estuvo metido en esto: el gobierno, la policía, un terrateniente, un fraccionador?

105a. (A *TODOS* LOS ENTREVISTADOS:) ¿Cómo está su situación actual en cuanto a su casa y terreno? —¿cree usted que está asegurada su posesión?

(SI ES *NEGATIVO*, "OTRO", O "NO SABE", HACER LAS PREGUNTAS 105b y 105c).

105b. ¿Quién podría amenazar o poner en duda esta propiedad?

105c. ¿Qué haría usted si lo trataran de desalojar de aquí o reacomodar en otra parte?

106a. (A *TODOS* LOS ENTREVISTADOS:) ¿Tiene usted algunos planes específicos para mejorar su casa o su terreno? (SI ES *AFIRMATIVO*, PREGUNTAR:) ¿Podría decirme algo sobre ellos, brevemente?

106b. (A LOS ENTREVISTADOS QUE *TIENEN PLANES* PARA MEJORAR SU CASA O TERRENO:) ¿Qué tan probable es que usted pueda llevar a cabo sus planes? ¿Diría usted que es muy probable, algo probable, no muy probable, o nada probable?

107a. (A *TODOS* LOS ENTREVISTADOS:) En general, ¿cómo calificaría usted a esta (colonia/unidad habitacional) como lugar para vivir?

107b. ¿Qué es lo que le gusta a usted especialmente de vivir en (NOMBRE DE LA COLONIA O UNIDAD HABITACIONAL EN LA CUAL VIVE EL ENTREVISTADO ACTUALMENTE)?

107c. ¿Qué es lo que a usted en particular *no* le gusta de vivir aquí?

108. ¿Cree usted que esta (colonia/unidad habitacional) está progresando? ¿Diría usted que está progresando rápidamente, progresando lentamente, que está sin ningún progreso, o que está empeorando?

109. En general ¿qué tantas mudanzas de familias (para dentro y fuera) hay en esta colonia? ¿Diría usted que hay muchas, algunas, no muchas, o casi ningunas?

110. ¿Cree usted que en relación al resto de la ciudad de México esta (colonia/unidad habitacional) está muy aislada, más o menos aislada, no muy aislada, o nada aislada?

111a. Con lo que usted conoce ahora, ¿piensa establecerse aquí permanentemente o tiene intenciones de cambiarse en un futuro previsible o cercano?

(SI EL ENTREVISTADO PIENSA *CAMBIARSE*, O *NO SABE*, HACER LAS PREGUNTAS 111b y 111c.)

111b. ¿Cuál es la razón más importante por lo cual no se ha cambiado usted ya de aquí?

111c. ¿A qué otra parte de la ciudad o a qué otro lugar desearía usted cambiarse? ¿A qué *tipo* de lugar le gustaría a usted cambiarse? ¿De qué manera sería diferente a la colonia en la cual vive actualmente?

111d. (A ENTREVISTADOS QUE PIENSAN *QUEDARSE* EN SU LUGAR ACTUAL DE RESIDENCIA:) Si usted estuviera pensando cambiarse a otro lugar, es decir, a otra colonia, o a otra ciudad— ¿qué factor o razón sería el *más* importante para que usted escogiera este otro lugar?

112a. (A *TODOS* LOS ENTREVISTADOS:) Cuando usted piensa en esta (colonia/unidad habitacional), ¿de qué manera considera usted que la (colonia/unidad) *ha cambiado* en relación a cuando usted llegó aquí? ¿Podría decirme los dos o tres tipos de cambio más importantes? ¿No ha habido ningún otro?

(SI EL ENTREVISTADO NO PUEDE RECORDAR *NINGÚN* CAMBIO —EN RESPUESTA A LA PREGUNTA 112a—, PASAR A LA PREGUNTA 113a.)

112b. A la larga, este primer cambio que usted mencionó, ¿fue bueno o malo?

112c. ¿Quién fue el más responsable de este cambio?

(SOBRE EL SEGUNDO CAMBIO MENCIONADO:)

112d. A la larga, este segundo cambio que usted mencionó ¿fue bueno malo?

112e. ¿Quién fue el más responsable de este cambio?

(SOBRE EL *TERCER CAMBIO* MENCIONADO:)

112f. A la larga, este tercer cambio que usted mencionó ¿fue bueno o malo?

112g. ¿Quién fue el más responsable de este cambio?

113a. (A *TODOS* LOS ENTREVISTADOS:) ¿Recuerda usted algún suceso, incidente, o experiencia que haya ocurrido en esta (colonia/unidad habitacional) desde que usted vive aquí, y la cual consideró muy importante o que le impresionó mucho a usted? ¿Algo que le haya hecho sentirse realmente enojado o realmente feliz?

113b. (SI ES AFIRMATIVO:) ¿De qué se trató? ¿Cómo es que sucedió? ¿Cómo resultó?

113c. ¿Por qué esto le enojó (le puso contento)?

113d. (SI EL ENTREVISTADO HA CITADO UNA EXPERIENCIA AGRADABLE:) ¿A quién cree que se deba esto? ¿Quién cree usted que merece reconocimiento por esto? ¿Qué persona, grupo u oficina?

113e. (SI EL ENTREVISTADO HA CITADO UNA EXPERIENCIA *DESAGRADABLE*:) ¿Quién tenía la culpa de esto? ¿Qué persona, grupo u oficina?

113f. ¿Hizo usted algo respecto a esto en aquel tiempo? (SI ES *AFIRMATIVO*:) ¿Qué hizo?

113g. (SI ES NEGATIVO:) ¿Cree usted que *se pudo* haber hecho algo al respecto? (SI ES AFIRMATIVO:) ¿Qué tipo de cosa?

114a. (A *TODOS* LOS ENTREVISTADOS:) Piense usted en los cambios que tengan lugar en esta (colonia/unidad habitacional) en los cinco próximos años —más o menos. ¿Cómo cree usted que estará la (colonia/unidad) dentro de cinco años? ¿En qué aspectos cree usted que estará diferente de su condición actual?

114b. (SI EL ENTREVISTADO NO PREVÉ *NINGÚN CAMBIO*:) ¿Por qué cree usted que no va a cambiarse?

114c. (A TODOS LOS ENTREVISTADOS:) Aquí tiene una serie de fotografías. ¿Cuál de éstas cree usted es más parecida a como usted piensa que será esta (colonia/unidad habitacional) dentro de cinco años más o menos?

115a. Suponiendo que escuchara usted un rumor de que el gobierno iba a construir un nuevo centro de salud para la gente que vive en esta (colonia/unidad habitacional) y otras colonias cercanas —¿a qué persona, grupo, u oficina acudiría usted para informarse sobre el asunto?

115b. (SI EL ENTREVISTADO *PUEDE IDENTIFICAR* UNA FUENTE POTENCIAL DE INFORMACION:) (SI LA FUENTE ES UNA *PERSONA*:) ¿Vive esa persona aquí, en (NOMBRE DE LA COLONIA O UNIDAD HABITACIONAL EN LA QUE VIVE EL ENTREVISTADO)? (SI LAS FUENTES ES UN *GRUPO, OFICINA*, ETC., PREGUNTAR:) Este (a) (grupo/oficina/etc.) se localiza aquí en (NOMBRE DE LA COLONIA O UNIDAD HABITACIONAL)?

116a. (A *TODOS* LOS ENTREVISTADOS:) Ahora quisiera hacerle unas preguntas sobre la gente que vive por aquí —en esta (colonia/unidad habitacional) ¿Tiene usted muchos amigos en esta (colonia/unidad? —Por ejemplo, ¿diría usted que sus *vecinos* son amigos suyos? ¿Todos su vecinos, algunos de ellos, o ningunos?

116b. (SI LA RESPUESTA ES "TODOS" O "ALGUNOS":) ¿Por qué piensa usted así? —Por ejemplo, ¿qué tipos de actividades hace usted junto con sus vecinos?

(PASAR AHORA A LA PREGUNTA 117.)

116c. (SI LA RESPUESTA ES "NINGUNO":) ¿Por qué piensa usted que ninguno de sus vecinos es amigo suyo? ¿Podría darme un ejemplo de lo que usted quiere decir?

117. (A *TODOS* LOS ENTREVISTADOS:) ¿Como cuántas personas conoce usted en esta (colonia/unidad habitacional) lo suficientemente bien como para hablar con ellas?

118a. Piense usted en sus tres *vecinos* más cercanos —aquellos que conoce mejor. ¿Qué tan seguido se reúne con ellos?

118b. Ahora piense usted en sus tres mejores *amigos*. ¿En qué área o áreas viven?

118c. ¿Qué tan seguido se reúne con ellos?

118d. Piense ahora en sus tres *parientes* más cercanos, aparte de los que viven aquí en esta casa. ¿En qué área o áreas viven estos parientes?

118e. ¿Qué tan seguido se reúne con ellos?

118f. En los últimos dos años, ¿qué tan seguido ha recibido usted los siguientes tipos de ayuda de sus parientes? (LEER LISTA:)

— Consejo sobre una decisión que tenía que tomar.
— Ayuda en ocasiones especiales, tales como partos, enfermedades.
— Ayuda en cuidar a los niños.
— Ayuda económica, como dinero o un préstamo.
— Ayuda para encontrar un trabajo o una casa.
— Ayuda como costura, ayuda en la reparación o construcción de la casa, y otras así.
— Algún otro tipo de ayuda (¿DE QUÉ TIPOS?)

118g. En los dos últimos años, ¿ha ayudado usted a estos parientes de alguna manera, que usted recuerde? (SI ES *AFIRMATIVO*:) ¿De qué maneras? ¿Qué tan seguido?

118h. (SÓLO A *INMIGRANTES*:) En general, ¿diría usted que se siente más cercano, más unido con sus parientes (fuera de los que viven aquí en esta casa) ahora que cuando vivía usted en (lugar mencionado en Pregunta 7a)? ¿Diría usted que se siente mucho más cercano o unido, un poco más cercano, más o menos igual, o no tan unido o cercano?

119a. (A TODOS LOS ENTREVISTADOS:) ¿Sostiene usted o cualquier otro miembro de su familia relaciones de compadrazgo con otras personas que viven en esta (colonia/unidad habitacional)? (SI ES *AFIRMATIVO*:) —¿Con cuántas personas?

119b. (SÓLO A *INMIGRANTES*:) ¿Qué tan importante es el compadrazgo en su vida aquí en la ciudad? ¿Diría usted que es muy importante, algo importante, no muy importante, o nada importante?

119c. En comparación con su vida en (lugar mencionado en Pregunta 7a, O SI EL ENTREVISTADO YA VIVÍA EN LA CIUDAD DE MÉXICO CUANDO TENÍA 15 AÑOS, INSERTAR EL NOMBRE DE SU *PUEBLO NATAL*), ¿diría usted que el compadrazgo es más importante para usted en la ciudad de México, menos importante, o más o menos igual?

119d. (SI LA RESPUESTA ES "MÁS" O "MENOS" IMPORTANTE:) ¿Por qué piensa usted así? ¿De qué maneras es (más/menos) importante para usted aquí? (SI ES NECESARIO:) Por ejemplo, ¿diría usted que, en general recibe más *o* menos ayuda de los compadres que tiene aquí en la ciudad de la que recibía de sus compadres cuando vivía en (lugar mencionado en Pregunta 7a, O SI EL ENTREVISTADO YA VIVÍA EN LA CIUDAD DE MÉXICO CUANDO TENÍA 15 AÑOS, INSERTAR EL NOMBRE DE SU *PUEBLO NATAL*)?

120a. (A *TODOS* LOS ENTREVISTADOS:) ¿Cree usted que las personas que viven en esta (colonia/unidad habitacional) están muy unidas, más o menos unidas, poco unidas o nada unidas?

120b. ¿En qué tipos de trabajo ha colaborado usted con otros habitantes de (NOMBRE DE LA COLONIA O UNIDAD)? Por ejemplo, cuando los habitantes han hecho algo por la (colonia/unidad), tal como construir un centro de reuniones, o instalar algún servicio público (agua, luz, drenaje, etc.), o cuando se ha tratado de prestar ayuda a familias víctimas de inundaciones o incendios —¿usted ha colaborado? (SI ES *AFIRMATIVO*:) ¿Con qué tipo de trabajo? ¿Cuántas veces lo ha hecho usted?

(HACER LAS PREGUNTAS 120c A 120g SÓLO A LOS HABITANTES DE COLONIA NUEVA; SI EL ENTREVISTADO *NO ES HABITANTE* DE COLONIA NUEVA, PASAR A LA PREGUNTA *121a*.)

120c. ¿Alguna vez forma usted parte de *comisiones* con otros habitantes de esta colonia? (SI ES *AFIRMATIVO*:) Durante el año pasado, es decir, de junio de 1969 a mayo de este año, ¿en cuántas comisiones participó usted?

120d. (A ENTREVISTADOS QUE HAN FORMADO PARTE DE COMISIONES:) ¿Cuál de las siguientes afirmaciones describe mejor lo que usted siente cuando forma parte de alguna comisión? (LEER LISTA DE AFIRMACIONES:)

— Me siento satisfecho porque esto beneficia a la colonia.
— Voy sólo porque es mi deber.
— Voy porque me obligan.
— Me molesta; es una pérdida de tiempo.

120e. (SI LA RESPUESTA ES "SATISFECHO PORQUE BENEFICIA A LA COLONIA":) ¿De qué forma beneficia esto a la colonia?

120f. ¿Asiste usted alguna vez a las *juntas* de la colonia? (SI ES *AFIRMATIVO*:) ¿A cuántas juntas asistió usted durante el año pasado? Es decir, de junio de 1969 a mayo de este año.

120g. ¿Participa usted en la vigilancia de la colonia, es decir, en las guardias o veladas? (SI ES *AFIRMATIVO*:) ¿En cuántas guardias (veladas) participó usted durante el año pasado? Es decir, de junio de 1969 a mayo de este año.

121a. (A *TODOS* LOS ENTREVISTADOS:) En muchos lugares existen grupos que se oponen entre sí. Pensando en (NOMBRE DE LA COLONIA O UNIDAD HABITACIONAL), ¿cuáles son los principales grupos que se oponen unos a otros aquí? Es decir, los grupos que tienen diferencias de opinión o que sostienen controversias entre sí.

121b. (SI *SE MENCIONAN ALGUNOS GRUPOS* DE OPOSICIÓN:) ¿Cree usted que estas diferencias de opinión son buenas o malas para la (colonia/unidad habitacional)?

122a. (A *TODOS* LOS ENTREVISTADOS:) En su opinión ¿cuáles son las tres personas que tienen más influencia en (NOMBRE DE LA COLONIA O UNIDAD)? Es decir, las personas que más logran imponer su opinión y hacer que las cosas se realicen. ¿Qué tipo de trabajo desempeñan? SI *NO SABE,* PASAR A LA PREGUNTA 123.)

122b. ¿Por qué estas personas tienen mayor influencia en esta (colonia/unidad habitacional)? (SI ES NECESARIO:) ¿por qué la gente acude a ellas en busca de ayuda, consejo, u orientación?

123. Suponga usted que dos personas están hablando sobre algún problema de esta (colonia/unidad habitacional), y de la mejor manera para resolverlo. *La primera persona dice*: "Es mejor que cada persona se forme su propia opinión sobre lo que debe hacerse y que defienda su punto de vista ante sus vecinos. Si hay grandes diferencias de opinión entre los habitantes de la (colonia/unidad), entonces el asunto debe ser decidido en una votación." *La segunda persona dice*: "En cuanto uno quiere tomar decisiones a través del voto, la gente empieza a estar unos de acuerdo con uno y otros en contra, y de ese modo resultan divisiones y pleitos. Es mejor tratar de que todos estén de acuerdo primero, así ya no se tiene que votar." ¿Con cuál de estas dos personas estaría usted *más* de acuerdo? (SI LA RESPUESTA ES "CON NINGUNA".) ¿Por qué piensa usted así?

124. ¿Cree usted que la mayoría de la gente de aquí tiende a ser dura con una persona que no está de acuerdo con sus vecinos en cuestiones tales como la política? O ¿cree usted que a la mayor parte de la gente no le importa?

125. Algunas personas piensan que cuando están preocupadas por algún problema de la (colonia/unidad habitacional), pueden hacer algo al respecto, tal como hablar a favor o en contra de una solución al problema, o en alguna otra forma intentan que sus opiniones sean tomadas en cuenta. Otras personas piensan que este tipo de actividad sólo puede traerles problemas. Nos gustaría saber qué piensa usted acerca de estas cosas. Suponga que surge un problema de la (colonia/unidad habitacional) y a usted le preocupa, y que decide hacer algo al respecto. ¿Sería probable que ocurrieran algunas de las cosas siguientes? (LEER LISTA:)

— Sus amigos y vecinos lo desaprobarían.
— Su familia y sus parientes lo desaprobarían.
— Adquiriría usted la reputación de "busca-pleitos".
— Lo despedirían de su trabajo, o recibiría una advertencia de su jefe.
— Sería usted amonestado por los líderes de la (colonia/unidad habitacional).

— Las autoridades lo amenazarían o tratarían de desalojarlo.

— (EN TODAS PARTES *EXCEPTO SANTA CRUZ MEYEHUALCO Y EL ARENAL*:) El fraccionador o terrateniente lo amenazaría o trataría de desalojarlo.

125b. (SI ES AFIRMATIVO O NO SABE:) Si (esto/cualquiera de estas cosas) que usted mencionó *le ocurriera en realidad* por haber tratado de hacer algo respecto a un problema de la (colonia/unidad) ¿qué haría usted entonces? ¿Continuaría usted tratando de hacer algo respecto al problema, o dejaría de intentarlo?

126a. (A TODOS LOS ENTREVISTADOS:) Cuando usted conoce por primer vez a alguien de esta (colonia/unidad habitacional), debería usted (LEER ALTERNATIVAS:)

— Tenerle confianza hasta que pruebe no ser digno de tal confianza.

— Tener cuidado de confiar en él hasta conocerlo mejor.

— No confiar en él porque puede aprovecharse de usted.

126b. ¿Cree usted que lo que dice se aplica solamente a las personas que viven en esta (colonia/unidad habitacional), o es aplicable para toda la gente?

(SI CREE QUE ES APLICABLE A TODA LA GENTE PASAR A LA PREGUNTA 127a.)

126c. (SI CREE QUE SE APLICA SÓLO A LAS PERSONAS DE SU COLONIA:) ¿En qué sentido hay una diferencia entre la gente de por aquí y la de otras partes? ¿Recuerda usted algún incidente o experiencia que ilustre esta diferencia?

(HACER LA PREGUNTA 126d SÓLO A INMIGRANTES)

126d. ¿En qué sentido hay una diferencia entre la gente de por aquí y aquella que vive en (INSERTAR NOMBRE DEL LUGAR MENCIONADO EN PREGUNTA 7a)? (SI EL ENTREVISTADO YA VIVÍA EN LA CIUDAD DE MÉXICO CUANDO TENÍA 15 AÑOS, INSERTAR EL NOMBRE DE SU *PUEBLO NATAL*.) ¿Recuerda usted algún incidente o experiencia que ilustre esta diferencia?

127a. (A *TODOS* LOS ENTREVISTADOS:) Algunas personas tienden a ayudar a los demás. Otras personas tienden sólo a cuidarse ellas mismas. Pensando de nuevo en la gente de esta (colonia/unidad habitacional), ¿qué cree usted que es *más* aplicable? (LEER ALTERNATIVAS:)

— La mayoría de la gente de por aquí ayuda a los demás.

— La mayoría de la gente de aquí sólo se cuida a sí misma.

(SI *NO SABE* O NO RESPONDE, PASAR A LA PREGUNTA 128a.)

127b. (SI EL ENTREVISTADO ELIGE *CUALQUIERA* DE LAS ALTERNATIVAS:) ¿Por qué dice usted eso? ¿Puede recordar algún incidente o experiencia que ilustre esto?

127c. ¿Cree usted que lo que dice se aplica sólo a la gente de esta (colonia/unidad habitacional), o que es aplicable a toda la gente?

127d. (SI CREE QUE SE APLICA *SÓLO A LA GENTE DE SU COLONIA* —UNIDAD—:) ¿En qué sentido hay una diferencia entre la gente de por aquí y la de otras partes? ¿Recuerda usted algún incidente o experiencia que ilustre esta diferencia?

(HACER LA PREGUNTA 127e SÓLO A *INMIGRANTES* QUE HAYAN RESPONDIDO QUE SÓLO SE APLICA A LA GENTE DE SU COLONIA.)

127e. ¿En qué sentido hay una diferencia entre la gente de por aquí y aquella que vive en (lugar mencionado en Pregunta 7a) (SI EL ENTREVISTADO YA VIVÍA EN LA CIUDAD DE MÉXICO CUANDO TENÍA 15 AÑOS, INSERTAR EL NOMBRE DE SU PUEBLO NATAL) en cuanto a esa tendencia? (Ayudar a los demás o a cuidarse ella misma.) ¿Recuerda usted algún incidente o experiencia que ilustre esta diferencia?

128a. (A *TODOS* LOS ENTREVISTADOS:) ¿Se pelean o discuten con usted sus vecinos? (SI ES *AFIRMATIVO*:) ¿Qué tan seguido ocurre esto?

128b. (SÓLO A *INMIGRANTES*:) ¿Cree usted que hay *más* o *menos* pleitos entre vecinos aquí que en (INSERTAR NOMBRE DE LUGAR MENCIONADO EN LA PREGUNTA 7a)? (SI

EL ENTREVISTADO YA VIVÍA EN LA CIUDAD DE MÉXICO CUANDO TENÍA 15 AÑOS, INSERTAR EL NOMBRE DE SU *PUEBLO NATAL*.)

129a. (A *TODOS* LOS ENTREVISTADOS:) Hay gente que dice que la violencia *nunca* debería ser usada para resolver disputas o pleitos personales con parientes, amigos, vecinos, compañeros de trabajo, y otros. Otras personas dicen que algunas veces es necesario emplear medios violentos para resolver una disputa. ¿Qué piensa usted de esto? ¿La violencia nunca debería usarse para resolver problemas personales, o puede ser justificada en algunas situaciones?

129b. (SI RESPONDE QUE LA VIOLENCIA PUEDE SER USADA EN CIERTAS OCASIONES:) ¿En qué tipo de situación? Podría darme un ejemplo de alguna situación en que la violencia estaría justificada?

129c. (A *TODOS* LOS ENTREVISTADOS:) Y en el caso de las disputas o cuestiones *políticas* —¿Cree usted que la violencia nunca debería ser usada como medio para resolver este tipo de disputas, o podría justificarse en ciertas ocasiones?

129d. (SI LAS RESPUESTAS ES "PUEDE SER USADA EN CIERTAS OCASIONES":) ¿En qué tipo de situaciones? ¿Podría darme un ejemplo de alguna situación en que los medios violentos estarían justificados?

129e. (A *TODOS* LOS ENTREVISTADOS:) Durante las manifestaciones estudiantiles en la ciudad de México, en agosto y septiembre de 1968, o en la época de la Olimpiada —¿estaba usted de parte del gobierno o de los estudiantes? Me refiero especialmente a las manifestaciones de Tlatelolco, en la Plaza de las Tres Culturas.

129f. (SI EL ENTREVISTADO *PUEDE RECORDAR* ALGO ACERCA DE LAS MANIFESTACIONES:) ¿Cuáles fueron sus sentimientos acerca de lo que ocurrió —sobre todo en lo que respecta a las acciones del gobierno hacia los estudiantes? (SI ES NECESARIO:) Por ejemplo, ¿creyó usted que las acciones iniciadas por el gobierno eran justas, o no?

129g. ¿Por qué dice usted eso?

129h. (A *TODOS* LOS ENTREVISTADOS:) ¿Puede usted imaginar cualquier situación en la que pudiera tomar parte en manifestaciones como las de la ciudad de México en 1968? (SI ES AFIRMATIVO:) ¿Qué tipo de situación? ¿Podría darme un ejemplo de lo que usted quiere decir?

130a. (A *TODOS* LOS ENTREVISTADOS:) Aquí tenemos otra clase de pregunta. Suponga que algo le sucediera a su familia —es decir, por ejemplo, un caso de enfermedad seria o un accidente, la pérdida inesperada de su trabajo o de su casa, etc. ¿Existe alguna persona, un grupo o una oficina con cuya ayuda podría contar en tales circunstancias? (SI ES AFIRMATIVO:) ¿Quiénes son ellos? ¿Se encuentra (n) dentro o fuera de (NOMBRE DE LA COLONIA o UNIDAD)? (SI ES *NEGATIVO*, NO SABE O NO RESPONDE, PASAR A LA PREGUNTA 130c.)

130b. ¿Puede darme algunos ejemplos de ayuda especial que usted haya recibido de esta (persona/grupo/oficina) en los últimos cinco años más o menos?

130c. Comparado con su *situación de hace cinco años*, más o menos, ¿diría usted que es más fácil o más difícil encontrar a alguien con quien contar en caso de necesidad especial?

130d. (SÓLO A *INMIGRANTES*:) Comparado con su situación *antes de venir a la ciudad de México* ¿diría usted que es más fácil o más difícil encontrar a alguien con quien contar en caso de necesidad especial?

131a. (A *TODOS* LOS ENTREVISTADOS:) El interés principal de nuestros estudios está en averiguar cuáles son las necesidades y las mayores preocupaciones de la gente. En la medida de lo posible queremos saber qué necesita la gente y qué problemas y preocupaciones tiene. Piense ahora en las necesidades y problemas más importantes de (INSERTAR NOMBRE DE LA COLONIA O UNIDAD). En su opinión, ¿cuáles son las necesidades y los problemas más urgentes o graves de esta (colonia/unidad habitacional)? ¿Cuál de estos problemas y necesidades que usted ha mencionado es el más importante, para usted?

131b. ¿Quién o qué tiene la culpa de los problemas que usted ha mencionado?

131c. ¿Están preocupadas muchas de las otras personas de esta (colonia/unidad habitacional) por problemas de este tipo, o no lo están?

131d. Cuando usted piensa en problemas como los que ha mencionado, ¿pueden ser resueltos por los que viven dentro de esta (colonia/unidad habitacional), o sería necesaria una ayuda de fuera de la (colonia/unidad habitacional)?

131e. *Dentro de esta (colonia/unidad habitacional)*, ¿quiénes *pueden* ayudar a resolver problemas de este tipo (o a enfrentar esta clase de necesidades)? (SI ES NECESARIO:) ¿Qué personas, grupos u oficinas?

131f. (SI LA RESPUESTA A LA PREGUNTA 131e ES "NADIE" O "NO ES NECESARIA NINGUNA AYUDA":) Algunas personas creen que las asociaciones de colonos son necesarias para resolver los problemas de las colonias proletarias de esta ciudad, mientras otras personas creen que *no* son necesarias. ¿Qué opina usted sobre esto?
(PASAR AHORA A LA PREGUNTA 131i:)

131g. (SI MENCIONA PERSONA O GRUPO DE AYUDA:) ¿Qué tanta seguridad tiene usted de que recibirá ayuda de (INSERTAR NOMBRE DE LA *PRIMERA* PERSONA, GRUPO, OFICINA MENCIONADO EN LA RESPUESTA A PREGUNTA 131e)? ¿Está usted muy seguro o no muy seguro de que lo ayudaría(n)? ¿O cree usted que seguramente no lo ayudaría(n)?

131h. (SI EN LA RESPUESTA A LA PREGUNTA 131e SE MENCIONA UNA *SEGUNDA* PERSONA, GRUPO U OFICINA:) Y acerca de (INSERTAR NOMBRE DE LA *SEGUNDA* PERSONA, GRUPO, ETC. MENCIONADA) —¿qué tanta seguridad tiene usted que recibiría ayuda de ellos (él)? ¿Está usted muy seguro o no muy seguro de que lo ayudaría (n)? O ¿cree usted que seguramente no lo ayudaría (n)?

131i. (A *TODOS* LOS ENTREVISTADOS:) Y ¿quiénes de fuera de esta (colonia/unidad habitacional) que pueden ayudar a resolver problemas tales como usted ha mencionado? (SI ES NECESARIO:) ¿Qué personas, grupos u oficinas?

131j. (SI EL ENTREVISTADO *MENCIONA ALGUNA PERSONA, GRUPO U OFICINA*:) ¿Qué tanta seguridad tiene usted de que recibiría ayuda de (INSERTAR NOMBRE DE LA PRIMERA PERSONA, GRUPO, OFICINA MENCIONADA)? ¿Está usted muy seguro o no muy seguro de que lo ayudaría (n)? O ¿cree usted que seguramente no lo ayudaría (n)?

131k. (SI EN LA RESPUESTA A LA PREGUNTA 131i SE MENCIONA UNA *SEGUNDA* PERSONA, GRUPO U OFICINA:) Y acerca de (INSERTAR NOMBRE DE LA SEGUNDA PERSONA, GRUPO, ETC. MENCIONADA) —¿qué tanta seguridad tiene usted de que recibiría ayuda de ellos (él)? ¿Está usted muy seguro, o no muy seguro de que lo ayudaría (n)? O ¿cree usted que seguuramente no lo ayudaría (n)?

132. (A TODOS LOS ENTREVISTADOS:) En general, qué es más importante para mejorar las condiciones de vida en esta (colonia/unidad habitacional): ¿que los habitantes trabajen duro, que reciban la ayuda de Dios, que reciban la ayuda del gobierno o que tengan la buena suerte? Y ¿cuál es lo más importante en segundo término? ¿La segunda cosa más importante?

133a. ¿Alguna vez ha pagado usted donativos o cuotas a los líderes de la (colonia/unidad habitacional) o a otras personas o grupos dentro de la (colonia/unidad) para algún propósito? (SI ES NECESARIO:) ¿Quizás para pagar algún tipo de construcción pública (como una escuela, o un centro de reuniones), o para instalar algún servicio público (como agua, luz o drenaje)? (SI ES AFIRMATIVO:) ¿A quién ha pagado estas cuotas? ¿Para qué propósitos? ¿Cuántas veces? (SI ES *NEGATIVO*, O NO SABE O NO RESPONDE, PASAR A LA PREGUNTA 134.)

133b. (SI *HA PAGADO CUOTAS PARA SERVICIOS PÚBLICOS*:) ¿Ha (n) sido proporcionado (s) este (estos) servicio (s) ?

133c. (SI ES NEGATIVO:) ¿Qué cree usted que se hizo con el dinero que pagó usted?

134. (A *TODOS* LOS ENTREVISTADOS:) Aquí hay una escalera. Suponga que el grupo o la persona que *más* con-

tribuye al bienestar de la gente de aquí —esto es, la persona o el grupo que más trabaja en el interés de usted y otros habitantes de la (colonia/unidad habitacional)— está en la *parte superior* de la escalera, y que la persona o el grupo que *menos* o *nada* hace por el bienestar de la gente de aquí, está en la *parte inferior*. ¿Dónde estarían LOS PERIODISTAS, en términos de su contribución al bienestar de la gente de aquí? ¿Cerca del grupo o persona que más contribuye? O ¿cerca del que *menos* contribuye al bienestar de ustedes? (REPETIR LA PREGUNTA PARA CADA GRUPO O PERSONA EN LA LISTA DE ABAJO:

— Periodistas.
— El Presidente de la República.
— Sacerdotes o padres.
— Políticos.
— Maestros de escuela.
— La Policía.
— (Hacer en todas partes *excepto en Colonia Texcoco*:) El jefe del Departamento del Distrito Federal (NOMBRE DEL FUNCIONARIO).
— (Hacer en todas partes *excepto en Unidad Popular y Esfuerzo Propio*:) Fraccionadores o terratenientes.
— (Hacer en todas partes *excepto en Colonia Texcoco*:) El jefe de la oficina de Colonias (NOMBRE DEL FUNCIONARIO).
— Hacer *sólo en Colonia Texcoco*:) El presidente municipal de Ciudad Netzahualcóyotl (NOMBRE DEL FUNCIONARIO).
— (Hacer *sólo en Colonia Texcoco*:) El gobernador del Estado de México (NOMBRE DEL FUNCIONARIO).

135. ¿Qué partido político cree usted que contribuye *más* a resolver los problemas de esta (colonia/unidad habitacional)?

136. Algunas personas piensan que el PRI ha ayudado a mejorar sus vidas; otras creen que no ha ayudado. ¿Qué opina usted acerca de esto?

136b. ¿Dónde está la oficina más cercana del PRI? ¿En qué colonia y en qué calle está?

136c. (SI *PUEDE LOCALIZAR* UNA OFICINA DEL PRI:) ¿Ha estado alguna vez allí? (SI ES AFIRMATIVO:) ¿Para qué propósito?

136d. (SI ES AFIRMATIVO:) ¿Cómo cree que lo atendieron allí? ¿Mejor que a otras personas que van allí, igual que los demás, o peor que a los demás?

136e. (SÓLO A ENTREVISTADOS QUE *NO HAN VISITADO* UNA OFICINA DEL PRI:) Si usted fuera allí algún día ¿cómo cree usted que lo atenderían?

136f. (A *TODOS* LOS ENTREVISTADOS:) ¿Ha visto usted alguna vez a algún funcionario o representante del gobierno, del PRI, o de la CNOP, venir a esta (colonia/unidad habitacional)? (SI ES AFIRMATIVO:) ¿Cuándo ocurrió esto? ¿Fue durante una campaña electoral? ¿Sabe usted *por qué* vino (vinieron) esta(s) persona(s) a la (colonia/unidad habitacional)?: ¿Ocurrió algo en la (colonia/unidad) como resultado de la visita de esta(s) persona(s)? (SI ES AFIRMATIVO:) ¿Qué tipos de cosas?

137a. (A *TODOS* LOS ENTREVISTADOS:) ¿Ha oído alguna vez de la CNOP? (Confederación Nacional de Organizaciones Populares).

137b. (SI ES *AFIRMATIVO*:) ¿Podría decirme algo acerca del trabajo que hace esta organización? Por ejemplo, ¿cree usted que la CNOP contribuye al bienestar de la gente de esta (colonia/unidad habitacional), que no hace nada por la gente, o que perjudica al bienestar de la gente de aquí?

(SI LA RESPUESTA ES "CONTRIBUYE AL BIENESTAR" O "ES PERJUDICIAL", HACER LAS PREGUNTAS 137c, 137d y 137e.)

137c. ¿En qué sentido hace esto?

137d. ¿Ha sido *usted* o algún otro miembro de su familia (beneficiado/perjudicado) en alguna forma por las actividades de la CNOP? (SI ES *AFIRMATIVO*:) ¿En qué sentido?

137e. ¿Ha tenido usted en lo personal algún contacto con la CNOP? —Por ejemplo, ¿ha visitado usted alguna vez su oficina más cercana, o ha hablado con alguna persona que trabaje en ella? (SI ES *AFIRMATIVO*:) ¿Por qué motivo? ¿Qué resultados tuvo esta (visita/conversación)?

138a. (A *TODOS* LOS ENTREVISTADOS:) ¿Ha oído alguna vez de la CCI (Central Campesina Independiente)?

138b. (SI ES *AFIRMATIVO*:) ¿Podría decirme algo acerca del trabajo que hace esta organización? Por ejemplo, ¿cree usted que la CCI contribuye al bienestar de la gente de esta (colonia/unidad habitacional), que no hace nada por la gente, o que perjudica el bienestar de la gente de aquí?
(SI LA RESPUESTA ES "CONTRIBUYE AL BIENESTAR" O "ES PERJUDICIAL", HACER LAS PREGUNTAS 138c, 138d, y 138e.)

138c. ¿En qué sentido hace esto?

138d. ¿Ha sido *usted* o algún otro miembro de su familia (beneficiado/perjudicado) en alguna forma por las actividades de la CCI? (SI ES *AFIRMATIVO*:) ¿En qué sentido?

139. (A *TODOS* LOS ENTREVISTADOS:) Nosotros estamos interesados en algunos de los servicios que el gobierno facilita a la gente de esta ciudad. Piense usted en su familia —esto es, en usted mismo, sus padres (SI TIENE ESPOSA:), su esposa (SI TIENE HIJOS:), sus hijos, y sus hermanos y hermanas. Usted o algún otro miembro de su familia alguna vez ha:

— ¿Recibido atención médica en algún hospital o clínica del gobierno, un Centro de Salud, o en el Seguro Social?
— ¿Recibido atención médica, vacunación u otro tratamiento de salud aquí en la (colonia/unidad habitacional), por parte de médicos enviados por el gobierno o por el PRI? ¿Tal vez durante una jornada de saneamiento?
— Recibido ayuda para encontrar trabajo o un lugar para vivir por parte de alguna oficina del gobierno o sindicato?
— ¿Recibido servicios legales (de abogados) gratuitos por parte de alguna oficina del gobierno o del PRI?
— ¿Comprado alimentos u otros productos de la CONASUPO o en el "Mercado sobre Ruedas"?
— ¿Recibido beneficios de algún tipo del Seguro Social (aparte de atención médica)?
— ¿Recibido *algún otro tipo* de beneficios o ayuda por parte de una oficina del gobierno o del PRI? O ¿quizás de alguna persona que trabaja para el gobierno —por ejemplo, una trabajadora social?
(SI ES AFIRMATIVO:) ¿Qué tipo de ayuda? ¿De qué oficina o persona?

140a. (SI *NO MENCIONÓ BENEFICIOS RECIBIDOS DEL SEGURO SOCIAL*:) ¿Tiene usted Seguro Social en su trabajo?

140b. (A *TODOS* LOS ENTREVISTADOS:) ¿Ha visitado usted alguna vez uno de los Centros Sociales Populares? (SI ES NECESARIO:) Esto es, los Centros de Tepito, Leandro Valle, Miguel Hidalgo, Aquiles Serdán, Pino Suárez, Ignacio Zaragoza y otros parecidos construidos por el Departamento del Distrito Federal (SI ES *AFIRMATIVO*:) ¿Con qué propósito?

141a. (A *TODOS* LOS ENTREVISTADOS:) Ahora voy a leer una lista de actividades. A medida que yo lea cada tipo de actividad ¿podría usted darme *su opinión* acerca de qué *tan bien está actuando el gobierno* en cuanto a estas actividades? Por ejemplo, ABASTECIMIENTO DE AGUA POTABLE. ¿Diría usted que el gobierno está actuando *muy bien, no muy bien,* o mal en el cumplimiento de su responsabilidad para abastecer el agua potable? A propósito, si usted cree que algunas de estas actividades *no corresponden* al gobierno, por favor dígamelo:

— Abastecer agua potable.
— Proporcionar electricidad.
— Proporcionar drenaje.
— Pavimentar las calles.
— Proporcionar transporte público.
— Proporcionar protección de la policía para la vida y la propiedad.
— Proporcionar protección contra incendios (servicio de bomberos).
— Proporcionar casas adecuadas y decentes a la gente humilde.
— Ayudar a la gente a regularizar sus terrenos o asegurar su título de propiedad.

— Proporcionar parques y áreas verdes de recreo.
— Mejorar los mercados públicos.
— Proporcionar suficientes escuelas y maestros.
— Proporcionar atención médica a la gente humilde.
— Proporcionar ayuda económica (esto es, créditos, préstamos, pensiones y beneficios del Seguro Social) a las personas que la necesitan.
— Asegurar trabajo a quien lo necesita.
— Asegurar un trato justo a la gente humilde por parte de la policía.
— Intentar reducir la diferencia entre las clases pobres y ricas en México.

141b. *En general* ¿qué tan satisfecho está usted con la actuación del gobierno en cuanto a la provisión de servicios a la gente? ¿Está usted insatisfecho, más o menos satisfecho, o muy satisfecho?

141c. (SI LA RESPUESTA ES "INSATISFECHO":) ¿Con qué cosa en particular está usted más *insatisfecho*?

142. (A TODOS LOS ENTREVISTADOS:) Algunas personas dicen que todo lo que se puede hacer es esperar y aceptar los programas del gobierno; otros piensan que una persona puede tener influencia en el gobierno y hacer que el gobierno ayude a la gente. ¿Qué piensa usted acerca de esto? ¿Cree usted que uno sólo puede esperar y aceptar los programas del gobierno o cree que una persona puede tener influencia y hacer que el gobierno ayude?

143a. Pensando otra vez acerca de los problemas y necesidades de (INSERTAR NOMBRE DE LA COLONIA O UNIDAD HABITACIONAL) de los cuales discutíamos antes —¿Está usted ahora, o ha estado en el último año, personalmente preocupado por algunos de estos problemas? (SI ES *AFIRMATIVO*:) ¿Algún tipo de problema en particular?
(SI ES *NEGATIVO*, NO SABE O NO RESPONDE, PASAR A LA PREGUNTA 143c.)

143b. A veces discute usted este tipo de problemas con otras personas de esta (colonia/unidad habitacioanl) (SI ES *AFIRMATIVO*:) ¿Qué tan seguido?

143c. (A *TODOS* LOS ENTREVISTADOS:) ¿Alguna vez ha trabajado o cooperado con algunos habitantes de (INSERTAR NOMBRE DE LA COLONIA O UNIDAD HABITACIONAL) para tratar de resolver algún problema o enfrentar alguna necesidad de la (colonia/unidad)?: (SI ES *AFIRMATIVO*:) ¿Cuándo hizo esto? ¿Con qué tipo de problema o necesidad estaban ustedes preocupados? ¿Qué intentaron hacer respecto al problema? ¿Cuáles fueron los resultados de sus esfuerzos?

144. (A *TODOS* LOS ENTREVISTADOS:) En general, ¿qué piensa que ayudaría más a usted y a su familia para mantener y mejorar su situación económica: trabajar con otras familias de la colonia (unidad habitacional) por metas y mejoras comunes; (o) tratar de conseguir beneficios o favores individuales a través de alguien, tal como un amigo con "palanca", un patrón, o un líder político?

145. Ahora, me gustaría saber *qué tan buenos o malos* considera usted algunos tipos de hechos. Por ejemplo, mucha gente considera que el asesinato es algo *muy* malo, mientras que algo como ser presuntuoso es considerado sólo como *poco malo o nada malo.* Aquí tiene usted varios ejemplos: (PREGUNTAR UNA POR UNA:)
— Un hombre pobre acepta 20 pesos de un político por votar de acuerdo con lo que el político quiere. ¿Diría usted que esto *no es malo,* que está *un poquito mal,* o que es *muy malo*? ¿Y qué piensa de este caso?
— Un hombre acusa a su vecino de tirar basura en su propiedad. En lugar de discutir el problema con el vecino, lo reta a una pelea a puñetazos. ¿Diría usted que esto *no es malo,* que está *un poquito mal,* o que es *muy malo*? ¿Y acerca de este caso?
— Un hombre se une a una marcha o manifestación de protesta para lograr que los funcionarios públicos corrijan una situación injusta. ¿Diría usted que esto *no es malo,* que está *un poquito mal,* o que es *muy malo*? Y finalmente, acerca de este caso:
— Un hombre recientemente llegado del campo invade un

terreno porque ha tenido dificultades para encontrar un lugar para vivir en la ciudad. ¿Diría usted que esto *no es malo,* que está *un poquito mal,* o que es *muy malo?*

146a. Aquí hay un tipo diferente de pregunta. Hay algunas personas que por el parecido que tienen con usted le resulta muy fácil entender su modo de pensar. Puede haber otras que son tan diferentes de usted que resulta realmente difícil de entender su manera de pensar. Por ejemplo: suponga que conoce usted a una persona que acaba de llegar de otra parte de México muy lejana —a cientos de kilómetros de distancia— y en donde usted nunca ha estado. ¿Cree usted que podría entender su modo de pensar?

146b. Y a una persona que ocupara un puesto importante en el gobierno —por ejemplo (EN TODAS PARTES EXCEPTO COLONIA TEXCOCO:) el jefe del Departamento del Distrito Federal (SOLO EN COLONIA TEXCOCO: el gobernador del estado de México:) ¿podría usted entender su modo de pensar?

146c. Y a una persona que vive en las Lomas de Chapultepec (aquí en la ciudad de México), ¿podría usted entender su modo de pensar?

147. Piense ahora sobre los problemas de *México.* En su opinión, ¿cuáles son los problemas más importantes del país? (SI SE MENCIONAN DOS O MÁS PROBLEMAS:) De todos los problemas que usted ha mencionado, ¿cuál considera usted el más importante?

148. ¿Cuáles cree usted que son las cosas más importantes que hacen de México un país diferente de los demás?

149a. Nuestra Revolución Mexicana es un hecho muy importante que siempre se ha discutido mucho. Podría decirme usted, en su opinión, ¿cuáles son los propósitos e ideales más importantes de la Revolución?

149b. ¿Cree usted que estos ideales y propósitos de la Revolución han sido alcanzados, que aún no se han alcanzado pero que el gobierno todavía trabaja para alcanzarlos, o que han sido olvidados?

149c. ¿Cómo se sentiría usted si un extranjero criticara la Revolución Mexicana o la Constitución de 1917?

150. Voy a leer una lista de personas famosas del pasado de México. ¿Podría usted decirme quiénes fueron estas personas? (LEER LISTA:) ¿Qué hizo el?

— Cuauhtémoc.
— Padre Hidalgo.
— Benito Juárez.
— Porfirio Díaz.
— Emiliano Zapata.
— Venustiano Carranza.
— Lázaro Cárdenas.

151. De todas las personas que usted conoce o ha oído o leído acerca de ellas —vivas o muertas—, ¿a cuál admira usted más? En su opinión, ¿qué es lo que hace (hizo) a esta persona sobresaliente?

152. ¿Qué piensa usted que una persona debe hacer para ser un buen mexicano? (LEER LISTA:)

— Votar en las elecciones, empadronarse.
— Apoyar (obedecer) a las leyes y a la constitución.
— Pagar los impuestos.
— Hacer el servicio militar.
— Enviar a los hijos a la escuela.
— Estar al corriente de los asuntos públicos actuales.
— Participar en los asuntos de la comunidad.
— Trabajar duro, desempeñar bien el trabajo.
— Otros.

153. Hay quien dice que una persona debe apoyar cualquier cosa que su país haga, aun cuando no esté de acuerdo con ello. Otros piensan que una persona siempre tiene derecho a preguntar, a criticar, porque el gobierno puede estar equivocado en algunos casos. ¿Qué opina usted de esto? ¿Cree usted que una persona debe seguir a su país en lo que haga aunque no esté de acuerdo o ejercer su derecho a preguntar o criticar cuando piensa que el gobierno está equivocado?

154. Ahora unas pocas preguntas de otro tipo: ¿Con qué frecuencia escucha usted por *radio* o ve por *televisión* las

noticias u otros programas sobre las cosas que están ocurriendo? Programas tales como "La Hora Nacional" los domingos.

154b. ¿Con qué frecuencia lee usted en los *periódicos* acerca de las noticias y las cosas que están ocurriendo?

154c. ¿Cómo recibe usted la mayoría de sus noticias e información sobre la política y los asuntos públicos?

154d. (SI LA FUENTE MÁS IMPORTANTE DE NOTICIAS DEL ENTREVISTADO SON LOS PERIÓDICOS, LA RADIO O LA TELEVISIÓN:) ¿Diría usted que los periódicos (la radio, la televisión) de los cuales (del cual) obtiene usted sus noticias e informaciones son generalmente correctos y dignos de confianza, o *no* muy correctos ni muy dignos de confianza?

155a. (A *TODOS* LOS ENTREVISTADOS:) En general, ¿qué tan interesado está usted en lo que está haciendo el *gobierno federal*? El gobierno del Presidente de la República.

155b. (SÓLO EN COLONIA TEXCOCO:) ¿Qué tan interesado está usted en lo que está haciendo el gobierno del estado de México —esto es, el gobierno de (NOMBRE DEL FUNCIONARIO PÚBLICO) en Toluca?

155c. (SI ESTÁ INTERESADO:) ¿Ha atraído su atención algo de lo que ha realizado recientemente el *gobierno del estado* en Ciudad Netzahualcóyotl? (SI ES AFIRMATIVO:) ¿Qué en particular?

155d. (EN TODAS PARTES *EXCEPTO EN COLONIA TEXCOCO*:) ¿Qué tan interesado está usted en lo que está haciendo *el Departamento del Distrito Federal* —esto es, el Departamento Central, o el gobierno de (NOMBRE DE FUNCIONARIO PÚBLICO)?

155e. (SÓLO EN COLONIA TEXCOCO:) ¿Qué tan interesado está usted en lo que está haciendo la *Presidencia Municipal* de Ciudad Netzahualcóyotl —esto es, el gobierno de (NOMBRE DEL FUNCIONARIO PÚBLICO)?

155f. (SÓLO A *INMIGRANTES*:) Desde que usted dejó (INSERTAR NOMBRE DEL LUGAR MENCIONADO EN LA PREGUNTA 7a) (SI EL ENTREVISTADO YA VIVÍA EN LA CIUDAD DE MÉXICO CUANDO TENÍA 15 AÑOS, INSERTAR EL NOMBRE DE SU *PUEBLO NATAL*) ¿se interesa usted *más* o *menos* en la política y los asuntos públicos?

156a. (A *TODOS* LOS ENTREVISTADOS:) También estamos interesados en saber qué tan conocidos son varios funcionarios públicos. ¿Puede decirme el nombre del Presidente de la República?

156b. Y ¿puede usted decirme el nombre del candidato del PRI a la Presidencia de la República en la actual campaña electoral?

156c. Y ¿puede decirme el nombre del *diputado* que representa a su distrito en el Congreso?

156d. (SÓLO EN COLONIA PERIFÉRICO:) ¿Puede decirme quién es (POLÍTICO ESPECIFICADO)? (SI *PUEDE IDENTIFICARLO*:) En general, ¿cómo calificaría usted su actuación como líder político? (SI ES NECESARIO:) Es decir, ¿la forma en que ha desempeñado su cargo durante su periodo?

157a. (A *TODOS* LOS ENTREVISTADOS:) ¿Presta usted mucha atención a lo que ocurre durante las campañas electorales, como la que está en marcha para las elecciones del 5 de julio próximo?

157b. ¿Sabe usted si hay trabajadores, organizadores, o líderes de algún partido aquí en (INSERTAR NOMBRE DE LA COLONIA O UNIDAD HABITACIONAL EN LA CUAL VIVE EL ENTREVISTADO)? —Esto es, gente que vive aquí y que trabaja parte del tiempo o todo el tiempo, buscando apoyos para algún partido político (SI ES AFIRMATIVO:) ¿Podría usted decirme sus nombres y el partido para el cual trabajan?

157c. (SI EL ENTREVISTADO CONOCE A UNO O MÁS TRABAJADORES —MILITANTES, LÍDERES— DE PARTIDO:) Esta(s) persona(s) ¿trabaja(n) para el partido todo el tiempo o sólo cuando hay elecciones?

157d. (A *TODOS* LOS ENTREVISTADOS:) Durante la actual campaña electoral —esto es, la campaña para las elecciones del 5 de julio—, ¿qué clase de cosas han hecho los partidos políticos aquí en esta (colonia/unidad habitacional) para conseguir el apoyo de los habitantes para sus candidatos?

157e. (SI EL ENTREVISTADO *PUEDE RECORDAR* CUALQUIER CLASE DE ACTIVIDAD DE CAMPAÑA:) ¿Qué partidos han hecho esto (estas cosas)?

157f. (A *TODOS* LOS ENTREVISTADOS:) ¿Durante alguna campaña electoral —la presente o alguna otra en el pasado— algún trabajador u organizador de algún partido político se puso en contacto con usted para pedirle su apoyo o colaboración en alguna forma? (SI ES *AFIRMATIVO*:) ¿En qué forma? ¿Cuántas veces ha ocurrido esto? ¿Quién(es) fue(ron) el (los) trabajador(es) organizador(es) del partido? ¿Para cuál partido trabaja(n)? Esta(s) persona(s) ¿era(n) de (INSERTAR NOMBRE DE LA COLONIA O UNIDAD HABITACIONAL EN LA CUAL VIVE EL INTERESADO), o de fuera de la (colonia/unidad)?

157g. (SÓLO A *INMIGRANTES*:) ¿Alguna vez ocurrió esto durante una campaña electoral en el lugar o los lugares donde vivió usted antes de venir a la ciudad de México? (SI ES *AFIRMATIVO*:) ¿Cuántas veces ocurrió esto? En este (estos) lugar(es) ¿existían algunos trabajadores o militantes de partidos políticos *además de los del PRI*? (SI ES *AFIRMATIVO*:) ¿Qué tipo de cosas hacían estos trabajadores o militantes para tratar de conseguir el apoyo de la gente en ese (esos) lugar(es)?

158a. (A *TODOS* LOS ENTREVISTADOS:) Si ahora piensa de nuevo en el *gobierno federal*, el gobierno del Presidente de la República, el Congreso de la Unión, y todas las otras dependencias federales: ¿Qué tanto efecto tienen sus actividades en la vida diaria de usted?

158b. ¿Qué tanto cree usted que se puede confiar en que el gobierno federal hará lo que debe? ¿Diría usted que se puede confiar en el gobierno federal casi siempre, la mayoría de las veces, algunas veces, o casi nunca?

158c. (A *TODOS LOS ENTREVISTADOS*:) Pensando ahora en la *Presidencia Municipal* de Ciudad Netzahualcóyotl —el gobierno de (POLÍTICO ESPECIFICADO) en el Palacio Municipal— ¿qué tanto efecto tienen sus actividades en la vida diaria de usted? (EN LAS OTRAS COLONIAS Y UNIDAD POPULAR:) Pensando ahora en el *Departamento del Distrito Federal* —esto es, el Departamento Central, el gobierno de (POLÍTICO ESPECIFICADO) —¿qué tanto efecto tienen sus actividades en la vida diaria de usted?

158d. ¿Qué tanto cree usted que se puede confiar en que (la Presidencia Municipal/el Departamento del Distrito Federal) hará lo que debe? ¿Diría usted que se puede confiar en (ella/él) casi siempre, la mayoría de las veces, algunas veces, o casi nunca?

158e. ¿Qué tanto interés cree usted que tiene (la Presidencia Municipal/el Departamento Central) en *esta* (colonia/unidad habitacional)? ¿Por qué piensa usted así?

158f. (SÓLO EN COLONIA TEXCOCO:) Pensando ahora en el gobierno del Estado de México —el gobierno de (POLÍTICO ESPECIFICADO) en Toluca ¿qué tanto efecto tienen sus actividades en la vida diaria de usted?

158g. (SÓLO EN COLONIA TEXCOCO:) ¿Qué tanto cree usted que se puede confiar en que el gobierno del Estado hará lo que debe? ¿Diría usted que se puede confiar en el gobierno del estado casi siempre la mayoría de las veces, algunas veces, o casi nunca?

159a. (A *TODOS* LOS ENTREVISTADOS:) Ahora nos gustaría conocer sus opiniones sobre algunos partidos políticos. ¿Hay algún partido político en este país que podría hacer *más* por el bienestar de la gente en general que cualquier otro?

159b. ¿Hay algún partido al que usted *nunca* apoyaría —al que se siente particularmente opuesto?

159c. Actualmente ¿es usted *miembro* de algún partido político? (SI ES *AFIRMATIVO*:) ¿De cual?

(SI EL ENTREVISTADO SE IDENTIFICA COMO MIEMBRO DE ALGÚN PARTIDO, PASAR A LA PREGUNTA 160a.)

159d. (SI LA RESPUESTA ES NO:) ¿Se considera usted partidario o simpatizante de algún partido político en particular? (SI ES AFIRMATIVO:) ¿De cuál?

159e. (SI LA RESPUESTA ES "NO, DE NINGUNO":) ¿Si usted tuviera que escoger, habría algún partido que usted *prefiriera*? (SI ES *AFIRMATIVO*:) ¿Cuál?

160a. (A *TODOS* LOS ENTREVISTADOS:) Piense usted ahora en sus *tres amigos más íntimos*. ¿Qué partido cree usted que apoyan o prefieren?

160b. ¿Cree usted que la mayor parte de la gente que vive en esta (colonia/unidad habitacional) apoya o prefiere el mismo partido, o simpatiza con distintos partidos? (SI ES "EL MISMO PARTIDO":) ¿Cuál?

160c. Suponga que usted es partidario o simpatizante de algún partido político o de un candidato para un puesto público, pero la mayor parte de la gente de esta (colonia/unidad habitacional) favorece a otro partido o a otro candidato. ¿Qué cree usted que los simpatizantes del otro candidato o del otro partido le harían a usted? ¿Cuál sería su actitud ante usted? (SI SE INDICA ALGUNA ACTITUD O COMPORTAMIENTO *NEGATIVO*:) ¿Qué haría usted entonces? ¿Decidiría usted apoyar al partido o candidato favorecido por la mayoría de sus vecinos, o seguiría apoyando al partido o candidato que *usted* favorece? (SI EL ENTREVISTADO APOYARA AL PARTIDO O CANDIDATO DE LA MAYORÍA:) ¿Por qué haría usted eso?

161a. (A *TODOS* LOS ENTREVISTADOS:) ¿Trata usted de votar en *cada elección nacional* —esto es, para Presidente de la República o diputado en el Congreso de la Unión—, deja de hacerlo en algunas elecciones o rara vez vota en esas elecciones?

161b. ¿Me podría decir por qué partido o candidato presidencial votó usted en las últimas elecciones nacionales —en 1964?

161c. ¿Podría usted decirme por qué partido o candidato piensa votar en la próxima elección nacional —del 5 de julio?

161d. (SI EL ENTREVISTADO *TIENE INTENCIONES DE VOTAR* EN LA ELECCIÓN:) ¿Está usted empadronado? (SI ES NECESARIO:) ¿Tiene usted su credencial de elector? (SI ES NEGATIVO:) ¿Por qué no está usted empadronado? (O) ¿Por qué no tiene usted su credencial de elector?

161e. (SI *HAY DIFERENCIA* ENTRE EL PARTIDO PREFERIDO POR EL ENTREVISTADO EN LAS ELECCIONES DE 1964 Y LAS DE 1970:) ¿Han cambiado sus ideas u opiniones sobre política y partidos en estos últimos seis años? (SI ES *AFIRMATIVO*:) ¿En qué sentido? ¿Cuál fue la razón más importante por la que cambió de opinión?

161f. (SI *NO HAY DIFERENCIA* ENTRE EL PARTIDO PREFERIDO POR EL ENTREVISTADO EN LAS ELECCIONES DE 1964 Y LAS DE 1970): ¿Puede usted decirme la razón más importante por la que usted ha apoyado siempre al (INSERTAR NOMBRE DEL PARTIDO APOYADO EN 1964 Y 1970, MENCIONADO EN LAS PREGUNTAS 161b Y 161c)?

161g. (SI EL ENTREVISTADO *HA VOTADO* EN ELECCIONES NACIONALES:) ¿Cuál de estas frases describe mejor cómo se siente usted cuando va a las urnas a votar? (LEER ALTERNATIVAS.)

— Me siento satisfecho por hacerlo.
— Sólo estoy cumpliendo con mi deber.
— Me siento molesto; es una pérdida de tiempo.
— No siento nada en particular.

161h. (SÓLO A ENTREVISTADOS QUE *NO HAN VOTADO*:) Muchas personas con las que hemos hablado nos dicen que no han votado. ¿Cree usted que hay alguna razón especial para esto? (SI ES NECESARIO:) ¿Es porque creen que su voto no será respetado por los encargados de las elecciones? O ¿piensan que hay tanta gente que vota que su propio voto no tiene importancia? O ¿hay alguna otra razón?

162a. (SÓLO EN COLONIA TEXCOCO:) Pensando ahora en las *elecciones locales* —esto es, para diputado local o presidente municipal— ¿trata usted de votar en cada una de esas elecciones, deja usted de hacerlo algunas veces, o rara vez vota en ellas?

162b. ¿Podría decirme por qué partido o candidato para presidente municipal votó usted en las últimas elecciones locales —en noviembre del año pasado?

162c. (EN TODAS PARTES *EXCEPTO COLONIA TEXCOCO*:) ¿Puede decirme el nombre de algunas de las personas que están postuladas actualmente para diputado en su distrito? (SI ES NECESARIO:) Esto es, las personas que han lanzado su candidatura a diputados por este distrito.

162d. (A *TODOS* LOS ENTREVISTADOS:) Si hubiera una elección para (INSERTAR TÉRMINO APROPIADO SÓLO EN COLONIA TEXCOCO: Presidente Municipal;/EN TODAS LAS OTRAS *COLONIAS*: diputado), y usted no conociera nada acerca de los candidatos o los problemas de interés en la elección, ¿a quién acudiría para que lo aconsejase?

162e. A propósito, ¿dónde vota la gente de por aquí? ¿Dónde se localiza la casilla electoral más cercana?

163. Algunas personas dicen que no vale la pena votar en las elecciones porque aquellos que van a gobernar están ya seleccionados por el PRI. ¿Cree usted que es cierto o no?

164. ¿Cree usted que la mayoría de los funcionarios públicos en este país están tratando de ayudar a la gente en general, o solamente luchan por sus propios intereses personales o por su carrera? (SI ES NECESARIO:) ¿Para su propio beneficio?

165. En su opinión, ¿qué tanta atención prestan los líderes de este país —esto es, los políticos y funcionarios públicos realmente poderosos— a las opiniones de la gente común como usted? ¿Diría usted que ellos prestan mucha atención, alguna atención, sólo un poco de atención, o ninguna atención?

166. ¿Cuál de estas afirmaciones cree usted que es más acertada? (LEER ALTERNATIVAS:)

— Por más bien que suenen los políticos en sus discursos, uno nunca puede saber lo que van a hacer después de ser elegidos.

— La mayoría de los políticos, una vez elegidos, tratan de cumplir lo que prometieron.

167. ¿Qué cree usted que motiva a un hombre a convertirse en político, es decir, a hacer una carrera política?

168. ¿Diría usted que la deshonestidad y corrupción son *más extendidas* en el servicio del gobierno que en otras carreras, están *menos* extendidas, o *más o menos igual*? (SI LA RESPUESTA ES "MÁS EXTENDIDA" PREGUNTAR:) ¿*Mucho* más extendidas o *sólo un poco* más extendidas?

169. Muchas personas dicen que hay algunos grupos que tienen *demasiado* poder e influencia en este país y que otros grupos *no tienen suficiente* poder e influencia. Voy a leer una lista de grupos. Dígame, por favor, para cada uno de estos grupos, si usted cree que ellos deberían tener *más* poder e influencia o *menos* poder e influencia del que tienen ahora en la política y en asuntos públicos:

— Estudiantes universitarios.
— Sacerdotes o padres de iglesia.
— Los sindicatos.
— Hombres de negocios e industriales.
— La policía.
— La clase media.
— Los militares.
— La clase humilde.
— Los científicos y técnicos.
— Los campesinos.
— Los hacendados.

170. ¿Cree usted que el voto de la gente en las elecciones tiene algún efecto sobre lo que hace el gobierno? ¿Diría usted que tiene mucho efecto, poco efecto, o que no tiene ningún efecto?

171a. ¿Cree usted que la *mayoría de la gente* en México está recibiendo *la parte justa* que le corresponde de las cosas buenas de la vida, es decir, las cosas que son necesarias para vivir feliz y cómodamente o menos de las que corresponden? (SI LA RESPUESTA ES "MENOS", PREGUNTAR:) ¿*Mucho* menos, o sólo *un poco* menos?

171b. (SI LA RESPUESTA ES "UN POCO MENOS" O "MUCHO

MENOS":) ¿Qué se debe hacer para que la mayoría de la gente reciba la parte justa que le corresponde?

171c. (A *TODOS* LOS ENTREVISTADOS:) En comparación con las demás personas que viven en México, ¿cree usted que está recibiendo la parte que le corresponde de las cosas buenas de la vida, más de lo que le corresponde, o menos de lo que le corresponde? (SI LA RESPUESTA ES "MENOS":) ¿*Mucho* menos, o sólo *un poco* menos?

171d. (SI LA RESPUESTA ES "MENOS":) ¿Quién o qué considera usted que es el principal culpable de que usted no reciba la parte justa que le corresponde?

171e. (A *TODOS* LOS ENTREVISTADOS:) En su opinión, ¿qué es lo que México necesita más?: Un cambio total e inmediato; Un cambio total pero gradual; Un cambio parcial e inmediato; Ningún cambio.

172. Algunas personas dicen que, en general, nuestro sistema de gobierno y política es bueno para el país; otros piensan que es malo para el país. ¿Qué opina usted acerca de esto? ¿Cree usted que, en general, el presente sistema de gobierno y política es bueno para el país, o malo? ¿Por qué piensa usted así?

173a. Pensando ahora en el gobierno que actualmente está en el poder, el de Díaz Ordaz: ¿Cree usted que este gobierno alguna vez haría una ley o iniciaría algún otro tipo de acción que perjudicaría a la gente como usted? ¿Qué tan probable es que esto pudiera ocurrir? ¿Diría usted que es muy probable, algo probable, o nada probable?

173b. Y con respecto al gobierno para el próximo sexenio —el de Luis Echeverría: ¿Cree usted que este gobierno haría una ley o iniciaría algún otro tipo de acción que pudiera perjudicar a la gente como usted? ¿Qué tan probable es que esto pudiera ocurrir? ¿Diría usted que es muy probable, algo probable, o nada probable?

174a. ¿Podría decirme cuál fue, en su opinión, el *mejor* Presidente de la República?

174b. (SI TIENE PREFERENCIA POR ALGUNO:) ¿Por qué piensa usted que él fue el mejor Presidente?

174c. (A *TODOS* LOS ENTREVISTADOS:) En términos de su actuación general como Presidente de la República —es decir, la forma en que desempeñó su cargo durante su periodo— ¿cómo calificaría usted a cada una de estas personas?
— Miguel Alemán.
— Adolfo López Mateos.
— Gustavo Díaz Ordaz.

174d. ¿Puede decirme quién era Carlos Madrazo? (SI EL ENTREVISTADO *PUEDE* IDENTIFICAR A MADRAZO:) ¿Cómo calificaría usted a él como líder político? —¿muy bueno, bueno, regular, no muy bueno, o malo?

175a. (A *TODOS* LOS ENTREVISTADOS:) En general, ¿qué tan seguido habla usted de la política y los asuntos públicos con otras personas?
(SI EL ENTREVISTADO *NUNCA* DISCUTE SOBRE POLÍTICA, PASAR A LA PREGUNTA *175d.*)

175b. (SI EL ENTREVISTADO *DISCUTE SOBRE POLÍTICA*:) ¿Con quién habla usted de estos asuntos?

175c. ¿Habla usted de la política y los asuntos públicos en el periodo entre las elecciones, o solamente durante la época de las elecciones?

175d. (A *TODOS* LOS ENTREVISTADOS:) ¿Trata usted de estar *informado* acerca de la política y los asuntos públicos?

175e. En los últimos seis meses: (LEER LISTA:)
— ¿Asistió usted a algún mitin o reunión política —quizás un mitin reunido en relación con la presente campaña electoral?
— ¿Hizo usted algo para ayudar al empadronamiento —algo para que la gente se empadronara?

175f. ¿Alguna vez ha hecho usted algo durante una campaña electoral para ayudar a la elección de un candidato —Por ejemplo, dar dinero, poner carteles, distribuir volantes, pedir a los amigos y vecinos que voten por algún candidato o partido, o alguna actividad parecida? (SI ES *AFIRMATIVO*:) ¿De qué manera ayudó usted? ¿Como cuántas veces ha hecho usted esto?

175g. (SI EL ENTREVISTADO ES *INMIGRANTE* Y SU RES-

PUESTA A LA PREGUNTA 175f FUE *AFIRMATIVA*:) ¿Hizo usted este tipo de cosas en el lugar o los lugares donde vivió *antes* de venir a la ciudad de México, solamente en la ciudad de México, o en todos los lugares?

176a. (A *TODOS* LOS ENTREVISTADOS:) Anteriormente estábamos hablando de las necesidades y problemas que usted y otros habitantes de esta (colonia/unidad habitacional) tienen. ¿Alguna vez ha ido usted personalmente, solo o con otros habitantes de la (colonia/unidad), a hablar con algún funcionario de (INSERTAR TÉRMINO APROPIADO— SÓLO EN *MARAVILLAS*: La Presidencia Municipal/EN *OTRAS COLONIAS* Y SANTA CRUZ MEYEHUALCO: El Departamento del Distrito Federal), o con alguna otra persona de influencia de la ciudad, sobre algún problema o necesidad? (SI ES *AFIRMATIVO*:) ¿Quién fue éste? ¿Cuál puesto ocupaba, o en cuál oficina trabajaba? ¿Qué tipo de problema o necesidad le preocupaba? ¿Y qué tipo de trato recibió? (SI ES NECESARIO:) ¿De qué modo le atendió (atendieron)?

176b. (A *TODOS* LOS ENTREVISTADOS:) ¿Ha venido alguna vez un representante del gobierno, del PRI, o de la CNOP a hablar con usted? (SI ES AFIRMATIVO:) ¿Quién fue esta persona? —No su nombre sino ¿cuál puesto ocupaba: representante del gobierno, del PRI, de la CNOP, etc.? ¿Por qué vino? ¿Exactamente de qué problema o asunto se trataba? ¿Qué quería de usted? ¿Ocurrió algo como resultado de su visita? (SI ES AFIRMATIVO:) ¿Qué tipo de cosas?

176c. (SI EL ENTREVISTADO NO MENCIONA *NINGÚN CONTACTO* CON FUNCIONARIOS PÚBLICOS:) Muchas de las personas con quienes hemos hablado nos dicen que nunca han hablado con ningún funcionario del gobierno, con ningún representante del PRI o de la CNOP, ni con otras personas influyentes, ¿cree usted que hay alguna razón en especial? —¿Es que esto no serviría de nada, o hay alguna *otra* razón?

176d. (A *TODOS* LOS ENTREVISTADOS:) Suponga usted que tiene que ir a una de las oficinas del gobierno aquí en (INSERTAR PALABRAS APROPIADAS) para discutir algún problema personal —por ejemplo, un asunto legal, o alguna credencial que usted necesite. ¿Cómo cree usted que lo atenderían allí?

176e. Si usted tratara de explicar su problema a las personas en esa oficina, ¿cree usted que le pondrían mucha atención, sólo un poco de atención, o que lo ignorarían completamente?

176f. Y si usted fuera a esa oficina en calidad de *representante de la (colonia/unidad habitacional)* para discutir algún problema de la (colonia/unidad), ¿cree usted que le pondrían mucha atención, sólo un poco de atención, o que lo ignorarían por completo?

176g. Si usted tuviera algún problema con la policía —por ejemplo, si fuera usted acusado de un pequeño delito— ¿cómo cree usted que sería tratado allí en la delegación?

176h. Y si usted tratara de explicar sus razones a la policía, ¿cree usted que le pondrían mucha atención, sólo un poco de atención, o que lo ignorarían por completo?

176i. ¿Ha tenido usted o algún miembro de su familia alguna experiencia con las autoridades —es decir, con alguna oficina del gobierno o con la policía— que le resultara desagradable o dolorosa? (SI ES *AFIRMATIVO*:) ¿Podría usted contarme algo acerca de esta experiencia? —Por ejemplo, ¿cuándo ocurrió? ¿Exactamente cuál fue el problema? ¿Qué le hicieron las autoridades? ¿Qué resultó de esto?

176j. (A *TODOS* LOS ENTREVISTADOS:) Suponga que un grupo de personas de (TÉRMINO APROPIADO) piensan que el gobierno los está tratando muy injustamente. Voy a leer una lista de algunas cosas que estas personas pudieran hacer para tratar de que el gobierno cambiara la situación. ¿Cuál consideraría usted el medio *más* efectivo? (LEER LISTA:)

— Aprovechar las posibles relaciones personales con los funcionarios públicos.

— Mandar una persona como representante para tratar de arreglar el asunto.

— Organizar una manifestación de protesta.

— Intentar cambiar la situación a través del PRI o de la CNOP.

— Organizar mítines y reuniones para tratar de que otras personas se interesen en el problema.

Ahora voy a leerle la lista de nuevo. Por favor ¿dígame cuál de estos medios cree usted que sería el *menos* efectivo? (REPETIR LISTA.)

176k. ¿En algún momento ha estado usted *tan enojado* por algún problema o asunto público que realmente ha deseado hacer algo al respecto?

(SI ES *NEGATIVO*, NO SABE, O NO RESPONDE, PASAR A LA PREGUNTA *176n.*)

176l. (SI ES *AFIRMATIVO*:) ¿Acerca de qué tipo de problemas estuvo usted enojado?

176m. ¿Hizo usted algo al respecto? (SI ES *AFIRMATIVO*:) ¿Qué hizo?

176n. (A *TODOS* LOS ENTREVISTADOS:) ¿Alguna vez ha participado usted en enviar un mensaje de protesta a algún funcionario público acerca de un problema que lo haya enojado? (SI ES *AFIRMATIVO*:) ¿Sobre qué tipo de problema?

176o. (A *TODOS* LOS ENTREVISTADOS:) ¿Alguna vez ha formado parte de un grupo de protesta que fuera a tratar un problema ante un funcionario público? (SI ES AFIRMATIVO:) ¿Por qué tipo de problema estaba usted preocupado?

176p. (A *TODOS* LOS ENTREVISTADOS:) ¿Alguna vez ha asistido usted a algún mitin o manifestación de protesta acerca de algún problema que lo enojaba? (SI ES *AFIRMATIVO*:) ¿Qué tipo de problema?

177a. (A *TODOS* LOS ENTREVISTADOS:) ¿Conoce usted algún grupo u organización de colonos que se preocupe por las necesidades y problemas de *esta* (colonia/unidad habitacional) en particular? —¿Quizás algún tipo de asociación o junta de mejoras? (SI ES AFIRMATIVO:) ¿Cómo se llama este grupo u organización? ¿Podría decir a qué tipo de cosas se dedica?

(SI ES *NEGATIVO* PASAR A LA PREGUNTA 177i.)

177b. Durante los últimos seis meses, ¿participó usted en algunas de las actividades de este grupo? (SI ES *AFIRMATIVO*:) ¿En qué forma? ¿Asistió usted a las reuniones del grupo, dio dinero, participó en proyectos de trabajo del grupo, o participó en alguna otra forma?

177c. (SI ASISTIÓ A REUNIONES:) Durante los últimos seis meses, ¿qué tan seguido asistió usted a las reuniones de este grupo?

177d. ¿Alguna vez participa usted en las discusiones durante las reuniones de este grupo? (SI ES *AFIRMATIVO*:) ¿Qué tan seguido hace usted esto?

177e. ¿En qué grado se siente usted *obligado* a participar en las actividades de este grupo?

177f. Suponga que este grupo toma una decisión que a usted no le gusta. ¿Se sentiría usted con libertad de protestar, se sentiría usted incómodo si protestara, o cree usted que lo mejor sería no protestar?

177g. ¿Diría usted que las actividades de este grupo tienden a mejorar las condiciones de vida en esta (colonia/unidad habitacional), o estaría mejor la (colonia/unidad) *sin* estas actividades?

177h. ¿Considera usted que este grupo está relacionado con la política o con los asuntos del gobierno? (SI ES *AFIRMATIVO*:) ¿En qué forma?

177i. (A *TODOS* LOS ENTREVISTADOS:) ¿Cómo calificaría usted a los líderes de esta (colonia/unidad habitacional)? ¿Diría usted que ellos son muy competentes o capaces, más o menos capaces, sólo un poco capaces, o muy incapaces?

177j. En su opinión, ¿cuál es el mejor líder? (LEER ALTERNATIVAS:)

— ¿El hombre que toma decisiones sin permitir la discusión de parte de los miembros del grupo?

— ¿El hombre que toma decisiones sólo después de las discusiones de los miembros del grupo?

177k. Suponga que nosotros hablamos con otros habitantes de esta (colonia/unidad habitacional) —¿Cuánta atención debemos prestar a lo que dice la *gente común* en comparación con lo que los líderes de la (colonia/unidad) nos dicen?

178a. ¿Conoce usted a algún otro grupo o asociación en la (colonia/unidad habitacional) que se preocupa por algunos problemas o necesidades de la (colonia/unidad)? —por ejemplo, ¿una cooperativa, un grupo de gente organizada para abastecer de agua a sus familias, para vender o comprar cosas en el mercado; o quizás un comité de saneamiento o un comité de electrificación? (SI ES *AFIRMATIVO*:) ¿Qué tipo de grupo? —¿A qué actividades se dedica?

178b. ¿Participa usted en algunas de las reuniones o actividades de este (estos) grupo(s)? (SI ES AFIRMATIVO:) ¿Con qué frecuencia?

179a. ¿Hay en esta (colonia/unidad habitacional) grupos de gente que vinieron del mismo estado o pueblo de provincia, que se reúnan de vez en cuando? (SI ES NECESARIO:) —¿Como una asociación o club? (SI ES *AFIRMATIVO*: Participa usted en las reuniones o actividades de un grupo de esta índole? (SI ES *AFIRMATIVO*:) ¿Qué grupo? ¿Cuál es su nombre?

179b. ¿A qué clase de actividades se dedica este grupo? (HACER LAS PREGUNTAS 180a, 180b Y 180c *SÓLO EN LA COLONIA TEXCOCO*: SI EL ENTREVISTADO *NO VIVE EN LA COLONIA TEXCOCO PASAR A LA PREGUNTA 181a.)*

180a. ¿Ha oído usted hablar del Movimiento Restaurador de Colonos de Texcoco? (SI ES AFIRMATIVO:) ¿Usted ha apoyado este Movimiento de algún modo —por ejemplo, asistiendo a sus mítines o reuniones, dando cuotas o donativos, o entregando los pagos de su terreno a la Nacional Financiera en vez de al fraccionador? (SI ES *AFIRMATIVO*:) ¿De qué modo? (PASAR AHORA A LA PREGUNTA *180c.*)

180b. La meta principal de este grupo es asegurar la expropiación de todos los fracionamientos de Netzahualcóyotl por el Presidente de la República, como manera de resolver los problemas del municipio. ¿Estaría usted a favor o en contra de esta meta? ¿Por qué piensa usted de ese modo?

180c. ¿Qué posibilidades ve usted de que se logre la meta principal de este grupo —esto es, la expropiación de todos los fraccionamientos en Ciudad Netzahualcóyotl? (SI LA RESPUESTA ES "NO MUY PROBABLE" O "NADA PROBABLE":) ¿Por qué piensa usted de ese modo? —¿Qué cree usted que impedirá el conseguirlo?

181a. (A *TODOS* LOS ENTREVISTADOS:) También estamos interesados en los grupos y organizaciones a los cuales pertenece la gente de por aquí. Por ejemplo, ¿pertenece usted ahora o ha pertenecido a algún grupo u organización relacionado con su *trabajo —un sindicato*, por ejemplo? (SI ES *AFIRMATIVO*:) ¿Cuál? ¿Cuál es el nombre de este grupo?
(PASAR AHORA A LA PREGUNTA 181c.)

181b. (SI ES NEGATIVO:) ¿Hay sindicato donde usted trabaja? (SI ES AFIRMATIVO:) ¿Por qué no es usted miembro?

181c. SÓLO A ENTREVISTADOS QUE *PERTENECEN A SINDICATOS*:) Voy a decirle tres cosas que los sindicatos de este país acostumbran hacer. Dígame, por favor, cuál considera usted la *más* importante para *usted, personalmente* y su familia. (LEER LISTA.)

— Informar a los trabajadores de los programas y actividades del gobierno relacionadas con los trabajadores.
— Proporcionar beneficios y favores para trabajadores individuales, siguiendo un criterio individual.
— Discutir colectivamente con los patrones por sueldos más altos.

182. Ahora voy a leer una lista de algunos grupos y organizaciones de *otro* tipo. Por favor, dígame si es usted miembro de algunos de estos (LEER LISTA:)

— Una asociación religiosa (la Acción Católica, por ejemplo).
— Un grupo o club social (por ejemplo, alguno que patrocine reuniones sociales, fiestas, etc.)
— Un club deportivo o recreativo.
— Una asociación de padres de familia en la escuela.

— Una cooperativa (ESPECIFICAR DE QUÉ CLASE).
— Una asociación de créditos, ahorros, o préstamos.
— Un grupo u organización que está interesado en la política o en los asuntos públicos; ¿CUÁL? (ESPECIFICAR:)
— Cualquiera otra clase de grupo u organización; ¿CUÁL? (ESPECIFICAR:)

183. (SI EL ENTREVISTADO ES *INMIGRANTE* Y *PERTENECE A UNO O MÁS GRUPOS U ORGANIZACIONES*:) ¿Pertenece usted a *más* o a *menos* grupos y organizaciones ahora que antes de venir a la ciudad de México?

184a. Me gustaría ahora preguntarle acerca de algunas cosas para ver si usted las tiene. Dígame, por favor, si usted *tiene ahora en propiedad* algunas de las siguientes cosas (LEER LISTA:)
— Un radio.
— Un reloj de pulsera.
— Un televisor.
— Una estufa de gas.
— Un refrigerador.
— Una licuadora.
— Una máquina de coser.
— Una plancha eléctrica.
— Una bicicleta.
— Un coche o una camioneta.
— Una casa o algún terreno en *algún otro lugar* (fuera de esta colonia/unidad habitacional).

184b. (SÓLO A *INMIGRANTES*:) ¿Tenía usted alguna de estas cosas que ha mencionado, *antes* de venir a esta ciudad? (SI ES *AFIRMATIVO*:) ¿Cuáles de ellas?

185. (A *TODOS* LOS ENTREVISTADOS:) Los ingresos de la familia, ¿los reciben por lo común por la *semana*, por la *quincena*, o por *mes*? (MOSTRAR TARJETA APROPIADA.) Usando esta tarjeta, le voy a rogar que me indique cuál de estos otros grupos, de "A" hasta "I", se acercan más al monto de los ingresos totales de los miembros de la familia que viven aquí en su casa, incluyendo los ingresos de toda fuente, tales como sueldos, renta o lo que sea.

186a. ¿Quién además de usted contribuye (con dinero) al ingreso familiar?

186b. ¿Tiene alguna *otra* fuente de ingresos —además de los sueldos de usted y de otros miembros de su familia? (SI ES *AFIRMATIVO*:) ¿Cuáles son?

186c. Quisiéramos conocer tan bien como sea posible los problemas económicos de la gente de por aquí. Por ejemplo, ¿debe usted mucho dinero a otras personas, tiendas, etc.? (SI ES AFIRMATIVO:) ¿Podría decirme como cuánto debe *en total* en este momento?
(SI ES NEGATIVO, NO SABE O NO RESPONDE, PASAR A LA PREGUNTA 186e.)

186d. ¿Para qué tipo de cosas debe usted este dinero?

186e. (A *TODOS* LOS ENTREVISTADOS:) Pensando en su situación económica en general —es decir, en el dinero que usted y su familia ganan y en la cantidad que tienen que gastar— ¿qué tan suficiente es su ingreso familiar para cubrir sus *necesidades más apremiantes?* ¿Diría usted que es muy suficiente, más o menos suficiente, insuficiente, o muy insuficiente? (SI LA RESPUESTA ES "*MUY INSUFICIENTE*":) ¿Está usted en la actualidad ahorrando dinero?

186f. (A *TODOS* LOS ENTREVISTADOS:) Para poder vivir como a usted le *gustaría,* ¿como cuánto dinero necesitarían usted y su familia *cada mes*? ¿Más o menos, 500 pesos, 700, 1 000, 2 000 o cuánto más?

186g. En comparación con la *mayoría* de las familias de esta (colonia/unidad habitacional), ¿diría usted que la situación económica de *usted y su familia* está mejor, peor, o más o menos igual a ellas? (SI LA RESPUESTA ES "MEJOR" O "PEOR":) ¿Qué tanto (mejor/peor)? —¿Mucho (mejor/peor), sólo un poco (mejor/peor)?

186h. (SÓLO A *INMIGRANTES*:) ¿Cree usted que, en general, la situación económica de usted y su familia es ahora mejor, más o menos la misma, o peor que la situación que tenía antes de venir a la ciudad de México? (SI ES "MEJOR" O "PEOR":) ¿Mucho (mejor/peor), o sólo un poco (mejor/peor)?

187a. (A *TODOS* LOS ENTREVISTADOS:) Ahora voy a hacerle unas pocas preguntas acerca de su casa. Dígame por favor, si usted tiene algunas de las siguientes cosas. LEER LA LISTA:

— Un baño o excusado dentro de la casa.
— Luz eléctrica. (SI ES *AFIRMATIVO*:) ¿Con contrato o sin contrato?
— Drenaje.
— Agua corriente dentro de la casa.
— Una tina o regadera para bañarse.

187b. (SI *NO TIENE* AGUA DENTRO DE LA CASA:) ¿Cómo obtiene usted el agua?

187c. ¿Qué tan lejos tiene usted que ir para traer agua?

187d. (SI EL ENTREVISTADO ES *INMIGRANTE* Y SU CASA *ESTÁ PROVISTA* DE CUALQUIERA DE LAS COSAS MENCIONADAS EN LA PREGUNTA 187a:) ¿Tenía usted cualquiera de las cosas que ha mencionado (como cosas mencionadas en pregunta 187a), en su casa *antes* de venir a la ciudad de México? (SI ES *AFIRMATIVO*:) ¿Cuáles de ellas? (SI *SE PUEDE OBSERVAR* CUÁNTOS CUARTOS HAY EN LA CASA DEL ENTREVISTADO, NO HACER LAS PREGUNTAS 187e Y 187f.)

187e. ¿Cuántas piezas hay en su casa?

187f. ¿Con cuántas recámaras —o cuartos para dormir— cuenta usted en su casa?

187g. ¿Cuántas personas —incluyendo todos los niños— duermen regulamente en la casa?

187h. ¿Cría usted animales o cultiva usted verduras u otros comestibles en su propiedad? (SI ES *AFIRMATIVO*:) ¿Qué tipos?

188a. Aquí tiene usted unas pocas preguntas finales. Acerca de las ideas religiosas, ¿podría decir qué religión tiene?

188b. (SI EL ENTREVISTADO EXPRESA ALGUNA PREFERENCIA RELIGIOSA:) Durante los últimos tres meses, ¿qué tan seguido fue usted a misa (a la iglesia)? —¿Es decir, cuántas veces fue usted *cada mes*?

188c. (SÓLO A *INMIGRANTES*:) ¿Más o menos cuántas veces al mes iba usted a la iglesia (templo, sinagoga — TÉRMINO APROPIADO) en el lugar o los lugares donde vivió usted antes de venir a la ciudad de México?

188d. (A *TODOS* LOS ENTREVISTADOS:) ¿Qué tan importante diría usted que es la religión hoy en día en su vida?

188e. (SÓLO A *INMIGRANTES*:) Ahora, comparado esto con su vida antes de venir a la ciudad de México, ¿qué tan importante es la religión en su vida actual? ¿Diría usted que es *más* importante ahora, que tiene la *misma* importancia, o que es *menos* importante? (SI LA RESPUESTA ES "MÁS" O "MENOS" IMPORTANTE:) ¿Mucho (más/menos) importante, o sólo un poco (más/menos) importante?

189a. (A TODOS LOS ENTREVISTADOS:) ¿Qué hace usted cuando no está trabajando —es decir, qué tipo de cosas hace usted con *más* frecuencia en su tiempo libre?

189b. Si usted tuviera otra hora de tiempo libre durante el día, ¿con quién preferiría pasarla: con su familia, con amigos, con vecinos o solo?

189c. ¿Qué hace usted el 15 y 16 de septiembre? ¿Son días especiales para usted?

190. ¿Podría decirme su edad?

191a. Antes de terminar, nos gustaría preguntarle sólo unas cuantas cosas acerca de su vida familiar. Por ejemplo, ¿cuántas veces ha estado usted casado?

191b. (SI EL ENTREVISTADO HA ESTADO CASADO *MÁS DE UNA VEZ*:) ¿Estuvo usted separado, viudo, divorciado, o abandonado?

191c. (A *TODOS* LOS ENTREVISTADOS:) En la vida de todas las familias hay momentos y situaciones en las que hay que tomar decisiones. En algunas familias las decisiones son tomadas por el *marido*; en otras familias la mayoría son tomadas por la *esposa*; en otras el marido y la esposa toman las decisiones *juntos*; y en otras familias *ambos*, el marido y la esposa, toman decisiones pero *por separado* (individualmente). ¿Cuál de estos modos de tomar las decisiones familiares se acerca más a la manera como se toman *las decisiones más importantes* en su familia? —Por ejemplo, si se tiene que decidir dónde debería vivir la familia, o si un hijo debe continuar con sus estudios o dejarlos para comenzar a trabajar.

191d. (SÓLO A *INMIGRANTES*:) ¿Diría usted que tiene *más* o *menos* discusiones y peleas con su esposa (SI TIENE HIJOS) aquí que en el lugar o los lugares donde vivió antes de venir a la ciudad de México? O ¿son más o menos *iguales*?

192a. (A *TODOS* LOS ENTREVISTADOS:) También nos gustaría saber algo sobre su educación. ¿Sabe usted leer y escribir?

192b. ¿Hasta dónde llegó su educación? —¿Cuál fue el último año de escuela que hizo completo?

192c. ¿Ha recibido usted algún otro tipo de educación o adiestramiento? —Por ejemplo, ¿adiestramiento para algún oficio o trabajo calificado en un *centro de capacitación para el trabajo* del gobierno, o quizás en algún programa de capacitación en los lugares en donde usted ha trabajado? (SI ES *AFIRMATIVO*, PREGUNTAR:) ¿De qué clase? ¿En dónde recibió usted ese adiestramiento?

192d. Y ¿cuál fue el último año de escuela que completó su padre? (SI EL ENTREVISTADO NO RECUERDA O NO CONOCIÓ A SU PADRE, HACER LA PREGUNTA SOBRE *LA MADRE*.)

192e. ¿Habla usted otra lengua o dialecto además del español? —¿Tal vez una lengua indígena o algo de inglés? (SI ES *AFIRMATIVO*:) ¿Cuál?

192f. (SI ES *AFIRMATIVO*:) ¿Qué lengua o dialecto se habla *ordinariamente* en su casa?

192g. (A *TODOS* LOS ENTREVISTADOS:) ¿Alguna vez ha visitado o vivido en otro país que no sea el suyo? (SI ES *AFIRMATIVO*:) ¿En qué país? (SI ES *AFIRMATIVO*:) ¿Por cuánto tiempo? ¿Cuál fue el propósito de su estancia allí?

193a. (A *TODOS* LOS ENTREVISTADOS:) Y acerca de sus preocupaciones —¿qué cosas le preocupan *más*? (SI ES NECESARIO:) ¿Podría darme algunos ejemplos?

193b. En general, ¿cómo diría usted que se siente la mayor parte del tiempo: de buen ánimo o de mal ánimo?

194. Y una última pregunta: ¿Cuántas entrevistas ha tenido usted *antes* de ésta— además de la del censo nacional? Muchísimas gracias por su amable cooperación y por su paciencia.

INFORMACIÓN PARA SER PROPORCIONADA POR EL ENTREVISTADOR *DESPUÉS DE LA ENTREVISTA* —NO PARA SER PREGUNTADA.

195. El nivel socioeconómico del entrevistado (por observación):
— Clase baja;
— Clase media baja;
— Clase media;
— Clase media alta (acomodada);
— Clase alta.

196. "Raza" del entrevistado:
Blanco;
mestizo;
indígena;
otros (especificar).

197. ¿Qué llevaba el entrevistado?
Zapatos;
guaraches;
descalzo.

198a. Describir la casa del entrevistado:
Cuarto (casucha, barraca) de lámina de cartón;
vivienda en vecindad o patio;
departamento;
casa sola (de tabique, etc.);
otros (especificar).

198b. *Tipo de construcción.*
las *paredes* son principalmente de:
Lámina de cartón;
Tabique;

Piedra;
Madera;
Adobe;
Desperdicios, materiales frágiles;
Ladrillo;
Concreto, bloques de cemento;
Otros (especificar).

El *techo* es principalmente de:
Lámina de cartón;
Lámina de asbesto;
Concreto;
Madera;
Desperdicios frágiles;
Otros (especificar).

El *suelo* es principalmente de:
Tierra;
Cemento;
Madera;
Mosaico;
Otros (especificar).

198c. ¿Cuántas *ventanas* tiene la casa?

198d. Si la casa da a la calle, ésta está:
Pavimentada;
Sin pavimento.

198e. Si la casa da a la calle, ¿hay banqueta (acera) enfrente o al lado de la casa?

199. La entrevista comenzó a ______ (HORA DEL DÍA) el ______. (FECHA) y terminó a ______ (HORA DEL DÍA) del día ______. (FECHA).

200. La entrevista fue completada:
Sin interrupciones prolongadas;
Con una o más interrupciones prolongadas;
No fue completada.

201. La entrevista se realizó en:
La casa del entrevistado;
Otro lugar (especificar).

202. ¿Alguien más estuvo presente durante la entrevista?
Nadie más que el entrevistado estuvo presente (o sólo niños menores de 16 años);
Otras personas estuvieron presentes, pero no *participaron* en la entrevista; aparentemente *no influyeron* en las respuestas del entrevistado;
Otras personas estuvieron presentes y *participaron* o *influyeron* en las respuestas del entrevistado.

203. La actitud del entrevistado hacia la entrevista fue:
— Muy cooperativa (parecía interesado en ayudar);
— Generalmente cooperativo (contestaba cooperando pero no parecía activamente interesado);
— Poco cooperativo (se mostró reacio a contestar algunas preguntas, parecía receloso hacia el trabajo del entrevistador);
— Nada cooperativo (se mostró reacio a contestar muchas preguntas;
parecía receloso hacia el trabajo del entrevistador; abiertamente hostil);
— Indiferente (estaba preocupado por otras cosas).

204. ¿Qué tan franco o sincero se mostró el entrevistado?
— Muy sincero (respondió francamente a todas las preguntas);
— Generalmente sincero (respondió a la mayoría de las preguntas con sinceridad);
— Algo insincero;
— Muy insincero (no dio sus verdaderas opiniones; contestó falsamente a muchas preguntas).

205. ¿Cómo calificaría, en general, la capacidad del entrevistado de comprender y captar las preguntar?
— Buena (entendió la mayoría de las preguntas sin dificultad; la mayoría de sus respuestas estaban bien formuladas;
— Regular (entendió la mayoría de las preguntas, pero con

cierta dificultad; dificultad ocasional al formular las respuestas);

— Mala (tuvo considerables dificultades para entender la mayoría de las preguntas; se mostró confundido frecuentemente; no respondió preguntas; se mostró insensible al contenido de las preguntas).

206. Anotar el número de preguntas que causaron dificultad especial.

207. Anotar palabras, términos y expresiones específicas que causaron dificultad especial.

208. Comentarios adicionales por el entrevistador sobre la entrevista: ¿Existen algunos otros detalles que usted cree que pueden ser útiles para entender las respuestas del entrevistado? ¿Algo acerca de la actitud del entrevistado, su condición física, el lugar en que se realizó la entrevista, o alguna otra cosa?

Apéndice B

ELABORACIÓN DE LOS ÍNDICES SUMADOS

Índices simples

La mayoría de las variables en el análisis de los datos cuantitativos de este estudio han sido hechas operativas mediante índices aditivos elaborados con las respuestas a dos o más puntos (*items*) o subsecciones de un punto en el cuestionario que se reproduce en el Apéndice A. Para elaborar cada índice se separó del resto de los puntos del cuestionario un conjunto de *items* que se consideró *a priori* importante para la variable que se trataba de hacer operativa. A las respuestas de cada *item* en ese subconjunto se les asignó puntuaciones de 0 a 1, en la dirección sugerida por el nombre de la variable. Las respuestas se dicotomizaron, ya fuera por razones lógicas o, en el caso de puntos con varias categorías de respuestas ordinales que indicaban intensidad de la actitud o predisposiciones de comportamiento, utilizando en la medida de lo posible la mediana de las respuestas. En la mayoría de los casos, las respuestas "no sé" o "no segura" (debido a un error del entrevistador o a la negativa del informante a contestar) fueron asignadas una puntuación de 0. Si el informante no contestaba más de 50% de los *items* incluidos en cualquier índice, se le declaraba "unidad perdida", y no se incluía en los cálculos subsiguientes su puntuación en ese índice.

Después se calculaban las correlaciones entre los *items*, y muchos puntos que obviamente no estaban relacionados con la variable que se estaba haciendo operativa fueron eliminados. Después se elaboró un índice preliminar sumando las puntuaciones de todos los *items* que restaban en el índice. A continuación se calcularon las correlaciones entre el *item* y el índice, y las que no se correlacionaban con el índice sumado preliminar al nivel de .30 o más, fueron eliminadas. Los puntos restantes fueron analizados por factores de conformidad con la técnica de los principales componentes. *Items* con ponderaciones de menos de .500 en el primer factor no rotado extraído, fueron eliminados. El índice final fue elaborado sumando las puntuaciones de los puntos que quedaban. Después se comprobó la congruencia interna del índice utilizando la técnica de Spearman y Brown (véase Guilford, 1954, cap. 14). Se exigió que un índice tuviera un coeficiente mínimo de confiabilidad del .80, para ser considerado aceptable.

Índices generales

Varios índices utilizados en el análisis (por ejemplo, la participación política general o la satisfacción general con la vida) fueron elaborados con las puntuaciones de tres o más índices sumados simples finales. Como el número de *items* que los componían variaba mucho de un índice a otro, las puntuaciones fueron hechas comparables por el procedimiento de transformación de puntuación para asegurar que el componente de cada índice contribuyera por igual a la puntuación del informante en el índice sumado general. Después se procedió a elaborar el índice general tomando la suma simple de las puntuaciones uniformadas de cada índice simple sumado incluido con él.

Los análisis de correlaciones y de factores que se hicieron para construir los índices, al igual que otros procedimientos estadísticos empleados en el análisis de los datos cualitativos de este estudio, fueron hechos en el computador IBM 370/165 instalado en el Massachusetts Institute of Technology, utilizando programas incluidos en el Statistical Package for the Social Sciences (véase Nie *et al.*, 1970).

APÉNDICE C

ITEMS CONTENIDOS EN LOS ÍNDICES SUMADOS

EL NÚMERO de los *items* individuales en los índices corresponde al orden que tienen en el cuestionario de la encuesta por muestreo (Apéndice A).

1) *Afecto por las instituciones políticas nacionales:* 135, 159a (ambas modificadas para menciones del PRI); 172.
2) *Aspiraciones relativas a la movilidad socioeconómica de los hijos:* 76a, 80a.
3) *Atención prestada a las campañas electorales y al contenido político de los medios de comunicación de "masas":* 154a, 154b, 157a, 157d.
4) *Autoritarismo:* 60b, 60g, 60j, 60n, 60r, 60u, 177j, 177k, 191c.
5) *Conocimiento del liderazgo en la comunidad:* 115a (codificado para menciones del líder de la comunidad), 122a (codificado para el número de líderes identificados), 177i (codificado por la habilidad para hacer una evaluación).
6) *Conocimiento de los productos del gobierno que afectan a la comunidad:* 122a-g (codificado para menciones de una institución política o gubernamental), 158e (codificado para menciones de acciones gubernamentales o programas que afectan la comunidad).
7) *Conciencia de injusticias sociales:* 67, 68a, 68b, 69a (codificado para atribuciones de culpa a la estructura social o económica, o al desempeño del gobierno), 72d (codificado para menciones de inequidades en la distribución de la riqueza), 141a, 147 (codificado para menciones de la distribución desigual de la riqueza), 171a, 171c, 171d (codificado para atribuciones de culpa a la estructura social o económica, o al desempeño del gobierno), 186g.
8) *Participación en campañas:* 175e, 175f.
9) *Civismo:* 152 (codificado para menciones de las actividades de "obligaciones cívicas"), 161g, 177e.
10) *Flexibilidad del conocimiento:* 60b, 60g, 146a, 146c, 177j.
11) *Compromisos a la vida urbana* (sólo para los inmigrantes): 18a, 18b, 31, 32, 34a, 34c, 35a, 35b, 39, 40, 41a.
12) *Orientación hacia los conflictos:* 123, 125b, 128a, 129c, 160c, 177f.
13) *Contactos con la familia extendida:* 4, 118d, 118e.
14) *Contactos con funcionarios políticos y gubernamentales* (presentación de demandas): 136c, 143c, 176a, 176m, 176n 176o.
15) *Respeto a la autoridad:* 60j, 60l, 60t, 83b, 153, 177j, 177k.
16) *Discusiones sobre política y asuntos públicos:* 175a, 175b (codificado para el número de tipos de interlocutores —parientes, amigos, vecinos, compañeros de trabajo, etc.), 175c.
17) *Disposición a conformarse a las normas de la comunidad:* 124, 125a, 160c, 177f.
18) *Disposición a trabajar colectivamente en la resolución de problemas y en la satisfacción de necesidades:* 60f, 61, 144.
19) *Descontento con los productos y servicios del gobierno:* 141a, 141b.
20) *Empatía:* 146a, 146b, 146c.

21) *Expectativas de movilidad socieconómica para los hijos:* 71a, 77, 80b, 85b, 86c.
22) *Expectativas sobre el desempeño del gobierno:* 130a, 131e, 131g, 131i, 131j, 132.
23) *Expectativas sobre la movilidad ocupacional:* 43a, 48 (diferencia entre el nivel de la ocupación que se tiene actualmente y la ocupación que se espera tener dentro de cinco años).
24) *Exposición a situaciones de tensión colectiva:* 95, 96a (codificado para la participación en la invasión de terrenos), 102a, 102i, 103a, 103i, 104a, 113a-113c.
25) *Evaluación de las oportunidades en la vida* (hijos de los inmigrantes solamente):S48c, S48d, S48e (codificado según el nivel de ocupación), S81b, S84c.
26) *Fatalismo* (poco control sobre el ambiente): 60a, 60h, 60n, 60o, 60v, 65, 132.
27) *Compromiso funcional con el sistema político:* 68b, 136a, 158e, 172.
28) *Orientación futura:* 60o, 84a, 84b, 106a.
29) *Ayuda recibida por parientes al llegar a la ciudad* (sólo inmigrantes): 13a, 13b, 20b, 21a, 21b, 22b, 22c.
30) *Heterogeneidad de los contactos urbanos:* 22a, 28a, 29a, 30a (todos codificados para el número de colonias o barrios en que se vivió desde la llegada a la ciudad de México); 46c (codificado según la distancia del trabajo al lugar de residencia); 75b (codificado según la distancia de la residencia); 118b, 118d (ambos codificados según la dispersión geográfica dentro de la ciudad).
31) *Hostilidad hacia otros grupos sociales:* 169 (codificados por el número de grupos cuyo poder e influencia desea el informante que se reduzcan).
32) *Independencia de la autoridad del padre* (hijos de inmigrantes solamente): 162d, S65a, S73b, S191e, S191f, S191g, S193c.
33) *Interés en la política y en los asuntos públicos:* 155a, 155d, 155e.
34) *Movilidad socioeconómica entre generaciones:* 43a, 57, 192b, 192d.
35) *Movilidad socieconómica entre generaciones* (sólo inmigrantes): 7c, 24, 27c, 43a, 51, 52a-52d, 93b, 96a, 101a-101b, 184b, 185.
36) *Conocimiento de la comunidad:* 87, 109, 112a, 122a, 131a, 177a.
37) *Conocimiento del gobierno y de la política:* 56a, 136b, 137a, 138a, 147, 148 (codificado para mencionar algún aspecto de la política o del gobierno, política histórica, política exterior), 156a, 156b, 156c, 157b, 157d, 162c, 162e, 174d.
38) *Nivel de vida:* 3d, 93a, 97a, 184a, 185, 187a, 187e, 195, 198b-198e.
39) *Nivel de desarrollo del lugar de origen:* 7a, 7c.
40) *Experiencia urbana durante su vida:* 5, 11b, 16a.
41) *Estabilidad en el matrimonio:* 2, 191a.
42) *Membrecía en organizaciones no políticas:* 182 (excluyendo los grupos u organizaciones interesadas en política o en asuntos públicos).
43) *Membrecía en organizaciones de importancia política:* 159c, 177b, 182.
44) *Ayuda mutua prestada y recibida de parientes:* 118f, 118g.
45) *Necesidad de logro:* 60i, 60q, 60t.
46) *Contactos negativos con funcionarios:* 102a, 102h, 102i, 104d, 176a.
47) *Cohesión de la familia nuclear:* 62, 189b, 191c.
48) *Número de actos políticos en que ha participado además de las votaciones:* 136c, 143c, 175e, 175f, 176a, 177b.

49) *Disposición a aceptar la innovación:* 60r, 171e.
50) *Orientación hacia el logro general:* Índice compuesto elaborado con las puntuaciones de los índices 2, 23, 26, 28, 45 y 85.
51) *Actitud hacia lo moderno en general:* Índice compuesto elaborado con las puntuaciones de los índices 2, 18, 20, 26, 28 y 45.
52) *Afecto general hacia la comunidad:* Índice compuesto elaborado con las puntuaciones de los índices 73, 80, 109 y 114.
53) *Participación general en la comunidad:* Índice compuesto elaborado con las puntuaciones de los índices 36, 98 y 122.
54) *Contacto general con funcionarios:* 136c, 137e, 157f, 176a, 176b.
55) *Apoyo indeterminado general para el sistema político:* Índice compuesto elaborado con las puntuaciones de los índices 1, 86 (invertido), 128 y 130.
56) *Disposición general a conformarse:* 124, 125a, 125b, 160c, 177f.
57) *Satisfacción general con la vida:* Índice compuesto elaborado con las puntuaciones de los índices 107, 108, 109, 115, 121.
58) *Participación general en organizaciones voluntarias:* 159c, 177b, 181a, 182.
59) *Enajenamiento político general:* Índice compuesto elaborado con el item 68b y las puntuaciones de los índices 86, 120 y 130 (invertido).
60) *Conciencia política general:* Índice compuesto elaborado con las puntuaciones de los índices 3, 16, 33, 37, 72 y 87.
61) *Interés general por la política:* Índice compuesto elaborado con las puntuaciones de los índices 60 y 62.
62) *Participación política general:* Índice compuesto elaborado con las puntuaciones de los índices 8, 14, 71 y 133.
63) *Radicalismo político general:* Índice compuesto elaborado con las puntuaciones de los índices 78, 95 y 126.
64) *Apoyo general al sistema político:* Índice compuesto elaborado con las puntuaciones de los índices 1, 19 (invertido), 27, 77, 86 (invertido), 91, 128 y 130.
65) *Ajuste general psicosocial:* Índice compuesto elaborado con las puntuaciones de los índices 13, 41, 44, 47, 73, 83, 85 y 131.
66) *Participación psicológica general en la política:* Índice compuesto elaborado con las puntuaciones de los índices 3, 16 y 33.
67) *Sentido general de progreso individual* (sólo inmigrantes): 33a, 33b, 54, 64a, 64b, 64d, 64e, 64f, 186h.
68) *Movilidad socioeconómica general* (inter e intrageneracional): 7c, 27c, 43a, 51, 52a, 52b, 52c, 52d, 57, 192b, 192d.
69) *Status socioeconómico general:* 43a, 185, 192b, 195.
70) *Apoyo concreto general al sistema político:* Índice compuesto elaborado con las puntuaciones de los índices 19 (invertido), 27, 77 y 91.
71) *Participación en actividades para resolver los problemas de la comunidad:* 120b, 133a, 143c.
72) *Preferencia por partidos políticos:* 159a (codificación según la habilidad para especificar cualquier partido), 159b (codificado para la habilidad de especificar cualquier partido), 159c, 159d, 159e.
73) *Percepción de la solidaridad de la comunidad:* 120a, 131c.
74) *Percepción de la dependencia en el gobierno:* 131b, 132, 171b (codificado para la mención de acciones gubernamentales), 171d (codificado para menciones del gobierno).

75) *Percepción de amenaza externa:* 102a, 102i, 103a, 103i, 105b, 125a, 173a, 173b.

76) *Percepción de la preocupación del gobierno por los pobres:* 68b (codificado para mención de la ayuda del gobierno a los pobres), 141a (secciones pertenecientes a "proporcionar servicios médicos a los pobres", "tratar de reducir las diferencias entre las clases ricas y pobres en México", y "proporcionar ayuda económica —esto es, créditos, préstamos, pensiones, y otras clases de beneficios— a los necesitados"), 158e, 167 (codificado para la mención de la preocupación por ayudar a los pobres), 161f (codificado para la mención de ayuda a los pobres), 172 (codificado para la mención de la preocupación o ayuda oficiales a los pobres).

77) *Percepción de la disposición del gobierno a responder ante los intentos por influir en él:* 68b (codificado por la mención de la disposición del gobierno), 136e, 161f (codificado por la mención de la disposición a responder ante las necesidades del ciudadano), 176d, 176f.

78) *Percepción de la necesidad del cambio sociopolítico radical:* 171b, 171e, 172.

79) *Percepción de las sanciones negativas:* 102a, 102i, 103a, 103i, 104a, 104b, 113a-113f.

80) *Percepción de relaciones sociales positivas en la comunidad:* 116b, 121a (codificado para cuando no se mencionaban grupos antagónicos), 124, 126a, 127a, 128a, 128b.

81) *Percepción de la importancia del gobierno y de la política para la saisfacción de necesidades:* 130a (codificado para la mención de la institución política o gubernamental), 131b, 131e (codificado para la mención de la oficina de gobierno o política), 131i, 132, 158a, 158c, 158e, 171b (codificado para la mención de la acción gubernamental), 171d.

82) *Percepción de la desigualdad social:* 68a, 141a, 147, 148 (ambos codificados para las respuestas que indican el percibir la desigualdad); 171a.

83) *Percepción del apoyo social:* 127a, 127b, 130a, 130b, 130c, 134 (secciones relativas a sacerdotes y profesores).

84) *Inversión personal en la comunidad:* 88a, 93a, 93b, 94, 96a, 97a.

85) *Pesimismo:* 60c, 60p, 60x, 193b.

86) *Cinismo político:* 60w, 154d, 163, 164, 166, 167 (codificado para la mención de motivos económicos personales o de búsqueda de posiciones sociales), 168.

87) *Opiniones políticas:* 56b, 70, 129e.

88) *Contactos positivos con funcionarios:* 130d, 136f, 137d, 137e, 176a.

89) *Evaluaciones positivas del liderazgo de la comunidad:* 112c, 112e, 112g (codificado para la mención del líder de la comunidad), 130a (codificado para la mención del líder de la comunidad), 131e (codificado para la mención del líder de la comunidad), 177i, 177k.

90) *Evaluación positiva de las funciones de la policía:* 135 (sección relativa a la policía), 141a (sección relativa a "asegurarse buen trato de los pobres por la policía"), 176g, 176h, 176i (codificado para la mención de maltrato por la policía).

91) *Evaluación positiva del trabajo de los funcionarios políticos y gubernamentales:* 134 (secciones relativas al "presidente de la República", "políticos", "Regente del Departamento del Distrito Federal, Corona del Rosal", y "Jefe de la Oficina de Colonias, Félix Ramírez") 174c, 174d.

92) *Propiedad de bienes de consumo:* 184a (las primeras nueve secciones).

93) *Preparación, antes de emigrar, para la vida urbana:* 7c, 11b, 16a, 52a, 52b, 57, 192b, 192d.

94) *Preferencia por el trabajo manual:* 82a, 82b.

95) *Propensión al comportamiento político no convencional:* 129c, 129e-129h, 145, 176j.

96) *Acumulación de propiedades en el periodo posterior a la inmigración* (sólo inmigrantes): 93b, 96a, 101b, 184b.

97) *Orientación hacia la protesta:* 129e, 129f, 129h, 145 (secciones relativas a "unirse a una manifestación o marcha de protesta para obtener que los funcionarios públicos corrijan una situación injusta"), 176j (codificado para la selección de la estrategia de protesta), 176k, 176n, 176o, 176p, 177f.

98) *Integración psicológica con la comunidad:* 89a, 90, 113a, 60k, 143a, 176i (codificado para la mención de un problema de la comunidad).

99) *Calidad de la vivienda:* 187a, 187e, 198b, 198c.

100) *Propiedad de bienes inmuebles:* 93a, 97a, 184a.

101) *Recepción de servicios personales:* 139, 140b.

102) *Recepción de servicios urbanos:* 187a, 198d, 198e.

103) *Dependencia en los recursos del grupo primario:* 115a, 130a, 162d.

104) *Religiosidad:* 62 (codificada para la mención de practica su religión con cumplimiento), 132 (codificado para la mención de la "ayuda de Dios"), 134 (sección relativa a los "sacerdotes"), 169 (sección relativa a los "sacerdotes" o a la "Iglesia", 188b, 188d.

105) *Movilidad residencial:* 5, 11a, 22a, 28a, 29a, 30a, 192g.

106) *Propensión a la aceptación de riesgos:* 49, 50.

107) *Satisfacción con el empleo actual:* 47a, 47b, 47c, 53.

108) *Satisfacción con la situación económica:* 186e, 186f.

109) *Satisfacción con el ambiente residencial:* 107a, 107c (codificado para cuando no se mencionaba la fuente de disatisfacción), 110, 111a.

110) *Satisfacción con el programa de esfuerzo propio* (residentes de la Colonia Esfuerzo Propio): 100c (codificado para la mención de las ventajas y los casos en que no se mencionaban las desventajas), 100d, 100e, 100f.

111) *Satisfacción con el ambinete urbano* (sólo los inmigrantes): 32, 35a, 35b, 39, 40, 41a.

112) *Satisfacción con el ambiente urbano* (sólo los nacidos en la ciudad): 36a (codificado para la mención de la fuente de satisfacción), 36b (codificado para la no mención de la fuente de disatisfacción) 39.

113) *Orientación al esfuerzo propio:* 131d, 143c, 171b (codificado para la mención de esfuerzos propios).

114) *Sentido del progreso de la comunidad:* 108, 114a, 114c.

115) *Sentido del progreso individual:* 33a, 33b, 54, 64a, 64b, 64d, 64f, 186h.

116) *Sentido del progreso nacional:* 69b, 71b, 149b, 172.

117) *Sentido de inseguridad en la tenencia de los terrenos:* 105a, 131a, 143a (los dos últimos codificados para la mención de la inseguridad en la tenencia de los terrenos).

118) *Sentido de una sociedad que ofrece oportunidades:* 41a, 55, 63, 73, 74, 86b.

119) *Sentido de eficiencia política:* 60d, 60m, 142, 165, 170.

120) *Sentido de impotencia política:* 60d, 60h, 60m, 60w, 142, 161h, 165, 170, 176c.

121) *Sentido de privación relativa:* 67, 171c, 186g.
122) *Integración social en la comunidad:* 115b, 116a, 117, 118a, 118b, 118d, 119a, 130a, 143b.
123) *Status socioeconómico del padre del informante:* 57, 192d.
124) *Estabilidad de la residencia urbana:* 18a, 18b, 34a, 34c.
125) *Intensidad de los nexos con el lugar de origen:* 34a, 35c, 35d, 35e, 35f.
126) *Orientación estructural hacia la culpa:* 68b, 69a, 72d, 171b, 171d.
127) *Apoyo al partido oficial:* 159a, 159c, 159d, 159e.
128) *Compromiso simbólico con el sistema político:* 62 (codificado para la mención de "ser un buen mexicano"), 83a, 83b, 148, 149a, 149b, 149c, 150, 151.
129) *Tolerancia al disentimiento y a la oposición:* 60b, 60g, 123, 177j.
130) *Confianza en el gobierno:* 158b, 159a, 173a, 173b.
131) *Confianza en la gente:* 66, 126a, 127a.
132) *Orientación hacia la violencia:* 129a, 129c, 145 (sección relativa a "desafiar al vecino para pelear a puñetazos").
133) *Participación en votaciones:* 161a, 161b (codificado para las votaciones en elecciones), 161c (codificado para las intenciones de votar).
134) Relación entre los deseos y los logros: 64a, 64b, 64c.

Apéndice D

DISEÑO, ADMINISTRACIÓN Y ANÁLISIS DE LA ENCUESTA POR MUESTREO

Elaboración del cuestionario

El cuestionario empleado en la fase de la encuesta por muestreo del estudio fue desarrollado después de varios meses de observación participante y pláticas no estructuradas con informantes importantes en cada una de las comunidades investigadas. No se supuso ningún grado de alfabetización al elaborar el cuestionario. Cerca de una tercera parte de los puntos incluidos en la versión final eran abiertos, y el resto incluía selecciones no forzadas, o puntos con los que se podía o no estar de acuerdo (Formato de Likert). Esos aspectos del diseño del cuestionario reflejan mi preocupación con la minimización del problema del conjunto de respuestas (en especial el conjunto de respuestas de conformidad) que es frecuente entre los informantes de bajos ingresos. Dentro del cuestionario se incluyeron numerosas comprobaciones internas de congruencia, para ayudar a evaluar lo fidedigno de los datos registrados. Los puntos socioeconómicos y demográficos comunes se colocaron al principio y al final del cuestionario. Los *items* más delicados políticamente o que podrían producir mayores tensiones fueron ubicados aproximadamente en el tercer cuartil del esquema de la entrevista, para aprovechar al máximo la confianza y entendimiento creados en el curso de la entrevista.

Se prepararon tres traducciones diferentes del cuestionario, del inglés al español: una por mí, la otra por un sociólogo mexicano y la tercera por un traductor profesional sin capacitación formal en las ciencias sociales. Las versiones alternativas de cada *item* fueron presentadas a informantes claves que residían en tres de las comunidades estudiadas. La versión seleccionada para las pruebas previas fue la considerada más apropiada por la mayoría de los informantes. El paso final antes de las pruebas previas implicó una retraducción oral de la versión en español del cuestionario preliminar al inglés; esto lo hizo un mexicano bilingüe que no conocía la versión original en inglés. Se hicieron 30 entrevistas como pruebas previas, cinco en cada una de las comunidades incluidas en el estudio. Después se revisó el cuestionario de conformidad con los resultados obtenidos en las pruebas previas.

Entrevistas y entrenamiento del personal

Los entrevistadores empleados en la fase de la encuesta por muestreo del estudio fueron contratados entre el personal permanente de International Research Associates de México (México D. F.). Se reunió un grupo de 24 personas, aproximadamente la mitad hombres y la mitad mujeres, para las pruebas previas. Todos eran entrevistadores profesionales, de 25 años de edad o mayores, que tenían amplia experiencia en el trabajo en las secciones de bajos ingresos de la ciudad. Los entrevistadores recibieron aproximadamente 40 horas de entrenamiento para ese estudio. Los últimos dos días de entrenamiento se dedicaron a la práctica de entrevistas entre ellos mismos. Sobre la base del desempeño en las pruebas previas, se seleccio-

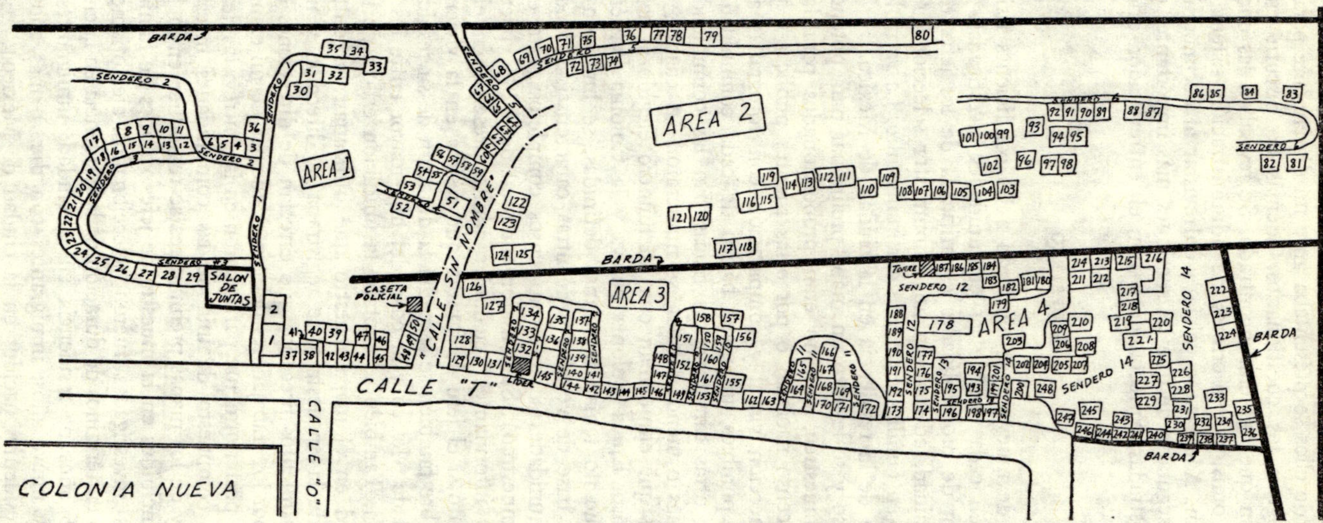

Figura D.1. Mapa de la Colonia Nueva que muestra las viviendas individuales, obtenido para el muestreo.

naron 17 entrevistadores para participar en las encuestas finales. Fui totalmente responsable por la supervisión diaria de los entrevistadores durante la fase final de la encuesta. Cada uno de ellos se presentaba ante mí diariamente para que se le asignaran tareas y recogiera los cuestionarios, además de discutir cualquier problema de administración que hubiera encontrado. Se revisaban las encuestas terminadas para encontrar omisiones y errores de administración sistemáticos a medida que se me regresaban. Además, se volvía a entrevistar al decimoquinto informante de cada serie para asegurarse de que las secciones más importantes del cuestionario habían sido administradas correctamente por el entrevistador original.

Muestreo

Los procedimientos de muestreo se ajustaron a las condiciones físicas particulares que predominaban en cada una de las comunidades investigadas. El objetivo era obtener una muestra de probabilidades estratificada de los jefes de familia hombres en cada comunidad, además de una submuestra seleccionada aleatoriamente de los hijos mayores en familias cuyo jefe era inmigrante. La variable de estratificación era la duración de la residencia en la ciudad de México.

Se realizó un censo y se levantó un mapa preliminar para obtener datos básicos necesarios para el muestreo, que no eran proporcionados para las comunidades individuales por el censo nacional o por otras fuentes públicas o privadas. Se dibujó, mediante inspección visual y comparación con fotografías aéreas recientes, cuando las había disponibles, un mapa básico de cada comunidad, que mostraba las calles, veredas y otras características físicas. En las comunidades cuyas calles tenían un trazado más o menos regular, se numeraron las cuadras en forma alterna, y ciertas cuadras que empezaban con un número elegido al azar fueron seleccionadas para el censo. En la Colonia Nueva y la Colonia Periférico, los asentamientos precarios que no tenían manzanas definidas, se limitaron zonas de cada comunidad sobre la base de veredas y de otras características topográficas importantes. En esas comunidades se hicieron censos completos (esto es, que incluían todas las zonas de muestreo). Se censaron un total de 4 293 viviendas en las seis comunidades. A los informantes (cualquier adulto presente en el momento del censo) se les preguntó si el jefe de familia que residía en la vivienda era hombre o mujer. Si era hombre también se le pedía la duración de su residencia en la zona urbana de la ciudad de México y la edad del hijo mayor entre los que aún vivían en la misma vivienda. También se anotaba la ubicación exacta de la vivienda dentro de la comunidad en el mapa maestro que utilizarían los entrevistadores durante la fase final de la encuesta y se registraba la dirección y número. Las viviendas de los asentamientos precarios que carecían de direcciones de calles, se les asignaron números por los trabajadores del censo; además de mí eran 7 entrevistadores profesionales que posteriormente participaron en las entrevistas de la encuesta por muestreo. El mapa compuesto de una de las comunidades investigadas que resultó de este censo y de los mapas preliminares se reproduce en la figura D.1.

Los informantes incluidos en la muestra de jefes varones de familia de cada una de las comunidades investigadas fueron seleccionados aleatoriamente dentro de cada estrato definido en términos de duración de la residencia en la ciudad: inmigrantes con menos de 5 años de residencia en la ciudad; inmigrantes con una residencia entre cinco y nueve años; inmigrantes con diez o más años de residencia; y no inmigrantes (residentes nacidos en la ciudad de México).

Para cada entrevista se proporcionaron al entrevistador los nombres y direcciones completos de un elemento "original" de la muestra y los "sustitutos" potenciales, al igual que datos demográficos sobre los tres individuos, obtenidos durante el censo preliminar. A un sustituto sólo se le debía entrevistar después de dos visitas cuando se encontraba que el informante "original" estaba ausente de su casa, o después de que se había hecho contacto con él y había rehusado definitivamente ser entrevistado. Este era el requisito mínimo; en varios casos se hacían hasta tres, cuatro o incluso cinco intentos para llegar al informante seleccionado originalmente. En los casos que se entrevistaba a un sustituto, el individuo tenía que residir en la misma cuadra (o zona de muestreo) y debía haber vivido en la zona urbana de la ciudad de México por aproximadamente el mismo número de años (menos de cinco, entre cinco y nueve, etc.) que el informante original. No se permitía ningún juicio del entrevistador en la selección de los elementos originales de la muestra, y su selección del sustituto estaba limitada a dos sustitutos potenciales, ya designados para cada informante original. Se hicieron entrevistas a 79% de los informantes designados originalmente. Sólo 1.7% del porcentaje restante se originó en la negativa de los informantes originales a ser entrevistados.

Administración

La duración media de una entrevista fue de 150 a 180 minutos. Los entrevistadores completaron 89% de las entrevistas en una sola sesión, sin interrupciones prolongadas, y 97% fueron hechas en la casa del informante. Los entrevistadores describieron 87% de los informantes como muy cooperativos o cooperativos en general. La comprensión de las preguntas fue calificada de satisfactoria o buena entre 83% de los informantes, y se juzgó que 86% eran "en general sinceros" o "muy sinceros" en su respuesta a la mayoría de las preguntas.

En las familias que se entrevistó al jefe de la familia inmigrante y a su hijo mayor, se instruyó a los entrevistadores para que nunca entrevistaran al jefe de la familia en presencia de su hijo mayor y viceversa; esto por lo general requería sesiones separadas en diferentes días.

El alto grado de cooperación recibido de la mayoría de los informantes, a pesar de la considerable duración de la entrevista, refleja la importancia obvia de la mayor parte de los puntos del cuestionario en las experiencias personales del informante, necesidades y comunidad de residencia del informante. Se tuvo especial cuidado de incluir tantos puntos como fuera posible relacionados con el espacio vital inmediato del informante, y reducir al mínimo los que se referían a la ciudad o a la nación en conjunto. No todos los *items* del cuestionario fueron incuidos en todas las entrevistas a los informantes. Por ejemplo, las preguntas relativas a la experiencia rural y la historia migratoria se les hicieron sólo a los inmigrantes, y sólo se hicieron preguntas relacionadas con invasiones a los asentamientos precarios a quienes habían participado en esas invasiones. En cada una de las comunidades investigadas, se hicieron series de preguntas separadas sobre algún problema, experiencia o condición única a la comunidad. Todas esas preguntas específicas sobre la comunidad fueron derivadas de mis entrevistas abiertas, informales con los residentes y líderes de la comunidad, antes de la encuesta por muestreo.

Análisis

Personalmente codifiqué cerca de dos terceras partes de los esquemas de las entrevistas terminadas para el análisis por computadora. El resto fue codificado por tres asistentes en la investigación que recibieron prolongado entrenamiento y trabajaron bajo mi estrecha supervisión. El acuerdo de los codificadores sobre las decisiones de codificación de las preguntas abiertas estuvo ente 85 y 95% en la mayoría de los *items*.

En el procedimiento de muestreo adoptado para esta encuesta, los inmigrantes con diez años o más de residencia en la zona urbana de la ciudad de México y los residentes nacidos en dicha zona urbana fueron deliberadamente concedidos como menor "peso" en el muestreo con el fin de obtener una mayor representación de los inmigrantes llegados más recientemente en la muestra. En el análisis de las respuestas a la encuesta, el estrato de informantes al cual se dio menor "peso" fue ponderado para que correspondiera a los parámetros de población reales en cada una de las comunidades investigadas, tal como la determinó el censo preliminar. El número total de entrevistas que se hizo realmente fue de 747. En la muestra ajustada hay 1 062 casos.

Para determinar los efectos de estos ajustes en la ponderación de la muestra sobre los resultados de este estudio, se calcularon y compararon las frecuencias marginales de las muestras ponderada y no ponderada. Además, varios de los análisis más importantes que aparecen en los capítulos IV, V y VIII fueron realizados por separado en las muestras ponderada y no ponderada. Las diferencias tan pequeñas entre los resultados obtenidos indican que la utilización de una muestra ponderada en el análisis no influye de manera significativa en los resultados de la investigación.

BIBLIOGRAFÍA

Adams, Richard, *The Second Sowing: Power and Secondary Development in Latin America*, Chandler, San Francisco.

Adelman, Irma y Cynthia T. Morris, *Economic Growth and Social Equity in Developing Countries*, Stanford University Press, Stanford, California, 1973.

Alba, Víctor, *The mexicans: The making of a Nation*, Praeger, Nueva York, 1967.

Alford, Robert, R., y Harry M. Scoble, "Sources of Local Political Involvement", *American Political Science Review*, vol. 62, núm. 4, 1968; pp. 1192-1206.

Alisky, Marvin, "CONASUPO: A Mexican Agency which Makes Low Income Workers feel Their Government Cares", *Inter-American Economic Affairs*, vol. 27, núm. 3, 1973; pp. 47-60.

Almond, Gabriel A., y Sidney Verba, *The Civic Culture*, Princeton University Press, Princeton, N. J., 1963.

Almy, Timothy A., "Residential Location and Electoral Cohesion: The Pattern of Urban Political Conflict", *American Political Science Review*, vol. 67, núm. 3, 1973; pp. 914-923.

Ambrecht, Biliana y Harry Pachon, "Continuity and Change in a Mexican-American Community: East Los Angeles, 1965-1972". Ponencia presentada en la reunión anual de la American Political Sciences Association, Nueva Orleans, 1973.

Ames, Barry, "Bases of Support for Mexico's Dominant Party", *Amer. Pol. Sci. Rev.* vol. 64, núm. 1, 1970; pp. 153-167.

Anderson, B. y James D. Cockcroft, "Control and Cooptation in Mexican Politics", *International Journal of Comparative Sociology*, vol. 7, núm. 1, 1966; pp. 16-22.

Andrews, Frank M. y George W. Phillips, "The squatters of Lima: Who they are and what they want", *Journal of Developing Areas*, 4, 1970; páginas 221-224.

Antochiw, Michel, "Asentamientos habitacionales planificados y no planificados", *Cuadernos Técnicos AURIS*, 9, Gobierno del Estado de México, 1974.

Arterton, F. Christopher, "Political Participation as Attempted Interpersonal Influence: Test of a Theoretical Model Using Data from Rural Mexican Villages". Tesis no publicada, MIT, 1974.

Astiz, Carlos, 1969, *Pressure Groups and Power Elites in Peruvian Politics*, Cornell University Press, Ithaca, Nueva York, 1969.

Aubert, Vilhelm, Burton R. Fisher y Stein Rokhan, "A Comparative Study of Teachers Attitudes to International Problems and Policies", *Journal of Social Issues*, vol. 10, núm. 4, 1954; pp. 25-39.

Baker, Marvin W. Jr., "Land Use Transition in Mexican Cities: A Study in Comparative Urban Geography". Tesis no publicada, Syracuse, 1970.

Balán, Jorge, Harley L. Browning y Elizabeth Jelin, *Men in a Developing Society: Geographic and Social Mobility in Monterrey, Mexico*, University of Texas Press, Austin, 1973a.

Balán, Jorge (ed.), *Estudios sobre migración, estructura ocupacional y movilidad en México*, Instituto de Investigaciones Sociales, Universidad Nacional Autónoma de México, México, 1973b.

Bamberger, Michael, "A Problem of Political Integration in Latin America: The

Barries of Venezuela", *International Affairs*, vol. 44, núm. 4, 1968; páginas 709-719.

Banco de México, *La distribución del ingreso en México: Encuesta sobre los ingresos y gastos de las familias*, Fondo de Cultura Económica, México, 1974.

Banco Mundial, *Urbanization Sector Working Paper*, Washington, D. C., 1972.

Barkin, David, "La persistencia de la pobreza en México", *Comercio Exterior*, vol. 21, núm. 8, México, 1971; pp. 667-674.

———, "Regional Development and Interregional Equity: A Mexican Case Study", en Wayne A. Cornelius y Felicity M. Trueblood, eds., *Urbanization and Inequality: The Political Economy of Urban and Rural Development in Latin America* (*Latin American Urban Research*, vol. 5), Sage Publications, Beverly Hills, 1975.

Barrows, Walter L., "Comparative Grassroots politics in Africa", *World Politics*, vol. 26, núm. 2, 1974; pp. 283-297.

Bartolomé, L. J., "Política y redes sociales en una comunidad urbana de indígenas tobá: un análisis de liderazgo y 'brokerage' ", *Anuario Indigenista*, vol. 31; 1971; pp. 77-98.

Barton, Allen H., "Bringing Society Back in: Survey Research and Macro-methodology", *Amer. Behav. Scientist*, vol. 12, núm. 2, 1968; pp. 1-9.

———, *Communities in Disaster: A Sociological Analysis of Collective Stress Situations*, Doubleday Anchor, Garden City, Nueva York, 1970.

———, y Robert Hauser, "Comments on Hauser's 'Context and Consex': Rejoinder", *American Journal of Sociology*, vol. 76, núm. 3, 1970; pp. 514-521.

Bartra, Roger y Luisa Paré, *Caciquismo y poder político en el México rural*, Siglo XXI, México, 1975.

Bataillon, Claude y Hélène Rivière d'Arc, *La ciudad de México*, Sep/Setentas, México, 1973.

Bayes, Jane H., "Political Participation and Geographic Mobility". Tesis no publicada, Departamento de Ciencias Políticas, UCLA, 1967.

Becker, Howard S., *The Outsiders: Studies in the Sociology of Deviance*, Free Press, Nueva York, 1963.

———, "Personal Change in Adult Life", *Sociometry*, vol. 27, núm. 1, 1964; pp. 40-53.

Behrman, Lucy C., "The Convergence of Religious and Political Attitudes and Activities among workers in Santiago, Chile", ponencia presentada en la reunión anual de la American Political Science Association, Chicago, 1971.

———, "Political Development and Secularization in Two Chilean Communities", *Comparative Politics*, vol. 5, núm. 2, 1972; pp. 269-280.

Bell, C. G., "A New Suburban Politics", *Soc. Forces*, vol. 47, 1969; pp. 280-288.

Bell, Daniel y Virginia Held, "The Community Revolution", *Public Interest*, 19, 1969; pp. 142-177.

Bell, Wendel, "Urban Neighborhoods and Individual Behavior", pp. 235-264, en Mazufer Sherif y Carolyn W. Sherif, eds., *Problems of Youth*, Aldine, Chicago, 1965.

——— y Maryanne T. Force, "Urban Neighborhood Types and Participation in Formal Associations", *American Sociological Review*, 21, 1956; pp. 25-34.

Benítez, Fernando, "La destrucción del Valle de México: ¿Estamos ante un desastre poblacional?, *Excelsior*, México, 9-18 de marzo, décima parte de una serie, 1975.

Benjamin, Roger W., *Patterns of Political Development: Japan, India, Israel*, McKay, Nueva York, 1972.

Berelson, Bernard R., *et al.*, *Voting*, University of Chicago Press, Chicago, 1954.

Berger, Bennett M., *Working Class Suburb*, University of California Press, Berkeley, 1960.

Betley, Brian J., "Otomi Juez: an Analysis of a Political Middleman", *Human Organization*, vol. 30, núm. 1, 1971; pp. 57-63.

Blalock, H. M., "Status Inconsistency, Social Mobility, Status Integration, and Structural Effects", *American Sociological Review*, vol. 32, 1967; páginas 790-801.

Blau, Peter M., "Structural Effects", *American Sociological Review*, vol. 25, 1960; pp. 178-193.

Bleiker, A. H., "The Proximity Model and Urban Social Relations", *Urban Anthropology* 1, 1972; pp. 151-175.

Bonilla, Frank, "The Urban Worker", pp. 186-205, en John J. Johnson, ed., *Continuity and Change in Latin America*, Stanford University Press, Stanford, California, 1964.

———, *The Failure of Elites*, MIT Press, Cambridge, Mass., 1970.

Bourricaud, Francois, *Power and Society in Contemporary Peru*, Praeger, Nueva York, 1970.

Brigg, Pamela, "Some Economic Interpretations of Case Studies of Urban Migration in Developing Countries", Documento de trabajo del Banco núm. 251, Banco Internacional de Reconstrucción y Fomento, Washington, D. C., 1973.

Brim, Orville G., Jr., "Socialization Through the Life Cycle", en Orville G. Brim y Stanton Wheeler, *Socialization after Childhood*, Wiley, Nueva York, 1966.

Brody, Eugene, ed., *Behavior in New Environments: Adaptation of Migrant Populations*, Sage Publications, Beverly Hills, California, 1970.

Brown, Jane Cowan, *Patterns of Intra Urban Settlement in Mexico City: An examination of the Turner Theory*, Latin American Studies Program Dissertation, Series, núm. 40, Cornell University, 1972.

Browning, Harley L., "Migrant Selectivity and the Growth of Large Cities in Developing Societies", pp. 273-314, en National Academy of Sciences, *Rapid Population Growth*, vol. II, Johns Hopkins Press, Baltimore, 1971.

Burstein, Paul, "Social Structure and Individual Political Participation in Five Countries", *American Journal of Sociology*, vol. 77, núm. 6; pp. 1087-1110, 1972.

Butterworth, Douglas, "Two Small Groups: A Comparison of Migrants and Nonmigrants in Mexico City", *Urban Anthropology*, I, 1972; pp. 29-50.

———, "Squatters or Suburbanites?—The Growth of Shantytowns in Oaxaca, Mexico", pp. 208-232, en Robert E. Scott, ed., Latin American Modernization Problems, University of Illinois Press, Urbana, 1973.

———, "Grass Roots Political Organizations in Cuba: The Case of the Committees for the Defense of the Revolution", en Wayne A. Cornelius y Felicity M. Trueblood, eds., *Anthropological Perspectives on Latin American Urbanization* (*Latin American Urban Research*, vol. 4), Sage Publications Beverly Hills, 1974.

Calderón, Luis, "Poder retentivo del área local urbana en las relaciones sociales",

Problemas de urbanización en América Latina: Estudios sociológicos latinoamericanos 13; 1963; pp. 14-185.

Cameron, Davis R., J. Stephen Hendricks y Richard I. Hofferbert, "Urbanization, Social Structure, and Mass Politics: A Comparison within Five Nations", *Comp. Pol. Stud.* 5, núm. 3, 1972; pp. 259-290.

Campbell, Angus, "The Political Implications of Community Identification", pp. 318-328 en Roland Young, ed., *Approaches to the Study of Politics*, Northwestern University Press, Evanston, 1958.

———, "The Passive Citizen", *Acta Social.* vol. 6, núms. 1-2, 1962; pp. 9-21.

———, *et al.*, *The American Voter: An Abridgement*, Wiley, Nueva York, 1964.

Campbell, Ernest Q. y C. Norman Alexander, "Structural Effects and Interpersonal Relationships", *American Journal of Sociology*, vol. 71, núm. 3, 1965; pp. 284-289.

Campbell, Howard L., "Bracero Migration and the Mexican Economy, 1951-1964". Tesis sin publicar, American University, Washington D. C., 1972.

Cantril, Hadley, *The pattern of Human Concerns*, Rutgers University Press, New Brunswick, 1965.

Castells, Manuel, *et al.*, *Revista Latinoamericana de Estudios Urbano Regionales* vol. 3, núm. 7 (edición especial sobre asentamientos urbanos de bajos ingresos en Chile), 1973; pp. 9-112.

Cataldo, Everett F., *et al.*, "The Urban Poor and Community Action in Buffalo", Documento presentado en la reunión anual de la Midwest Political Science Association, Chicago, 1968.

———, y Lyman Kellstedt, "Conceptualizing and Measuring Political Invelvement over Time: A Study of Buffalo's Urban Poor", *Proceedings American Statistical Association*, Sección de estadísticas sociales, 1968; pp. 83 *ss.*

Centro de Estudios Económicos y Demográficos (CEED), *Dinámica de la Población de México*, El Colegio de México, México, 1970.

Chalmers, Douglas A., "Parties and Society in Latin America", *Stud. Comp. Int. Devel.* vol. 7, núm. 2, 1972; pp. 102-108.

Chance, John K., "Parentesco y residencia urbana: Grupo familiar y su organización en un suburbio de Oaxaca, México", *América Indígena*, vol. 33, núm. 1, 1973; pp. 187-212.

Cleaves, Peter S., *Bureaucratic Politics and Administration in Chile*, University of California Press, Berkeley, 1974.

Cockcroft, James, D., "Coercion and Ideology in Mexican Politics", pp. 245-267 en J. D. Cockcroft, *et al.*, *Dependence and Underdevelopment: Latin America's Political Economy*, Doubleday Anchor, Garden City, 1972.

———, "Misdeveloped Mexico", en Ronald Chilcote y Joel Edelstein (eds.), *Latin America: The Struggle with Dependancy and Beyond*, Schenkman, Cambridge Mass., 1974.

Cohen, Ernesto, "Marginality: An Explanatory Essay", Documento presentado en la Conference on Urban Poverty Leadership Styles in the Americas, Filadelfia, 1968.

Cohen, Michael A., *Urban Policy and Polytical Conflict in Africa*, University of Chicago Press, Chicago, 1974.

Coleman, James S., "Relational Analysis: The Study of Social Organization with Survey Methods", *Human Organization*, vol. 17, 1958-1959; pp. 28-36.

Coleman, James S., "Comment on Three 'Climate of Opinion' Studies", *Public Opinion Quarterly*, 25, 1961; pp. 607-610.

Coleman, Kenneth M., *Public Opinion in Mexico City About the Electoral System*, James Sprunt Studies in History and Political Science 53, University of North Carolina Press, Chapel Hill, North Carolina, 1972.

Collier, David, "Squatter Settlement Formation and the Politics of Cooptation in Peru". Tesis doctoral no publicada, Universidad de Chicago, 1971.

———, "*Squatters and Oligarchs: Urbanization and Public Policy in Peru*". Manuscrito no publicado, Departamento de Ciencias Políticas, Universidad de Indiana.

———, "Squatters Settlements and Policy Innovation in Peru", en Abraham F. Lowenthal, ed., *Continuity and Change in Contemporary Peru*, Princeton University Press, Princeton, N. J., 1975.

Comisión Económica para la América Latina (CEPAL), Estudio Económico de la América Latina, Naciones Unidas, 1972.

Comisión Nacional de los Salarios Mínimos, *Salarios mínimos que regirán en los años de 1970 y 1971*, Comisión Nacional de los Salarios Mínimos, México, 1970.

Contreras, Enrique, "Migración interna y oportunidades de empleo en la Ciudad de México", en *El Perfil de México en 1980*, vol. III, Siglo XXI, México, 1972.

Cook, Thomas J. y Frank P. Scioli, Jr., "A Critique of the Learning Concept in Political Socialization Research", *Soc. Sci. Quart.* vol. 52, núm. 4, 1972; pp. 949-962.

Cooper, Keneth, "Leadership Role Expectations in Mexican Rural and Urban Environments". Tesis no publicada, Stanford, 1959.

Corbett, John G., "The Context of Politics in a Mexican Community: A Study in Constraints on System Capacity". Tesis sin publicar, Stanford, 1974.

Cornelius, Wayne A., "Urbanization as an Agent in Latin American Political Instability: The Case of Mexico", *American Politics Science Review*, vol. 63, núm. 3, 1969; pp. 833-857.

———, "The Political Sociology of Cityward Migration in Latin America: Toward Empirical Theory", pp. 95-147, en Francine F. Rabinovitz y Felicity M. Trueblood, eds., *Latin America Urban Research*, vol. 1, Sage Publications, Beverly Hills, 1971.

———, "Nation Building, Participation, and Distribution: The Politics of Social Reform under Cárdenas", pp. 392-498, en Gabriel A. Almond, *et al.*, eds., *Crisis, Choice, and Change: Historical Studies of Political Development*, Little, Brown, Boston, 1973.

———, y Henry A. Dietz, "Urbanization, Demand-Making, and Political System 'Overload': Political Participation among the Migrant Poor in Latin American Cities". Documento presentado en la reunión anual de la American Political Science Association (próximo a publicarse en Rodney Stiefbold, ed., *Frontiers of Urban Research*, University of Miami Press, Coral Gables, 1973).

Cox, Kevin R., David R. Reynolds, y Stein Rokkan, etds., *Locational Approaches* des", pp. 157-185 en Mattei Dogan y Stein Rokkan, eds., *Quantitative Ecological Analysis in the Social Sciences*, MIT Press, Cambridge, Mass., 1969.

———, "Geography, Social Contexts, and Voting Behaviour in Wales, 1861-1951", pp. 117-159, en Erik Allardt y Stein Rokkan, eds., *Mass Politics: Studies in Political Sociology*, Free Press, Nueva York, 1970.

Cox, Kevin R., *Conflict, Power and Politics in the City: A Geographic View,* McGraw Hill, Nueva York, 1973.

———, David R. Reynolds, y Stein Rokkan, etds., *Locational Approaches to Power and Conflict,* Sage Publications, Beverly Hills, 1974.

Crosson, Pierre R., "Rural to Urban Migration in Mexico". Documento no publicado, Resources for the Future. Inc. Washington, D. C., 1974.

Dahl, Robert A., *Who Governs?* Yale University Press, New Haven. 1961.

Daland, Robert T., "Urbanization Policy and Political Development in Latin America", pp. 235-263 en John Miller y Ralph Gakenheimer, eds., *Latin American Urban Policies and the Social Sciences,* Sage Publications, Beverly Hills, 1971.

Davies, J. Clarence, *Neighborhood Groups and Urban Renewal,* Columbia University Press, Nueva York, 1966.

Davis, Charles L., "Towards an Explanation of Mass Support for Authoritarian Regimes: The Case of Mexico". Tesis no publicada, Universidad de Kentucky.

——— y Kenneth M. Coleman, "The Regime-Legitimating Function of External Political Efficacy in an Authoritarian Regime: "The Case of Mexico". Ponencia presentada en la Reunión Anual de la American Political Science Association, Chicago, 1974.

Davis, James A., *Great Books and Small Groups,* Free Press, Nueva York, 1962.

———, Joe L. Spaeth y Carolyn Huson, "A Technique for Analyzing the Effects of Group Composition", *Amer. Sociol. Rev.* vol. 26, núm. 2, 1961, pp. 215-225.

Deneke, Jorge A. Harth, "The Colonias Proletarias of Mexico City: Low-Income Settlements of the Urban Fringe". Tesis de maestría sin publicar, Dept. of City Planning, MIT, 1966.

Dennis, N., "The Popularity of the Neighborhood Community Idea", páginas 74-92, en R. E. Paul, editor, *Readings in Urban Sociology,* Pergamon, Londres, 1968.

Deutsch, Karl W., "Social Mobilization and Political Development", *Amer. Pol. Sci. Rev.* vol. 55, núm. 3, 1961; pp. 493-514.

Díaz, May N., Tonalá: *Conservatism, Responsibility, and Authority in a Mexican Village,* University of California Press, Berkeley, 1966.

Díaz Díaz, Fernando, *Caudillos y Caciques,* El Colegio de México, México, 1972.

Dietz, Henry A., "The Office and the Poblador: Perceptions and Manipulations of Housing Authorities by the Lima Urban Poor", Documento presentado en la reunión de la American Society for Public Administration, Los Ángeles. Próximo a publicarse en James M. Malloy, ed., *Authoritarianism and Corporatism in Latin America,* University of Pittsburgh Press, Pittsburgh, 1973.

———, "Becoming a Poblador: Political Adjustment to the Urban Environment in Lima, Peru". Tesis sin publicar, Stanford, 1974.

———,"Some Modes of Participation in an Authoritarian Regime", ponencia presentada en la reunión anual de la American Political Science Association, San Francisco, 1975.

Di Palma, Giuseppe, *Apathy and Participation: Mass Politics in Western Societies,* Free Press, Nueva York, 1970.

Di Tella, Torcuato, "Populism and Reform in Latin America", pp. 47-74, en Claudio Véliz, ed. *Obstacles to Change in Latin America,* Oxford University Press, Londres, 1965.

Dogan, Mattei, y Stein Rokkan, eds., *Quantitative Ecological Analysis in the Social Sciences,* MIT Press, Cambridge, Mass., 1969.

Domínguez, Jorge I., "Social Mobilization, Traditional Political Participation, and Government Response in Early Nineteenth-Century Spanish America". Tesis sin publicar, Harvard.

———, "Political Participation and the Social Mobilization Hypothesis: Chile, Mexico, Venezuela and Cuba in 1800-1825", *Journal Interdisc. Hist.*, vol. 5, núm. 2, 1974; pp. 237-266.

Drake, Paul W., "Mexican Regionalism Reconsidered", *J. Inter-Amer. Stud.*, vol. 12, núm. 3, 1970.

Duff, Ernest A. y John F. McCamant, "Measuring Social and Political Requirements for System Stability in Latin America", *Amer. Pol. Sci. Rev.*, vol. 62, núm. 4, 1968; pp. 1125-1143.

Duque, Joaquín y Ernesto Pastrana, "La movilización reivindicativa urbana de los sectores populares en Chile, 1964-1972", *Rev. Uruguaya Cienc. Sociales*, vol. 1, núm. 2, 1972.

Easton, David, *A System Analysis of Political Life*, Wiley, Nueva York, 1965.

Eckstein, Susan, "The Poverty of Revolution: A Study of Social, Economic, and Political Inequality in a Central City Area, A Squatter Settlement and a Low Cost Housing Project in Mexico City". Tesis sin publicar, Columbia, 1972a.

———, "Ideological and Intellectual Biases in the Study of Latin American Urban Poverty". Ponencia presentada en la reunión anual de la American Sociological Association, 1972b.

———, *The Poverty of Revolution: The State and Urban Poor in Mexico.* Princeton University Press, Princeton, N. J., 1976.

Edelman, Murray, *The Symbolic Uses of Politics,* University of Illinois Press, Urbana, 1965.

———, *Politics as Symbolic Action,* Markham, Chicago, 1971.

Effrat, Marcia P., ed., *The Community: Approaches and Applications,* Free Press, Nueva York, 1974.

Eisestadt, S. N., *Essays on Comparative Institutions,* Wiley, Nueva York, 1965.

Eisinger, Peter K., "The Impact of Anti-Poverty Expenditures in New York", pp. 539-560, en J. P. Crecine, ed., Financing the Metropolis (*Urban Affairs Annual Reviews,* vol. 4), Sage Publications, Beverly Hills, 1970.

———, "Protest Behaviour and the Integration of Urban Political Systems", *J. Politics,* vol. 33, núm. 4, 1971; pp. 980-1007.

———, "The Pattern of Citizen Contacts with Urban Officials", pp. 43-70, en H. Hahn, ed., *People and Politics in Urban Society* (*Urban Affairs Annual Review,* vol. 6), Sage Publications, Beverly Hills, 1972.

———, "The Conditions of Protest Behaviour in American Cities", *American Pol. Scien. Rev.*, vol. 67, núm. 1, 1973, pp. 11-28.

Eldersveld, S. J., V. Jagannadham y A. P. Barnabas, *The Citizen and the Administrator in a Developing Democracy,* Scott, Foreman, Glenview, Illinois, 1968.

Elkins, David J., "Social Mobilization, Social Structure, and Politics: Evidence and Qualifications", ponencia presentada en la reunión anual de la American Political Science Association, Chicago, 1971.

El-Shakhs, Salah S., "The Urban Crisis in International Perspective", *American Behavioural Scientist,* 15, marzo-abril, 1972.

Ennis, Philip H., "The Contextual Dimensions in Voting", pp. 180-211, en

William N. McPhee y William A. Glaser, eds., *Public Opinion and Congressional Elections*, Free Press, Glencoe, Ill., 1962.

Epstein, David G., *Brasilia, Plan and Reality: A Study of Planned and Spontaneous Urban Development*, University of California Press, Berkeley, California, 1973.

Equipo de Estudios Poblacionales del CIDU, "Pobladores y administración de justicia: Informe preliminar de una encuesta", *Rev. Latinoamericana de Estudios Urbano-Regionales* vol. 2, núm. 5, 1972a; pp. 135-150.

———, "Reivindicación urbana y lucha política: los campamentos de pobladores en Santiago de Chile", *Rev. Latinoamer. Estudios Urbano-Regionales*, vol. 2, núm. 6, 1972b; pp. 55-82.

Erbe, William, "Social Involvement and Political Activity: A Replication and Elaboration", *American Sociological Review*, 29, 1964; pp. 198-215.

Eulau, Heinz, *Micro-Macro Political Analysis*, Aldine, Chicago, 1969.

Fagen, Richard R., "International Politics and Cuba", documento presentado en la reunión anual de la American Political Science Association, 1964.

———, *The Transformation of Political Culture in Cuba*, Stanford University Press, Stanford, California, 1969.

——— y William E. Tuohy, *Politics and Privilege in a Mexican City*, Stanford University Press, Stanford,, California, 1972.

Feldman, Roy E., "New Directions in Political Psychology", manuscrito sin publicar, MIT, Departamento de Ciencias Políticas, 1973.

Fellin, Phillip y Eugene Litwak, "The Neighborhood in Urban American Society", *Social Work*, 13, 1968; pp. 72-80.

Festinger, Leon, S. Schachter y Kurt Back, *Social Pressures in Informal Groups*, Harper, Nueva York, 1950.

Field, John O., "Partisanship in India: A Survey Analysis". Tesis sin publicar, Stanford.

Figueroa, Alfredo, y Richard Weisskoff, "Visión de las pirámides sociales: distribución del ingreso en América Latina", *Ensayos ECIEL* (Río de Janeiro y Washington, D. C.), I, 1974; pp. 83-154.

Finifter, Ada W., "Dimensions of Political Alienation", pp. 189-212 en A. W. Finifter, ed., *Alienation and the Social System*, Wiley, Nueva York, 1972.

Fischer, Claude S., "The City and Political Psychology", *American Political Science Review*, vol. 69, núm. 2, 1975; pp. 559-571.

Flinn, William L., "Influence of Community Values on Innovativeness", *Amer. J. Sociol.* vol. 75, núm. 6, 1970; pp. 983-991.

——— y Álvaro Camacho, "The Correlates of Voter Participation in a Shantytown Barrio in Bogotá, Colombia" *Inter-Amer. Econ. Affairs*, vol. 22, núm. 4, 1969; pp. 47-58.

Flores, Edmundo, *Tratado de Economía Agrícola*, Fondo de Cultura Económica. México, 1961.

Foladare, Irving S., "The Effect of Neighborhood on Voting Behaviour", *Pol. Sci. Quart.*, vol. 83, núm. 4, 1968; pp. 516-529.

Form, William H. y Joan Huber, "Income, Race, and the Ideology of Political Efficacy", *J. Politics*, vol. 33, núm. 3, 1971; pp. 659-688.

Foster, Donald W., "Tequio in Urban Mexico: A Case from Oaxaca City", *J. Steward Anthrop. Soc.*, vol. 2, núm. 2, 1971; pp. 141-179.

Foster, George, *Tzintzuntzan: Mexican Peasants in a Changing World*, Little, Brown, Boston, 1967.

Frank, A. G., *Latin America: Underdevelopment or Revolution*, Monthly Review Press, Nueva York, 1969.

Fraser, John, "The Mistrusful-Efficacious Hypothesis and Political Participation", *J. Politics*, vol. 32, núm. 2, 1970; pp. 444-449.

Frederickson, George, ed., *Neighborhood Control in the 1970's*, Chandler, Nueva York, 1973.

Frey, Frederick, W., "Cross-Cultural Survey Research in Political Science", pp. 173-294, en Robert T. Holt y John E. Turner, eds., *The Methodology of Comparative Research*, Free Press, Nueva York, 1970a.

———, "Political Development and Political Participation: 'Lost in the Horse Latitudes'?" Documento presentado ante la Conferencia MUCIA sobre requisitos y consecuencias de la participación política para las políticas de desarrollo, Chicago, 1970b.

———, "A Power—Analytic Approach to Political Socialization", Documento sin publicar, MIT, Departamento de Ciencias Políticas, 1973.

——— y Leslie L. Roos, *Social Structure and Community Development in Rural Turkey: Village and Elite Leadership Relations*, MIT Center for International Studies, proyecto de investigación sobre el desarrollo rural, Informe 10, Cambridge, Mass., 1967.

Fried, Marc, *The World of the Urban Working Class*, Harvard Universty Press, Cambridge, Mass., 1973.

Fried, Robert C., "Mexico City", pp. 645-668 en William A. Robson y D. E. Regan, eds., *Great Cities of the World*, 3a. ed., 2 vols., Sage Publications, Beverly Hills.

Friedman, Herbert D., "Squatter Assimilation in Buenos Aires, Argentina". Tesis sin publicar, MIT, 1968.

———, "Los adolescentes de las villas de emergencia de Buenos Aires", *Rev. Latinoamer. Sociol.* 5, marzo, 1969.

Friedmann, John, "The Spatial Organization of Power in the Development of Urban Systems", *Comp. Urban. Rev.*, vol. 1, núm. 1, 1972; pp. 5-42.

Friedrich, Paul, "Cacique: The Recent History and Present Structure of Politics in a Tarascan Village". Tesis sin publicar, Yale, 1957.

———, "A Mexican Cacicazgo", *Ethnology*, vol. 4, núm. 2, 1965; pp. 190-202.

———, "Revolutionary Politics and Communal Ritual", pp. 191-220, en Marc J. Swartz, Victor W. Turner, y Arthur Tuden, eds., *Political Anthropology*, Aldine, Chicago, 1966.

———, "The Legitimacy of a Cacique", pp. 243-269, en Marc J. Swartz, ed., *Local-Level Politics: Social and Cultural Perspectives*, Aldine, Chicago, 1968.

———, *Agrarian Revolt in a Mexican Village*, Prentice-Hall, Englewood Cliffs, N. J., 1970.

Frolic, B. Michael, "The Soviet Study of Soviet Cities", *J. Politics*, vol. 32, núm. 3, 1970; pp. 675-695.

Furlong, William L., "Obstacles to Political Development: Case Studies of Center and Periphery in Northern Mexico". Documento presentado en la reunión anual de la American Political Science Association, Washington, D. C., 1972.

Furtak, R., "El Partido Revolucionario Institucional: Integración nacional y movilización electoral", *Foro Internacional*, México, vol. 9, núm. 2, 1969; pp. 339-353.

Gans, Herbert J., "Planning and Social Life: Friendship and Neighbor Relations in Sub-Communities", *J. Amer. Inst. Planners*, vol. 27, 1961a; pp. 134-240.

———, "The Effect of a Community Upon Its Residents: Some Considerations for Sociological Theory and Planning Politics", documento presentado a la American Sociological Association, San Luis, 1961b.

———, *The Urban Villagers*, Free Press, Nueva York, 1962.

———, "The Effect of the Move fron City to Suburb", en Leonard Duhl, ed., *The Urban Condition: People and Policy in the Metropolis*, Basic Books, Nueva York, 1963.

———, *People and Plans: Essays on Urban Problems and Solutions*, Basic Books, Nueva York, 1968.

García, F. Chris, *Political Socialization of Chicano Children: A Comparative Study with Anglos in California Schools*, Praeger Special Studies, Nueva York, 1973.

Garza, Gustavo, y Martha Schteingart, "Mexico City: The Emerging Megalopolis", en Wayne A. Cornelius y Robert V. Kemper, eds., *Metropolitan Latin America* (*Latin American Urban Research*, vol. 6), Sage Publications, Beverly Hills, Cal., 1978.

Gauhan, Timothy O., "Some Important Characteristics of Low-Income Housing in Bogotá, Colombia and Their Economic and Political Implications", manuscrito sin publicar, Departamento de Ciencias Políticas, Rice, 1974.

Germani, Gino, *Política y sociedad en una época de transición*, Paidós, Buenos Aires, 1962.

———, "The city as an Integrating Mechanism: The Concept of Social Integration", pp. 175-189, en Glenn H. Beyer, ed., *The Urban Explosion in Latin America*, Cornell University Press, Ithaca, 1967.

———, "Modernization, Urbanization and the Urban Crisis", Little, Brown, Boston, 1973.

Giusti, Jorge, "Organizational Characteristics of the Latin American Urban Marginal Settler", *Int. J. Politics*, vol. I, núm. 1, 1971; pp. 54-89.

Glassberg, A., "The Linkage Between Urban Policy Outputs and Voting Behaviour: New York and London", documento presentado en la reunión anual de la American Political Science Association, Washington D. C., 1972.

Goel, Madan Lal, "The Relevance of Education for Political Participation in a Developing Society", *Comp. Pol. Stud.*, vol. 3, núm. 3; 1969; pp. 333-350.

———, "Urban-Rural Correlates of Political Participation in India", *Political Science Review*, India, vol. 10, núms. 1-2, 1971; pp. 51-64.

Goldkind, Victor, "Class Conflict and Cacique in Chan Kom", *Southwest. J. of Anthropology*, vol. 22, 1966; pp. 325-345.

Goldrich, Daniel M., "Peasants' Sons in City Schools", *Hum. Organiz.*, vol. 23, 1964; pp. 328-333.

———, "Toward the Comparative Study of Politization in Latin America", pp. 361-377, en Dwight Heath y Richard N. Adams, eds., *Contemporary Cultures and Civilization in Latin America*, 1a. ed., Random House, Nueva York, 1965.

———, "Political Organization and the Politization of the Poblador", *Comp. Pol. Stud.*, vol. 3, núm. 2, 1970; pp. 176-202.

———, Raymond B. Pratt y C. R. Schuller, "The Political Integration of Lower-Class Urban Settlements in Chile and Peru", pp. 175-214, en Irving

L. Horowitz, ed., *Masses in Latin America*, Oxford University Press, Nueva York.

González Casanova, Pablo, "Dynamics of the Class Structure", pp. 64-82, en Joseph A. Kahl, ed., *Comparative Perspectivas on Stratification: Mexico, Great Britain, Japan*, Little, Brown, Boston, 1968.

———, *Democracy in Mexico*, Oxford University Press, Londres, 1970.

Gosnell, Harold F., *Machine Politics: Chicago Model*, University of Chicago Press, Chicago, 1939.

Gove, Walter, y Herbert Costner, "Organizing the Poor: An Evaluation of Strategy", *Soc. Sci. Quarterly* 50, 1969; pp. 643-656.

Graham, George J., Jr. y Richard A. Pride, "Styles of Political Participation, Want Conversion, and Political Support Among Adults and Students in a Metropolitan Community", documento presentado en la reunión anual de la American Political Science Association, Chicago, 1971.

Graves, Nancy B., y Theodore D. Graves, "Adaptive Strategies in Urban Migration", estudio sin publicar, Departamento de Antropología, Universidad de Auckland, Nueva Zelandia, 1974.

Greenberg, Edward S., ed. *Political Socialization*, Atherton, Nueva York.

Greenstone, J. David, y Paul E. Peterson, *Race and Authority in Urban Politics: Community Participation and the War on Poverty*, Russell Sage Foundation-Basic Books, Nueva York, 1973.

Greer, Scott, "Urbanism Reconsidered: A Comparative Study of Local Areas in a Metropolis", *American Sociology Review* 21, 1956; pp. 19-25.

———, "The Social Structure and Political Process of Suburbia", pp. 600-616, en Robert Gutman y David Popence, eds., *Neighborhood, City and Metropolis*, Random House, Nueva York, 1970.

——— y Ann Lennarson Greer, eds., *Neighborhood and Ghetto*, Basic Books, Nueva York, 1974.

———, y Peter Orleans, "The Mass Society and the Parapolitical Structure", *American Sociology Review*, 27, 1962; pp. 634-646.

Grindle, Merilee S., "Exchange Processes and Public Policy in Mexico". Tesis sin publicar, MIT, 1975.

Gurrieri, Adolfo, *Situación y perspectivas de la juventud en una población urbana popular*, Comisión Económica para la América Latina, Naciones Unidas, Documento E/LACCY/BP/L.2, Santiago, Chile, 1965.

Gustafsson, Gunnel, "Environmental Influence on Political Learning", capítulo 8 en Richard G. Niemi, *et al.*, *The Politics of Future Citizens: New Directions in the Political Socialization of Children*, Jossey-Bass, San Francisco, 1974.

Gutkind, Peter, C. W., "From the Energy of Dispair to the Anger of Despair: The Transition from Social Circulation to Political Consciousness among the Urban Poor in Africa", *Canad. J. Afric. Stud.*, vol. 7, núm. 2, pp. 179-198, 1973.

Hallman, Howard W., *Neighborhood Government in a Metropolitan Setting*, Sage Publications, Beverly Hills, California, 1974.

Hamburg, Roger, "Urbanization, Industrialization, and Modernization in Latin America: Soviet Views", *Studies Compar. Communism*, vol. 5, núm. 1, pp. 1-20.

Hanna, William J., y Judith L. Hanna, "The Integrative Role of Urban Africa's Middleplaces and Middlemen", *Civilisations*, vol. 17, núms. 1-2, pp. 12-29, 1967.

——— y Judith L. Hanna, "Influence and Influentials in Two Urban-

Centered African Communities", *Comparative Politics*, vol. 2, núm. 1, pp. 17-40, 1969.

——— y Judith L. Hanna, *Urban Dynamics in Black Africa: A Guide to Research and Theory*, Aldine, Chicago, 1971.

Hansen, Roger D., *The Politics of Mexican Development*, Johns Hopkins, Baltimore, 1971.

Hardoy, Jorge E., "Urbanization Policies and Urban Reforms in Latin America", pp. 19-44, en Guillermo Geisse y Jorge Hardoy, eds., *Latin American Urban Research*, vol. II, Sage Publications, Beverly Hills, 1972.

Harris, Louis, "Government for the People of Mexico City". Tesis sin publicar, UCLA, 1956.

Havens, A. Eugene, y William L. Flinn, "The Power Structure in a Shantytown", pp. 93-107, en Eugene Havens y W. L. Flinn, eds., *Internal Colonialism and Structural Change in Colombia*, Praeger, Nueva York, 1970.

Hawkins, Brett W., *et al.*, "Efficacy, Mistrust, and Political Participation: Findings from Additional Data and Indicators", *Journal of Politics*, vol. 33, núm. 4, pp. 1130-1136, 1971.

Heffernan, W. Joseph, Jr., "Research Note on the Conventional Political Behaviour of the poor", *J. Hum. Resources*, vol. 4, núm. 2, pp. 253-259, 1969.

Hensler, Deborah R., "The Impact of Suburban Residence on Political Attitudes: A Contextual Analysis". Tesis sin publicar, MIT, 1973.

Hillman, Arthur, y Frank Seever, "Elements of Neighborhood Organization", pp. 273-288, en Fred M. Cox, *et al.*, eds., *Strategies of Community Organization*, F. E. Peacock, Ithaca, Illinois, 1970.

Himelstrand, Ulf, *Social Pressures, Attitudes, and Democratic Processes*, Almquist Wiksell, Estocolmo, 1960.

Hirsch, Herbert, *Povetry and Politicization: Political Socialization in an American Sub-Culture*, Free Press, Nueva York, 1971.

Hirschman, Albert O., "The Changing Tolerance for Income Inequality in the Course of Economic Development", *Quarterly Journal of Economics*, vol. 87, núm. 4, pp. 544-566, 1973.

Hobsbawn, E., "Peasants and Rural Migrants in Politics", pp. 43-65, en Claudio Véliz, ed., *The Politics of Conformity in Latin America*, Oxford University Press, Londres, 1967.

Hogan, J. B., "Social Structure and Public Policy: A Longitudinal Study of Mexico and Canada", *Comp. Politics*, vol. 4, núm. 4, 1972; pp. 477-509.

Horowitz, Irving L., "Electoral Politics, Urbanization and Social Development in Latin America", en Glenn H. Beyer, ed., *The Urban Explosion in Latin America*, Cornell University Press, Ithaca, 1967.

———, "Personality and Structural Dimensions in Comparative International Development", *Soc. Sci. Quart.*, 51, 1970; pp. 494-513.

Houlihan, Kevin, *et al.*, "Some Motivational Correlates of Attitudes Toward Political Participation", *Midw. J. Pol. Sci.*, vol. 14, núm. 3, 1970; pp. 383-391.

Huber, Joan, y William H. Form, *Income and Ideology: An Analysis of the American Political Formula*, Free Press, Nueva York, 1973.

Hunt, Eva, "Ceremonies of Confrontation and Submission: The Symbolic Dimension of Indian-Mexican Political Interactions", documento presentado en el Burg Wartenstein Symposium núm. 64, sobre la Consideración de Rituales seculares (puede obtenerse en la Wener-Gren Foundation for Anthropological Research, Nueva York), 1974.

Hunter, Albert, *Symbolic Communities: The Persistence and Change of Chicago's Local Communities*, University of Chicago Press, Chicago.

Huntington, Samuel P., *Political Order in Changing Societies*, Yale University Press, New Haven, 1968.

——— y Joan M. Nelson, "Socio-economic Change and Political Participation: Report to the Civic Participation Division of the Agency for International Development", Center for International Affairs, Harvard University, Research Agreement AID/csd-2502 (próximo a publicarse con el título *Socioeconomic Change and Political Participation*, Harvard University Press, Cambridge, Mass., 1973.

Inkeles, Alex, "Participant Citizenship in Six Developing Countries", *Amer. Pol. Sci. Rev.*, vol. 63, núm. 4, 1969; pp. 1120-1141.

——— y David H. Smith, *Becoming Modern: Individual Change in Six Developing Countries*, Harvard University Press, Cambridge, Mass. 1974.

Instituto Nacional de la Vivienda, *Una ciudad perdida*, Instituto Nacional de la Vivienda, México, 1968.

Jackson, Harold, E., "Intra-Urban Migration of Mexico City's Poor". Tesis sin publicar, Universidad de Colorado (Boulder), 1973.

Jacob, Phillip, *et al.*, *Values and the Active Community*, Free Press, Nueva York, 1972.

Jaguaribe, Helio, *Political Development: A General Theory and a Latin American Case Study*, Harper & Row, Nueva York, 1973.

Janowitz, Morris, *The Community Press in an Urban Setting*, Free Press, Glencoe, Ill., 1952.

Johnson, John J., *Political Change in Latin America: The Emergence of the Middle Sectors*, Stanford University Press, Stanford, California, 1958.

Johnson, Kenneth F., *Mexican Democracy: A Critical View*, Houghton Mifflin, Boston, 1971.

Johnston, R. J., *Urban Residential Patterns*, Praeger, Nueva York, 1972.

Juppenplatz, Morris, *Cities in Transformation: The Urban Squatter Problem of the Developing World*, University of Queensland Press, Brisbane, 1971.

Kahl, Joseph A., *The Measurement of Modernism*, University of Texas Press, Austin, 1968.

Karpat, Kemal H., "The Politics of Transition: Political Attitudes and Party Affiliation in Turkish Gecekondu". Tesis sin publicar, Departamento de Historia, Universidad de Wisconsin (Madison).

Karst, Kenneth L., Murray L. Schwartz, y Audrey J. Schwartz, *The Evolution of Law in the Barrios of Caracas*, Latin American Center, UCLA, Los Ángeles, 1973.

Katz, Daniel, y Samuel J. Eldersveld, "The Impact of Local Party Activity Upon the Electorate", *Publ. Opinion Quarterly*, 25, 1961; pp. 12-15.

Kaufman, Clifford, "Urbanization, Personal Welfare, and Politicization: The Lower Class in Santiago, Chile". Tesis sin publicar, Universidad de Oregon, 1966.

———, "Latin American Urban Inquiry: Some Substantive and Methodological Inquiry", *Urban Affairs Quarterly*, 5: 394-411; 1970.

———, "Urbanization, Material Satisfaction, and Mass Political Involvement: The poor in Mexico City", *Comp. Pol. Stud.*, vol. 4, núm. 3, pp. 295-319.

———, "Urban Structure and Urban Politics in Latin America", *Journal Comp. Admin.* vol. 4, núm. 3, pp. 343-364 (véase la réplica en las páginas 375-379), 1972.

Kaufman, Clifford, Karen Lindberg y Bryan Jones, "Personal Welfare and Political Performance: Testing a Model in Chile and Peru". Documento presentado en la reunión anual de la Southwestern Social Science Association, Dallas, 1973.

Kazemi, Farhad, Presentación oral de los resultados de investigación en Irán, en la reunión sobre migración y política en los países en desarrollo, de la reunión anual de la American Political Science Association, Nueva Orleans, 1973.

Keesing, Donald B., "External Finance and the Requirements of Full Modernization in Mexico", Memorando de investigación 54, Center for Development Economics, Williams College, Williamstown, Mass., 1974.

Keller, Suzanne, *The Urban Neighborhood*, Random House, Nueva York, 1968.

Kemper, Robert Van, "Rural-Urban Migration in Latin America", *Int. Migration Review*, vol. 5, pp. 36-47, 1971a.

———, "Migration and Adaptation of Tzintzuntzan Peasants in Mexico City". Tesis sin publicar, Universidad de California (Berkeley), 1971b.

———, "Family and Household Organization Among Tzintzuntzan Migrants in Mexico City", pp. 23-46 en Wayne A. Cornelius y Felicity M. Trueblood, eds., *Anthropological Perspectives on Latin American Urbanization* (Latin American Urban Research, vol. 4), Sage Publications, Beverly Hills, 1974.

Kendall, Patricia L. y Paul F. Lazarsfeld, "Problems of Survey Analysis", en Robert K. Merton y Paul F. Lazarsfeld, eds., *Cintinuities in Social Research: Studies in the Scope and Method of "The American Soldier"*, Free Press, Glencoe, Ill., 1950.

———, "The Relation Between Individual and Group Characteristics in 'The American Soldier' ", pp. 290-296, en Paul F. Lazarsfeld y Morris Rosenberg, eds., *The Language of Social Research*, Free Press, Nueva York, 1955.

Kenski, Henry C., Jr., "Urbanization and Political Change in Latin America, 1950-1964". Tesis sin publicar, Universidad de Georgetown.

Kern, Robert, ed., *The Caciques: Oligarchical Politics and the System of Caciquismo in the Luso-Hispanic World*, University of New Mexico Press, Albuquerque, 1973.

Klassen, D. L., "Political Expectations/Perception Differences as Predictors of Public Trust in Government", documento presentado en la reunión anual de la American Political Science Association, Washington, D. C., 1972.

Klorman, R., "Contextual Effects of Socio-Political Environment on Political Attitudes and Behaviour". Tesis sin publicar, Universidad de California (Berkeley), 1971.

Kornblum, William, *Blue Collar Community*, University of Chicago Press, Chicago, Ill., 1974.

Kramer, Ralph M., *Participation of the Poor: Comparative Community Case Studies in the War on Poverty*, Prentice-Hall, Englewood Cliffs, N. J., 1969.

Krauss, Ellis, *Japanese Radicals Revisited: Student Protest in Postwar Japan*, University of California Press, Berkeley, 1974.

Krickus, Richard J., "Rapid Urbanization: A Challenge to Political Development". Tesis sin publicar, Universidad de Georgetown, 1968.

Kurtz, Donald V., *The Politics of Poverty Habitat*, Ballinger, Cambridge, Mass., 1973.

Kurtz, Norman R., "Gatekeepers in the Process of Acculturation". Tesis inédita, Universidad de Colorado (Boulder), 1966.

Lambert, Jacques, *Latin America: Social Structures and Political Institutions,* University of California Press, Berkeley, 1967.

Lane, Robert E., *Political Life,* Free Press, Nueva York, 1959.

Laquian, Aprodicio A., "Slums and Squatters in South and Southeast Asia", pp. 183-203, en Leo Jakobson y Ved Prakash, eds., *Urbanization and National Development* (*South and Southeast Asia Urban Affairs,* vol. I), Sage Publications, Beberly Hills, 1972.

Lazarsfeld, Paul F. y Herbert Menzel, "On The Relation Between Individual and Collective Properties", pp. 422-440, en Amatai Etzioni, ed., *Complex Organizations,* Holt, Rinehart & Winston, Nueva York, 1961.

Lee, Chae-Jin, "Urban Political Competition in a Developing Nation: The Case of Corea", *Comp. Pol. Stud.,* vol. 4, núm. 1, 1971; pp. 107-116.

Lee, Terrence, "Urban Neighborhood as a Socio-Spatial Schema", *Hum. Relations* 21, 1968; pp. 241-267.

Leeds, Anthony, "The Anthropology of Cities: Some Methodological Issues", pp. 31-47, en Elizabeth M. Eddy, ed., *Urban Anthropology: Research Perspectives and Strategies* (*Southern Anthropological Society Proceedings* 2) University of Georgia Press, Athens, Ga., 1968.

———, "The Significant Variables Determining the Character of Squatter Settlements", *América Latina,* vol. 12, núm. 3, 1969; pp. 44-86.

———, "Political, Economic, and Social Effects of Producer and Consumer Orientations Toward Housing in Brazil and Peru: A Systems Analysis", en Francine F. Rabinovitz y F. M. Trueblood, eds., *Latin American Urban Research,* vol. III, Sage Publications, Beverly Hills, 1973.

———, "Housing Settlements Types, Arrangements for Living, Proletarianization, and the Social Structure of the City", en Wayne A. Cornelius y Felicity M. Trueblood, eds., *Anthropological Perspectives in Latin American Urbanization* (*Latin American Urban Research,* vol. 4), Sage Publications, Beverly Hills, 1974.

Leeds, Elizabeth R., "Forms of 'Squatment' Political Organization: The Politics of Control in Brazil". Tesis de maestría, inédita, U. Texas, Austin, 1972.

Lenz-Romeiss, Felizitas, *The City: New Town or Home Town?* Praeger, Nueva York, 1973.

Lerner, Daniel, *The Passing of Traditional Society,* Free Press, Nueva York, 1958.

Levenson, George B., "The Behavioral Relevance of the Obligation to Participate", documento presentado en la reunión anual de la American Political Science Association, Chicago, 1971.

Levin, Martin L., "Social Climates and Political Socialization", *Public Op. Quart.,* vol. 25, núm. 4, 1961; pp. 596-606.

Lewis, Oscar, *Los hijos de Sánchez,* Joaquín Mortiz, México.

———, "Further Observations on the Folk-Urban Continuum and Urbanization, with Speciel Reference to Mexico City", pp. 491-503, en P. Hauser y L. F. Schnore, eds., *The Study of Urbanization,* Wiley, Nueva York.

Lindenberg, K. E. M., "The Effect of Negative Sanctions on Politicization among Lower-Class Sectors in Santiago, Chile, and Lima, Peru". Tesis inédita, Universidad de Oregon, 1970.

Lipset, S. M., *Political Man,* Doubleday, Nueva York, 1960.

———, Martin A., Trow, y James S. Coleman, *Union Democracy,* Free Press, Glencoe, Ill., 1956.

Lipsky, Michael, *Protest in City Politics*, Rand McNally, Chicago, 1970.

——— y M. Levi, "Community Organization as a Political Resource", pp. 175-199, en H. Hahn, ed., *People and Politics in Urban Society* (*Urban Affairs Annual Reviews*, vol. 6), Sage Publications, Beverly Hills, 1972.

Litwak, Eugene, "Voluntary Associations and Neighborhood Cohesion", pp. 583-600, en Robert Gutman y David Popenoe, eds., *Neighborhood, City, and Metropolis*, Random House, Nueva York, 1970.

Lomnitz, Larissa, "The Social and Economic Organization of a Mexican Shantytown", en Wayne A Cornelius y Felicity M. Trueblood, eds., *Anthropological Perspectives on Latin American Urbanization* (*Latin American Urban Research*, vol. 4), Sage Publications, Beverly Hills, 1974.

———, *Cómo sobreviven los marginados*, Siglo XXI Eds., México, 1975.

Lopes, Juárez Rubens Brandão, "Some Basic Developments in Brazilian Politics and Society", pp. 162-166, en Richard R. Fagen y Wayne A. Cornelius, eds., *Political Power in Latin America: Seven Confrontations*, Prentice-Hall, Englewood Cliffs, N. J., 1970.

López Rosado, Diego, *El costo de la vida en la Ciudad de México*, Departamento del Distrito Federal, México, 1975.

Lozier, John D., "Political Organization and Cooperative Work in a Mexican Village". Tesis inédita, Universidad de Minnesota, 1971.

Lutz, Thomas M., "Some Aspects of Community Organization and Activity in the Squatter Settlements of Panama City". Inédito, Universidad de Georgetown, 1967.

———, "Self-Help Neighborhood Organization, Political Socialization, and the Developing Political Orientations of Urban Squatters in Latin America: Contrasting Patterns from Case Studies in Panama City, Guayaquil and Lima". Tesis inédita, Universidad de Georgetown, 1970.

Lynch, Thomas D., *et al.*, "Symposium: Neighborhoods and Citizen Involvement", *Publ. Admin. Rev.*, vol. 32, núm. 3, 1972; pp. 189-223.

Mabry, Donald J., *Mexico's Acción Nacional: A Catholic Alternative to Revolution*, Syracuse University Press, Syracuse, Nueva York, 1973.

McClosky, Herbert, "Political Participation", pp. 252-265, en David L. Sills, ed., *International Encyclopedia of the Social Sciences*, vol. 12, Macmillan-Free Press, Nueva York, 1968.

McDonald, Ronald H., "National Urban Voting Behavior: The Politics of Dissent in Latin America", *Inter-American Economics Affairs*, vol. 23, núm. 1, 1969, pp. 3-20.

MacEwen, Allison M., "Marginalidad y Movilidad en una Villa Miseria", *Revista Latinoamericana de Sociología*, vol. 7, núm. 1, 1971; pp. 37-53.

———, "Stability and Change in a Shantytown: A Summary of Some Research Findings", *Sociology*, vol. 6, núm. 1, 1972; pp. 41-57.

McKenney, James W., "Voluntary Associations and Political Integration: An Exploratory Study of the Role of Voluntary Association Membership in the Political Socialization of Urban Lower-Class Residents of Santiago, Chile, and Lima, Peru". Tesis inédita, Universidad de Oregon.

McKenzie, Roderick Duncan, "The Neighborhood", pp. 42-44, en Robert K. Yin, ed., *The City in the Seventies*, Peacock, Ithaca, Ill., 1972.

Maguire, Kevin, "Political Resocialization: A Theoretical and Empirical Analysis". Tesis inédita, Universidad de Colorado (Boulder), 1969.

Main, Eleanor C., "The Impact of Urbanization: A Comparative Study of Urban and Non-Urban Political Attitudes and Behavior". Tesis inédita, Universidad de Carolina del Norte (Chapel-Hill), 1966.

Mangin, William, "Latin American Squatter Settlements: A Problem and a Solution", *Lat. Amer. Res. Rev.*, vol. 2, núm. 3, 1967; pp. 65-98.

———, ed., *Peasants in Cities*, Houghton Mifflin, Boston, 1970.

Mann, Peter H., "The Neighborhood", pp. 568-583, en Robert Gutman y David Popenoe, eds., *Neighborhood, City, and Metropolis*, Random House, Nueva York, 1970.

Marshall, Dale R., "Who Participates in What? A Bibliographic Essay on Individual Participation in Urban Areas", *Urban Affairs Quarterly*, vol. 4, núm. 2, 1968; pp. 201-224.

———, *The Politics of Participation in Poverty*, University of California Press, Berkeley, 1971.

Martínez Ríos, Jorge, "Los campesinos mexicanos: Perspectivas en el proceso de marginalización", *El perfil de México en 1980*, vol. III, Siglo XXI, México, 1972.

Martinussen, Willy, "The Development of Civic Competence: Socialization or Task Generalization?" *Acta Sociológica*, vol. 15, núm. 3, 1972; pp. 213-227.

Maruska, Donald L., "Government Policy and Neighborhood Organizations in the Squatter Settlements of Lima". Tesis inédita, Departamento de Gobierno, Harvard, 1972.

Mathiason, John R., "Patterns of Powerlessness Among Urban Poor: Toward the Use of Mass Communications for Rapid Social Change", *Stud. Comp. Int. Devel.* vol. 7, núm. 1, 1972; pp. 64-84.

———, y John D. Powell, "Participation and Efficacy: Aspects of Peasant Involvement in Political Mobilization", *Comp. Politics*, vol. 4, núm. 3, 1972; pp. 303-329.

Medler, Jerry F., "Negative Sanctions: Their Perception and Effect in the Political System". Tesis inédita, Universidad de Oregon, 1966.

Mercado Villar, Olga, *et al.*, *La marginalidad urbana: Origen, proceso y modo*, Troquel, Buenos Aires, 1970.

Merelman, Richard, "Learning and Legitimacy", *Amer Pol. Sci. Rev.* 60, 1966; pp. 548-561.

Michelson, William, *Man and His Urban Environment: A Sociological Approach*, Addison-Wesley, Reading, Mass., 1970.

Michl, Sara, "Urban Squatter Organization as a National Government Tool: The Case of Lima, Peru", en Francine F. Rabinovitz y Felicity M. Trueblood, eds., *Latin American Urban Research*, vol. III, Sage Publications, Beverly Hills, 1973.

Milbrath, Lester, *Political Participation*, Rand McNally, Chicago, 1965.

Miller, George A., y L. Wesley Wager, "Adult Socialization, Organizational Structure, and Role Orientations", *Admin. Sci. Quart.*, vol. 16, núm. 2, 1971; pp. 151-163.

Miller, John, y Ralph A. Gakenheimer, eds., *Latin American Urban Policies and the Social Sciences*, Sage Publications, Beverly-Hills, 1971

Miller, Warren E., "One-Party Politics and the Voter", *Amer. Pol. Sci. Rev.*, vol. 50, núm. 3, 1956; pp. 707-725.

Moinat, Sheryl M., *et al.*, "Black Ghetto Residents as Rioters", *J. Soc. Issues*, vol. 28, núm. 4, 1972; pp. 45-62.

Moiron, Sara, "El desempleo: Un problema creciente y poco estudiado", Diorama de la Cultura, *Excelsior*, 18 de mayo de 1975; pp. 6-7.

Mollenkopf, John H., "Causes and Consequences of Neighborhood Political Mobilization", documento inédito presentado en la reunión anual de la American Political Science Association, Nueva Orleans, 1973.

Montaño, Jorge, *Los pobres de la ciudad en los asentamientos espontáneos: Poder y Política*, Siglo XXI, México, 1976.

Moreno, José A., *Barrios in Arms: Revolution in Santo Domingo*, University of Pittsburgh Press, Pittsburgh, 1970.

Morse, Richard M., "Recent Research on Latin American Urbanization: A Selective Survey with Commentary", *Latin American Research Review*, vol. 1, núm. 1, 1965; pp. 35-74.

———, "Trends and Issues in Latin American Urban Research, 1965-1970", *Latin American Research Review*, vol. 6, núm. 1, pp. 3-52; vol. 6, núm. 2, pp. 19-75, 1971.

Muñoz, Humberto y Orlandina de Oliveira, "Migración interna y movilidad ocupacional en la ciudad de México", *Demografía y Economía*, vol. 7, núm. 2, México, 1973, pp. 135-148.

———, Orlandina de Oliveira y Claudio Stern, "Migración y marginalidad ocupacional en la ciudad de México", pp. 325-353, en *El perfil de México en 1980*, vol. III, Siglo XXI, México, 1972.

———, Categorías de migrantes y nativos y algunas de sus características socioeconómicas: comparación entre las ciudades de Monterrey y México", en Balán, Browning & Jelin, 1973b.

Navarrete, Ifigenia M. de, "La distribución del ingreso en México: Tendencias y perspectivas", pp. 15-72, en David Ibarra, *et al.*, *El perfil de México en 1980*, vol. I, Siglo XXI, México, 1970.

Needler, Martin C., *Politics and Society in Mexico*, University of New Mexico Press, Albuquerque, 1971.

Nelson, Joan M., *Migrants, Urban Poverty, and Instability in Developing Nations*, Cambridge, Mass., Center for International Affairs, Harvard University, 1969.

———, "The Search for Useful Hypotheses", *J. Comp. Admin.*, vol. 4, núm. 3, 1972; pp. 365-371.

———, *Politics and the Urban Poor in Developing Nations*, manuscrito inédito, Johns Hopkins School of Advanced International Studies, Washington, D. C., 1974.

———, *Sojourners* vs. *New Urbanites: Causes and Consequences of Temporary versus Permanent Migration;* MIT Center for International Studies, Migration and Development Study Group, Working Papers, Cambridge, Mass, 1975.

Nie, Norman H., G. Bingham Powell, y Kenneth Prewit, "Social Structure and Political Participation: Developmental Relationships", *American Political Sciences Review*, vol. 63, núms. 2, 3, 1969; pp. 361-378; 808-832.

———, D. Bent, y H. Hull, *Statistical Package for the Social Sciences*, McGraw-Hill, Nueva York, 1970.

Nowak, Thomas, y Kay Snyder, "Urbanization and Clientelist Systems in the Philippines", *Philippine J. Publ. Admin.*, vol. 14, núm. 3, 1970; pp. 259-275.

Nun, José, "Sobrepoblación relativa, ejército industrial de reserva, y masa marginal", *Revista Latinoamericana de Sociología*, vol. 5, núm. 2, 1969; pp. 178-236.

Núñez, Theron A., Jr., "Cultural Discontinuity and Conflict in a Mexican Village". Tesis inédita, Universidad de California, Berkeley, 1963.

O'Brien, David, J., "The Public Goods Dilemma and the 'Apathy' of the Poor Toward Neighborhood Organization", *Soc. Service Rev.*, vol. 48, núm. 2, 1974; pp. 229-244.

———, *Neighborhood Organization and Interest Group Processes*, Princeton University Press, Princeton, N. J., 1975.

Oldman, Oliver, *et al.*, *Financing Urban Development in Mexico City*, Harvard University Press, Cambridge, Mass., 1967.

Olsen, Marvin E., "A Model of Political Participation Stata", estudio presentado en la reunión anual de la American Sociological Association, Nueva Orleans, 1972.

Orbell, John M., "The Impact of Metropolitan Residence on Social and Political Orientations", *Soc. Sci. Quart.*, vol. 51, núm. 3, 1970; pp. 634-648.

——— y Kenneth S. Sherrill, "Racial Attitudes and the Metropolitan Context: A Structural Analysis", *Public Opinion Quarterly*, vol. 33, núm. 1, 1969; pp. 46-54.

——— y Toru Uno, "A Theory of Neighborhood Problem Solving: Political Action vs. Residential Mobility", *Amer. Pol. Sci. Rev.*, vol. 66, núm. 2, 1972; pp. 471-489.

Ornelas, Charles, "Land Tenure, Sanctions, and Politicization in Mexico, D. F." Tesis inédita, Universidad de California, Riverside, 1973.

Ozbuden, Ergun, "Political Participation in Turkey", manuscrito inédito, Center for International Affairs, Harvard, 1973.

Padgett, L. Vincent, *The Mexican Political System*, Houghton Mifflin, Boston, 1966.

Paré, Luisa, "Diseño teórico para el estudio del caciquismo actual en México", *Revista Mexicana de Sociología*, vol. 34, núm. 2, 1972; pp. 335-354.

Parenti, Michael, "Power and Pluralism: A View from the Bottom", *Journal of Politics*, vol. 32, núm. 3, 1970; pp. 501-530.

Park, Robert E., *Human Communities*, Free Press, Nueva York, 1952.

———, Ernest W. Burges y Roderick D. McKenzie, *The City*, University of Chicago Press, Chicago, 1925.

Patch, Richard W., "Life in a Callejón: A Study of Urban Disorganization", *American Universities Field Staff Reports*, West Coast South America Series, vol. 8, núm. 6, 1961.

———, "La Parada, Lima's Market", pp. 177-223 en Associates of the American Universities Field Staff, *City and Nation in the Developing World: AUFS Readings*. vol. II, American Universities Field Staff, Nueva York, 1968.

Peattie, Lisa R., *The View from the Barrio*, University of Michigan Press, Ann Arbor, 1968.

———, "The concept of 'Marginality' as Applied to Squatter Settlements", en Wayne A. Cornelius y Felicity M. Trueblood, eds., *Anthropological Perspectives on Latin American Urbanization* (*Latin American Urban Research*, vol. 4), Sage Publications, Beverly Hills, 1974.

Perlman, Janice E., "The Fate of Migrants in Rio's Favelas". Tesis inédita, MIT, 1971.

Petras, Elizabeth M., *Social Organization of the Urban Housing Movement in Chile*, Council on International Studies, State University of New York at Buffalo, Special Studies Series 39, Buffalo, 1973.

Petras, James F., *Politics and Social Structure in Latin America*, Monthly Review Press, Nueva York, 1970.

Pizzorno, Alessandro, "An Introduction to the Theory of Political Participation", *Social Science Information* 9, 1970; pp. 29-61.

Portes, Alejandro, *Cuatro poblaciones: Informe preliminar sobre situación y aspiraciones de grupos marginados en el gran Santiago*, Programa de Estudios en Sociología del Desarrollo de la Universidad de Wisconsin y Centro de Estudios Socio-Económicos de la Universidad de Chile, Santiago de Chile, 1969.

———, "The Urban Slum in Chile: Types and Correlates", *Land Economics* 47, núm. 3, 1971a; pp. 235-248.

———, "Political Primitivism, Differential Socialization, and Lower-Class Leftist Radicalism", *American Social Review*, vol. 36, núm. 5, 1971b; pp. 820-835.

———, "Urbanization and Politics in Latin America", *Soc. Sci. Quart*, vol. 52, 1971c; pp. 697-720.

———, "Rationality in the Slum: An Essay in Interpretive Sociology", *Comp. Stud. Soc. Hist.*, vol. 14, núm. 3, 1972; pp. 268-286.

——— y John Walton, *Urban Latin America: The Political Conditions from Above and Below*, University of Texas Press, Austin, 1976.

Powell, John Duncan, "Peasant Society and Clientelist Politics", *Amer. Pol. Soc. Rev.*, vol. 64, núm. 2, 1970; pp. 411-425.

Powell, Sandra, "Political Participation in the Barriadas: A Case Sudy", *Comp. Pol. Stud.*, vol. 2, núm. 2, 1969; pp. 195-215.

Pratt, Raymond B., "Organizational Participation, Politicization, and Development: A Study of Political Consequences of Participation in Community Associations in Four Lower Class Urban Settlements in Chile and Peru". Tesis inédita, Universidad de Oregon, 1968.

———, "Community Political Organizations and Lower Class Politicization in Two Latin American Cities", *J. Developing Areas*, vol. 5, 1971a; pp. 523-542.

———, "Parties, Neighborhood Associations, and the Politicization of the Urban Poor in Latin America: An Exploratory Analysis", *Midwest Journal of Political Science*, vol. 15, núm. 3, 1971b; pp. 495-524.

PRI (Partido Revolucionario Institucional), *Memoria de la reunión para el estudio de los problemas del Distrito Federal*, 2 vols., Instituto de Estudios Políticos, Económicos y Sociales del PRI, México, 1970.

Prysby, Charles, "Social Mobilization, Economic Development, and Left Voting: Chile, 1958-1964". Tesis inédita, Universidad del Estado de Michigan, 1973.

Purcell, Susan K., y John F. H. Purcell, "Community Power and Benefits from the Nation: The Case of Mexico", pp. 49-76, en Francine F. Rabinovitz y Felicity M. Trueblood, eds., *Latin American Urban Research*, vol. 3, Sage Publications, Beverly Hills, 1973.

———, "Machine Politics and Socio-Economic Change in Mexico", en James W. Wilkie, Michael C. Meyer y Edna Monzón de Wilkie, eds., *Contemporary Mexico: Papers of the IV International Congress of Mexican History*, University of California Press y El Colegio de México, Berkeley y México, 1975a.

———, "Mexican Business and Public Policy", en James M. Malloy ed., *Authoritarianism and Corporatism in Latin America*, University of Pittsburgh Press, Pittsburgh, 1975b.

Putnam, Robert D., "Political Attitudes and the Local Community", *American Pol. Sci. Rev.*, vol. 60, núm. 3, 1966; pp. 640-654.

Quijano, Aníbal, "La constitución del 'mundo' de la marginalidad urbana", *Revista Latinoamerciana de Estudios Urbano-Regionales*, vol. 2, núm. 5, 1972; pp. 89-106.

Rabinovitz, Francine F., "Urban Development Decision-Making in the Mexican Federal District" en *Programs for Urban Development in Latin America*, Agencia Internacional para el Desarrollo, Gobierno de los Estados Unidos, Washington, D. C., 1965.

———, "Urban Development and Political Development in Latin America", pp. 86-123 en Robert T. Daland, ed., *Comparative Urban Research*, Sage Publications, Beverly Hills, 1969a.

———, "Political Correlates of Urbanization in Latin America: Is There a Micro/Macro Dilemma?", manuscrito inédito, Department of Political Science, UCLA, 1969b.

Rabushka, Alvin, "A Note on Overseas Chinese Political Participation in Urban Malaya", *Amer. Pol. Sci. Rev.*, vol. 64 núm. 1, 1970; pp. 177-178.

Ray, Talton, F., *The Politics of the Barrios of Venezuela*, University of California Press, Berkeley, 1969.

Reyes Heroles, Jesús, "Cuando se combaten los cacicazgos, el pueblo vota con entusiasmo: Texto íntegro del discurso del presidente del PRI pronunciado en Aguascalientes", *El Día*, 7 de diciembre de 1972, p. 9.

Reyna, José Luis, *An Empirical Analysis of Political Mobilization: The Case of Mexico*, Latin American Studies Program Dissertation Series (Universidad de Cornell), núm. 26, 1971.

———, "Control Político, estabilidad y desarrollo en México", *Cuadernos del Centro de Estudios Sociológicos* (El Colegio de México), núm. 3, 1974.

Richardson, Bradley M., "Urbanization and Political Participation: The Case of Japan", *American Political Science Review*, vol. 67, núm. 2, 1973; pp. 433-452.

Riordan, William L., *Plunkitt of Tammany Hall*, Dutton, Nueva York (primera edición 1905), 1963.

Ríos, José Arthur, "El pueblo y el político", *Política* (Caracas), 6, 1960; pp. 11-36.

Roberts, Bryan R., "The Social Organization of Low-Income Families", pp. 345-382, en Irving L. Horowitz, ed., *Masses in Latin America*, Oxford University Press, Londres, 1970a.

———, "Urban Poverty and Political Behavior in Guatemala", *Human Organization*, vol. 29, núm. 1, 1970b; pp. 20-28.

———, *Organizing Strangers: Poor Families in Guatemala City*, University of Texas Press, Austin, 1973.

———, "The Interrelationships of City and Provinces in Peru and Guatemala", pp. 207-235 en Wayne A. Cornelius y Felicity M. Trueblood eds., *Anthropological Perspectives on Latin American Urbanization* (*Latin American Urban Research*, vol. 4), Sage Publications, Beverly Hills, 1974.

Roberts, J. M., y T. Gregor, "Privacy: A Cultural View", en J. R. Pennock y J. W. Chapman, eds., *Privacy*, Atherton, Nueva York, 1971.

Robles Quintero, Salvador, "Análisis de la economía mexicana", *El Día*, 9 de junio, p. 18; 10 de junio, p. 15, 1975.

Robson, B. T., *Urban Analysis*, Cambridge University Press, Londres, 1969.

Rodríguez, Alfredo, Gustavo Riofrío y Eilen, Welsh, "De invasores a invadidos",

Revista Latinoamericana de Estudios Urbano-Regionales, vol. 2, núm. 6, 1972; pp. 101-142.

Rogler, Lloyd, "Slum Neighborhood in Latin America", *Journal Inter-American Studies,* 9, 1967; pp. 507-528.

———, "The Changing Role of a Political Boss in a Puerto Rican Migrant Community", *American Sociol. Review,* vol. 39, núm. 1, 1974; pp. 57-67.

Rohter, Ira S., "A Social-Learning Theory Approach to the Study of Political Socialization", documento presentado en la reunión anual de la American Political Science Association, Los Ángeles, 1970.

Rokkan, Stein, "Party Preferences and Opinion Patterns in Western Europe: A Comparative Analysis", *Int. Soc. Sci. Bull.,* vol. 7, núm. 4, 1955; pp. 575-596.

Rollwagen, Jack R., "Mediation and Rural-Urban Migration in Mexico: A Proposal and a Case Study", pp. 47-63, en Wayne A Cornelius y Felicity M. Trueblood, eds., *Anthropological Perspectives on Latin American Urbanization* (*Latin American Urban Research,* vol. 4) Sage Publications, Beverly Hills, 1974.

Ronfeldt, David, *Atencingo: The Politics of Agrarian Struggle in a Mexican Ejido,* Stanford University Press, Stanford, California, 1972.

Rosa, Martín de la, *Netzahualcóyotl: Un fenómeno,* Fondo de Cultura Económica, Testimonios del Fondo, México, 1975.

Rosenbaum, Allan, "Machine Politics, Class Interest, and the Urban Poor", documento presentado en la reunión anual de la American Political Science Association, Nueva Orleans, 1973.

Ross, H. Laurence, "The Local Community: A Survey Approach", pp. 557-568, en Robert Gutman y David Popenoe, eds., *Neighborhood, City, and Metropolis,* Random House, Nueva York, 1970.

Ross, Marc H., "Two Styles of Political Participation in an African City", *Amer. J. Pol. Sci.* (antes el *Midwest Journal of Political Science*) vol. 17, núm. 1, 1973a; pp. 1-22.

———, *The Political Integration of Urban Squatters,* Northwestern University Press, Evanston, Ill., 1973b.

———, "Community Formation in an Urban Squatter Settlement", *Comp. Pol. Stud.,* vol. 6, núm. 3, 1973c; pp. 293-328.

Rossi, Peter H., Richard A. Berk y B. Eidson, *The Roots of Urban Discontent,* Wiley, Nueva York, 1974.

Roth, Barbara, en preparación. "Adult Political Socialization: The Study of American Immigrants in Israel". Tesis, Rutgers.

Salaff, Janet, "Urban Residential Communities in the Wake of the Cultural Revolution", pp. 289-323 en John W. Lewis, ed., *The City in Communist China,* Stanford University Press, Stanford, California, 1971.

Salamon, Lester M., y Steven Van Evera, "Fear, Apathy, and Discrimination: A Test of Three Explanations of Political Participation", *Amer. Pol. Sci. Rev.* vol. 67, núm. 4, 1973; pp. 1288-1306.

Sallach, David L., Nicholas Babchuk y Alan Booth, "Social Involvement and Political Activity: Another View", *Soc. Sci. Quar.* vol. 52, núm. 4, 1972; pp. 879-892.

Savitch, Harold V., "Powerlessness in an Urban Ghetto", *Polity,* vol. 5, núm. 1, 1972; pp. 19-56.

Schers, David, *The Popular Sector of the Partido Revolucionario Institucional in Mexico,* Tel Aviv, The David Horowitz Institute for the Research of Developing Countries, Tel Aviv University, Res. Rpt. 1 (presentado como tesis doctoral en ciencias políticas en la Universidad de Nuevo México, 1972).

Scheuch, Erwin K., "Social Context and Individual Behavior", pp. 133-155 en Dogan y Rokkan, 1969.

Schneider, Peter R., y Anne L. Schneider, "Social Mobilization, Political Institutions, and Political Violence: A Cross-National Analysis", *Comp. Pol. Stud.* vol. 4, núm. 1, 1971; pp. 69-90.

Schorr, Alvin L., "Housing and Its Effects", pp. 709-725, en Robert Gutman y David Popenoe, eds., *Neighborhood, City, and Metropolis*, Randon House, Nueva York, 1970.

Schoultz, Lars, "Urbanization and Changing Voting Patterns: Colombia, 1946-1970", *Political Science Quarterly*, vol. 87, núm. 1, marzo, 1972a.

———, "Urbanization and Political Change in Latin America", *Midwest J. Pol. Science*, vol. 16, núm. 3, 1972b; pp. 367-387.

Schuman, Howard, y Barry Gruenberg, "Dissatisfaction With City Services: Is Race an Important Factor?", pp. 369-392, en Harlan Hahn, ed., *People and Politics in Urban Society* (*Urban Affairs Annual Reviews*, vol. 6) Sage Publications, Beverly Hills, 1972.

Schwartz, David C., *Political Alienation and Political Behavior*, Aldine, Chicago, 1973.

Scott, James, C., "Corruption, Machine Politics, and Political Change", *Amer. Pol. Sci. Rev.*, vol. 63, núm. 4, 1969; pp. 1142-1158.

———, "Patron-Client Politics and Political Change in Southeast Asia", *Amer. Pol. Sci. Rev.*, vol. 66, núm. 1, 1972; pp. 91-113.

Scott, John Finley, *Internalization of Norms: A Sociological Theory of Moral Commitment*, Prentice Hall, Englewood Ciffs, N. J., 1971.

Scott, Robert E., *Mexican Government in Transition*, 2a. ed. University of Illinois Press, Urbana, 1964.

———, "Mexico: The Established Revolution", pp. 330-395, en Lucian W. Pye y Sidney Verba, eds., *Political Culture and Political Development*, Princeton University Press, Princeton, 1965.

———, "National Integration Problems and Military Regimes in Latin America", pp. 285-356, en R. E. Scott, ed., *Latin American Modernization Problems*, University of Illinois Press, Urbana, 1973.

———, "Politics in Mexico", en Gabriel A. Almond, ed., *Comparative Politics Today*, Little, Brown, Boston, 1974.

———, *Politics in Mexico*, Little, Brown, Boston; en preparación.

Searing, Donald D., Joel, J. Schwartz y Alden E. Lind, "The Structuring Principle: Political Socialization and Belief Systems", *Amer. Pol. Sci. Rev.*, vol. 67, núm. 2, 1973; pp. 415-432.

Segal, David R. y Marshall W. Meyer, "The Social Context of Political Partisanship", pp. 217-232, en Dogan y Rokkan, 1969.

——— y S. H. Wildstrom, "Community Effects on Political Attitudes: Partisanship and Efficacy", *Sociol. Quarterly*, 11, 1970; pp. 67-86.

Segovia, Rafael, "La reforma política: El ejecutivo federal, el PRI y las elecciones de 1973", *Foro Internacional* (México), vol. 14, núm. 3, 1974; pp. 51-67.

———, *La politización del niño mexicano*, El Colegio de México, México, 1975.

Sennett, Richard, *The Uses of Disorder: Personal Identity and City Life*, Knopf, Nueva York, 1970.

Sewell, William H., y J. Michael Armer, "Neighborhood Context and College Plans" *American Sociology Review*, vol. 31, núm. 2, 1966; pp. 159-168.

Shannon, Lyle W., "Urban Adjustment and Its Relationship to the Social Antecedents of Immigrant Workers", *Int. Rev. Comm. Devel.*, 13-14, 1965, 177-188.

———, y Magdaline Shannon, "The Assimilation of Migrants to Cities: Anthropological and Sociological Contributions", pp. 49-76, en Leo F. Schnore, ed., *Social Science and the City: A Survey of Urban Research*, Praeger, Nueva York, 1968.

Sherif, Musafer y Carolyn W. Sherif, *Reference Groups*, Harper & Row, Nueva York, 1964.

Sills, D. L., *et al.*, "Three 'Climate of Opinion' Studies", *Public Opinion Quarterly*, 25, 1961; pp. 571-610.

Silverman, Sydel F., "Patronage and Community-Nation Relationships in Central Italy", *Ethnology*, vol. 4, núm, 2, 1965; pp. 172-189.

Simpson, Lesley Byrd, *Many Mexicos*, 4a. ed., University of California Press, Berkeley, 1967.

Sinding, Steven W., "The Evolution of Chilean Voting Patterns: A Reexamination of Some Old Assumptions", *J. Politics*, vol. 34, núm. 3, 1972; pp. 774-796.

Smith, Robert B., "Neighborhood Context and College Plans: An Ordinal Path Analysis", *Social Forces*, vol. 51, núm. 2, 1972; pp. 199-217.

Snyder, Peter Z., "Indigenous Neighborhood Gatekeepers in the Process of Urban Adaptation", documento presentado en la reunión anual de la American Anthropological Association, Toronto, 1972.

Soares, Gláucio Ary Dillon, "Notas sôbre as consequências políticas de migração", inédito, Departamento de sociología, Cornell. Se publicó en español una versión resumida en Jorge Balán, *et al.*, *Migración y Desarrollo: Consideraciones teóricas y aspectos socioeconómicos y políticos*, Consejo Latinoamericano de Ciencias Sociales, Buenos Aires, 1973.

Solís, Leopoldo, "Mexican Economic Policy in the Post-War Period: The Views of Mexican Economists", *American Economic Review*, 61, 1971; pp. 28-46.

———, *Controversias sobre el crecimiento y la distribución: las opiniones de economistas mexicanos acerca de la política económica*, Fondo de Cultura Económica, México, 1972.

Stavenhagen, Rodolfo, "Social Aspects of Agrarian Structure in Mexico", pp. 225-270, en Rodolfo Stavenhagen, ed., *Agrarian Problems and Peasant Movements in Latin America*, Garden City, Doubleday Anchor Books, Nueva York, 1970.

Stea, David, "Urban Images in Mexico: A Study of the Conceptual Forms of Three Mexican Cities, As Seen By Their Inhabitants", inédito, Departamento de Geografía, Clark University, Worcester, Mass., 1966.

———, "La conducta humana y el diseño urbano", *Rev. Soc. Interamer. Planificación*, 2; 1968; pp. 12-16.

Stokes, Charles J., "A Theory of Slums", *Land Econ.*, 38, 1962; pp. 187-197. 1974.

Stokes, Charles J., "A Theory of Slums", *Land Econ.*, 38, 1962; pp. 187-197.

Stouffer, Samuel A., *et al.*, *The American Soldier*, I, Princeton University Press, Princeton, N. J., 1949.

Suttles, Gerald D., *The Social Order of the Slum*, University of Chicago Press, Chicago, 1968.

———, *The Social Construction of Communities*, University of Chicago Press, Chicago, 1972.

Swanson, B. E., *The Concern for Community in Urban America*, Odyssey, Nueva York, 1970.

Tannenbaum, Arnold S., y Gerald G. Bachman, "Structural Versus Individual Effects", *American J. Sociol.* 69, núm. 6, 1964; pp. 585-595.

Tate, C. Neal, "Individual and Contextual Variables in British Voting Behavior: An Exploratory Note", *Amer. Pol. Sci. Rev.* vol. 68, núm. 4, 1974; pp. 1656-1662.

Tello, Carlos, "Notas para el análisis de la distribución del ingreso en México", *Trimestre Económico*, Fondo de Cultura Económica, México, 150, 1971.

Temple, Nelle R., en preparación, "Urban Commitment and Political Demand-Making in Kenya". Tesis doctoral, Departamento de Ciencias Políticas, MIT.

Tessler, Mark A., "The Application of Western Theories and Measures of Political Participation to a Single-Party North African State", *Comp. Pol. Stud.*, vol. 5, núm. 2, 1972; pp. 175-191.

Tilly, Charles, "Do Communities Act?", pp. 209-240 en *Effrat*, 1974.

Timms, Duncan, *The Urban Mosaic: Towards a Theory of Residential Differentiation*, Cambridge University Press, Londres, 1971.

Tingsten, Herbert, *Political Behavior*, P. S. King, Londres, 1937.

Tomeh, Aida K., "Empirical Considerations in the Problem of Social Integration", *Sociological Inquiry*, 39, 1969; pp. 65-76.

Toness, Odin A., Jr., "Power Relations of a Central American Slum", inédito, tesis de maestría, Universidad de Texas, Austin, 1967.

Torres Trueba, Henry E., "Factionalism in a Mexican Municipio", *Sociologus*, Berlín, n. s., 19, núm. 2, 1969; pp. 134-152.

Touraine, Alaine, y Daniel Pécaut, "Working-Class Consciousness and Economic Development in Latin America", *Stud. Comp. Int. Devel.*, vol. 3, núm. 4, 1967-1968; pp. 71-84.

Townsend, James R., *Political Participation in Communist China*, University of California Press, Berkeley, 1967.

Tuohy, William S., "Centralism and Political Elite Behavior in Mexico", inédito, Departamento de Ciencias Políticas, Universidad de California (Davis).

———, "Centralism and Political Elite Behavior in Mexico", pp. 260-280, en Clarence E. Thurber y Lawrence S. Graham, eds., *Development Administration in Latin America*, Duke University Press, Durham, N. C., 1973.

Turner, Frederick C., "Mexican Politics: The Direction of Development", pp. 151-181 en William P. Glade y Stanley R. Ross, eds., *Críticas Constructivas del sistema político mexicano*, Institute of Latin American Studies, University of Texas, Austin, 1973.

Turner, John F. C., "Uncontrolled Urban Settlement: Problems and Policies", *Int. Soc. Develop. Rev.* (Naciones Unidas), 1, 1968a; pp. 107-128.

———, "Housing Priorities, Settlement Patterns and Urban Development in Modernizing Countries", *J. Amer. Inst. Planners*, vol. 34, núm. 6, 1968b; pp. 354-363.

———, "Barriers and Channels for Housing Development in Modernizing Countries", pp. 1-19 en William Mangin, ed., *Peasants in Cities: Readings in the Anthropology of Urbanization*, Houghton Mifflin, Boston, 1970.

Turner, John F. C., "The Squatter Revolution: Autonomous Urban Settlement and Social Change in Transitional Economics", inédito, Dept. of Urban Studies and Planning, MIT, 1971.

———, "Housing Priorities and Policies in Mexico: Report to the International Bank for Reconstruction and Development", inédito, Dept. of Urban Studies and Planning, MIT, 1974.

——— y Robert Fichter, *Freedom to Build*, Free Press, Nueva York, 1972.

Ugalde, Antonio, *Power and Conflict in a Mexican Community*, University of New Mexico Press, Albuquerque, 1970.

———, "Contemporary Mexico: From Hacienda to PRI, Political Leadership in a Zapotec Village", pp. 119-134, en Kern, 1973.

———, Leslie Olson, David Schers y Miguel Von Hoegen, *The Urbanization Process of a Poor Mexican Neighborhood: The Case of San Felipe del Real Adicional, Juárez*, Institute of Latin American Studies, University of Texas, Austin, 1974.

Unikel, Luis, *La dinámica del crecimiento de la ciudad de México*, Fundación para Estudios de la Población, A. C. México, 1972.

———, "El proceso de urbanización en México", en *El Perfil de México en 1980*, vol. III, Siglo XXI, México, 1973.

———, *et al.*, "Factores de rechazo en la migración rural en México, 1950-1960", *Demografía y Economía*, vol. 7, núm. 1, 1973; pp. 24-57.

——— con Gustavo Garza y Crescencio Ruiz Chiapetti, *El desarrollo urbano de México: Diagnóstico e implicaciones futuras*. El Colegio de México, México, 1975.

Uno, Toru, "The Discontinuity of Political Socialization: Toward a Dynamic Model of Social Change". Inédito, Universidad de Oregon, 1972.

Usandizaga, Elsa y A. Eugene Havens, *Tres barrios de invasión*, Tercer Mundo, Bogotá, 1966.

Uzzell, Douglas, "Bound for Places I'm Not Known To: Adaptation of Migrants and Residence in Four Irregular Settlements in Lima, Peru", inédito, Universidad de Texas, Austin, 1972.

———, "Bureaus and the Urban Poor in Lima", documento presentado en la reunión anual de la American Anthropological Association, Nueva Orleans, 1973.

———, "The Interaction of Population and Locality in the Development of Squatter Settlements in Lima", pp. 113-134, en Wayne A. Cornelius y Felicity M. Trueblood, eds., *Anthropological Perspectives on Latin American Urbanization* (*Latin American Urban Research*, vol. 4). Sage Publications, Beverly Hills, 1974.

Valdés, Luis, "Voting Patterns in Rural and Urban São Paulo: Sociological-Economic-Demographic Correlates of Voting Behavior in Brazil, 1953-1963". Tesis inédita, Univerisdad de Wisconsin, Madison, 1968.

Vanderschueren, Franz, "Political Significance of Neighborhood Committees in the Settlements of Santiago", pp. 256-283, en Dale L. Johnson, ed., *The Chilean Road to Socialism*, Doubleday Anchor Books, Garden City, Nueva York, 1973.

Van Sauer, Franz A., *The Alienated "Loyal" Opposition: Mexico's Partido Acción Nacional*, University of New Mexico Press, Albuquerque, 1974.

Vaughan, Denton R., "Links Between Peripheral Lower-Income Residential Areas and Political Parties in a Latin American City", inédito, Departamento de Antropología, Universidad de Texas, Austin, 1968.

Vaughan, Denton R. y Waltraut Feindt, "Initial Settlement and Intracity Movement of Migrants in Monterrey, Mexico", *J. Amer, Inst. Planners*, vol. 39, núm. 6, 1973; pp. 388-401.

Vekemans, Roger, y Jorge Giusti, "Marginality and Ideology in Latin American Development", *Stud. Comp. Int. Devel.*, vol. 5, núm. 11, 1969-70.

Verba, Sidney, "Some Dilemmas in Comparative Research", *World Politics*, vol. 20, núm. 1, 1967, pp. 111-127.

———, "The Uses of Survey Research in the Study of Comparative Politics" en Stein Rokkan, *et al.*, *Comparative Survey Analysis*, Mouton, La Haya, 1969.

———, "Cross-National Survey Research: The Problem of Credibility" pp. 309-356, en Ivan Vallier, ed., *Comparative Methods in Sociology*, University of California Press, Berkeley, 1971.

———, Bashir Ahmed, y Anil Bhatt, *Caste, Race, and Politics: A Comparative Study of India and the United States*, Sage Publications, Beverly Hills, 1971.

——— y Norman H. Nie, *Participation in America: Political Damocracy and Social Equality*, Harper & Row, Nueva York, 1972.

———, Norman H. Nie y Jae-On Kim, *The Modes of Democratic Participation: A Cross-National Comparison* (*Sage Professional Paper in Comparative Politics*, No. 01-013), Sage Publications, Beverly Hills, 1971.

Vernez, Georges, "The Residential Movements of Low-Income Families: The Case of Bogotá, Colombia", Rand Corp. Report P-5102, Santa Mónica, California, 1973.

Walton, John, "Standardized Case Comparison: Observations en Method in Comparative Sociology", pp. 173-191, en Michael Armer y Allen D. Grimshaw, eds., *Comparative Social Research: Methodological Problems and Strategies*, Wiley, Nueva York, 1973.

——— y Joyce A. Sween, "Urbanization, Industrialization, and Voting in Mexico: A Longitudinal Analysis of Official and Opposition Party Support", *Soc. Sci. Quart.*, 52, 1971; pp. 721-745.

Ward, Peter M., "Intra-City Migration to Squatter Settlements in Mexico City", inédito, Depto. de Geografía, University College, Londres, 1975.

Warren, Donald I., y Jesse F. McClure, "Toward a Theory of Black Community Structure: The Linkage Between Neighborhood and Voluntary Association Patterns", documento presentado en la reunión anual de la American Sociological Association, Nueva York, 1973.

Weiner, Myron, "Political Participation: The Crises of Political Process", pp. 159-204, en Leonard Binder, *et al.*, *Crises and Sequences in Political Development*, Princeton Universitly Press, Princeton, N. J., 1971.

———, "When Migrants Succeed and Natives Fail", pp. 315-329, en *International Population Conference, Liège, 1973: Proceedings*, vol. I, International Union for the Scientific Study of Population, Lieja, 1973a.

———, "Socio-Political Consequences of Interstate Migration in India", pp. 190-228, en W. Howard Wriggins y James F. Guyot, eds., *Population, Politics, and the Future of Southern Asia*, Columbia University Press, Nueva York, 1973b.

——— y John O. Field, *India's Urban Constituencies*, Center for International Studies, MIT, Cambridge, Mass., 1973.

White, James W., *Political Implications of Cityward Migration: Japan as an Exploratory Test Case* (*Sage Professional Papers in Comparative Politics*, núm. 01-038), Sage Publications, Beverly Hills, 1973.

Wilken, Paul H., "Size of Organizations and Member Participation in Church Congregations", *Admin. Sci. Quart.*, vol. 16, núm. 2, 1971; pp. 173-179.

Wilkie, James W., "Mexico City as a Magnet for Mexico's Economically Active Population", pp. 379-395, en Bernardo García, *et al.*, *Historia y sociedad en el mundo de habla española: homenaje a José Miranda*, El Colegio de México, México, 1970.

———, "New Hypotheses for Statistical Research in Recent Mexican History", *Lat. Amer. Res. Rev.*, vol. 6, núm. 2, 1971; pp. 3-18.

———, "Recentralization: The Budgetary Dilemma in the Economic Development of Mexico, Bolivia, and Costa Rica", en David T. Geithman, eds., *Fiscal Policy for Industrialization in Latin America*, University of Florida Press, Gainesville, 1974.

Wilkie, Richard W., "Urban Growth and the Transformation of the Settlement Landscape of Mexico: 1910-1970"; en James W. Wilkie, Michael C. Meyer, y Edna Monzón de Wilkie, eds., *Contemporary Mexico: Papers of the IV International Congress of Mexican History*, University of California Press y El Colegio de México, Berkeley y México, 1975.

Wilson, Robert A., "Anomia and Militancy Among Urban Negroes. A Study of Neighborhood and Individual Effects", *Sociol. Quart.*, vol. 12, 1971a; pp. 369-386.

———, "Anomie in the Ghetto: A Study of Neighborhood Type, Race and Anomie", *Amer. J. Sociol.*, vol. 77, núm. 1, 1971b; pp. 66-88.

Wolf, Eric R., "Aspects of Group Relations in a Complex Society: Mexico", pp. 85-101, en Dwight B. Heath y Richard N. Adams, eds., *Contemporary Cultures and Societies of Latin America*, Random House, Nueva York, 1965.

———Z y Edward C. Hansen, "Caudillo Pilitics: A Structural Analysis", *Comp. Stud. Soc. & Hist.*, 9, 1967; pp. 168-179.

Wolpert, J., "Behavioral Aspects of the Decision to Migrate", *Paps. Reg. Sci. Assoc.*, 15, 1965; pp. 159-169.

Wriggins, W. Howard y James F. Guyot, "Demographic Change and Politics", en W. Howard Wriggins y James F. Guyot, eds., *Population, Politics, and the Future of Southern Asia*, Columbia University Press, Nueva York, 1973.

Yates, Douglas T., Jr., *Neighborhood Democracy: The Politics and Impacts of Decentralization*, Heath-Lexington, Lexington, Mass., 1973.

Young, Michael, y Peter Wilmott, *Family and Kinship in East London*, Routledge & Kegan, Paul, Londres, 1957.

Zimmerman, Joseph F., "The Politics of Neighborhood Government", *Stud. Comp. Loc. Govt.*, vol. 5, núm. 1, 1971; pp. 28-39.

———, "Community Building in Large Cities", *Administration*, vol. 20, núm. 2, 1972; pp. 71-82.

ÍNDICE DE CUADROS

ÍNDICE ANALÍTICO

ÍNDICE GENERAL

APÉNDICES

Este libro se acabó de imprimir el día 30 de abril de 1980 en los talleres de Editorial Galache, S. A., Privada Dr. Márquez núm. 81, México 7, D. F. Se imprimieron 3 000 ejemplares y en su composición se emplearon tipos Electra de 11:12, 9:10 y 7:8 puntos. La edición estuvo al cuidado de *Pedro Torres Aguilar.*